KB160596

韓國人과 日本人의 삶과 죽음

다카하시 후미히로(高橋文博, 就實大學)
최준식(이화여자대학교)
고바야시 나오키(小林直樹, 大阪市立大學)
최종성(서울대학교)
허남린(The University of British Columbia)
이기원(강원대학교)
조재국(연세대학교)
이와타 시게노리(岩田重則, 日本 中央大學)

韓國人과 日本人의 삶과 죽음

초판 인쇄 2015년 3월 20일
초판 발행 2015년 3월 30일

편 자 동북아역사재단·한일문화교류기금
펴낸이 한정희
펴낸곳 경인문화사

주 소 서울 마포구 마포동 324-3
전 화 02-718-4831~2
팩 스 02-703-9711
등 록 1973년 11월 8일 제10-18호
이메일 kyunginp@chol.com
홈페이지 http://kyungin.mkstudy.com

정 가 29,000원
ISBN 978-89-499-1071-0 93910

韓國人과 日本人의 삶과 죽음

동북아역사재단
한일문화교류기금 편

景仁文化社

발 간 사

2015년, 광복 70주년에 한일수교 50년을 맞이했다. 그리고 한국의 박근혜대통령과 일본의 아베총리가 취임한지 3년째 접어들었다. 그러나 양국 정상 회담은 고사하고, 한일관계의 미래는 너무 불투명하다.

한일관계의 뿌리 깊은 갈등의 근원지는 도대체 어디일까? 양국인의 정서적 갈등의 문화적 뿌리는 어디에 있는 것일까? 이 책은 그것을 찾아가기 위해서 한국인과 일본인의 의식구조, 그 가운데서도 가장 심층부라고 생각되는 삶과 죽음의 입장을 분석해 보려고 했다. 한일 양국인의 생사관과 내세관, 그리고 종교의식의 실체를 이해함으로써, 한국문화와 일본문화의 같음과 다름을 이해해 보려고 했다.

이 책은 이러한 질문에 답하기 위해 특별히 기획된 국제학술심포지엄 〈한국인과 일본인의 삶과 죽음〉의 성과를 단행본으로 엮은 것이다.

이러한 문제의식에서 기조 강연으로 일본의 다카하시 후미히로(高橋文博)교수가 〈東아시아 文化속의 삶과 죽음의 世界〉를 통해 아사미케이사이(淺見絅齋)의 생과 사의 사상에 대한 검토를 했다.

그리고 각론에 들어가 제1세션에서는 문화의 深層과 表層을 살펴보기 위해, 이화여대 최준식교수가 〈무가를 통해 본 한국인의 생사관〉, 오사카 시립대학 고바야시 나오키(小林直樹)교수가 〈중세일본의 사생관과 鎭魂〉을 다루었다.

제2세션에서는 한일양국 喪祭禮의 儀禮化를 분석하기 위해, 서울대 최종성교수가 〈조선시대 서민생활속의 제사와 사생관〉을 다루었고, 캐나다 UBC대학의 허남린교수가 〈근세 일본 서민들의 종교문화와 사생관〉, 강원대 이기원교수가 〈근세일본의 선조제사와 의례〉를 통해 상호 비교하였다.

제3세션에서는 變容하는 전통과 근대세계에서의 생사관의 조명을 위해, 연세대 조재국교수가 〈기독교수용과 유교와의 충돌〉, 일본 중앙대학의 이와타 시게노리(岩田重則)교수가 〈근현대 일본의 장례문화〉를 통해 한일양국에서 전통과 근대의 충돌양상을 비교했다.

끝으로 강원대 손승철교수의 사회로 세키네 히데유키(關根英行), 이세연, 마쓰모토 신스케(松本眞輔), 김경희, 송완범, 가나즈 히데미(金津日出美), 노성환교수 등이 참가하여 종합토론을 전개하여 한일양국인의 생사관에 대한 다양한 실상을 재조명하는 기회를 가졌다.

이 글들이 생사관에 대한 한일양국인의 의식구조를 밝히며, 서로의 같음과 다름을 이해하고, 한일관계 및 미래를 열어가는 밑거름이 되기를 기대한다.

끝으로 이번 학술심포지엄을 위해 수고해 주신 한일문화교류기금의 김수웅국장, 동북아역사재단의 연민수 연구위원, 그리고 기획 및 운영에 큰 도움을 준 이기원교수께 감사의 말씀을 드린다.

2015년 3월

한일문화교류기금 운영위원 손 승 철

개 회 사

"한일 문화의 심층을 비교합니다"

역사가 생긴 이래 사람들은 공동체를 이루고 살아왔습니다. 공동체 속에서 함께 살면서 서로가 서로에게서 사는 방법을 배우면서 살아왔습니다. 그래서 공동체마다에는 공통의 삶의 양식이 자리 잡아 왔습니다. 사물을 인식하는 틀도 공유하게 되었고 행동양식의 틀도 함께하게 되었습니다. 긴 세월 속에서 이렇게 형성된 공동체 삶의 양식의 총화를 우리는 문화라 부릅니다.

문화를 공유하는 사람들끼리는 세상 보는 눈도, 눈에 보이는 현상에 대한 반응도, 그리고 추구하는 가치도 서로 닮게 됩니다. 민족성은 이렇게 형성됩니다.

한국인과 일본인은 오랜 세월 속에서 각각의 고유문화를 만들어 냈습니다. 그리고 가까운 이웃에 살면서 왕래하는 과정에서 서로가 서로의 문화를 접하게 되었습니다. 이렇게 이루어온 문화 교류 과정에서는 상대방의 문화를 수용하여 자기 문화를 더욱 다채롭게 발전시키는 생산적인 문화 접합도 있었고 반대로 문화 충돌 속에서 서로가 서로를 오해하는 문화 갈등도 생겨났습니다.

한국인과 일본인들은 가장 가까운 이웃으로 살아오면서 많은 문화를 공유하게 되었고 그래서 서로가 사물 인식의 틀이나 가치 정향이 같거나 비슷하다고 생각하고 있습니다. 그러나 최근 양국 국민 간의 감성적 충돌이 표면화하면서 한국인도 일본인도 서로 놀라고 있습니다. 똑같은 현상에 대해서 서로 다르게 받아들일 수 있다는 것을 발견하고 놀라고 있습니다.

오늘 회의는 지난 30년 동안 한일문화교류기금이 한일 양국민간의 인식의 거리를 좁히기 위해서 열어온 한일문화교류사 연구회의와 다른 주제를 가지고 준비했습니다. 눈에 보이는 문화 현상을 다루는 것이 아니라 양국 문화의 밑바탕에 깔려 있는 양국 국민들의 인식 틀과 행동 선택의 틀을 살펴 차이점을 발견하는데 초점을 둔 회의입니다. 한국인과 일본인들의 의식 속에서는 어떤 다른 문화적 뿌리가 깔려 있어 상호 간에 정서적 갈등이 생겨나는가를 분석하는 회의입니다.

우선 첫 번째 회의의 주제로 "한국인과 일본인의 삶과 죽음"을 골랐습니다. 사람들의 의식 속에서 가장 원초적인 가치관으로 자리 잡고 있는 것이 삶과 죽음이기 때문에 여기서 출발하여 양국 국민의 의식 정형의 차이를 밝혀보자는 의도에서 이 주제를 선택했습니다.

오늘 회의에는 한국과 일본의 전문학자들이 모두 참석하고 있습니다. 다카하시 후미히로 선생께서 거시적 안목에서 '동아시아 문화 속의 삶과 죽음의 세계'라는 기조연설을 해주십니다. 그리고 최준식 교수와 고바야시 나오키 교수가 각각 한국인과 일본인의 사생관을 논합니다. 그리고 최종성 교수와 허남린 교수 및 이기원 교수가 상례, 제례, 종교의식 등에 나타난 양국의 사생관을 발표합니다. 이어서 조재국 교수와 이와타 시게노리 교수가 서구문화 수용 과정에서 한일 양국의 사생관의 변용을 논합니다.

회의는 손승철 교수의 사회로 진행합니다. 그리고 연민수, 장순순 교수 두 분이 오전과 오후 회의의 사회를 각각 맡아주시고 세키네 히데유키, 이세연, 마쓰모도 신스케, 김경희, 송완범, 가나즈 히데미, 노성환 교수 등이 토론을 담당합니다.

오늘 회의는 한일문화교류기금과 동북아역사재단이 공동으로 주최하는 회의입니다. 오늘 회의의 중요성을 이해하시고 흔쾌히 공동주최를 결정하여 주신 동북아역사재단의 김학준 이사장님께 이 자리를 빌어 감사의 뜻을 표합니다.

감사합니다.

2014년 10월 24일
(재)한일문화교류기금
이사장 이 상 우

〈목 차〉

기조강연

동아시아문화의 생과 사의 세계
–아사미 케이사이(淺見絅齋)의 생과 사의 사상–*

다카하시 후미히로(高橋文博)

1. 머리말 – 과제 설정

「동아시아문화의 생과 사의 세계」라는 큰 과제에, 문자 그대로의 의미로 답한다는 것은, 필자의 능력을 벗어나는 것이다. 여기서는 과제를 매우 한정시켜, 아사미 케이사이(1652~1711)의 생과 사의 개념을 고찰하려 한다.[1] 이를 위해 주로 『문공가례』상례의 귀신개념을 중심으로 고찰을 하려 한다. 『문공가례』는 주희의 저작이라 믿었던 사서인(士庶人)들을 위한 관혼상제의 예서이다.

---

* 본문의 인용사료 번역은, 발표자인 다카하시 히로부미씨의 현대어역본에 따랐음을 명기해 둔다.

1) 아사미 케이사이의 귀신론에 관한 연구에 관해서는, 본고의 집필에 직접 참조한 연구만을 명시한다. 近藤啓吾, 『淺見絅齋の研究』, 神道史學會, 1970; 近藤啓吾, 『儒葬と神葬』, 國書刊行會, 1990; 田尻祐一郎, 「絅齋・强齋と『文公家礼』」 『日本思想史研究』 第15号, 1983; 田世民, 「第二章 崎門派の『文公家礼』に關する實踐的言說」「第三章淺見絅齋の『文公家礼』實踐とその礼俗觀」 『近世日本における儒礼受容の研究』, ぺりかん社, 2012; 松川雅信, 「「朱子」と「日用」のあいだ一絅齋・强齋による『朱子家礼』の受容」 「日本思想史研究會會報」 第29号, 2012; 松川雅信, 「神主と鬼神をめぐる言說一闇齋學派の『朱子家礼』受容に關する覺書」 『アジアの思想と文化』 第5号, 2013.

케이사이는, 주희의 사상을 충실히 학습하려 하였던 야마자키 안사이(山崎闇齋) 문하의 한사람이다. 그 또한 주희에 충실하려 하였지만, 그럼에도 불구하고 그의 귀신, 리기(理氣)의 개념은 주희의 그것과는 차이가 있다. 하지만 케이사이가 말하는 것이 주희와 차이가 있다고 하는 것이 중요한 것은 아니다. 중요한 것은 주희가 제시한 리기의 개념을 사용하여, 생과 사를 말하려 하였다는 점이다. 이 것이 근세 일본에 새로운 지적 상황을 출현시켰던 것이다.

2. 「매우 소중한 유골」

케이사이가 『가례』[2] 상례에서 제일 중시해야 한다고 한 것은 유골의 존중이다. 그의 강의록인 「가례사설(家禮師說)」에서 「치관(治棺)」에 대해서 다음과 같이 서술하고 있다.

> 유골을 담는 관을 다루는 것은, 제일 으뜸으로 중시해야하는 일이기 때문에 제일 먼저 언급하고 있는 것이다. 매우 소중한 유골임으로 벌레나 개미가 붙지 않도록, 흙이 피부에 닿지 않도록 하여, 썩는 일 없이 오랫동안 존속할 수 있도록 마음을 써야한다. 이것이 공자·맹자·이정·주자가 의도하는 바이다. 이것 이외에는 피모(皮毛) 외의 것임으로, 그 때의 사정에 따라 적절하게 대처하면 된다. 관의 준비는 상중의 대사이며, 죽은 사람의 신체에 관한 매우 중요한 일이다.(「家禮師說」 41丁表)

『가례』상례는 부모가 죽었을 때 아들이 해야 할 행위의 규정을 기

2) 본고에서는 이하, 『문공가례』는 케이사이의 기술을 그대로 따라 『가례』로 기술한다.

술하고 있다. 케이사이는 아들에게 있어 부모의 유골은「매우 소중한 것」것이라고 말한다. 이 경우 부모의 유골이 소중한 것은 유골에 무언가 특별한 요소가 존재하기 때문이 아니다. 사람의 형체는「조화(造化)」의 작용에 의해 생성·소멸한다는 의미에서,「초목」과 같다. 하지만 자식에게 있어 부모의 유골이 초목과 같은 의미일 수는 없다. 자식에게 부모의 유골은 언제까지라도 존속시키고 싶은 대상이다. 이에 관해 케이사이는 다음과 같이 설명하고 있다.

> 사람의 신체가 조화와 더불어 생멸(生滅)한다는 점은 초목이 영고(榮枯)하는 것과 같은 것이다. 최후에는 흙이 된다. 이것을 언제까지나 썩지 않도록 넣어 두는 것을 주저하는 듯한데, 조화의 리가 어찌되었든, 효자의 정으로서 언제까지라도 존속시키고 싶다는 기분을 존중하지 않으면 안 된다. 조화와 더불어 변화·소멸하는 것은 어쩔 수 없는 것이지만, 자식으로서 그런 것은 상관없이, 단지 언제까지라도 존속시키고 싶은 마음을 다하는 것, 이것도 또한 조화의 리라 할 수 있다. 유해(遺骸)는 생멸한다는 조화의 리와, 언제까지라도 존속시키고 싶다는 생각 또한 조화의 리이다. 이것을 병행한다 해도 상반하는 것은 아니다.(同上)

케이사이는 사람의 형체의 생명은 초목의 영고(榮枯)와 같은 것이며, 사람이 죽으면 흙이 되는 것은「조화의 리」에 의한 것이라고 한다. 그것과 더불어 유해를 소중히 여기는 마음, 언제까지라도 존속하기를 바라는 마음도,「조화의 리」에 기인한 것이라고 말하고 있다. 여기서는 형체라는 범위안에서 동일한 성격을 갖는 초목과 사람의 형체를 파악하는 것뿐만 아니라, 부모와 자식이라는 관계에서 기인하는 심정 또한「조화의 리」에 기인한 것이라고 보고 있는 것이다.

여기서 케이사이가 리의 개념을 상정하여 리에서 중층적 성격을 집어내고 있음을 확인해 두고 싶다. 리는「조화의 리」로서 만사만물의 근저에서 작용하고 있으며, 사람의 형체가 초목과같은 모양으로 생멸하는 모습을 의미하며, 그와 동시에 또한 자식의 부모에 대한 효의 도덕이기도 한 것이다. 리는 사물총체의 근원이며, 그런 연유로 인간이나 초목등 각각의 특수한 사물·사상이 그렇게 있을 수 있도록 하게하는 원리이기도 하다.

주의하고 싶은 것은 유해를 소중하게 할 것을 강조하면서「그 외에는 피모 외의 것임으로, 그때의 사정에 따라 적절하게 대처하면 된다」고 설명하고 있다는 점이다.「피모 밖」이라는 것은 유골의 밖을 의미한다. 이것은 유골을 정중하게 보존할 수 있는 관에 넣어 매장하면, 그 이외의 의례는 상황에 따라 행해도 좋다는 것이다.

이는 불교에 입각한 상제의례가 행해지는 일본사회의 상황 속에서, 유골을 존중·보존하면서 화장을 절대적으로 피하기위해서라면, 그 외의 사안들에서는 불교적 의례를 따르더라도 어쩔 수 없이 허용한다는 것이다.「피모 외」라는 의미는,「주자어류(朱子語類)」에서 단 한곳에서만 등장하는 말이다.[3] 주희도 부모의 의사에 따라 불교적 의례를 실시하는 것에 대해, 전면적인 부정은 하지 않는다. 하지만 화장은 엄격히 피해야 할 것이라고 말하는 중에 이 용어를 사용하고 있다.

이 시대의 일본에서는, 정치권력에 의해 설정된 테라우케(寺請)제도로 인해서 강한 압력 아래 불교적 상제의례가 행해지고 있었다. 때문에「가례」에 의한 상제의 의례를 엄격히 실행하는 것은 어려웠다. 케이사이는 주자의 발언을 채용함으로써, 화장을 엄격히 피함과 동시에 불교적 의례에 대한 순응을 의도하고 있었다.

---

3)「피모 외(皮毛外)」라는 말은「주자어류」에서 다음과 같은 서술 속에서 등장하고 있다. 或問. 設如母卒父在. 父要循俗制喪服. 用僧道火化. 則如何. 公如何. 曰. 只得不從. 曰. 其他都是皮毛外事. 若決此如做從之. 也無妨. 若火化則不可.(「朱子語類」卷89)

그런데 유해의 존중과 화장의 부정은, 죽은 부모에 대한 자식의 효심이라는 의미를 부여했지만, 상례는 오로지 죽은 자에 대한 살아 있는 사람의 심정의 표현이란 설명만으로는 충분하지 않다. 상례는 오히려 살아 있는 자와 사후의 존재라는 관계 속에서 성립하는 의례이다. 케이사이는 상례에서 흙이 되는 「사람의 형체」로서의 유해와는 별도로, 사후의 존재를 어떻게 이해하고 있었을까.

3. 「혼기(魂氣)가 빠져 나가는 것도 아니며, 소산(消散)한 혼기가 다시 모이는 것도 아니다」

이것을 생각할 때 주목하고 싶은 것은, 케이사이가 「복」례에 대해 다음과 같이 설명하고 있는 점이다.

> 복례는 중국 고대 주나라 때의 예로, 복받쳐오르는 감정에서부터 시작하는 것이다. 소산(消散)한 혼기(魂気)가 다시 한번 돌아오고 싶어한다고 하여 복(復)이라고 말한다. 일본어 훈독(和訓)으로는 「다마요바이(たまよばい)」이라고 한다. 「저쪽」에서 태어난 사람이라면 「저쪽」의 풍속에 따라 그렇게 하면 되지만, 「이쪽」에서는 불필요한 것이다. 혼기가 유골에서 빠져 나가는 것이 아니라, 소산한 혼기가 다시 모이는 것도 아니다. (중략) 혼기는 소산했다가 다시 돌아오는 것이 아니며, 저쪽의 예에서 이렇게 적고 있는 것이다.(「家禮師說」 38丁表)

복례란 사람이 죽은 직후, 지붕에 올라가 죽은 이의 의복을 흔들며 죽은 이의 이름을 불러서 「영혼」이 돌아오기를 바라는 예법이다. 임종 때, 혹은 그 직후 죽은 이의 이름을 부르는 행위는, 인간의 죽음을 영혼이 형체로부터 이탈하는 것으로 보는 관념에서 기인한 것으로, 영혼을 신체로 불러들임으로써 소생을 바라는 것이다. 그것은 원시고대 또는 세계각지의 미개사회에서 보이는, 매우 일반적인 행위이다. 위의 사료에「일본어 훈독」이 있듯이, 일본에도 고대 이래로 이런 행위가 존재해 왔으며, 형식적인 풍습으로서 오랫동안 존재해 왔다.

그런데 케이사이는「가례」에 한정되어 있던 복례를「이쪽」에서는 실행할 필요가 없는 것이라 한다. 그 이유로 들고 있는 것이,「저쪽」(케이사이는「당」(중국)이라 함)에서 태어난 사람이라면 그 습속에 따르면 되지만,「이쪽」(케이사이는「일본」이라 함)에서는 필요없다고 한다.

케이사이는 여러 곳에서 이처럼「가례」에 규정되어 있는 예법에 관하여「이쪽」에서는「저쪽」과 다르게 해도 괜찮다고 말하고 있다. 이는 첫째,「당(중국)」과 다른「일본」이라는 역사·사회적 상황의 차이가 그러한「가례」의 변경을 허용하게 한다는 논리에 입각하고 있다. 그리고 역사·사회적 차이에 수반되는 예의 변경이란 논리는「가례」자체 안에 들어 있다.「가례」는 고대사회와는 다른 송대사회에 적합하도록 주희가 편술한 것이기 때문이다.

그렇다고 해서 케이사이가「가례」를 변경한 논리가, 역사·사회적 상황의 차이에 의한 것이라는 주희의 사상에 따른 것이라고 단정할 수 없는 부분이 있다. 거기에는「저 쪽」과「이 쪽」을 명확하게 이질화시키는 시선이 있다. 이 시선은「가례」에 그치지 않고,「중국」이라는 명사에 관련된 사항까지를 포함한 문제로 이어지고 있다.「저쪽」과「이쪽」의 차이에 의한 변경을 허용하는 논리에 관해서는 뒤에서 다시 살펴보도록 하겠다.

그런데 케이사이가 복례를「이 쪽에서는 필요하지 않다」고 한 이유는,「이쪽」과「저쪽」의 차이 때문만은 아니며, 복례 그 자체를 무의미하다고 보는 원리적 입장에서 기인하는 것도 있다.

여기서 주희의 죽음(死)에 관한 이론을 간략하게 확인하겠다. 주희는 모든 만사만물은「리」와「기」라는 근원적 존재의 결합으로서 성립된다고 생각한다. 만사만물을 현실적으로 구성하는 것은 기이다. 현실적으로 존재하는 만사만물이 그렇게 나타나게 하고 규제하는 이념적 존재가 리이다. 만사만물은 현실적으로 파악될 수 있는 한에서 모든 것은 기의 운동이지만, 그 운동을 결정하는 것은 리이며, 리 없이는 만사만물은 존재할 수 없다. 주희는 기가 없으면 리는 형상할 수 없으며, 리와 기는 언제나 결합하고 있으며, 모든 현실적 존재가 없어지더라도 리는 존재한다고 하여, 리의 기에 대한 존재론적 우위를 주장하였다. 그것은 주자학이 현실적 존재를 설명하는 사상에 그치는 것이 아니라, 인간의 도덕성을 중요한 과제로 하는 사상이기 때문이다.

그렇다면, 다시 주희의 죽음에 관한 논의에 대해서 살펴보겠다. 인간은 현실적으로는 음양 두 개의 기로 구성되어 있으며, 혼백(魂魄)이 정신적·육체적 활동을 주재한다. 인간의 죽음은 음양의 기가 이산(離散)·소실하는 것이며, 혼은 하늘로 올라가 신(神)이 되고, 백(魄)은 땅으로 내려와 귀(鬼)가 된다. 귀신과 음양이란,「귀는 음의 영이고 신은 양의 영이다」(「中庸章句」제16장) 라는 관계에 있다. 주희에게 있어 귀신은 기의 영묘한 작용을 형용한 것이다.

주희에게 있어 혼백은 이산·소실한다고 해서 바로 이산하는 것이 아니며,「점점 흩어진다」(「朱子語類」3권, 제45조) 고 생각했기 때문에, 복례는 성립할 여지가 있었으며, 나아가 죽은 자의 귀신에게 제사를 올리는 근거도 되었다.[4)]

---

4) 이와 같은 생각을 보여주고 있는 곳은「朱子語類」의 단 한곳으로 다음과 같이 쓰여있다. 人所以生. 精氣聚也. 人只有許多氣. 須有箇盡時盡則魂氣歸於天. 形魄歸于地而死矣. (中略) 人死雖終歸於散. 然亦未便散盡. 故祭祀有感格之理. 先祖世次遠者. 氣之有無不可知. 然奉祭祀者既是他子孫. 必竟只是一氣. 所以有感通之理. 然已散者不復聚.(「朱子語類」卷3

케이사이는 주희의 개념을 참고하면서도, 인간의 죽음은 기의 이산·소실이기 때문에 살아있는 동안 움직이고 있던 혼백도 이산·소실하는 것으로 보았다. 여기서 문제가 되는 것은 사람이 죽어 혼백이 이산·소실해 버린다고 한다면, 죽은 자의 상제의 예가 어떻게 유의미한 것이 될 수 있는가란 점이다.

4. 「其重併積疊. 計已無地之可容」

이 문제를 고찰하기 위해 참고가 될 자료로서 「아사미선생 답문서(淺見先生答問書)」가 있다. 이것은 케이사이와 아토베 요시가타(跡部良賢 : 통상 요시아키라(良顯)라 불려지며, 초명은 良賢, 1658~1729) 가 여러 문제에 관해 주고받은 질문과 응답, 비평을 정리하여 모은 것이다. 요시가타가 질문하고, 케이사이가 대답을 하고 있다. 이것은 「가례사설」의 강의로부터 6년정도 전부터 주고받았던 문답인데, 케이사이의 생각에 변화는 없었다고 생각한다.

두 사람의 사이에서 문제가 된 하나가 「귀신감격(鬼神感格)의 리」에 관한 것이다. 요시가타의 질문은 우선 다음과 같은 말로 시작한다.

> 귀신이 감격한다고 하는 도리에 관해, 중용장구, 중용집략, 중용혹문, 주자어류, 주자문집의 취지에 의거하여 종종 공부·연구하여 대개의 부분은 이해했지만, 충분히 마음으로는 납득할 수는 없습니다.(「淺見先生答問書」 8丁表)

요시가타는 주희의 저술을 연구해왔는데, 「귀신감격의 리」 즉 자

第19條)

손의 제사에 선조의 귀신이 「감격」하는 도리가 대체로 이해는 되지만 「충분히 마음으로는 납득할 수 없다」고 한다. 이 「귀신감격의 리」의 「리」는 사물이 성립하는 이유, 사리·도리라는 정도의 의미이며, 사물의 근거를 의미하는 것이 아니다. 이어서 그가 이해한 귀신감격의 도리에 관해 살펴보겠다.

> 이 세계가 시작된 이래, 선조로부터의 하나의 기(一氣)가 자신에게까지 끊어짐 없이 연속되어 있는 것이다. 「역경」계사 상전에는 「음양의 정기가 사물의 형태를 만들며, 정기(精氣)가 소산되어 변화가 일어난다」고 하였습니다. 선조가 죽어 정기가 소산되면, 천지의 기와 하나가 되겠지만, 자신의 기란 것은 하나의 기로 이어져 있기 때문에 선조의 기와 하나가 되기 위해서, 자손인 자기가 제사에 감격함으로써, 선조의 기를 모아서 감격하게 한다는 것이리라 이해하고 있습니다.(同上)

요시가타의 이해는 이렇다. 인간은 기가 집합하여 혼백과 형체를 이루어 태어나지만, 죽으면 기는 이산하여 천지의 기와 하나가 된다. 하지만 죽은 자(주로 부모를 상정하고 있다) 와 자손은 「하나의 기」로 이어져 있기 때문에 「제사성경(祭祀誠敬)」에 의해 기는 모인다. 요시가타의 의문은 다음과 같은 것이다.

> 죽은 선조의 혼백이 그걸로 완전히 소멸되고, 그 선조의 기는 자신과 동일한 것을 가지고 있습니다. 선조와 자신을 하나로 꿰뚫는 기원이 있으며, 게다가 자신의 형체를 만들고 있는 기는 오로지 새롭게 태어나고 있습니다. 어제의 자신과 오늘의 자신은 다릅니다. 그것은 오늘의 자신은 새로운 기로 되어 있기 때문입니다. 그렇다고 하면 죽은 자의 혼백이 자손의 성경을 다한 제사에 의해 모이고, 선

> 조의 귀신이 불멸하여 감격한다고 하면, 주자가 말하고 있듯이「기가 많이 축적되어 이 지상에는 녹아들어갈 장소가 없어져 버린다」는 것이 되며, 이단의 생각과 매우 가까운 듯이 생각됩니다.(同 8丁裏)

요시가타의 의문은 이렇다. 죽은 자의 혼백이 이산한 후에도 죽은 자를 구성하고 있던 것과 동일한 기가 자신에게 있기 때문에 제사성경에 의해 죽은 이의 혼백이 모인다면, 다수의 선조의 기가 끝없이 중적(重積)되게 되고, 수용할 수 있는 토지가 없어질 것이 아닌가. 그렇다면 주희가 지적한「이단의 생각」에 빠지는 것이 아닌가라는 것이다. 여기서 요시가타가 인용하고 있는「이단의 생각」이란 말의 전거는 주희의 서간인「答廖子晦」제2서에 있다.[5)]

요시다카는「어제의 나는 오늘의 내가 아니다. 오늘의 나는 새로운 존재이다」라고 말하고 있다. 이것은 끊임없이 생생하게 멈추는 일 없는 기가 생겨남으로써 인간의 생이 성립된다는 주자학의 존재파악을 계승하고 있다. 하지만 제사성경에 있어서 선조의 혼백이 귀신이 되어 모인다고 하면, 그 모인 기가 축적되어 있을 곳이 없게 되는 것이 아닌가라고 생각한 것이다.

5.「무의 씨가 없어진다고 해도 무의 리가 천지에 있으므로」

이 같은 요시가타의 의문에 대해, 케이사이는 질문의 문장에 선을

---

5) 해당 어구는 다음 문장의 일부이다. 自開闢以來積至于今其重併積疊. 計已無地之可容矣.(「答廖子晦」第2書「晦庵先生朱文公文集」卷45)이「答廖子晦」第2書는 이 곳뿐만 아니라 전체적으로 주목할 만한 내용을 가지고 있다. 뒤에서 살펴보겠지만, 케이사이는 이 자료에서 크게 착안을 얻었다.

그어 표시를 해 두고, 행간에 비평을 써넣고 이와 함께 정리된 비평문을 전해주었다.

케이사이는 먼저 위의 「천지의 기와 하나가 된다」의 「하나」의 부분에 선을 긋고, 「하나가 되는 것이 아니다. 유혼(遊魂)이 변화하면 이미 흩어져 없어진다」고 하였다. 그리고 「성경」의 부분에 선을 긋고, 「그렇다면 기가 흩어지지 않고 존재한다고 하는 것인데, 윤회의 설과 같아진다」고 써넣고 있다. 케이사이는 사람이 죽을 때 죽은 자의 혼백이 천지의 기와 하나가 되고 그것이 「자손의 제사성경」에 의해 모인다는 생각은, 혼백은 이산하되 소실하지 않는다는 점에서, 윤회와 같아져 버리기 때문에 잘못된 것이라고 한 것이다.

케이사이도 제사성경으로 죽은 자의 혼백·귀신이 모인다고 생각하고 있다. 그는 요시가타가 쓴 「죽은 자의 혼백이 자손의 성경을 다한 제사에 의해 모이고, 선조의 귀신이 불멸하여 감격한다」의 혼백 부분에 선을 그어 다음과 같이 서술하고 있다.

> 죽은 자의 신체와 함께 있던 혼백이 아닙니다. 제사에 의해 현재 새로 모인 것이 혼백입니다. 그것이 곧 죽은 자의 혼백과 같은 것입니다.(同上)

케이사이의 생각에 따르면, 죽은 자의 혼백은 이산·소실하는 것이기 때문에 기가 다시 모이는 것이 아니다. 그럼에도 불구하고 제사성경에 의해 모인 기는 죽은 자의 혼백과 동일한 것이다. 케이사이는 기의 관념에서만 생각한다면 이것을 이해할 수 없다고 한다. 요시가타의 질의문의 시작 부분에 「충분히 마음으로는 납득할 수는 없습니다」라고, 충분히 납득할 수 없다는 부분에 선을 그어, 케이사이는 다음과 같이 설명하고 있다.

> 이것이 리의 신묘한 부분입니다. 리의 개념에 따라 이해하지 않기 때문에 의문이 생기는 것입니다. 이정·주자의 문인의 의문은 거기에서 생기는 것입니다.(同上)

「리의 개념을 통해 이해하지 않기 때문이다」라는 것은, 기만으로 귀신을 이해하고, 리가 갖고 있는 신묘한 성격을 이해하지 않으니 의문이 생기는 것이란 의미일 것이다.

이것은 요시가타가 들고 있는 구체적 예에 관한 문답에서도 확실히 드러난다. 요시가타는 무를 예로 들어 설명한다.

> 무의 씨는 작아서 거기에서 무를 볼 수는 없지만, 그 씨를 밭에 뿌리면 싹이 올라와 잎이 생기고, 하얀 무가 생깁니다. 논에는 보이지 않지만 무의 씨에는 무와 같은 기가 천지 속에 있는 것은 확실합니다. 이와 마찬가지로 눈에 보이지 않지만 선조와 자손의 같은 기가 천지 안에 있기 때문에 감격의 도리는 확실히 있습니다.(同 8丁表)

이것은 다음과 같은 생각이다. 무의 씨에는 잎이나 무의 형태도 없지만, 씨를 땅에 뿌리면 이윽고 잎이 나오고 무의 형태를 이루는 것은 천지에 무의 기가 있어 씨와 감응하기 때문이다, 이는 자손의 제사성경에 의해 자손의 기와 같은 선조의 기가 천지의 기 속에 있어 감응하는 것과 같은 것이라고.

케이사이는 이 부분에 각주를 달아 다음과 같이 설명을 하고 있다.

> 예를 들면 무의 씨가 다하여 없어진다 해도, 무의 리가 천지에 있기 때문에 리가 감응하면 무는 나오는 것입니다. 그와 마찬가지로 만일 자손이 아니더라도 진실로 제사를 해야 할 리가 있을 때는 리에 감응하여 귀신이 생기는 것입니다. 천지자연에서 귀신이 생긴

다면 그것이 죽은 자의 귀신과 같은 것입니다.(「答良賢良賢問目二」, 「淺見先生答問書」 8丁裏)

케이사이는 이렇게 생각한다. 무의 씨가 없어도 무의 리가 있다면 그 리가 감응하는 곳에서 무가 생긴다. 이것은 무의 씨가 없는 곳에서 무가 생긴다고 하는 것이 아니다. 무의 씨가 없다고 해서 무의 리가 없는 것은 아니다. 무의 리가 있다면 그 리가 감응하여 무가 생긴다. 무의 씨에서 무가 생기는 것은, 천지 안에 있는 기가 감응한다는 기의 차원에서만 무의 성장을 보는 것이다. 기에서 무의 형체를 성립시키기 위해서는 무의 리가 감응하지 않으면 안된다고 하는 것이다.

주목해야 할 것은 무의 형체가 있을 때에 무의 리가 있다는 것뿐만 아니라, 무의 형체가 있다면 그 무의 형체가 소실했다고 해도 무의 리는 소실하지 않고 존재하고 있다는 점이다. 그리고 더욱 주목해야 하는 것은 「리가 감응하면 무는 나오는 것」이라고 하는 점이다. 즉, 무의 리가 감응하는 곳에서 무의 형체가 생장한다고 하는 것이다.

무의 예는, 사람과 비정되지만, 설명이 대폭 생략되어 있다. 무의 예를 사람에게 적용하면, 어떤 사람이 존재했다는 것은 그 사람이 죽어서도 그 사람의 리가 있다는 것을 의미한다. 하지만 「진실로 제사를 해야 할 리가 있을 때는 리에 감응하여 귀신이 생기는 것」이라고 할 때, 그 리는 존속하는 죽은 자의 리가 아니다. 제사를 올려야 한다는 도리를 의미하는 리이며, 「천지자연」의 리이다. 때문에 「귀신이 생」긴다고 해도 그 귀신을 직접적으로 죽은 자의 귀신이라고 말하지 않는다.

케이사이는 「천지자연에서 귀신이 생긴다면 그것이 죽은 자의 귀신과 같은 것」이라고 한다. 「천지자연」의 도리에 따라 「천지자연에서 귀신이 생긴」것이며, 그 위에 「천지자연에서 생긴 귀신」이 죽은 자의 귀신과 같은 것이라는 것을,「귀신일치」라고 한 것이다.

귀신은 죽은 자를 구성하고 있던 기가 다시 모인 것이 아니라, 살아 움직이는 천지의 기가 모인 것이다. 더구나 그것이 특정인의 귀신이라고 하는 생각이, 이 같은 표현으로써 나타나고 있다. 또 제사를 올린다고 하는 도리에 죽은 자의 리가 감응한다고 하는 경위도 생략되어 있다. 오히려 천지자연의 도리가 개별적인 죽은 자의 리와 통하고 있다는 리의 개념의 미묘한 이치를 쉽게 설명할 수도 없었을 것이다.

케이사이는 무의 예를 사용함으로써 귀신의 성립을 설명하고 있다. 사람이 죽으면, 귀신은 이산·소실하지만, 그 사람의 리는 소실하지 않고 존재하며, 그 사람의 리가 감응할 때 그 사람의 혼백이 모인다고 한다. 여기서는「진실로 제사를 해야 할 리」와 그에 감응하는 리는, 선조와 자손의 관계에만 한정된 것이 아니다. 선조와 자손의 관계에서 귀신제사는 기의 관통의 사항이 되지만, 여기서는 귀신의 성립을 리의 개념으로 설명하려 하고 있다. 케이사이에게 귀신감격의 장은 기본적으로 선조와 자손의 관계라는 것은 말할 것도 없다.

이 때, 확인해야 할 것은, 귀신의 성립에 관하여 상정되고 있는 리가, 개별적인 사물로서의 리라는 것이다. 결국 어떤 사람이 어떤 사람으로 존재한다는 리의 불멸성이 여기서 드러나고 있는 것이다.

6.「存而不滅者理也. 有此理. 感則其感者氣也」

케이사이는 죽은 자의 귀신의 형태를 비유적인 설명과는 별도로, 리된 형태의 해답문을 기술하고 있다. 회답문의 처음과 마지막 부분은 다음과 같은 한문으로 되어 있다.

> 리가 있으면 기가 있다. 지나가 버리면 다시 돌아오지 않는 것이 기이다. 매일매일 생겨나는 새로운 것이 기이다. 감응함에 따라서

> 모이는 것이 기이다. 존재하며 소멸하지 않는 것이 리이다. 이 리가 있으면서 감응하는 것이 있을 경우, 그 감응하는 것이 기이다.(同上)

> 리가 감응하는 곳에는 반드시 기가 있다. 이것이 천지귀신의 지묘(至妙)한 바로, 언어를 뛰어넘은 이해력이 없으면 알 수 없다. 그러기에 주자는 "리에 입각하여 매일매일을 사는 것은 광대하고도 끝이 없는 것이다"라고 한 것이다. 감응한다든가 입각한다든가하는 것이 어찌 조화귀신의 핵심이 아니겠는가.(同 9丁表)

위의 한문은, 「答廖子晦」 第2書의 문언을 중심으로 케이사이가 재구성한 것이다. 위에 인용된 주자의 문언을, 그 조금 앞에서부터 인용하면 다음과 같다.

> 제사의 예는 동류의 것들이 감응하는 것이다. 그러나 성(性)은 동류라는 표현이 불가하다. 기는 이미 소산하여 없어졌다. 근원에 입각하여 매일 생겨나는 기는 광대하여 끝이 없는 것이다. 그러기에 사상채(謝上蔡)는 "자신의 정신은 뒤돌아 오지 않는 조고의 정신이다"라고 한 것이다.(「答廖子晦」 第2書)

주희는 자손에 의한 제사성경의 예를 통해 선조의 정신과의 감응이 성립되지만, 그것은 기의 차원의 일이며, 「성(性)」에 관한 동류의 감응은 없다고 하였다. 주희에게는 「성즉리(性則理)」이며, 그것은 「천지간의 하나의 공공(公共)도리」[6]인 것이다. 성즉리는, 공공도리이며,

6) 주희는 위의 문장에서 性卽理의 개념을, 天地를 주로 하는 입장을 취하고, 그것을 「天地間一箇公共道理」로 한다. 그리고「나를 주로 하」는 입장은 「一箇의 精神魂魄」을 인정하는 것을 「私意の尤なるもの」라며 부정하고 있다.

개별적인 것이 아니기 때문에 동류에 감응하는 일은 없다. 하지만 리에 입각하여 매일 생겨나는 기는 광대하며 끝이 없으며, 이 광대한 기에서 자손과 선조의 정신은 제사성경에 의해 감응한다고 하는 것이다.[7)]

케이사이는 선조가 있었다는 것은 선조의 리가 불멸함을 의미한다고 생각한다. 그리고 리가 있다면 기가 있으며, 리가 감응할 때 기가 감응한다고 설명한다. 이것은 죽은 자의 귀신의 성립을, 선조와 자

所謂天地之性即我之性, 豈有死而遽亡之理. 此說亦未爲非. 但不知, 爲此說者, 以天地爲主耶. 以我爲主耶. 若以天地爲主, 則此性即自是天地間一箇公共道理, 更無人物彼此之間死生古今之別. 雖曰死而不亡, 然非有我之得私矣. 若以我爲主, 則只是於自己身上認得一箇精神魂魄有知有覺之物, 即便目爲己性, 把持作弄到死不肯放舍. 謂之死而不亡. 是乃私意之尤者, 尙何足與語死生之說性命之理哉. 釋氏之學本是如此.(「答連嵩卿」第一書「晦庵先生朱文公文集」券41)

고야스 노부쿠니(子安宣邦)는 다음의 논고에서 이 문장을 인용하면서 「答廖子晦」第2書에 착안하여, 주희의 주장과는 어긋나는 미야케 쇼사이(三宅尙齋)의 귀신론의 특질을 논하고 있다. 그것은 케이사이의 그것과 매우 가깝다(子安宣邦, 「鬼神」と「理」－三宅尙齋の祭祀來格說をめぐって」鬼神論－神と祭祀のディスクール』, 白澤社, 2002). 본발표는 주자의 귀신론을 「「귀신」을 해석하는 담론」으로 보는 동서의 이해에서 많은 시사를 얻었다.

7) 「答廖子晦書」 第2書의 「其根於理而日生者, 則固浩然而無窮也」의 해석에 관해서는 여러 설이 있다. 제학설을 정리검토한 연구는 다음과 같다. 牛尾弘孝, 「朱熹の鬼神論の構造－生者と死者をつなぐ領域－」『哲學資源としての中國思想』, 學文出版, 2013.

朱熹의 鬼神에 관한 논의는 주6의 고야스씨의 연구 이외에 다음과 같은 논고에서 시사를 얻었다. 友枝龍太郎, 「第2章存在の問題第2節鬼神說」(『朱子の思想形成《改訂版》』, 春秋社, 1979); 高島元洋, 「第1部闇齋學と朱子學　第3章　太極－齋闇學の理と神」(『山崎闇齋＊日本朱子學と垂加神道』, ぺりかん社, 1992); 孫路易, 「朱子の「神」」(「大學教育硏究紀要」 第8, 岡山大學, 2012).

손의 기의 연속의 문제로 볼뿐만 아니라, 기의 감응이 리에 기인한 것임을 나타내려고 하는 것이다.

케이사이는 죽은 자의 혼백이 이산·소실한다고 해도, 선조의 리에서 생긴 기·혼백이 제사성경이라는 사람으로서 해야 할 리에 감응하여 모인다고 설명한다. 이 때 기는 매일 새롭게 생겨나 모이며, 흩어져서는 되돌아오지 않기때문에, 아토베 요시가타가 걱정하는 중적의 우려는 없어진다. 그리고 귀신과의 동일성을 담보하는 것은 선조의 리라는 불멸의 존재이다.

반대로 생각해보면, 살아있는 자가 산 자로서 동일성을 가질 수 있는 것은, 역시 살아 있는 자를 산 자로 존재하게 하는 리에 의한 것이다. 앞의 두 개의 한문 속에서, 제사에 감응하는 리의 구체적인 설명과 관련하여, 그는 다음과 같이 설명하고 있다.

> 오늘의 저는 어제의 제가 아닙니다. 그렇지만 인격은 완전히 동일합니다. 자기라는 존재가 그렇게 동일한 것은 자기의 몸이 아직 살아 있는 리에 조응하여 기가 이어지고 있기 때문입니다.(同 9丁表)

이것은 이런 것이다. 나는 매일 새롭게 생겨나는 기로 이루어져 있기 때문에 내일의 나와 오늘의 나는 다르다. 하지만 인격은 완전히 동일하다. 내가 변화하면서도 동일성을 갖고 있는 것은 리가 나의 기에 동일성을 부여하고 있기 때문이란 것이다. 여기서 「자기의 몸이 아직 살아 있는 리」라며, 흥미있는 말을 하고 있다. 리에는, 살아 있는 자를 산 자로 하게하는 경우와, 죽은 자를 죽은 자로 하게 하는 경우가 다르다고 보고 있는 것이다. 살아 있는 자와 죽은 자는 다르기 때문에 각각을 성립시키는 리도 다른 것이다. 하지만 산 자의 리와 죽은 자의 리는 리라는 점에서는 똑같다.

어느 쪽이든, 케이사이는 리에 대해, 어떤 사물을 그 사물로서 존재하게 하는 것, 어떤 사람을 그 사람으로서 성립시키고 의미를 부여하는 근거로서 이해하고 있다. 그에게 있어 인간은, 나를 나로서 성립시키고 의미를 부여하는 리를 근거로 한다는 점에서, 동일성을 가지며, 나아가 독자성을 갖고 존재하는 것이다. 사람은 살아 있을 때, 자신으로서의 리의 동일성을 가지고 있기 때문에, 인생의 변화 속에서 동일한 나로 있는 것이다. 이런 살아 있는 나의 존재형태의 연장선상에 죽은 자가 가늠되고 있다.

사람은 죽어도 그 사람 자신을 자신으로서 근거짓는 리는 불멸이며, 죽은 자의 귀신은 산 자의 혼백과 동일성을 갖고 모인다. 이 때 리는 개별적 실체성을 갖는 존재이다.

이 사람의 삶이 천지·조화의 작용 속에서 있음은 말할 것도 없다. 리는 개개의 사람의 삶의 근원임과 동시에 천지·조화의 근원이다. 앞의 한문에서도 케이사이는 리를 근거로 하여 성립하는 곳에, 「天地鬼神至妙」「造化鬼神之樞機」라고, 귀신과 천지, 귀신과 조화를 병렬하고 있는 것은 그 때문이다.

그런데, 다시한번 확인해야 하는 것은, 감응하여 기를 생성하는 리는 사물의 존재근거로서의 성격과 함께 도덕성을 갖는다는 점이다. 앞서 「진실로 제사를 해야 할 리가 있을 때는 리에 감응하여 귀신이 생기는 것」이라고 했듯이, 제사성경이란 행위는 리로서 파악되고 있다. 부모에게 효, 군주에게 충이라는 행위도 리이다. 이런 의미에서 귀신감격의 선조와 자손이 하나의 기로 관통된다는 사실적 차원에 머무르는 것이 아니라, 제사성경·효라는 도덕성을 불가결한 요소로 하고 있다.

주희의 사상에 비추어 케이사이는 리의 개념을 기축으로 하는 도덕성을, 귀신제사에만 한하지 않고, 그 사상의 근간으로 하고 있다. 그리고 리의 개념을 기축으로 하는 도덕성의 구현을 위한 수양이, 생의 중요한 일부를 이루고 있다. 이 점에 관해서는 여기서 지적을 해

두는 것으로 그치겠다.

어쨌든 죽은 자의 혼백은 이산·소실하는 것이면서도, 케이사이는 주희의 리의 개념에 개별적 실체성과 감응하여 작용하는 성격을 부여함으로써, 귀신감격의 성립이 가능할 수 있음을 보여준 것이다. 여기서 다시 「가례사설」로 되돌아 가보자.

7. 「신의 머물 곳을 정중히 세우면 리에 감응하고 성(誠)에 감응하여 기가 모인다」

케이사이는 상례에는 귀신이 머물 곳이 없으면 안된다고 한다. 「가례사설」에서 다음과 같이 설명하고 있다.

> 영좌(靈座)란, 3년동안 귀신이 있는 곳으로, 우선은 시체 앞에 설치한다. 이는 반드시 설치해야 하는 것은 아니다. 신주가 완성될 때까지 여기에 종이로 만든 패(紙牌)를 세워둔다. 유골을 묻을 때는 묘 앞에서 신주로 명하고 신주가 완성되면 신주를 봉하고 돌아온다. 영좌를 신좌라고 해도 같은 것이지만, 신이라고 하면 만세에 걸쳐 존재하는 신명(神明)의 이름이다. 영좌라고 하듯이 영이란 말을 사용하는 것은, 바로 지금 눈 앞에서 죽은 지 얼마되지 않아 무섭기 때문이다. 3년의 상 동안은 영이라고 부른다. 혼백(魂帛)은 신주가 완성되기까지 신이 머무는 곳으로 한다.(「家禮師說」 50丁裏)

여기서 말하고 있는 것을, 「가례」에 입각하여 말하면, 다음과 같다. 먼저 사람이 죽은 후에 바로 귀신이 머물 곳을 만든다. 이것이 영좌이다. 흰 비단으로 묶어 사람의 형태처럼 만든 것이 혼백(魂帛)이다. 혼백은 유골을 매장할 때까지 신의 임시로 머무는 곳이다. 귀신의 본래 거처는 신주인데, 신주는 미리 만들어 두어 묘에 유골을 매장하기 전에 이름을 붙여 완성한다. 신주를 집에 가지고 돌아가 영좌에 안치하고, 3년 상이 끝나면 4대에 걸친 선조의 신주가 안치되어 있는 사당으로 옮긴다.

케이사이의 「가례사설」에서는 죽은 직후에 만드는 것은 혼백이 아니라 종이로 만든 패(牌)라도 괜찮다고 하고, 그 종이 패는 가지고 돌아가지 않고 묘에 묻는다. 상이 끝난 직후 가지고 온 신주를 안치하는 장소는 사당과 같은 건물이 아니라 집 안에 있는 사실(祠室)이라는 방이다. 앞의 장에서 설명했다시피 「가례사설」에서 케이사이는, 예법의 실행에 있어서 「이 쪽」과 「저 쪽」이란 차이를 둠으로써 「가례」란 여러면에서 변경할 수 있는 것이었다.

그런데 케이사이는 이 종이 패를 세우는 것을 죽은 사람의 사후에 해야만 하는 「긴무」의 하나로 삼고, 다음과 같이 말하고 있다.

> 서거 직후에 식사를 받친 후 종이로 만든 패라도 좋으니 신이 떠돌지 않도록 머물 곳인 주(主)를 빨리 세운다. 주는 죽은 자의 오른쪽, 왼쪽 어깨 편의 상 위에 놓고, 앞에 향을 피워야 한다.(「家禮師說」 39丁表)

위의 인용사료는, 앞서 죽은 자의 혼기(魂氣)는 빠져나갈리도, 모일리도 없다고 한 「복」례에 대해 설명한 부분의 바로 뒤에 나오는 말이다. 여기서 말하는 신은 죽은 자가 생시에 형체와 함께 있던 이산·소실한 혼기가 아니다. 앞서 살펴본 바와 같이, 리에 감응함으로써 리에 입각하여 생겨나는 혼백·귀신이다.

「가례사설」에서는 리에 감응하여 모인 기를 혼신(魂神)이라 말한 경우도 있지만 신이라고 한 경우가 많다. 이하에서는 제사의 대상을 신이라 기술하는 것으로 한다.

케이사이는 신으로서 모인 기에는「머물 곳」이 반드시 필요하다고 하고, 다음과 같이 논하고 있다.

> 신은 리에 감응하여 모인 것이다. 단, 막연한 채로는 천지의 리가 있다해도 리에 응하여 거기로 모일 수는 없다. (중략) 제사를 올리는 대상이 있어, 제사의 리에 응하여 모이는 곳이 없으면 안된다. 이 때 죽은 자의 혼백이 남아 있어 그것이 모이는 것이 아니며, 또한 죽은 자와는 별도의 혼백이 모이는 것도 아니다. 제사를 올리는 자신이 존경하고 애달파하는 리와 성(誠)의 지극에 상응하여 신의 거처를 세우면 그 리와 성에 응하여 기가 모이며, 신령이 거기에 있는 것이다. 여기에 리와 심(心)에 감응하는 신묘한 작용이 있는 것이다.(「家禮師說」 51丁表)

여기서「천지의 리」와 죽은 자의「감응하는 리」라는, 위상을 달리하는 리가 있다고 말하고 있다.「천지의 리」는, 거기에 존재하고 있을 뿐이며, 선조의 신이 모이는 것은 아니다.「제사를 올리는 대상이 있어, 제사의 리에 응하여 모이는」것이라고 하듯이, 제사를 올리는「대상」로서의 머무는 곳이 없으면 선조의 신은 모이지 않는다는 것이다. 자손이 제사에 성의를 다하여 리에 이르면, 그것에 더하여「신의 거처를 세우면 그 리와 성에 응하여 기가 모」인다는 것이 된다. 제사를 올리는 것은, 성경을 다한다는 리에 조응하는 대상으로서 신주·사당을 세움으로써 죽은 자의 혼백·신이 거기에 모이는 것이다. 신주는 범연한 천지의 리를 선조의 리로 한정시키는 매개로서의 의의를 갖고 있다. 그에 따라 천지의 리에 입각한 기가 선조의 신으로서 모이는 것이다.

8.「신주의 형체는 신이라 이름을 붙인 이상 천지의 신령과 서로 관통하고 있기 때문에 천지의 형상을 본따고 있다」

신주에 모인 신은, 천지의 리의 한정을 매개로하여 선조의 신으로서 모인 것이기 때문에 선조의 신과 천지의 신령은 관통하고 있는 것이 된다. 그 때문에 선조 신의 거처인 신주는, 천지 신령과 상통하는 곳으로서의 형상을 하고 있지 않으면 안된다. 케이사이는 신주에 대해 다음과 같이 말하고 있다

> 신주의 형체는 신자를 붙인 이상은 천지 신령과 서로 관통하고 있는 것이므로, 천지의 모습을 본딴 것이다. 이에 관해서는 성인이 다시 나타난다고 해도 나의 의견은 바뀌지 않을 것이다.(「家禮師說」 84丁表)

선조 신은 천지 신령과 관통하는 것이므로, 그 거처인 신주는 천지의 모습을 본따지 않으면 안된다. 신주가「천지의 상(象)」이란 것은 정이천(程伊川)의 견해를 전거로 하고 있다.[8)]

> 신주의 형체는 규범을 시월일진에서 본떴다. 각대의 사각형은 사촌(四寸)이며, 이것은 일년의 사계절을 본따고 있다. 높이는 1척2촌이며, 이것은 열두달을 본떴다. 본체의 넓이는 30분(分)이며, 이것

8) 아즈마 쥬지(吾妻重二)에 따르면, 중국고대에는 죽은 자의 영혼의 거처인「主」「木主」는 황제제후고관에 한정되었으며, 당대의 예제에서도 거의 마찬가지였다. 따라서 정이천이 사대부 모두 木主를 가묘에 두어야 한다고 한 것은 획기적인 것이었고, 그가 제시한 신주는 종래의 것과는 전혀 다른 새로운 타입의 것이었다고 논하고 있다(吾妻重二,「近世儒學の祭祀儀礼と木主·位牌－朱熹『家礼』の一展開」, 吾妻重二·俊傑編『國際シンポジウム東アジア世界と儒學』, 東方出版, 2005).

은 한달의 일수를 본땄다. 두께는 12분(分)이며, 이는 하루의 시간수를 본땄다.(「二程全書」 권64)

신주의 형체를 만들 때, 모범을 사계(時), 일년열두달(月), 한달삼십일(日), 일일12각(辰)을 따서 각각 각대, 높이, 본체의 폭, 두께를 수치화하여 본땄다는 것을 말하고 있다. 이뿐만 아니라 구체적인 형체와 도량형을 정할 수는 없지만 여러 고증의 결과, 정해진 것이 야마자키 안사이(山崎闇齋, 1618~1682)가 편찬한 「문회필록(文會筆錄)」근사록에 수록되어 있다. 신주의 그림에 대해 케이사이는 다음과 같이 논하고 있다.

야마자키 안사이선생의 문회필록의 근사록조에 실려있는 것은 정밀한 그림이다. 이 그림의 제작에는 나(케이사이)도 도왔다.(「家禮師說」 82丁裏)

케이사이는 스승인 안사이와 함께 중국고대의 척(尺)의 도량형을 교정하면서 신의 거처를 제작한 것이다. 이렇게 보면 선조 신의 거처인 신주가 선조 신의 제사에서 대단히 중요한 위치를 점하고 있음을 알 수 있다. 케이사이는 신주의 함중(陷中)과 관련하여 다음과 같이 말한다.

(신주 안에 숨겨져 있는 휘(諱) 등이 적혀있는 것인)함중은 평생 열어 봐서는 안되는 것이다. 그러나 마음이 불편한 것이 있다면 삭제하여 다시 쓰는 것이 좋다. 선조때부터 전해져 온 위패라고 해서 집착을 할 필요는 없다. 자신의 마음이 편하지 않는 것은 신주도 편하지 않는 것이다. 종이에 써도 자신의 마음이 편하다고 하면 신도 편안한 것이다.(「家禮師說」 85丁裏)

여기서는 신주의 함중부터 이야기가 시작되면서, 불교의 위패를 유가적 신주 또는 종이 위패로 바꿔야 함을 논하고 있다. 지금 주의하고 싶은 것은 불교적 위패를 유가적 신의 거처로 바꾸는 것에 대해 「자신의 마음이 편하다면 신도 편안한 것이다」라고 말하고 있는 점이다. 이 「자신의 마음이 편안한 것」이란, 마음의 편안함은 사사로운 개인의 만족이 아니다. 「천지의 상을 본따」신주를 정한다고 하는, 제사성의의 마음, 리에 다다름에 관련된 편안함이다. 이 나의 마음의 편안함에 응하여 신이 편안해지며, 신주가 편안해진다는 것이다. 신주에 머무는 신, 나아가 신주 자체에도 제사를 올리는 나와 마찬가지로 마음이 있다고 하는 것이다.

이것은 귀신감격을 인정한다는 의미이지만, 나아가서는 귀신에 실체성을 부여하는 선조의 리가 「감응한다」라는 측면과 관련이 있다. 그것은 또한 살아있는 나를 나라고 할 수 있는 리를 「살아있는 리」라고 한다는 연장선에서 생각되어진 것이라 할 수 있다.

이어서 뒤에서 살펴보기로 한 「저쪽」과 다른 「이쪽」의 「가례」 실행을 주장하는 이유에 관해 살펴보겠다.

9. 「주자도 이쪽에서 태어났다면 이쪽의 가례를 행하였을 것이다」

케이사이는 주희의 생각을 충실히 계승하여 해석함으로써, 사람의 생과 죽음의 관념을 얻었다. 「가례」이해에서도 그 태도는 일관된다. 그는 일본에서 「가례」를 변경하는 이유로 주자의 「가례」편술(編述)의 논리를 들고 있다.

모든 가례의 편술은 시대의 풍속에 맞게하려고 한 것이었고, 고

> 대에 얽매이지 않고 오늘날의 인정(人情)에 맞춰 비례(非禮)는 생략하여 의리(義理)에 틀림이 없도록 한 것이다. 선조를 존중하고 사당에 올리는 것은 천지자연의 리이기 때문에 당도 일본도 차이는 없지만, 그 구체적인 법식을 보면, 이쪽의 상황에 따라서 차이가 있다. 주자도 이쪽에 태어났다면 이쪽의 상황에 맞춰서 가례를 만들었을 것이다.(「家禮師說」 10丁表)

여기에서 논하고 있는 것은, 주자에 의한 「가례」의 편술은 고대의 예를 오늘날의 「인정(人情)」에 맞춰 바꿨기 때문이지만, 그것은 「의리」라고 하는 근본의 내실은 바꾸지 않고 의리를 표현하는 「제(制)」를 바꾼것이라는 것이다. 이 의리와 제는 「가례서(家禮序)」의 말로 예의 본(本)과 문(文)에 상응하고 있다.

주자는 「고(古)」와 「현재(今)」란 시대에 따른 변화에 입각하여 고례(古禮)의 제·문을 변화시켰다. 이것은 케이사이에 의하면 「저쪽」과 「이쪽」, 「당(중국)」과 「일본」이란 지역에 따른 상황의 변화에 응하여 제·문을 변화시키는 것과 같은 것이다. 그렇기 때문에 주자가 일본에 태어났다면 「이쪽」에 상응하는 「가례」를 만들었을 것이다. 케이사이가 일본에서 「가례」의 제·문을 변경시킨 것은 주자의 「가례」편술의 논리에 충실한 것이 된다.

이 주장은 시대와 지역의 차이는 있다고 해도 상황에 따라서 예의 형태를 변화시키는 것이란 점에서는 동일한 것이기에 일단 수긍할 수 있는 것이다. 하지만 여기서 「이쪽」「일본」과 「저쪽」「당(중국)」을 대비시키면서, 「중국」이란 단어를 피하고 있는 것에 주의할 필요가 있다. 이것은 케이사이의 사상적 입장을 나타내고 있는 것이다.

이것을 「중국변(中國辨)」을 통해 살펴보도록 하겠다. 그는 「중국」이 「이적」을 상대로 하는 개념이고, 「당」이 자국 중심의 입장에서 사용한 것으로 하고, 이 호칭을 피하고 있는 것이다. 「당」에 경도되어

추종하는 경향을 비판하면서 다음과 같이 논한다.

> 중국이적이란 명칭은 모두 당에서 붙인 이름이다. 그 이름으로 자신의 나라를 부르는 것은, 그것도 당의 모방이다. 단 자신의 나라를 안으로 하고, 이국을 밖으로 하여, 내외빈주(賓主)의 구별을 명확히 한다면, 어느 나라에나 해당하는 칭호가 된다. (「中國辨」 近藤啓吾·金本正孝編, 『淺見絅齋集』, 372쪽)

케이사이는 어느 토지라도 중(中)이라고 할 수는 없기에 「중국」이란 호칭을 사용하지 않고 자국과 이국을 내외로 구별하면 좋을 것이라고 한다. 문화 발전의 정도 등 고려해야 할 점은 있지만, 기본적으로는 각각의 나라를 중심으로 타국을 내외로 위치짓는다면 리에 맞는 것이라고 한다.

여기서 리는 각각의 때와 장소에 맞는「당연(當然)」으로서 명확하게 개별적 성격을 띠고 있다.

> 의리란 각각의 때와 토지가 필요로 하는 당연을 아는 것이며, 이것이 중용의 정의제일(正義第一)이다. (「中國辨」 近藤啓吾·金本正孝編, 『淺見絅齋集』, 373쪽)

이런 리의 개념에서 「저쪽」의 「가례」를 「이쪽」에서 변경하는 것이야말로 바로 리에 맞는 것이다. 내 자신의 동일성을 담보하는 것으로서의 리는 사물·사상의 동일성을 담보하는 것이기도 하다. 그리하여 각각의 개별적인 리의 구현은 서로 모순·대립하는 일 없이 병존할 수 있는 것이다.

> 사람들 각각 자신의 나라를 자기의 나라로 하고, 자신의 부모를

> 자기의 부모로 하는 것이 천지의 대의(大義)이므로, 모두가 병행하며 도리에서 벗어나는 것은 없다.(「中國辨」 近藤啓吾·金本正孝編, 『淺見絅齋集』, 372쪽)

케이사이는 「도에 주객·피차(彼此)의 차이는 없다」(「中國辨」 近藤啓吾·金本正孝編, 『淺見絅齋集』, p.369)는 보편적 도리의 개념을 전제로 하여 각각 개별적 리의 구현이 병존한다고 생각하고 있다. 이런 개별적 도리의 병존으로써 보편적 도리가 실현된다는 논리를 케이사이가 「리일분수(理一分殊)」에서 얻었다는 것은 알기 쉽다. 그는 「리일분수」를 구체적인 예를 들어 다음과 같이 설명하고 있다.

> 동쪽으로 가는 길은 동쪽으로 가는 이외에는 있을 수 없으며, 서쪽으로 가는 길은 서쪽으로 가는 것 이외에는 있을 수 없다. 부모에 대한 도는 효 이외에 없으며, 군주에 대한 도는 충이외는 없다.(「箚錄」 『山崎闇齋學派』, 320쪽)

각각의 장소와 입장에서 각각 「이치」의 도를 행하는 것은 「전체에서 본다면」, 구별이 없는 「천하 통일의 도」, 보편적인 도라는 것이다.

하지만 케이사이의 「리일분수」 개념은 분수를 통해 하나의 리로 향하는, 혹은 각각의 분수가 병존하는 것에서 리가 하나가 된다는 취지를 가지고 있다. 각각의 사물·사상에서 자기동일의 원리인 리의 성격이 여기에서도 드러나고 있다.

10. 맺음말

본고에서 고찰한 케이사이의 생과 사에 관한 생각을 정리해 보겠다.

사람이 살아 있을 때, 먼저 그 사람은 기인 혼백과 형체의 결합으로서 나타난다. 기는 매일 새롭게 생겨나며 또한 이산된다. 그 때문에 사람은 끊임없이 변화하고 있는 것이다. 하지만 사람은 기만으로 존재하는 것은 아니다. 그 사람을 그 사람으로서 존재하게 하는 리가 있음으로써 그 사람은 그 사람으로서 존재하고 있는 것이다. 기는 리를 본원으로 삼아 생겨나는 것이며 그 리는 불멸의 존재이다. 불멸인 리가 매일 변화하고 있는 사람을 그 사람답게 하는 동일성을 부여하고 있다.

사람이 죽으면 그 사람의 형체와 혼백은 이산·소실하지만 그 사람의 리는 불멸로 존재한다. 죽은 자의 리가 불멸로 존재하기 때문에 그 리가 감응하는 곳에 새롭게 기가 집합하여 귀신이 된다. 죽은 자의 리에 감응하여 새롭게 모인 기는 죽은 자의 귀신이다.

사람의 존재를 생사를 통해 성립시키고 있는 리와 기는 그 사람에게만 한정된 개별적인 것이 아니다. 그 사람의 리와 기는, 천지·조화라는 전일(全一)적인 것을 성립시키는, 전일적인 리와 기가 한정된 것이며, 그것과 상통하는 것이다.

이와 같은 논리에 의해 사람의 생사는 성립되지만, 사물의 존재에 부연하면 각각 개별의 사물은 각각 불멸의 리에 근거하여 동일성을 가지게 된다. 「일본」은 「일본」으로서, 「당(중국)」은 「당(중국)」으로서 동일성을 보지(保持)하게 된다.

케이사이가 상례에 관해 「이쪽」과 「저쪽」을 매우 적극적으로 인정한 것은, 주희 자신의 「가례」편술의 논리에서 유래한다. 이와 더불어 각각의 사물에는 각각을 성립시키는 개별적 리를 인정하는 것이다. 또한 동시에 그 리가 전일적인 리이기도 하다는, 리기개념에 입각한 것이다. 개별적인 리가 전일적인 리와 상통한다는 논리는 「리일분수」의 개념에 근거하고 있다.

이와 같은 정리 위에, 케이사이의 생과 사의 사상이 갖는 의미를 생각해 보고자 한다. 사람들에게는 흔해빠진, 하지만 중대한 사안인 생과 사를, 주희가 제시한 리와 기의 개념으로 설명하고 있다는, 그 점이 무엇보다 주목해야할 점이다.

리기의 개념에 의한 이야기는, 일상화·관습화된 (일본에서는 습합적 불교에서의)생사의 의미와는 전혀 다르게 재구성된 것이다. 리기는 천지의 리와 천지의 기라는 천지만물을 구성하는 원리이기 때문에 생과 사는 모두 천지 안의 일, 즉 현세의 일이다. 그리고 리기는 어느 쪽이든 생생(生生)의 원리에 있어서 사는 생의 일환이 된다. 리기 개념에 의한 생사의 이해는 생사의 장면을 현세로 한정한다. 죽은 자는 귀신으로서 현세에 있는 것이다.

사람의 생사의 장이 천지 안에 한정된 것은 천지 안의 모든 것이 리기에 의해 존재하고 있다는 것이다. 그리하여 사람의 생이 리를 근거로 하여 존립하는 것은, 생의 모든 장이 리의 구현의 장임을 의미하고 있는 것이다. 그 리가 전일한 천지의 리와 통하고 있는 한, 모든 생의 영위가 천지의 근원으로 연결된다는 엄숙한 의미를 가지게 된다.

본고에서는 다루지 못했지만, 사람이 생의 모든 장면에서 리를 구현하기위해서는 각각의 리를 밝히고 이와 더불어 그것들을 구현 할 수 있도록 자기 안에 있는 리를 밝히는 수양이 생의 중요한 과제가 된다. 이루어야 할 것을 이루기 위해서는 그것을 이룰 수 있는 자기가 되는 자기형성이 생 속에서 늘 요청된다. 리를 기축으로 파악되는 자기형성이 생의 주요한 내용이 된다.

케이사이의 리가 개별적 성격을 가지고 있는 것, 리와 기가 늘 상즉하고 있는 것은, 인간의 자기형성과 도덕적 실천의 모습에 일정한 방향성을 부여하고 있다. 리가 자기동일의 원리로서 기능한다는 측면에서, 여기서 살펴본 바에 한에서도, 나와 일본이란 폐쇄적 영역을 구성하는 경향을 가지고 있다.

이런 케이사이의 언설은, 리와 기의 개념을 가지고, 생은 무엇인가, 사는 무엇인가라는, 원리적 질문을 세우고 있다. 그것은 생과 사가 일상적 세계 속에서의 이해와는 다른 새로운 논리를 근거로, 지적인 논의의 대상이 되고 있음을 의미한다. 리와 기란 근원적인 개념에 의해 만사만물을 설명하려는 일환으로서 생과 사를 말하는 것이다.

아사미 케이사이의 생과 사의 이야기가 주희의 사상에 충실하려고 하면서도 어느 정도 일탈을 하고 있는 것은 크게 중요한 문제가 아니다. 주희의 리기개념에 입각한 이야기는 직계 문인에게도 많은 의문을 품게하는 것이었고, 그 의문에 주희가 답한 것이 완전하게 일관하고 있다고도 할 수 없다. 이런 사정으로 주희 이후 리기개념에 입각한 생과 사의 해석적 구성의 논의가 동아시아 세계에서 전개된 것이다.

그렇게 본다면, 일본에서 주희에 대한 본격적인 연구의 제2세대인 아사미 케이사이가 주희조차 반드시 일관하고 있다고 할 수 없는 리기개념을 해석적으로 구성하면서 생과 사를 이야기했다는 의미는, 다음과 같은 것이라 할 수 있다.

그것은 일상적 사회에서 이해되고 있는 것과는 다른 리기의 개념을 사용하여, 생과 사의 의미를 서로 논할 수 있는 논의의 장이 생성되었다는 것이다. 그것은 또한 일상적 사회에서의 생과 사의 개념을 재편성해 가는 것이 된다. 케이사이의 생과 사의 이야기는 주희 이후 동아시아세계에서 전개되어 온 리기개념에 입각한 생과 사의 해석적 구성의 논의가 「일본」에서 본격적으로 전개되어 가는 양상을 가감없이 보여주고 있는 것이다.

【문헌】

○「家禮師說」… 福井縣小浜市立図書館所藏寫本. 宝永2(1705)년8월25일부터의 케이사이 강의의 필록이다. 원본에는 페이지수(丁數)는 쓰여있지 않지만, 인용한 부분을 표시하는 편의상 임으로 본문부터 페이지 수를 세어 표시하였다.

○「淺見先生答問書」… 大阪大學附屬圖書館懷德堂文庫所藏寫本. 원본에는 페이지수(丁數)는 쓰여있지 않지만, 인용한 부분을 표시하는 편의상 임으로 본문부터 페이지 수를 세어 표시하였다.

이본(異本)으로 아래의 책을 참조하였다.

「絅翁跡部良賢問書」九州大學文學部座春風文庫所藏寫本

「答跡部良賢問目」(九州大學文學部座春風文庫所藏寫本)

「絅齋翁跡部良賢問書」(近世社會經濟學說大系『淺見絅齋集所收』)

이본 삼종은 내용과 구성면에서 같은 계통의 것으로 보여진다.

회덕당본(懷德堂本)은 이본과 마찬가지로 요시가타의 질의 문장과 케이사이의 답변의 문장을 단을 바꿔서 구별하고 있는 것 이외에, 질의 문장에 선을 그어서 행간에 비평을 하고 있다.

이본에 「元祿十二卯年十月六日」라고 쓰여져 있는 것이 처음에 있고, 『淺見絅齋集』수록본에는 「元綠十四辛己歲六月廿二日夜寫之大月吉迪」로 되어 있다.

이 자료는 元祿12(1699)년부터 14년에까지, 요시가타와 케이사이 사이에서 오고간 문답을 근간으로 하고 있다고 생각된다.

○「中國辨」… 近藤啓吾·金本正孝編, 『淺見絅齋集』, 國書刊行會。 별도로 日本思想大系, 『山﨑闇齋學派』에도 수록되어 있다. 「中國辨」에는 「元祿十四(一七〇一)年十二月二十一。七處士劉因」 문장의 원형이 있는데, 이것은 후에 개정되었다. 이 경위에 관해서는 近藤啓吾著, 『淺見絅齋の研究』 第二章 「第四節中國辨の改定」에 자세히 실려있다.

○「箚錄」… 日本思想大系, 『山﨑闇齋學派』, 岩波書店, 1980.

【원문】

東アジア文化における生と死の世界

−淺見絅齋(あさみけいさい)における生と死の思想−

高橋文博(就実大学)

一．はじめに−課題の限定

「東アジア文化における生と死の世界」という、大きな課題に文字通りの意味で応えることは、筆者の力の範囲を大きく超えている。ここでは、課題を極めて限定して、浅見絅斎（一六五二−一七一一）の生と死の概念を考察することとする。その場合、主として、「文公家礼」喪礼の鬼神概念を手がかりに考察を進める[1)]。「文公家礼」は朱熹(しゅき)の著作と信じられていた士庶人のための冠婚喪

1) 浅見絅斎における鬼神に関する研究について、本稿執筆にあたり、直接参照した研究だけを挙げておく。
近藤啓吾『浅見絅斎の研究』神道史学会、一九七〇年
近藤啓吾『儒葬と神葬』国書刊行会、一九九〇年
田尻祐一郎「絅斎・強斎と『文公家礼』」（日本思想史研究第15号、東北大学文学部日本思想史研究室、一九八三年）
田世民『近世日本における儒礼受容の研究』「第二章　崎門派の『文公家礼』に関する実践的言説」「第三章浅見絅斎の『文公家礼』実践とその礼俗観」（ぺりかん社、二〇一二年）。
松川雅信「「朱子」と「日用」のあいだ−絅斎・強斎による『朱子家礼』の受容」（「日本思想史研究会会報」第二九号、二〇一二年）

祭の礼書である。

絅斎は、朱熹の思想を忠実に学ぼうとした山崎闇斎（一六一八——一六八二）門下の一人である。彼もまた、朱熹に忠実であろうとした。にもかかわらず、彼における鬼神や理気の概念には朱熹のそれと差異が生じている。だが、絅斎の語ることが、朱熹との差異を生じていることは、必ずしも重要なことではない。

重要なことは、朱熹の提示した理気の概念を用いて、生と死を語ろうとするそのことである。このことが、近世日本に新しい知的状況を現出させたのである。

二.「キハメテ大事ノ遺骸」

絅斎が、「家礼」[2]喪礼の中で、第一に重視すべきであるとしたのは、遺骸の尊重である。彼の講義録「家礼師説」では、「治棺」のことを、次のように述べている。

> コレ第一ノ切務ユヘ先ツ始メニ挙ルゾ、キハメテ大事ノ遺骸ユヘ、虫蟻ノセヽラヌヤウニ土ノハダヘニチカヅカヌヤウニ長久ニ存シテ朽チルコトナイヤウニト心ヲ尽スコトゾ、コレガ孔孟程朱ノ旨ゾ、此外ハ皮毛外ノコトユヘドフナリトモ、時ノ宜シイヤウニ処スルガヨシ、喪中ノ大事死者ノ身ニツイテノ切務ハコレゾ、「家礼師説」四十一丁表

「家礼」喪礼は、親の死に際して子のなすべき行為の規定として、記述されている。絅斎は、子にとって親の遺骸は「キハメテ大事」であるとする。この場合、

松川雅信「神主と鬼神をめぐる言説一闇斎学派の『朱子家礼』受容に関する覚書」（「アジアの思想と文化」第五号、東アジア思想文化研究会、二〇一三年）

2) 本稿では、以下、「文公家礼」を絅斎自身にならって「家礼」と記述する。

親の遺骸が大事であることは、遺骸に何か特別な要素が存在することによるのではない。人の形体は、「造化」の働きにもとづいて生成消滅するという意味では、「草木」と同じである。だが、子にとって、親の遺骸が草木と同じ意味をもつわけではない。子にとって、親の遺骸をいつまでも存続して欲しいと願う対象である。そのことを、絅斎は、次のように述べている。

> 人ノ形ハ、造化トトモニ消息スルコト草木ノ栄枯ト同コトニテツイニハ土トナルゾ、ソレヲイツマデモ朽ヌヤウニカコハウト云ハ惑ジヤトイヘドモ、造化ノ理ハトモアレ、孝子ノ情ニイツマデモ存シタイト云コトガヤマズバナントセウ、造化トトモニ化スルハソレマデノコト、人子ノ心ニハソレハトンジャクハナイ、ナニトゾイツマデモ存スルヤウニアリタイト云ガ、又造化ノ理ト云モノ、並行テ不悖ト云ガコレゾ、同

絅斎は、人の形体の生滅は草木の栄枯と同じであり、人が死ねば土になることは「造化ノ理」によることであるとする。それとともに、遺骸を大事に思い、いつまでも存続することを願う心も、「造化ノ理」にもとづくことであるという。ここでは、形体という限りで同等の性格をもつものとして草木と人の遺骸を捉えるだけでなく、親と子という関係における心情のあり方もまた、「造化ノ理」にもとづくこととしているのである。

ここで、絅斎が、理の概念に重層的性格をみていること、別のいい方をすれば、位相を異にする理が相互に貫通するものをみていることを指摘しておきたい。理は、「造化ノ理」として万事万物の根底に働いており、人の形体が草木と同様に生滅するあり方を意味するとともに、また、子の親に対する孝の道徳としてもあるのである。理は、事物総体の根源であり、そうであるが故に、人間や草木などそれぞれに特殊な事物事象がそれぞれのあり方としてあることを可能にする原理でもある。

注意したいことは、遺骸を大事にすることを強調しつつ、それ以外は「皮毛外ノコト」であるから適宜処理すればよいとしていることである。「皮毛外」とは遺骸の

外のことを意味している。これは、遺骸を丁重に保存し得るような棺によって埋葬すれば、それ以外の儀礼は、状況に応じて行ってよいとすることである。

この主張は、遺骸を尊重保存して火葬を絶対的に避けるならば、その他の点で仏教的儀礼に従うことも、やむを得ず許容するというものである。「皮毛外」という言葉は、「朱子語類」に一箇所だけ出ている言葉である[3]。朱熹も、親の意思による仏教的儀礼の実施について、全面的に否定はしないが、火葬を厳格に避けるべきことを語るなかでこの言葉を用いている。

この時代の日本では、政治権力に主導された寺請制度などにより、仏教的喪祭の儀礼が一般的に行われていたから、「家礼」による喪祭の儀礼を厳格に実施することは困難であった。絅斎は、朱子の発言を援用することで、火葬を厳格に避けるとともに、仏教的儀礼への順応をはかっているのである。

ところで、遺骸の尊重と火葬の否定は、子の亡き親への孝の心情にもとづいて主張されたが、喪礼は、死者に対する生者の心情の表現に尽きるわけではない。喪礼は、生者と死後の存在との関係についての、より根本的な理解において成立する儀礼である。絅斎は、喪礼において、土になる「人ノ形体」としての遺骸とは別に、死後の存在をいかなるものとして理解しているのであろうか。

三.「魂氣ガヌケテ出ルモノデモナシ´散リタル魂氣ノマタアツマルモノデモナシ」

このことを考える上で注目したいのは、絅斎が「復」の礼について、次のように述べていることである。

---

3)「皮毛外」という言葉は、「朱子語類」には、次のような形で出てくる。
或問、設如母卒父在、父要循俗制喪服、用僧道火化、則如何、公如何、曰、只得不従、曰、其他都是皮毛外事、若決此如做従之、也無妨、若火化則不可、「朱子語類」巻八十九

> 周ノ礼ニテ忍ビヌアマリニスルコトゾ、チリタル魂気ノ今一度カエレト云コトニテ復ト云、和訓デハタマヨバイト云ゾ、アノ方ニ生レテアノ方ノ風俗ナレバコノトヲリ、此方デハイラヌコトゾ、魂気ガヌケテ出ルモノもデモナシ、散リタル魂気ノマタアツマルモノデモナイ、（中略）耗散シテ終ニ消ルユヘマ一度カヘルト云コトハナケレドモ、アナタノ礼ニテカフアルコトゾ、「家礼師説」三十八丁表

復礼とは、人の死の直後、屋根に登って死者の衣服を振って死者の名を呼んで「魂気」の戻ることを求める作法である。

人の臨終の時、あるいは、その直後に死者の名を呼びかけるといった行為は、人の死を形体からの霊魂の離脱とみなす観念にもとづいて、霊魂を身体に呼び戻すことで蘇生を求めることである。それは、原始古代あるいは未開社会の世界各地にみられる、ごく一般的な行為である。日本においても、右に「和訓」があるように、このような行為が古代以来存在し、形式的な風習としては、永く存在し続けていた。

ところが、絅斎は、「家礼」に規定されている復礼を「此方」では実行する必要がないとする。その理由として上げるのは、「アノ方」（絅斎は「唐(から)」という）で生まれた人であればその習俗に従えばよいが、「此方」（絅斎は「日本」という）では必要ないということである。

絅斎は、「家礼」に規定されている作法について、このように「此方」では「アノ方」と異なってよいとしばしば述べている。これは、一つには、「唐」とは異なる「日本」という歴史的社会的状況の差異がそうした「家礼」の変更を許容するのだという論理にもとづいている。そして、歴史的社会的差異に伴う礼の変更という論理は、「家礼」自身のうちに含まれている。「家礼」は、古代社会とは異なる宋代社会に適合するように朱熹が編述したものとされているからである。

とはいえ、絅斎が日本において「家礼」を変更する論理は、歴史的社会的状況の差異によるという朱熹の思想に従ったというにはつきないものがある。そこには、「アノ方」と「此方」とを明確に異質化する視線がある。この視線は、「中国」

という名辞にかかわる問題にかかわるものである。「アノ方」と「此方」の差異による変更を許容する論理については、後に考える。

ところで、絅斎が、復礼を「此方デハイラヌコトゾ」と述べた理由は、そうした「アノ方」と「此方」の違いによるだけでなく、復礼そのものを無意味とみる原理的な立場にもとづくことであった。

ここで、朱熹の死に関する理論を簡略に確認する。朱熹は、万事万物すべて「理」と「気」という根源的存在の結合として成立すると考える。万事万物を現実的に構成するのは気であり、現実的に存在する万事万物をそのようにあらせ、規制している理念的存在が理である。万事万物は、現実的に捉える限り、すべて気の運動としてあるが、その運動を決定しているのは理であり、理なくして万事万物はあり得ない。朱熹は、気がなければ理のありようがないとして理と気は常に結合してあるとしつつ、すべての現実的存在がなくなっても理はあるとして、理の気に対する存在論的優位を語っている。それは、朱子学が、現実的存在を語る思想にとどまるのではなく、人間の道徳性を重要な課題とする思想であることによる。

さて、当面の死にかかわる議論についていえば、人は、現実的には陰陽二気から構成されており、魂魄(こんぱく)が精神的肉体的活動を主宰するが、人の死は陰陽二気が離散消失することであり、魂(こん)は上にのぼって神(しん)となり、魄(はく)はくだって鬼(き)となるとする。鬼神と陰陽とは、「鬼者陰之霊也。神者陽之霊也。」(「中庸章句」第十六章) という関係になっている。朱熹においては、鬼神は気の霊妙なる働きを形容したものである。

朱熹においては、魂魄は離散消失するにしてもただちに離散するわけではなく、「漸漸散」(「朱子語類」巻三、第四十五条) と考えているから、復礼の成立する余地はあったし、さらに、死者の鬼神を祭祀する根拠もあったのである[4]。

---

4) このような考え方を示している「朱子語類」の箇所の一つに、次のものがある。
人所以生、精気聚也、人只有許多気、須有箇尽時尽則魂気帰於天、形魄帰于地而死矣、
中略)

絅斎は、朱熹の概念を参照しながらも、人の死は気の離散消失であるから、人のうちに働いていた魂魄はただちに離散消失するとしたのである。

ここで問題になることは、絅斎の場合は、人の死において、魂魄が離散消失してしまうとすれば、死者への喪祭の礼は、いかにして有意味なものであり得るのかということである。

四.「其重併積疊´計已無地之可容」

このことを考える上で参考になる資料として「浅見先生答問書」がある。これは、絅斎と跡部良賢（あとべよしかた）（通常は良顕（よしあきら）と呼ばれる、初名が良賢）（一六五八一一七二九）とが、さまざまな問題をめぐって数次にわたって往復問答した書簡をまとめたものである。良賢から質問し、絅斎が応答や批評をしている。「家礼師説」の講義より六年ほど前から交わされている問答であるが、絅斎の考え方に変わりはないと考える。

二人の間で問題となったことの一つが、「鬼神感格ノ理」をめぐるものである。

> 鬼神感格ノ理、中庸章句輯略或問語類文集ノヲモムキヲ以タビタビ講習討論シテ大略理会ストイヘドモ、徹シテ識分明ニ心中コレナシ、「浅見先生答問書」八丁表

良賢は、朱熹の著述を研究してきて、「鬼神感格ノ理」つまり子孫の祭祀に先祖の鬼神が「感格」する道理に大体は理解できているが、十分には納得がいかないという。この「鬼神感格ノ理」の「理」は、物事の成り立つ理由、筋道、道

人死雖終帰於散、然亦未便散尽、故祭祀有感格之理、先祖世次遠者、気之有無不可知。然奉祭祀者既是他子孫、必竟只是一気、所以有感通之理、然已散者不復聚、「朱子語類」巻之三・第十九条

理というほどの意味であり、事物の根拠を意味するものではない。ついで、彼の理解した鬼神感格の道理について述べていく。

> 開闢ヨリシテ先祖ノ一気吾マデツヾキテキレメハナキハヅ也、精気成物遊魂為変、此時ニ至リテ天地ノ気ト一ツニナルトイヘドモ、吾一気ノスヂアリテソレト一ツニナリ、子孫ノ祭祀誠敬ニヨリテ集テ感格スル（以下略）同上

良賢の理解はこうである。人は気が聚合して魂魄と形体をなして生きているが、死ぬと気は離散して天地の気と一つとなる、しかし、死者（親を主として想定している）と子孫とは、「一気」が連続しているので、子孫の「祭祀誠敬」によって先祖の気は集まるから「感格」は成り立つ、と。良賢の疑問は、次のようなものである。

> 死去魂魄モ、ソレキリ／＼ニ滅シテ、其一気ハ吾ニ具テツラヌク本ハアリテ、ヒタモノ／＼新也。昨日ノ吾ハ、今日ノ吾ナラズ、今日ノ吾ハ、新ナルハヅ也。死去ノ魂魄誠敬ニヨリテ聚マリ、感格スルコト不滅シテアリトイヘバ、朱子所謂其重併積畳、計已無地之可容トアル異端ノ意ト甚近キヤウ也。同、八丁裏

良賢の疑問はこうである。先祖の魂魄が離散した後にも、死者を構成していたのと同一の気が祭祀する子孫に具わっているので、祭祀誠敬によって先祖の魂魄が集まるとすれば、多数の先祖の気が限りなく重積することになり、収容することのできる場所がなくなるのではないか。それでは朱熹の指摘した「異端ノ意」に陥るのではないか、と。ここで、良賢が引いている「異端ノ意」の語の典拠は朱熹の書簡「答廖子晦（りょうしかい）」第二書にある[5)]。

---

5) 当該の語句は、次の文章の一部である。
　自開闢以来積至于今其重併積畳、計已無地之可容矣」「答廖子晦」第二

良賢は、「昨日ノ吾ハ、今日ノ吾ナラズ、今日ノ吾ハ、新ナルハヅ也」と述べている。これは、絶えず生生してやまない気が生生しつづけることにおいて、人の生が成り立っているとする朱熹の存在把握を承けている。ところが、祭祀誠敬において、先祖の魂魄が鬼神として集まるとすれば、その集まった気が沢山蓄積して場所がなくなるのではないかと疑っているのである。

五.「大根ノタネハツキテモ、大根ノ理ガ天地ニアレバ」

このような良賢の疑問に対して、絅斎は、質問文に印をつけて、行間に批評するとともに、まとまった批評文を与えている。

絅斎は、まず、右の「天地ノ気ト一ツニナル」の「一ツ」のところに印をつけて「一ツニナルコトナシ、遊魂為変ナレバモハヤチリテナシ」としている。そして、さらに「誠敬」のところに印をつけて、「コレナレバ気ガチラズニアルト云モノ、輪廻ノ説ト同事ナリ」と記している。絅斎は、要するに、人の死において、死者の魂魄が天地の気と一つになり、それが「子孫の祭祀誠敬」によって再び集まるという考え方は、魂魄は離散して消失しないことになる点で、輪廻の考え方となってしまうので誤りだとするのである。

絅斎も、祭祀誠敬において死者の魂魄・鬼神が集まると考えている。彼は、良賢の記した「死去ノ魂魄誠敬ニヨリテ聚マリ、感格スルコト」の魂魄の所に印をつけて、次のように述べるのである。

> ムカシノ魂魄デハナシ、今アツマルガ則魂魄ナリ、ソレガスナワチ昔ト一ツゾ、

同上

書、「晦庵先生朱文公文集」巻四十五
なお、この「答廖子晦」第二書は、この箇所だけでなく、全体として注目すべき内容を含んでおり、この資料のなかで、絅斎自身が重く着目している。

絅斎の考え方では、死者の魂魄は離散消失しているのであるから、それが再び気は集まることはない。にもかかわらず、祭祀誠敬において集まる気は死者の魂魄と同一なのである。彼は、気の概念だけで考えている限り、このことを理解し得ないとする。良賢の質問文の始めの箇所で印をつけて、絅斎は、次のように述べている。

理ノ妙処ニテ理デホサレヌコトユエ也、毎々程朱門人疑如此、同上

「理デホサレヌユエナリ」の「ホス」は理解するということで、「理の概念を用いて理解しないからだ」というのである。気だけで鬼神のことを考えて、理のもつ神妙な性格を理解しないところに、疑問が生まれるというのである。

このことは、良賢があげる具体的な例をめぐるやりとりの中で、明らかになる。良賢は、大根を例に挙げて、次のように述べる。

大根ノ種ハチイサクシテ、大根トミヘネドモ、ソレヲ畠ヘマケバ生ジ出テ、葉ヲ生ジ、白キ大根ヲナス。目ニミヘネドモ、其一気ハ天地ノ間ニアルコト必然也。感格ノ理ナクンバアルベカラズ。同、八丁表

これは、次のような考え方である。大根の種には、葉も大根の形もないが、種を地に蒔けばやがて葉が出て大根の形をなすのは、天地に大根の気があり、種と感応するからである、それは、子孫の祭祀誠敬によって子孫の気と同じ先祖の気が天地の気にあって感応することと同様である、と。

絅斎は、この箇所に脇注して、次のように述べている。

タトヘバソノ大根ノタネハツキテモ、大根ノ理ガ天地ニアレバ、理ノ感ズル処スナワチ大根ハエルナリ、ソレヲ子孫デナウテモ実ニ祭ルベキ理ガアレバ理ナリニ鬼神ガハエルナリ、天地自然ナリノ鬼神スデニハエレバソノナリニアラワルヽ鬼神一

致ナリ、同、八丁裏

絅斎は、こう考える。大根の種がなくても、大根の理があれば、その理の感ずるところから大根が生える、と。これは、大根の種がないところから大根が生えるとするのではない。大根の種がなくなっても大根の理はなくなるわけではない。そして、大根の理があれば、その理が感ずると大根が生える。大根の種から大根が生えることは天地の間にある気が感応するという気の次元だけで大根の成長をみることである。気において大根の形体が成立するためには、大根の理が感ずるのでなくてはならない。絅斎は、そう考えている。

ここで注目すべきことは、大根の形体があるときに大根の理があるというだけでなく、大根の形体があったとすれば、その大根の形体が消失したとしても、大根の理は消失することなく存在しているとすることである。そして、さらに注目すべきことは、「理ノ感ズル処スナワチ大根ハエルナリ」といっていることである。つまり、大根の理が感ずることにおいて大根の形体が生長するというのである。

> 大根の例は、人に比定されるが、絅斎による説明は大幅に省略されており、若干の飛躍もある。大根の例を、人にあてはめると、ある人がいたことは、その人が死んでもその人の理はあることを意味するはずである。

ところが、右にいうところでは、「実ニ祭ルベキ理ガアレバ理ナリニ鬼神ガハエルナリ」というときの理は、祭祀するべき道理という意味である。この理は、「天地自然」に通底する道理であるから、これに感じて「鬼神ガハエル」というにしても、その鬼神は直ちに先祖の鬼神ではない。

そこで、絅斎は、「天地自然ナリノ鬼神スデニハエレバソノナリニアラワルヽ鬼神一致ナリ」といっている。つまり「天地自然」の理に感じて生ずるのは天地自然の鬼神であるから、「天地自然ナリノ鬼神ガハエル」といって、その上で「鬼神一致ナリ」というのは、天地自然の鬼神が死者の鬼神と一致することを述べるのである。

このようにいうのは、先祖の鬼神が天地の気と一つになり、それが再び集まるとする考え方を否定するからである。絅斎にあっては、祭祀誠敬という理に感応して集まるのはあくまでも天地自然の理が感ずることで新たに集まる、天地自然の気としての鬼神である。しかも、その天地自然の鬼神が先祖の鬼神であるというのである。ただし、絅斎は、天地自然なりの鬼神が先祖の鬼神と一致することの成り立ちについて説明していない。

だが、絅斎が、大根の理を持ち出したのは、大根の種から大根が生ずるのは、大根の理が不滅なるものとしてあり、それが感応することをいうためであった。いうまでもなく、それは、人の死後、その人の理が不滅なるものとしてあることの喩えである。このとき、祭祀誠敬という理は、天地自然の理と感応するとともに、そのことにおいて、さらに不滅な先祖の理に感応すると考えられていたであろう。

いずれにせよ、ここでは、先祖の鬼神は、天地自然の気の集まることにおいて生ずるものである。だが、天地自然の気が、先祖の鬼神であるとし得る事情についての説明はない。その絅斎なりの説明は後にみる。

六.「存而不滅者理也。有此理，感則其感者氣也」

絅斎は、死者の鬼神のあり方を、これまでみた注解的な説明とは別に、理論的に整理した形で回答文を記述している。回答文の最初と最後の部分は、次のような漢文となっている。

有理則有氣。過而不反者氣也。日生而新者氣也。随感聚者氣也。存而不滅者理也。有此理、感則其感者氣也。同上

理之所感、無不有氣。此天地鬼神至妙。至妙之道、而非言外之識、不能得。故朱子曰、根于理生者、浩然無窮。嗚呼感也根也、造

化鬼神之樞機也歟。同、九丁表

この漢文の内容は、こうである。

「理があれば気がある。気はひとたび去ると離散消失してもどることはない。しかし、気は日々に新たに生じている。感ずるにしたがって集まるのは気である。理は存在して滅することはない。この理があって、感ずるとき、その感ずるものは気である。」

「理が感ずるとき、気が必ず有る。これが天地と鬼神との至って妙なるところである。この至妙なところは言葉を越えた特別な理解力が必要である。朱子は「根に根ざして生ずる気は、広大で窮まり無いのだ」と言っている。理が感じて根となって気を生ずるということ、これこそが天地・造化と鬼神との核心なのだ。」

このように解することのできる右の漢文は、「朱子曰」として引用している「答廖子晦」第二書の文言を中心に据えて、絅斎が構成したものである。この中で、中心的な意義をもつ朱熹「答廖子晦」第二書の文言を、右に引用された少し前から引くと、次のようになっている。

祭祀之禮以類感而應、若性則又豈有類之可言耶、氣之已散者、既化而無有矣、其根於理而日生者、則固浩然而無窮也、故上蔡謂、我之精神、即祖考之精神、「答廖子晦」第二書

朱熹は、子孫による祭祀誠敬の礼において先祖の「精神」との感応が成立するが、それは気の次元におけることであり、「性」については類における感応はないとしている。朱熹にあっては「性即理」であり、そして、それは「天地間一箇公共道理」[6]である。性即理は、公共道理であって個別的なものではないから、類に

6) 朱熹は、左の文章で、性即理の概念を、天地を主とする立場をとり、それを「天地間一箇公共道理」として、「我を主とする」立場が「一箇の精神魂魄」を認めることを「私意の尤なるもの」と否定している。

おいて感応することはない。だが、理に根ざして日々に生ずる気は広大にしてきわまることがなく、この広大な気においては子孫と先祖の精神は、祭祀誠敬において感応するというのである[7]。

絅斎は、朱熹の言説における理に根ざして日々に生ずる気という概念に強く依拠している。そこから、理があれば気があるとし、理が感ずるとき気が感じて生

所謂天地之性卽我之性、豈有死而遽亡之理。此說亦未爲非。但不知、爲此說者、以天地爲主耶。以我爲主耶。若以天地爲主、則此性卽自是天地間一箇公共道理、更無人物彼此之間死生古今之別。雖曰死而不亡、然非有我之得私矣。若以我爲主、則只是於自己身上認得一箇精神魂魄有知有覺之物、卽便目爲己性、把持作弄到死不肯放舍。謂之死而不亡。是乃私意之尤者、尙何足與語死生之說性命之理哉。釋氏之學本是如此。「答連嵩卿」第一書「晦庵先生朱文公文集」巻四十一

子安宣邦氏は、次の論考で、この文章を引くとともに、「答廖子晦」第二書に着目して、朱熹とずれる三宅尚斎の鬼神論の特質を論じている。尚斎の鬼神論は、浅見絅斎のそれと非常に近い。

子安宣邦『鬼神論—神と祭祀のディスクール』「六「鬼神」と「理」三宅尚斎の祭祀来格説をめぐって」、白沢社、二〇〇二年。

本稿は、また、朱子の鬼神論を「「鬼神」を解釈する言説」とする同書の理解に、多くの教示を得ている。

7)「答廖子晦書」第二書の「其根於理而日生者、則固浩然而無窮也」の読解については諸説がある。諸説を整理検討した研究として、次のものがある。

牛尾弘孝「朱熹の鬼神論の構造—生者と死者をつなぐ領域—」『哲学資源としての中国思想』研文出版、二〇一三年。

朱熹の鬼神に関する議論については、注6の子安氏の研究の他に、次の論考に教示を得ている。

友枝竜太郎『朱子の思想形成《改訂版》』「第二章存在の問題第三節鬼神説」春秋社、一九七九年。

高島元洋『山崎闇斎＊日本朱子学と垂加神道』「第一部闇斎学と朱子学第三章太極—闇斎学の理と神」ぺりかん社、一九九二年

孫路易「朱子の「神」」（「大学教育研究紀要」第8号、岡山大学、二〇一二年）。

ずると述べていく。このことが、鬼神の感応を、先祖と子孫における気の連続の問題としてではなく、理にもとづくとする主張を可能にしているのである。

絅斎にあっては、先祖の魂魄が離散消失するにしても、祭祀誠敬という人としてなすべきことをなす理に感じて生じる気・鬼神が集まり、それが先祖の鬼神と一致する。このとき、気は日々新たに生じて集まり、散って反らないものであるから、跡部良賢の心配した気の重積の憂いはない。そして、天地自然の鬼神と先祖の鬼神との一致の経緯はこれまでのところ示されてはいないものの、絶えず新たに生ずる鬼神の同一性を担保するものは、先祖の理の不滅なる存在である。

ひるがえって、生者が生者として同一性を保ち得るのは、やはり、生者を生者としている理による。先の二つの漢文の間に、祭祀に感ずる理の具体的な説明に関連して、絅斎は、次のように述べている。

> 今日ノ吾ハ、非昨日吾。サテ面目全體同ジ、吾ナルハ吾身ノイマダ生テイル理ノアルナリニ氣ガツヽク故也。同、九丁表

これはこういうことである。吾は日々新たに生ずる気からなるから、昨日の吾と今日の吾とは異なるが、「面目全体同ジ」、つまり人格としてはまったく同一である、吾が変化しつつ同一性を保っているのは、理が吾としての気に同一性を与えているからである、と。

ここで「吾身ノイマダ生キテイル理ノアルナリニ」という、興味深い言葉がある。理には、生者を生者とする場合と死者を死者とする場合とでは違いがあるとみているわけである。生者であることと、死者であることとは異なるから、それぞれを成り立たせている理も異なるということである。しかも、生者の理と死者の理とは、理である点では同じなのである。

いずれにしても、絅斎は、この場合、理について、ある物をその物として、ある人をその人として成立させ意味づける根拠として理解している。彼にあっては、人は、吾を吾として成立させ意味づける理を根拠とすることで、同一性をもって、

更には独自性をもって、存在するのである。人は生きているとき、吾としての理の同一であることにおいて、人生の変化の中で同一の吾としてある。この生きている吾のあり方の延長上に、死者が見通されている。

人は死んでも、その人の吾を吾として根拠づけていた理は不滅であり、死者の鬼神は生者の魂魄と同一性をもって集まるのである。このとき、理は、個別的実体性をもつ。

この人の生が、天地・造化の働きの中にあることはいうまでもない。理は個々の人の生の根拠であるとともに、天地・造化の根拠でもある。先の漢文でも、絅斎は、理を根拠として成立するところに、「天地鬼神至妙」「造化鬼神之枢機」というように、鬼神と天地、鬼神と造化とを並列しているのは、そのためである。

ところで、改めて確認しておくべきことは、感じて気を生ずる理は、事物の存在根拠としての性格とともに、道徳性を有することである。先に「実ニ祭ルベキ理ガアレバ理ナリニ鬼神ガハエル」とあったように、祭祀誠敬という行為は理に叶うこととして捉えられている。親に孝、君に忠という行為も理に叶うことである。この意味で、鬼神感格の道理は、先祖と子孫における一気の貫通という事実的次元にとどまるのではなく、祭祀誠敬・孝という道徳性を不可欠としている。

朱熹の思想にならう絅斎において、理の概念を基軸とする道徳性は、鬼神祭祀に限らず、その思想の根幹をなしている。そして、理の概念を基軸とする道徳性の具現に向けての修養が、生の重要な一部をなすのである。

いずれにせよ、死者の魂魄は離散消失とするとしながらも、絅斎は、朱熹の理の概念に鬼神感格の成立し得る理由をみてとった。その理由は、理が個別的実体性と感じ働く性格を有することにあった。だが、彼が、朱熹における理の「公共道理」としての性格を見落としていたと考えることはできない。先の漢文において、理が感ずると気が感ずるとはいうものの、理と理が感ずるとは述べていないのである。

これまでのところ、絅斎の鬼神感格の議論は、理で理解するとしながらも、次の事柄について説明の余地を残している。天地の理（「公共道理」）と先祖の理（個別的な理）との関係について、それと関連する天地自然の鬼神と先祖の鬼神と一致する事情を、鬼神感格の議論として、彼はどう考えているのであろうか。

そこで、「家礼師説」にもどる。

七.「神ノ寄ドコロヲ奉ズルト理ナリ誠ナリニ自然ニ氣ナリガアツマルゾ」

次に、絅斎が、喪礼には鬼神の寄りどころがなくてはならないとすることをみる。鬼神感格には、鬼神の寄りどころが不可欠なのである。

絅斎は、「家礼師説」で、次のように述べている。

> 霊座ハ三年ノ間ダ鬼神ノ在ス所トシテサシアタリテハ尸ノ前ニ設クルゾ、コレハ是非トモセデカナハヌコトゾ、神主ノデキヌ内ハ紙牌ヲ立テヽ葬埋ノ時ニ墓前デ神主ニ題シテ奉ジカヘルゾ、神座ト云モ同ジコトナレドモ神ト云ハ万世存スル神明ノ名ナリ、霊ト云ハ只今マザ／＼シナレタスサマジイカラ、霊ト云、ソレユヘ三年ノ喪ノ間ハ霊ト云ゾ、魂帛ハ神主ノ出来ルマデノ神ノ寄ドコロトスルゾ、「家礼師説」五十丁裏

ここで語られていることを、「家礼」に即していうと、次のようになる。まず、人が死去した後にはすぐに鬼神の寄りどころを置く場所を設ける。これが霊座である。白絹を結んで人の形のように結んだものが魂帛である。魂帛は、遺骸を埋葬するまでの間、神の仮の寄りどころである。鬼神の本来の寄りどころは神主であるが、神主は予め作っておき、墓で遺骸を埋葬する前に題して完成する。神主を

家に持ち帰って霊座に安置し、三年の喪を終わると、四代にわたる先祖の神主を安置している祠堂に移すのである。

絅斎は、死の直後に作るものは、「家礼」とは異なって魂帛ではなく紙牌でもよいとしている。その紙牌は持ち帰らないで墓に埋める。持ち帰った神主を喪の明けた後に安置する場所は「家礼」とは異なって祠堂のような建物ではなく、家の中にある祠室という部屋である。前に述べたように、絅斎は、「家礼師説」では、実行する作法を「此方」と「アノ方」との違いにより、「家礼」とはさまざまな点で変更しているのである。

ところで、絅斎は、この紙牌を立てることを、死者の死後にすべき「切務」の一つとして、次のように述べている。

> サテ紙牌ナリトモ主ヲ早ク立テヽ神ノタヾヌハヌヤウニ主ハ死者ノ右ナラビ左ノ肩サキノ方ニ案上ニヲキ前ニ香ヲタクベシ、「家礼師説」三十九丁表

この言葉は、先に死者の魂気が抜けるわけでも集まるわけでもないとした復礼について述べたところのすぐ後にある。だから、ここにいう神は、死者の生時に形体とともにあった、離散消失した魂気ではない。先にみたところによれば、理に感ずることで理に根ざして生ずる魂魄・鬼神である。

なお、「家礼師説」では、理に感じて集まる気を鬼神と語ることもあるが、神とすることが多い。以下では、祭祀の対象を神と記述することとする。

絅斎は、祭祀において先祖の神の集まることについて、次のように述べている。

神ハ理ノ感ズルナリニアツマルモノ、汎然トシテハ天地ノ理ハアツテソコニ理ナリニアツマルト云コトハナイ、水ヲ生ゼウトシテ井ヲ掘ルヤウナモノ、水ハミナ天地ノ水ナレドモ、井ヲホルデナケレバソコヘ水気ハアツマラヌ、ソレト同ジコト、我心ノ相手アツテ感ズル理ナリニアツマルトコロアルゾ、死ンダモノガノコツテイテ又アツマルデモナク又別ノモノガ生ズルデモナイ、我ウヤマイカナシム理ノイタリ、誠

ノ至リナリニ神ノ寄ドコロヲ奉ズルト理ナリ誠ナリニ自然ニ気ナリガアツマルゾ、祠堂ヲ立レバ祠堂ナリ神主ヲ立レバ神主ナリニ気ガアツマリテ神霊ハ存スルゾ、理ナリ心ナリニ相感ズル妙用ゾ、「家礼師説」五十一丁表

まず、「神ハ理ノ感ズルナリニアツマルモノ」と述べて、理が感ずることで神が集まるとしている。つづけて「汎然トシテハ天地ノ理ハアツテソコニ理ナリニアツマルト云コトハナイ」という。これは、漠然と天地の理があるだけでは、先祖の神は集まらないというのである。先にみたところで、絅斎は、子孫の祭祀誠敬において天地自然の理が感じて天地自然の鬼神が生じるとし、それが先祖の鬼神と一致するとしていたが、天地自然の鬼神と先祖の鬼神の一致する事情の説明はなかった。

ここでの焦点は、天地自然の鬼神が先祖の神として集まる事情である。このことの説明のために、井戸を掘る比喩が語られる。天地の水は、井戸を掘ることで、特定の水として生ずるという比喩は、天地の理を特定の先祖の理へと限定すること、そのことによって先祖の神が集まることを喩えている。それが「我心ノ相手アツテ感ズル理ナリニアツマルトコロアルゾ」と語られる事態である。

「我心ノ相手アツテ感ズル理ナリニアツマルトコロアルゾ」という言葉における理は、先祖の理を意味している。先祖の理であるから、そこに先祖の神が集まるのである。ここで重要なことは、「我心ノ相手アツテ」という条件のあることである。この条件のもとで「感ズル理」が先祖の理となっている。

祭祀誠敬の理を尽くすことに先祖の理が感応するという考え方を絅斎はしていない。祭祀誠敬の理を尽くすことが、「我心ノ相手」を介することで、天地の理が先祖の理に限定的に転化すると考えているのである。そうした事情を、次の言葉が示している。

我ウヤマイカナシム理ノイタリ、誠ノ至リナリニ神ノ寄ドコロヲ奉ズルト理ナリ誠ナリニ自然ニ気ナリガアツマルゾ、前引

「我ウヤマイカナシム理」を尽くすとき、「神ノ寄ドコロヲ奉ズル」ことにおいて、

「理ナリ誠ナリニ」気が集まるとしている。「我ウヤマイカナシム理」は、人としてなすべき一般的な道理であり、天地の理を意味しているであろう。これに対して、集まる気は先祖の気であるから、「理ナリ誠ナリニ」の理は先祖の理ということになる。

絅斎は、祭祀誠敬を尽くすという理が、汎然たる天地の理にとどまらないで先祖の理へと転化する媒介を「神ノ寄リドコロ」としたのである。その神の寄りどころが、祠堂であり、とくに神主である。

神主は、天地の理を先祖の理に転化する媒介であるとともに、そこに先祖の神が集まり宿るところである。

神主に集まる先祖の神が、先祖の魂魄が存続して集まるわけではないことは、既にみたように、絅斎の明確な考え方であり、次のように確認している。

> 死ンダモノガノコツテイテ又アツマルデモナク又別ノモノガ生ズルデモナイ前引

こうして、天地の理に根ざして絶えず生生する気が、先祖の理に刻印されて先祖の神となるという鬼神感格の成立に、神主が決定的に重要な位置を占めるのである。

八. 「已ニ神ト云カラハ天地ノ神靈ト相貫通スルユへ自カラ天地ノ象ヲ取ルゾ」

それでは、神主は、何故に天地の理を先祖の理へと限定し、そのことによって天地の気を先祖の神へと限定する権能をもつのであろうか。それは、神主の成り立ちから理解し得る。

神主は、死者の名を記載することにおいて、特定の死者の神の寄りどころであることを示すものである。だが、絅斎の重視するところはその形体である。先祖の神は、天地の神の限定であるから、天地の形象を模するのでなくてはならない。

已ニ神ト云カラハ天地ノ神靈ト相貫通スルユヘ自カラ天地ノ象ヲ取ルゾ、雖聖人復起不易予言ト云ベキコトゾ、「家禮師説」八十四丁表

神主が、先祖の神の寄りどころであり、その神が天地の神の限定である以上、先祖の神と天地は貫通している。だから、神主は、「天地ノ象」を写すものとして形作られている。神主が天地の象を写すものであることは、程伊川の見解を典拠としている[8)]。

取ル二法ヲ於時月日辰ニ一。趺方四寸、象ル二歳之四時ニ一。高サ尺有二寸、象ル二十二月ニ一。身ノ博サ三十分、象ル二月之日ニ一。厚サ十二分、象ル二日之辰ニ一「二程全書」巻之六十四

神主の形体を作るとき、模範を四季（時）、一年の十二月（月）、一月の三十日（日）、一日十二刻（辰）にとって、それぞれ脚台、高さ、本体の幅、厚さを数値として写しとったというのである。これだけでは、具体的な形体と寸法を定めることはできないが、種々考証の結果として定めたものが、山崎闇斎編「文会筆録」近思録条にある。神主の図について、絅斎は、次のように述べている。

山崎先生筆録ニノセラルヽガ精シイ図ゾ、手前モテツダフタルゾ、「家礼師説」八十二丁裏

8) 吾妻重二氏によると、中国古代では、死者の霊魂の寄りどころである「主」「木主」は皇帝諸侯高官に限定されており、唐代の礼制でもほぼ同じであった。したがって、程伊川が、士大夫みな木主を家廟に置くべきとしたことは画期的なことであったし、彼の提示した神主が、従来のものとまったく異なる新しいタイプのものであったと述べている。
吾妻重二「近世儒教の祭祀儀礼と木主・位牌ー朱熹『家礼』の一展開」、吾妻重二・黄俊傑編『国際シンポジウム東アジア世界と儒教』東方出版、二〇〇五年。

絅斎は、師である闇斎と共に、中国古代の尺の寸法を校訂しながら、神主を作製したのである。

このような神主の成り立ちからわかることは、神主が単なる形体ではなく、神の寄りどころであることにおいて、それ自身として一定の神聖さをもつものと考えられていることである。それは、神主の内側に死者の名を記載する陥中に関連して、次のように述べていることからもわかる。

> 陥中ハ一代アケテミヌゾ、去ナガラ安ゼヌコトアラバケヅリ改ムベシ、ケズラレズンバシカユベシ、或ハ先祖カラ伝タ位牌ト云テカヽハリテヌルハイラヌコトゾ、我心ニ安ゼヌコトハ神主モ安ゼヌゾ、紙ニカイテモ我心ニ安ズル処ニハ神モ安ズルゾ、「家礼師説」八十五丁裏

陥中に記載する名を、過去の仏教的な名称である場合は改めるべきことを説くなかで「我心ニ安ゼヌコトハ神主モ安ゼヌゾ」「我心ノ安ズル処ニハ神モ安ズルゾ」と述べているのである。神と神主の安らぎが並列的に語られている。祭祀するものの心の安らぎが祭祀対象の安らぎであるとする考え方は興味深いものであるが、このことについてはもはや立ち入ることをしない。ここでは、神主が、先祖の神の寄りどころであるというにとどまらず、先祖の神と同様な性格をもつに至っていることを確認しておきたい。

神主は、天地の形象を写して形作られた、天地の神霊と貫通する先祖の神の宿るにふさわしいものであり、また、それ自体が先祖の神と同等の性格をもつものと考えられている。この意味で、神主は鬼神感格の成立に決定的な意義をもっている。にもかかわらす、絅斎は、種々考証の上、神主を新たに作成するほかはなかったのである。

このことは、絅斎における「家礼」の受容にかかわる問題でもある。神主の問題には直接かかわらないが、最後に、「アノ方」と異なる「此方」における「家礼」の変更を主張する、絅斎の考え方をみることとする。

九.「朱子モ此方ニ生ズレバ此方ナリニ家禮ガデケルゾ」

絅斎は、朱熹の考え方を忠実に継承して解釈しようとすることで、人の生と死の観念を得ている。「家礼」理解においても、その態度は一貫している。彼は、日本において「家礼」を変更する理由について、朱子の「家礼」編述の論理を受け継ぐのだとしている。

> 凡テ家礼ノ立ヤウガサウデ、古ニナヅムコトナク、今日人情ニカナウテ、其上ニ非礼ヲハフキテ義理ニタガハヌヤウニナサレタルゾ、此方デイヘバ、先祖ヲ尊ビ祠堂ニ奉ズルハ天地自然ノ理デ、唐モ日本モチガハヌガ、其立ヤウノ制ハ此方ナリニチガフゾ、朱子モ此方ニ生ズレバ此方ナリニ家礼ガデケルゾ、「家礼師説」十丁表

ここにいうところは、朱子による「家礼」編述は、古礼を今日の「人情」にあわせて変えているのであるが、それは「義理」という根本の内実は変えないで、義理を表現する「制」を変えているというのである。この義理と制は、「家礼序」の言葉では、礼の本と文に相応じている。

朱子は「古」と「今」の時代による状況の変化にもとづいて古礼の制・文を変化させたのであり、絅斎によると、それは、「アノ方」と「此方」、「唐」と「日本」という地域による状況の変化に応じて制・文を変化させることと同じである。だから、朱子が日本に生まれたら、「此方」に相応する「家礼」を作る筈である。絅斎は、日本において「家礼」の制・文を変更するのは、朱子の「家礼」編述の論理に忠実であるということになる。

絅斎のいうところは、状況に応じて、礼の形を変化させるのだという限りでは、首肯できるものである。だが、彼は、「此方」「日本」と「アノ方」「唐」との間での差異による変更を対比して、変更を主張するのである。

このとき、「中国」という言葉を避けていることに注意する必要がある。これは、

絅斎における思想的立場のあらわれなのである。彼の思想的立場を「中国弁」についてみることとする。

絅斎は、「中国」が「夷狄」と対をなす概念であり、「唐」が自国中心の立場で使用するものであるとして、この呼称を避ける。「唐」に傾倒してそれに追随する傾向を批判しつつ、次のように述べている。

> 中国夷秋ノ名、ソレトモニ唐ヨリ付タル名ナリ。其名ヲ以テ吾国ニ称スレバ、ソレトモニ唐ノマネ也。唯吾国ヲ内トシ異国ヲ外ニシ、内外賓主ノ弁明ナレバ、何方ニテモ皆筋目タガハズ。「中国弁」近藤啓吾・金本正孝編『浅見絅斎集』三七二頁

絅斎は、いずれの土地も、中というべきことはないから、「中国」という呼称を用いずに、自国と異国とを内と外として区別すればよいとしている。文化の発展の度合いなどを考慮すべき点はあるにせよ、基本的には、それぞれの国を中心として、自国と他国を内外と位置づければ「筋目タガハズ」、理にかなうとするのである。

ここでは、理は、個々の時と所における「当然」として、明確に個別的な性格を帯びている。

> 義理ハ其時其地ソレ／＼ノ主トスル当然ヲシルコト、是中庸ノ正義第一也。同、三七三頁

このような理の概念において、「アノ方」の「家礼」を「此方」において変改することは、まさしく理にかなうことである。吾の自己同一性を担保するものとしての理は、事物事象の同一性を担保するものでもある。そして、それぞれに個別的な理の具現は、相互に矛盾対立することなく並存し得るというのである。

面々各々ニテ其国ヲ国トシ、其親ト親トスル、是天地ノ大義ニテ、並行ハレテモトラザル者也。同、三七二頁

絅斎は、「道ニ主客彼此ノヘダテナケレバ」（同、三六九頁）とする普遍的な道理の概念を前提として、それぞれに個別的な理の具現が並存すると考えている。

このような、個別的な道理の並存として普遍的な道理が実現するという論理を、絅斎が「理一分殊」から得ていることは見やすい。彼は、「理一分殊」を、具体的な形で、次のように説明している。

東ヘ往ク道ハ東ヨリ外ナク、西ヘ往ク道ハ西ヨリ外ナク、親ヘノ道ハ孝ヨリ外ナク、君ヘノ道ハ忠ヨリ外ナク、一筋／＼見候ヘバ、一筋ト極リテ余ノコトニ紛レズ、一ツ／＼有ナリデ、全体ヨリミレバ隔ナク、天下一統ノ道ニテコレナク候ヤ。「箚録」『山﨑闇斎学派』三二〇頁

それぞれの場所と立場で、それぞれに「一筋」の道を行うことが、「全体ヨリミレバ」、区別のない「天下一統ノ道」普遍的な道であるというのである。

だが、絅斎における「理一分殊」の概念は、分殊を通して一理に向かう、あるいは、それぞれの分殊が並存することにおいて理一が実現するという趣をもっている。それぞれの事物事象における自己同一の原理であるという理の性格が、ここにあらわれている。

十. おわりに

本稿でみてきた、絅斎における生と死の考え方をまとめてみる。

ある人が、生きているとき、まず、その人は気である魂魄と形体の結合として

あらわれている。気は日々に新たに生じてかつ離散しており、それ故、人は絶えず変化している。だが、人は気だけで存在しているのではない。その人をその人として存在させている理があることで、その人はその人として存在しているのである。気は理に根ざして生ずるものであり、その理は、不滅に存している。不滅である理が、日々変化している人をその人としての同一性を与えている。

ある人が死ぬと、その人の形体と魂魄は離散消失するが、その人の理は不滅に存している。死者の理が不滅に存しているが故に、その理が感じることで新たに気が聚合して鬼神となる。死者の理に根ざし感じて新たに集まる気は死者の鬼神である。

ある人の存在を、生死を通じて成り立たせている理と気は、その人だけに限定される個別的なものではない。その人における理と気は、天地・造化という全一なるものを成り立たせている、全一なる理と気の限定されたものであり、それと貫通するものである。

これは、人の生死の成り立ちであるが、事物の存在に敷衍すると、それぞれの個別の事物は、それぞれに不滅な理にもとづく同一性を有することになる。「日本」は「日本」としての、「唐」は「唐」としての同一性を保持するのである。

絅斎が、喪礼について、「此方」と「アノ方」を極めて積極的に認めることは、朱熹自身の「家礼」編述の論理に由来するとともに、それぞれの事物にそれぞれを成り立たせる個別的な理を認めるとともに、その理が全一なる理でもあるとする、理気概念にもとづくことである。個別的な理が全一なる理と貫通するという論理は「理一分殊」の概念にもとづいている。

このようにまとめた絅斎における生と死の思想のもつ意味を考えてみよう。人々にとってありふれた、しかも、重大な事柄である生と死を、朱熹の提示した理と気の概念で語っている、そのことがなによりも注目すべきことである。

理気の概念による語りは、日常化慣習化された（日本においては習合的仏教における）生死の意味づけを、まったく新たに構成し直すことであった。理気は、天地の理と天地の気という天地万物を構成する原理であるから、生と死は、ともに天地の間のこと、つまり現世の出来事である。そして、理気はいずれにせよ、生生の原理であることにおいて、死は生の一環であることになる。理気概念による生死の理解は、生死の場面を現世に界限した。死者は、鬼神として現世にいるのである。

人の生死の場が天地の間に界限されることは、天地の間のすべてが理気において存立していることである。そして、人の生が、理を根拠として存立するとは、生のあらゆる場が理の具現の場であることを意味している。この理が、全一なる天地の理と通じているとする限りで、あらゆる生の営みが天地の根源に連なる厳粛な意味をもつことになる。

人が、生のあらゆる場において理を具現するには、それぞれの理を明らかにするとともに、それらを具現し得るように自己のうちにある理を明らかにする修養が、生の重要な課題となる。なすべきことをなすには、それをなし得る自己となる自己形成が、生の中で常に要請される。理を基軸に据える自己形成が生の主要な内容となる。

この絅斎における理が、個別的性格を帯びていること、理と気が常に相即していることは、人の自己形成と道徳的実践のあり方に一定の方向性を与えている。理が自己同一の原理として機能することにおいて、ここにみた限りにおいても、吾と日本という閉域を構成する傾きをもっている。

こうした絅斎の言説は、理と気の概念をもって、生とは何か、死とは何かという、原理的な問いを立ててなされている。それは、生と死が、日常的慣習的世界の中における理解とは異なる新たな論理のもとで、知的な議論の対象となっていることを意味する。理と気という根源的な概念によって、万事万物を語り尽くすことの一環として、生と死を語るのである。

絅斎の生と死の語りが、朱熹の思想に忠実であろうとしながら、多少なりとも逸脱を含んでいることは、大して重要な問題ではない。朱熹の理気概念にもとづく語りは、直接の門人にも多くの疑問を抱かせるものであったし、その疑問への朱熹の答が完全に一貫しているともいえない。そうした事情のもとで、朱熹以後、理気概念にもとづく生と死の解釈的構成の議論が東アジア世界に展開したのである。

そのようにみると、日本における朱熹への本格的な学びの第二世代である浅見絅斎が、朱熹において必ずしも一貫しているといえない理気概念を解釈的に構成しながら生と死を語ることの意味は、次の点にあるだろう。

それは、日常的慣習的社会で理解されているのとは異なる理気の概念を用いて、生と死の意味を相互に語り合う議論の場が生成していることである。それは、やがてまた、日常的慣習的社会における生と死の概念を組み替えていくことになる。絅斎の生と死の語りは、朱熹以後、東アジア世界で展開した理気概念にもとづく生と死の解釈的構成の議論が、「日本」において本格的に展開していく様相を露わにしている。

文獻

○「家礼師説」…福井県小浜市立図書館所蔵写本に拠る。宝永二（一七〇五）年八月二十五日から絅斎がおこなった講義の筆録である。原本には、丁数は付されていないが、引用箇所を示す便宜上、本文の丁数を、私に付している。

○「浅見先生答問書」…大阪大学附属図書館懐徳堂文庫所蔵写本に拠る。原本には、丁数は付されていないが、引用箇所を示す便宜上、本文の丁数を、私に付している。

異本に、次のものを参照している。

「絅翁跡部良賢問書」九州大学文学部座春風文庫所蔵写本

「答跡部良賢問目」（九州大学文学部座春風文庫所蔵写本

「絅斎翁跡部良賢問書」（近世社会経済学説大系『浅見絅斎集所収』）

異本三種は、内容と構成から、同系統とみられる。

異本では、「元禄十二卯年十月六日」と付されているものがはじめにあり、『浅見絅斎集』所収本に「元禄十四辛己歳六月廿二日夜写之大月吉迪」とある。

この資料は、元禄十二（一六九九）年から十四年にかけて、良賢と絅斎の間で往復した問答をもとにしていると考えられる。

○「中国弁」…近藤啓吾・金本正孝編『浅見絅斎集』国書刊行会。別に、日本思想大系『山崎闇斎学派』にも収録されている。「中国弁」には元禄十四（一七〇一）年十二月二十一。七処士劉因」の中の文章に原型があるが、これは後に改定されている。この経緯については、近藤啓吾著『浅見絅斎の研究』第二章「第四節中国弁の改定」に詳しい。

○「箚録」…日本思想大系『山崎闇斎学派』岩波書店、一九八〇年

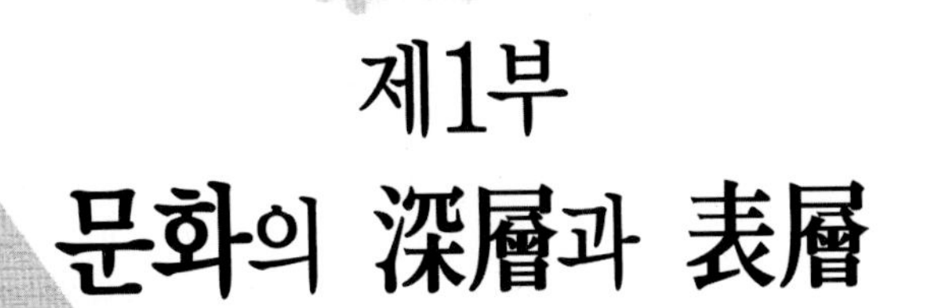

제1부
문화의 深層과 表層

무당 노래[巫歌]를 통해 본 한국인의 생사관

-바리데기 공주 무가를 중심으로-

최준식(이화여자대학교 한국학과)

1. 시작하며-왜 무당 노래에서 한국인의 생사관을 찾는 걸까?

현대 한국인은 다양한 종교를 믿으면서 살고 있다. 그래서 그들은 매우 다른 세계관을 갖고 있는 것처럼 보인다. 다양한 종교들이 제공하는 세계관이 다 다를 터이니 그런 추정을 할 수 있을 것이다. 이 세계관에는 당연히 생사관이 포함된다. 따라서 한국인들은 그들이 지닌 세계관이 다른 만큼 생사관에 대해서도 여러 가지 견해를 갖고 있을 것이라는 예측이 가능하다. 불교를 믿는 사람은 대체로 윤회를 상정하는 생사관을 갖고 있을 것이고 그리스도교를 믿는 사람은 내세 및 천당을 인정하는 생사관을 갖고 있을 것이다. 그런가 하면 종교가 없다고 주장하는 사람들은 영혼이나 내세를 부정하거나 무관심해 하는 태도를 취할 것이다.

그런데 한국인들이 믿는 종교가 이렇게 다양함에도 불구하고 생사관에 관한 한 한국인들은 대체로 한 가지 면에서 공통점을 지니는 것 같다. 한국인들은 그들이 믿는 종교와 관계없이 대단히 현세지향적이라는 것이다. 주지하다시피 불교나 그리스도교는 내세와 영혼을 인정하는 종교이다. 따라서 이 종교를 믿는 사람들은 확고한 내세관을 갖고 있어야 한다. 인간에게는 영혼이 있고 이 영혼은 육체가 멸한 다음에 내세로 간다는 믿음이 그것이다. 인구의 절반가량[1]이 이 두 종교를 믿고 있으니 적어도 전체 한국인 중에 반은 영혼의 존재를 믿고 있고 자신이 죽으면 영계(불교 용어로는 '중음계')로 간다는 확실한 믿음이 있을 것이라고 추정할 수 있다.

그런데 실제 생활에서 보이는 한국인들의 내세관은 그리 확고하게 보이지 않는다. 여기서 한국인들의 내세관을 조사한 설문조사 결과를 인용할 생각은 없다. 설문 조사에 나오는 결과는 그 사람의 의견만을 물은 것이라 실제의 현장에서는 그 사람의 태도가 얼마든지 달라질 수 있기 때문이다.

특히 죽음과 관련된 조사가 그렇다. 예를 들어 평소에는 자신이 말기질환 상태에 들어갔을 때나 의식불명의 상태가 되었을 때 무의미한 연명치료를 받지 않겠다고 "사전의향의료서"까지 작성해 놓은 사람들이 막상 연명치료의 가부를 결정해야 할 실제의 상황에 맞부딪히면 태도를 바꾸는 경우가 많기 때문이다. 삶이냐 죽음이냐 하는 기로에 서게 되면 생에 대한 미련이 남아 아무 효과도 없을 연명치료를 받는 것으로 자신의 태도를 바꾸는 것이다.

말기질환 상태에 돌입하게 되면 환자는 더 이상 건강을 되찾을 수 없다. 이것을 비가역적(非可逆的)인 상태라고 하는데 암 질환 말기처럼 고칠 수 없는 질병의 상태가 그것이다. 이때부터 하는 치료는 무의미한 연명치료라고 부른다. 치료를 해도 건강을 되찾을 수 없으니

1) 한국의 종교인 숫자는 거칠게 잡아서 불교도가 1,200만 명이고 개신교도가 800만 명이고 가톨릭교도가 530만 명이니 이것만 다 합해도 2,500만 명을 조금 상회하는 숫자가 된다. 전체 인구가 5,000만 명 정도이니 이 세 종교를 믿는 사람의 수는 인구의 반을 차지하는 셈이 된다.

무의미하다는 것이다. 따라서 이성적인 판단으로는 치료를 중단하는 것이 좋다. 치료를 계속하면 엄청난 재정적인 낭비가 있을 뿐만 아니라 본인 자신이 상상할 수도 없는 큰 고통에 휩싸이기 때문이다. 그래서 무의미한 치료라고 하는 것이다.

그런데 이런 경우 대부분의 한국인들은 이 무의미한 치료를 받는다. 고치지 못할 것을 뻔히 알면서도 혹시 고칠 수 있지 않겠느냐는 기대감과, 또 남은 생을 하루라도 더 연장하려는 헛된 욕심에서 이런 일을 하는 것이다. 그러나 만일 한국 인구의 절반을 상회하는 불교도나 그리스도교도들이 진정으로 자신들의 종교를 받아들였다면 이렇게 현세에 과도하게 집착하는 일은 하지 않을 것이다. 왜냐하면 앞에서 말한 대로 이 두 종교의 교리는 인간이 죽는다는 것은 육신으로 끝나는 것일 뿐이고 영혼의 형태로 다시 새로운 출발을 한다고 주장하고 있기 때문이다. 따라서 이 종교를 진정으로 따른다면 현재의 생을 억지로 큰 무리를 감수하면서까지 늘일 필요는 없다.

그러나 한국인들은 그들이 믿는 종교와 관계없이 매우 현세지향적인 태도를 지닌다. 무조건 육체를 가지고 이승에서 사는 것을 좋다고 생각한다. 이러한 태도는 한국인들의 속담에 잘 나타나 있다. 즉 '개똥밭에 굴러도 이승이 좋다' 라든가 '죽은 정승보다 살아있는 개가 낫다', 또 '거꾸로 매달려 살아도 이승이 낫다'와 같은 속담이 그것이다. 이런 생각은 한국인들 뇌리에 깊숙이 박혀 있어 아무리 외래 종교가 들어와도 바꾸지 못하는 것처럼 보인다.

그러면 한국인들은 왜 이다지도 현세지향적인 태도를 갖고 있는 것일까? 이 질문은 다르게 던지면 '한국인들은 어떤 종교로부터 가장 많은 영향을 받았는가'로 정리할 수 있다. 왜냐하면 종교는 그것을 신봉하는 사람들의 가치관을 결정하기 때문이다. 한국인들이 현세지향적일 수밖에 없는 이유는 그들이 믿는 종교가 현세지향적이기 때문이라고 할 수 있다.

필자가 지금까지 많은 지면[2]에서 언급했지만 한국인들의 가치관을 결정한 종교는 유교와, 이 지면에서 볼 무교이다. 그 이유는 자명하다. 무교는 단군 이래로 한 번도 절멸된 적이 없이 지금까지 지속되어 온 종교이고 유교는 우리가 계승한 바로 이전 왕조인 조선의 국교이었기 때문이다.[3] 여기서는 무교만을 다루게 되는데 무교는 가히 한국인들만이 갖고 있는 가장 고유한 종교라 할 수 있다.

이러한 모습은 같은 문화권에 속해 있는 중국과 일본과 비교해보면 곧 알 수 있다. 한국과 이 두 나라는 같은 중화문명권에 속해 있어 공유하는 종교도 있지만 자신들만의 독특한 종교도 갖고 있다. 이 세 나라는 불교와 유교를 보편종교로서 공유하고 있는 반면 다른 나라에는 없는 자기들만의 특수한 종교를 갖고 있다. 그러한 종교로서 중국이 도교(道敎)를 갖고 있다면 일본은 신도(神道)를 갖고 있고 한국은 무교를 갖고 있다.

따라서 한국인들이 중국인이나 일본인과는 다른 자신만의 고유한 종교적인 정체성을 찾으려 한다면 불교나 유교에서 구할 것이 아니라 무교에서 찾는 것이 합당할 것이라는 추측을 할 수 있다. 이 무교에서 가장 한국적인 독특함이 발견되기 때문이다. 그런데 한국인들은 정작 자신들이 정신적으로 얼마나 광범위하게 무교의 영향권 안에 살고 있는지 모르고 있다.[4]

필자는 기회가 허용될 때 마다 한국인들의 의식구조는 2개의 층으

---

2) 대표적인 문헌은 다음의 책이다.
최준식(1997), 『한국인에게 문화는 있는가』, 사계절출판사.

3) 이런 영향 때문에 한국은 아직도 전 세계에서 가장 유교적인 국가로 간주된다.

4) 특히 한국의 전통 예술을 보면 그러한 경향이 두드러지는데 이 주제에 대해서는 다음의 책을 참고하면 좋겠다.
최준식(2002), 『한국인은 왜 틀을 거부하는가?-난장과 파격의 미학을 찾아서』, 소나무.

로 되어 있다고 주장했다. 그 가운데 표면의 층이 유교에 의해 지배받는다면 그 밑의 층(핵)은 무교에 의해 지배받고 있다는 것이 필자의 견해이다. 이 무교가 한국인들의 고유 종교라고 하는 데에는 많은 증거를 댈 수 있지만 지면이 제약되어 있으므로 가장 유력한 증거 하나만 들고 지나가는 것으로 만족해야겠다.

그 유력한 증거로 필자는 아직까지도 한국에서는 무교가 다른 어떤 종교보다도 활발하게 신행(信行)되고 있다는 것을 들고 싶다. 무교를 신봉하는 사람들이 많은 것은 물론이고 무교의 주인공인 무당들 역시 활발하게 활동하고 있다는 것이 그것이다. 현재 한국에서 활동 중인 무당의 숫자는 잘 계측이 되지는 않지만 어림짐작으로 약 20만 내지 30만 명으로 잡고 있다. 이것은 한국에 있는 종교의 사제 가운데 가장 많은 숫자이다. 이렇게 무당이 많은 것은 그만큼 한국인들이 무당을 필요로 하고 있고 한국인들로부터 열렬한 환영을 받고 있기 때문일 것이다.[5)]

2. 왜 바리공주 무가인가?

이처럼 한국인의 정신적인 정체성을 무교에서 찾을 수 있다고 한다면 무교에서 보이는 한국인의 생사관은 어디에서 찾을 수 있을까? 무교의 제 요소 가운데 인간의 죽음과 가장 많이 관계되어 있는 것은 진오귀굿 같은 사령제(死靈祭)일 것이다. 그런데 이 굿에서 가장 핵심적인 부분이 바로 바리공주 무가를 무당이 구송하는 과장이다.

이 무가는 주지하다시피 바리데기 공주가 불치의 병에 걸린 부모

---

5) 이에 대한 자세한 논의는 필자의 다음의 책을 참고하면 되겠다.
최준식(1998), 『한국의 종교, 문화로 읽는다 1』, 사계절출판사 ; (2007), 『최준식의 한국 종교사 바로보기』, 한울

의 약을 구하기 위해 저승을 다녀오는 내용으로 되어 있다. 이 무가에는 무교가 생각하는 인간의 죽음에 대한 생각들이 함축되어 들어 있다. 따라서 이 무가를 분석해보면 무교가 바라보는 생사관이 밝혀질 것이고 그와 더불어 그것이 한국인들이 지니고 있는 생사관과 어떤 영향을 미치고 있는가도 알 수 있을 것이다.

이 바리공주 무가는 한국의 무가 중에 가장 많은 본(version)이 채집되어 있고 이 무가가 불리고 있는 지역 역시 한반도 전역에 광범위하게 펴져 있는 것을 알 수 있다. 1937년에 일본인 학자인 赤松智城과 秋葉隆이 채집한 이후 약 40편에 달하는 바리공주 무가가 발굴되었다.[6] 그 발굴된 지역도 광범위해서 서울 경기, 전라 남해안, 경상 동해안, 함경도에 걸쳐 이 무가가 채집되었다.[7]

이 가운데 여기서 우리는 서울 경기 지방에서 불린 바리공주 무가를 중심으로 보게 될 것이다. 그 이유는 이 무가는 아직도 가장 많이 연행되고 있고 한국 무교가 지닌 생사관을 잘 나타내고 있는 것으로 보이기 때문이다. 그러면 이 무가를 분석하기에 앞서 먼저 그 내용을 간략하게 보자. 이 무가는 두세 시간을 구송할 수 있을 정도로 길고 꽤 복잡한 구조를 갖고 있어 이 지면에서 그 전모를 아는 것은 불가

---

6) 이에 대한 자세한 사정은 다음의 논문을 참조하라.
한경숙(1997), 「바리공주 무가를 통해서 본 한국인의 죽음 이해」, 이화여자대학교 한국학과 석사논문, pp. 4-5.
그러나 바리공주 무가뿐만 아니라 바리와 관계된 이야기들을 모두 포함하면 그 편수가 90여 편에 달한다는 보고도 있다.
홍태한(2010), 「"바리공주" 조」 『한국민속신앙사전』 참고.

7) 그 밖의 평안, 강원, 황해, 충청, 제주도 지역에서는 이 무가가 발견되지 않았다고 한다. 그러나 이 지역에서도 무가 형태는 아니지만 단순한 이야기 형태로 발견되는 경우가 있다고 한다.
최길성(1978), 『한국무속의 이해』, 아세아문화사, p. 251.
임석재(1990), 『한국구전설화』 6, 평민사.

능하다. 따라서 여기서는 생사관이 잘 드러나는 부분을 중심으로 간략하게 축약해서 보도록 하겠다.

조선국의 어떤 왕이 딸만 일곱 명을 낳았는데 마지막에 낳은 딸이 바리공주였다. 아들을 갈구했던 왕은 실망한 나머지 바리공주를 옥함에 넣어 바다에 버렸다. 그때 공주는 앞에는 황천강이 있고 뒤에는 유사강 까치여울 피바다가 있는 곳에 버려졌는데 그곳은 태양서촌(太陽西村)이라 불렸다. 이곳을 지나던 석가모니는 공주를 바리공덕 할미와 할아비로 하여금 기르게 한다.

바리가 15세가 되던 해 국왕부부가 죽을병에 걸렸다. 점을 쳐보니 내다 버린 바리공주만이 황천에 가서 이 병을 고칠 수 있는 약을 구해올 수 있다고 했다. 신하들이 어렵게 바리공주를 찾아 사정을 이야기하니 바리는 자기를 버린 것에 대한 원망은 전혀 하지 않고 기꺼이 약을 구하러 가겠다고 나섰다. 궁을 떠나면서 바리공주는 여섯 언니와 신하들에게 '만약 자신이 떠난 후 부모님이 죽더라도 자신이 돌아오기 전까지는 상여를 움직이지 말라'고 신신 당부를 한다.

바리가 저승으로 가는 황천길은 예상대로 수많은 난관이 있었지만 석가모니의 도움을 받아 무사히 저승 문턱에 도달한다. 특히 온갖 귀신들이 모여 있는 곳과 칼산지옥 같은 다양한 지옥을 지나는 데에는 석가모니의 도움이 컸다.

이렇게 해서 저승 문턱에 도달하자 바리는 수문장인 무장신선[8]을 만나게 된다. 무장신선은 약을 주는 조건으로 자신과 결혼해서 살림을 해줄 것을 부탁했다. 바리는 어쩔 수 없이 그와 결혼해 아들

8) 이 문지기의 이름에 대해서는 많은 이름이 있지만 여기서는 편의상 이 이름을 사용한다.

을 일곱 명을 낳아주고 온갖 살림을 다 해주었다. 그런데 어느 날 꿈에서 은수저가 부러지고 은바리가 깨지는 것을 보고 부모가 죽었다는 것을 알게 된다. 남편에게 돌아가겠다고 말하고 약을 달라고 청하니 남편은 매일 길던 물이 약수라고 말해준다. 약수뿐만 아니라 살살이, 뼈살이 꽃도 같이 가져가라고 해서 그것을 들고 바리공주는 전 식구를 이끌고 왕국으로 돌아온다.

돌아오는 길에 바리공주 일행은 황천강에서 극락세계와 지옥으로 가는 영혼들을 실은 배 두 척과 자식이 없는 채로 죽어 정처 없이 떠도는 배를 만나게 된다. 그들을 지나쳐 황천강을 건너오자 바리는 부모의 상여가 나가는 것을 발견하게 된다. 이에 놀란 바리는 급히 달려가 상여를 멈추게 했다. 그리고는 부모의 시신을 꺼내 '숨살이 꽃은 숨에 넣고, 뼈살이 꽃은 뼈에 넣고, 살살이 꽃은 살에 넣고 약수를 입에 흘려 넣으니' 부모가 다 살아났다.

이렇게 해서 살아난 왕이 바리공주에게 원하는 것을 물으니 공주는 모든 세상의 권위를 거부하고 만신(萬神)의 왕이 되기를 청한다. 그렇게 해서 바리공주는 무당의 시조가 되었고 무장신선과 아들, 그리고 바리공덕 할머니와 할아비 역시 왕으로부터 신위를 받는다.

이상이 아주 간략하게 본 바리공주 무가의 줄거리인데 이 안에는 한국인들이 공유할 수 있는 생사관이 많이 엿보인다. 이제 그것을 보자.

3. 바리데기 공주 무가에서 보이는 생사관

생사관을 조망하려고 할 때 다양한 시각이 있겠지만 여기서는 크게 나누어 영혼과 육신, 그리고 내세나 저승에 대해 어떤 생각을 갖는가를 중심으로 보기로 한다. 사실 영육관(靈肉觀) 혹은 영혼관과,

내세관은 밀접하게 연결되어 있다. 영혼의 존재를 인정하게 되면 자동적으로 내세를 인정하는 것이 되기 때문이다. 거꾸로 영혼의 존재를 부정하고 육신만 인정한다면 이것은 내세를 부정하는 것이 되니 이 둘은 다른 것이라 할 수 없을 것이다. 그러나 내세관에는 그 존재의 유무만 관계되는 것이 아니라 내세 혹은 저승(영계)을 어떤 식으로 묘사하고 있는가도 포함되기 때문에 영육관과는 따로 저승관을 보는 것이 필요할 것으로 생각된다.

1) 바리데기 공주 무가에서 보이는 영육관(靈肉觀)

무교의 영육관을 말할 때 가장 많이 인용되는 것은 다음과 같은 설이다. 저명한 무교학자였던 김태곤에 따르면 무교에서는 인간을 육신과 영혼이 이원적으로 결합한 존재로 보는데 육신이 가시적인 유한한 요소라면 영원은 무형의 생존적 원력(原力)이라 할 수 있다.[9] 여기서 좀 더 세부적으로 들어가면, 영혼은 다시 두 가지로 나뉠 수 있다. 즉 사람이 죽었을 때 저승으로 가는 사령(死靈)과 살아 있는 사람의 몸에 깃들어 있다고 하는 생령(生靈)이 그것이다. 여기서 사령은 다시 둘로 나뉜다. 사람이 평안하게 죽었을 때에는 영혼이 조령(祖靈)이 되는 반면 사고나 질병으로 인해 한스럽게 죽으면 원령(怨靈)이 된다는 것이 그것이다.[10]

그런데 다른 민담이나 설화에서도 마찬가지이지만 바리공주 무가를 보면 위에서 연구자들이 말한 견해가 적용이 안 되는 것을 알 수 있다. 우선 바리공주 무가에서는 영혼이 확실하게 존재한다고 생각하게 하는 대목이 거의 보이지 않는다는 것을 지적해야 한다.[11] 단도직

9) 김태곤(1981), 『한국무속연구』, 집문당, p. 300.

10) 이홍우 외(1988), 『한국적 사고의 원형』, 한국정신문화연구원, pp. 94-95.

11) 한경숙이 조사한 33개의 바리공주 무가 가운데 영혼이 육신에서 분리

입적으로 말해 이 무가는 육신을 떠난 영혼은 존재하지 않는 것처럼 묘사하고 있다.

그 사정을 알기 위해 바리가 왕궁을 떠날 때 있었던 일부터 보자. 우선 그가 저승으로 떠나기 전에 주위 사람들에게 했던 말을 상기해 보자. 그가 신신당부하면서 부탁했던 것은 자신이 오기 전에 양친이 죽더라도 절대로 그 육신을 묻거나 없애서는 안 된다는 것이었다. 이 이야기를 통해 보면 그는 육신의 부활에 지대한 관심을 갖고 있는 것을 알 수 있다. 이 문제는 그가 약을 가지고 와서 이 두 사람의 육신을 되살릴 때 다시 논의하게 될 것이다.

그 다음으로 그가 약을 구하러 가는 여정을 보자. 그가 가는 길은 저승으로 가는 황천길이라 육신을 가지고 갈 수 있는 길이 아니다. 이것은 그가 겪은 일을 통해서도 알 수 있다. 그는 칼산지옥을 위시해 많은 지옥을 뚫고 나갔어야 했는데 이때 석가모니로부터 많은 도움을 받았다고 했다. 그런데 지옥이라 함은 순전한 저승이니 이런 곳에는 육신을 가지고 갈 수 없다. 뿐만 아니라 석가모니도 이미 타계한 존재이니 이런 사람을 만나려면 육신 상태로는 가능하지 않을 것이다. 그런데도 이 무가는 바리가 이런 곳을 육신을 갖고 간 것으로 묘사하고 있다.

같은 상황은 바리가 남편과 아이들과 함께 이승으로 돌아올 때 만난 사람들에게서도 발견된다. 바리는 세 척의 배에 나뉘어 타고 가는 사람들을 만나는데 이들 중 두 배에 탄 사람들은 극락이나 지옥에 가는 중이었고 마지막 배에 탄 사람들은 자식이 없어 저승을 헤매는 사람들이라고 했다. 이 사람들은 어떤 배에 타고 있건 간에 당연히 다 죽은 사람들이어야 한다. 다시 말해 육신의 상태가 아니라 영혼의 상

되어 존재하는 것으로 묘사되어 있는 것은 통영에서 수집된 "'칠공주 풀이" 하나라고 한다. 그러나 이 경우도 영혼이 육신보다 더 중요하게 대우받은 것은 아니다.

태로 있어야 한다는 것이다.

그런데 무가에서는 이들이 영혼의 상태에 있기보다는 여전히 육신 상태에 있는 사람으로 묘사하고 있다. 이때 바리 역시 육신 상태인 것은 말할 것도 없다. 이렇게 보면 이 무가는 저승, 혹은 적어도 저승 가는 길을 묘사하고 있으면서 거기에 등장하는 사람들은 모두 육신을 갖고 있는 것으로 묘사하고 있어 모순에 빠져 있다고 하지 않을 수 없다.

이처럼 영혼에 대한 개념이 없이 육신만 강조하는 태도는 바리가 약을 구해 돌아와 양친을 살릴 때에 절정의 모습을 보인다. 그것을 보기 전에 이 무가에 있는 이해가 잘 안 되는 부분에 대해서 보자. 이것은 바리가 저승 문턱에 갔을 때의 일이다. 바리는 부모가 죽을병에 걸렸다는 것을 알고 저승에 간 것인데 한시라도 구입이 급한 약을 구할 생각은 하지 않고 문지기와 결혼해 아들을 일곱이나 낳고 살 정도로 여유를 부린 것이 잘 이해가 안 된다. 부모를 고칠 약이 절실했을 터인데 바리는 왜 그렇게 오랜 세월을 저승 문턱에서 살았는지 상식적으로는 이해가 안 된다는 것이다.

어떻든 그러던 중 부모가 죽었다는 계시를 받고 바리는 그제야 약을 구해 급히 이승으로 돌아온다. 그가 이렇게 급히 이승으로 돌아오려 했던 의도는 충분히 예상할 수 있는 것처럼 부모의 육신이 땅에 묻히기 전에 약을 처방해야 했기 때문이었을 것이다. 바리는 육신만 있으면 부왕 부부를 다시 살릴 수 있다고 확신한 것이다. 이렇게 보면 바리의 유일한 관심사는 육신이지 영혼이 아니라고 할 수 있을 게다.

그 다음에 바리가 한 일은 무가에 나온 그대로이다. 세 가지 꽃으로 숨과 뼈와 살을 되살리고 마지막으로 약수로 부모의 의식을 되돌리게 한 것이 그것이다. 그랬더니 부모는 '잠도 곤히 잘 잤구나'라고 말하면서 의식을 되찾는다. 이 이야기만 가지고 보면 영혼은 육체의 죽음과 함께 계속해서 육체에 깃들어 있었다고 할 수 있다. 그래서 육체만 있으면 당사자가 언제 죽었는가에 상관없이 언제든지 되살릴 수 있다는 결론에 도달하게 된다. 이렇게 보면 이 무가는 인간의 삶과 죽음을 결정하는 것은 영혼의 유무가 아니라 육신이 있느냐 없느냐에 달려 있다고 주장하는 것이 된다. 다시 말해 영혼은 육신에 종속되어 있는 부차적인 존재가 되는 것이다.[12]

이처럼 영혼에 비해 육신이 강조되는 것은 동해안 지역에서 수집된 다른 본의 바리공주 무가에서 절정을 이룬다.[13] 이 무가에서 바리는 남편에게 (불사약 같은) 다부사리 꽃만 있으면 "사람을 살릴 수가 있다 하는구나. 땅속에다가 뼈도 썩고 살도 썩고 몇 십 년이 가도 사람을 살릴 수 있다 하니 그 맘으루 안심을 하고 …"[14]라고 언급한다. 이것은 사람이 죽은 지 아무리 오래 되어도 육신만 있으면 살릴 수 있다는 것인데 이때 영혼의 거처는 전혀 문제가 되지 않는다. 아니 영혼의 존재에 대해서는 아예 관심이 없어 보인다. 그저 모든 관심은 육신에만 향해 있는 것이다.

(1) 장례와 제례의 몇 순서에서 보이는 한국인의 육신중심주의[15]

바리공주 무가에서 보이는 육신중심주의는 인간의 죽음과 관계된 다른 민간 의례에서도 보이는데 그 대표적인 의례는 말할 것도 없이 장례와 제례이다. 이 두 의례는 나름대로 상당히 복잡하기 때문에 이

---

12) 서대석(1993), 「한국신화와 만주족 신화의 비교연구」『서울대 동아문화』, pp. 27-28.

13) 한경숙, 앞의 논문, pp. 43-44.

14) 최정여 외(1974), 『동해안 무가』, 형설출판사, P. 382.

15) 이 장의 내용은 주로 저자의 다음 논문에서 인용하였다.
최준식(2003), 「한국인의 죽음관－내세관의 형성을 중심으로」, 『사후생』(퀴블로 로스 저, 최준식 역, 대화) pp.163—211.

런 작은 지면에서 다 볼 수 없지만 그럴 필요도 없다. 우리는 이 가운데 우리의 주제와 관계된 것만 골라서 간단하게 보면 되기 때문이다.

장례에서 보이는 육신중심주의가 잘 나타나는 곳은 아마도 상엿소리일 것이다. 이 상엿소리에서 보면 저승사자가 망자를 끌고 가는데 이 망자의 상태가 불분명하다. 이 망자는 죽었으니 영혼의 형태를 띠고 있어야 한다. 그런데 망자가 영혼이라기보다는 육신이라고 볼 수밖에 없는 묘사가 나온다. 이 상엿소리에는 저승으로 가기 싫어하는 망자를 저승사자가 창검이나 철봉 혹은 쇠사슬 등으로 위협하며 끌고 가는 부분이 있는데 이것은 경찰관이 범인을 끌고 가는 모습과 많이 닮았다. 여기서 망자는 영혼의 모습이 아니라 육신의 형태로 끌려가고 있는 것이다. 이처럼 저승길을 떠나면서 육신의 모습으로 가는 것은 바리공주가 육신을 갖고 저승길을 떠나는 것과 통하는 면이 있다.

이러한 경향은 한국인들이 장지에 가서 무덤을 만든 다음에 하는 의례에서도 보인다. 관을 묻고 무덤이 완성되면 한국인들은 새 무덤 앞에서 제사를 지낸다. 이러한 제반 순서들이 "주자가례" 중 상례를 따랐다는 것은 잘 알려진 사실이다. 그런데 주자가례의 설명에는 새로 만들어진 무덤 앞에서 제사 지내는 순서가 없다. 주자가례에는 무덤이 만들어지면 우리나라에서처럼 그곳에서 제사를 지내는 것이 아니라 망자의 영혼을 집으로 모시고 와 예를 올리는 것으로 되어 있을 뿐이다. 이에 비해 한국인들은 무덤 속에 있는 시신이 여전히 망자 자신이라고 생각해 그 앞에 음식을 놓고 제사를 드린다. 한국인들은 막연하게 이 무덤을 망자가 살고 있는 집이라고 생각하고 있는 것이다.

이런 예를 통해서 보아도 유학을 따르던 과거의 한국인들은 영혼관이 대단히 희박하다는 것을 알 수 있다. 이것은 물론 인간의 영혼을 인정하지 않는 유학이나 성리학의 영향으로 생각된다. 이들은 영혼을 인정하지 않으니 이들에게 중요한 것은 이 육신이다. 이런 생각 때문에 한국의 상장례 가운데 발달한 것이 제사 관습 중 묘제이다. 전통적인 한국인들은 일 년에 몇 번은 묘 앞에서 제사를 드린다.

그런데 그들이 묘를 대하는 자세가 남다르다. 그들은 서로가 드러내서 말은 하지 않지만 암묵적으로 이 묘를 망자의 집 정도로 생각하는 것 같다. 망자가 여전히 그곳에서 살고 있다고 여기는 것이다. 그래서 그들은 묘를 잘 가꾼다. 잔디를 심고 상돌이나 비석을 세우는 등 흡사 집을 가꾸는 것처럼 묘지를 정비하는 데에 공을 들인다. 그리고 제사를 드릴 때는 물론이고 보통 때에도 묘지에 오면 절을 한다. 그런데 그렇게 묘 안에 있는 망자를 대하는 태도가 꼭 살아 있는 사람을 대하는 것 같다. 그래서 자식들에게도 '여기 계신 할아버지께 절을 올려라'라는 말을 서슴지 않는다. 망자가 언제 여기에 묻혔던지 그런 것에 대해서는 상관하지 않는다. 그의 시신이 그 무덤에 있는 한 그는 거기에 있는 것이 된다.

한국인들이 묘제를 지낼 때 또 주목해야 할 점은 이들은 묘 앞에 살아있는 사람들이 먹는 음식을 차려놓는다는 사실이다. 이것은 묘 안에 있는 시신을 죽은 사람으로 생각하지 않고 살아 있는 사람으로 생각한다는 증거이다. 만일 한국인들이 육신은 소멸하고 잔존하는 것은 영혼뿐이라고 생각한다면 그 묘 앞에 살아 있는 사람들이 먹는 음식을 차려놓았을 리가 없지 않을까.

그러나 한국인들은 그 묘 안에 조상들이 살고 있다고 생각하기 때문에 산 사람들이 먹는 음식을 차려놓을 뿐만 아니라 제사의 순서에는 반드시 조상들의 영혼이 와서 그 음식을 먹게 하는 순서가 있다. 그렇지만 이러한 순서는 한 번만 더 생각해보면 이해가 안 되는 면이 많다. 영혼이 물질로 된 음식을 먹을 수 있다는 생각부터가 황당하기 짝이 없는 것 아닌가? 몸이 없는 영이 어떻게 물질로 되어 있는 음식을 먹을 수 있다는 말인가? 이런 사실에 대해 제사를 지내는 한국인

들은 별 의문을 갖지 않는다. 그저 조상의 영이 와서 먹을 것이라고 막연하게 생각한다.[16)]

그러나 만일 백배 양보해서 영혼이 와서 음식을 먹는다는 것을 인정한다 해도 문제는 여전히 남는다. 만일 영혼이 진짜 음식을 먹는다고 믿는다면 매일 상을 차려줘야지 왜 일 년에 몇 차례만 차려주느냐는 것이다.[17)] 나머지 날들에는 이 영혼들이 어디서 어떻게 섭생을 해결하는지에 대해 한국인들은 관심이 없다. 그저 제삿날 음식을 차려 먹여주면 그것으로 끝난다고 생각하는 것이다.

그리고 망자들의 영혼도 그렇다. 우선 이들의 소재가 매우 불분명하다. 도대체 이 영혼들은 일 년 동안 어디에 있다 제삿날에 후손들이 부르면 와서 차려진 음식을 먹는 것일까? 이런 의문을 갖는 한국인은 별로 없는 듯하다. 그리고 그런 질문에 제대로 대답하는 유교도들도 없다. 이런 질문을 하는 한국인도 없지만 설혹 이런 질문을 던지더라도 전통적인 유교도들은 얼버무리면서 답주기를 피한다. 이런 제반의 현상들은 전통적인 한국인들이 영혼에 대해 매우 희박한 생각을 갖고 있었다는 것을 보여준다고 하겠다.[18)]

---

16) 이처럼 영혼이 제사에 와서 음식을 먹을 것이라고 믿는 것은 불교의 49재에서도 발견된다. 다 그런 것은 아니지만 불교도 가운데에는 49재를 지낼 때에 고인이 된 영가(영혼의 불교식 용어)가 와서 불단에 차려진 음식의 향을 먹는다고 믿는 사람들이 있다. 여기서도 진한 육신중심주의가 엿보인다.

17) 이런 비판은 이미 한국의 신종교인 천도교나 원불교에서 있어 왔다. 그런 까닭으로 생각되는데 이 두 교단은 제를 지낼 때 음식을 일절 쓰지 않는다. 대신 맑은 물(청수) 한 사발을 올려놓고 제를 지낸다.

18) 한국인들은 영혼에 관해서 모순적인 태도를 보인다. 유교를 신봉하는 한국인치고 영혼을 인정하는 사람은 없다. 따라서 내세관도 없다. 그러나 이들이 제사를 지낼 때에는 망자의 혼을 인정한다. 그들은 다른 때에는 망자의 혼을 생각하지 않다가 제를 지낼 때에는 망자의 혼이 존재하는 것처럼 행동한다. 그러나 한국인들은 자신들의 이런 태도에

이처럼 한국인들의 제사 관습에서 영혼에 대한 개념이 확실하게 나타나지 않는 것은 바리공주 무가에서 보이는 모습과 매우 닮아 있다. 이것은 제사나 무당의 굿이 모두 가장 민간적인 신앙을 대표하고 있는 것이라 상통하는 바가 있기 때문일 것이다. 우리는 이 두 민간 신앙을 통해 한국인들에게 중요한 것은 육신이지 영이 아니었다는 것을 다시 한 번 확인할 수 있다.

2) 바리데기 공주 무가에서 보이는 저승관(내세관)

영혼에 대해 확실한 개념이 확립되어 있지 않은 한국의 무교에서 확실한 내세나 저승 개념이 있으리라고 바라는 것은 무리일지 모른다. 이처럼 확실한 저승관이 없는 것도 그렇지만 한국 무교의 저승관에는 일관된 모습을 찾기가 힘들다. 한국 무교의 저승관은 모순된 모습을 보이고 있어 그 진정한 모습을 파악하기가 쉽지 않다.

한국 무교의 저승관이 모순적인 모습을 보이는 것은 어찌 보면 당연한 것인지 모른다. 왜냐하면 과거의 한국인들이 갖고 있는 영혼관이 모순점을 보이고 있으니 그것과 직결되어 있는 저승관 역시 비슷한 모습을 보이는 것은 당연한 것 아닐까? 바리공주 무가에 나타나는 저승관을 잘 이해하기 위해서는 우선 전통적인 한국인들이 가졌던 저승관에 대해 보아야 할 것이다. 앞에서도 언급한 것처럼 무교 역시 이러한 한국인들의 저승관을 공유하고 있기 때문이다.

방금 전에 우리는 제사와 같은 한국의 민간 신앙에서 한국인들이 영혼과 육신을 어떻게 이해했는가를 보았으니 이번에는 그것을 바탕으로 우리의 주제인 저승에 대해 풀어보자. 이 저승관이 가장 잘 드

서 모순을 느끼지 못한다. 이론적으로는 영혼을 인정하지 않지만 관습적으로는 영혼을 인정하는 태도 사이에서 아무런 모순을 느끼지 못하고 있는 것이다.

러나 있는 것은 앞에서 이미 본 상엿소리에서이다. 따라서 우선 이 상엿소리를 중심으로 한국인들의 전통적인 저승관에 대해 보기로 하자.

상엿소리에서 가장 두드러진 면은 한국인들은 묘지를 저승으로 생각했다는 것이다. 상엿소리에 나오는 북망산천이 바로 묘지를 뜻하기 때문이다. 원문을 보면, "북망산천이 머다더니만 저기 저 산이 북망일세. 내 집이가 어디멘고 무덤이가 내집이로구나."[19]가 그것이다. 북망산은 잘 알려진 것처럼 중국의 (후)한 이후 여러 나라들이 수도로 삼았던 도시인 낙양(洛陽) 북쪽에 있는 산이다. 이곳에는 낙양에 살던 귀족들이 죽은 뒤에 많이 묻혀, 북망산천이라고 하면 묘지의 대명사처럼 쓰이게 되었다.[20]

이렇게 묘지를 저승으로 생각하기 때문인지 모르겠지만 이 상엿소리에는 "황천길이 멀다 마소. 대문 밖이 황천이오"라고 하면서 저승을 무시 혹은 부정하는 표현이 나온다. 대문 밖이 바로 저승이니 저승 가는 길(황천길)도 있을 수 없다. 이와 비슷한 맥락에서 무당들은 종종 '길모퉁이만 돌아서면 저승이다'라는 말을 하는데 이것 역시 저승을 인정하지 않는 것 같은 발상에서 나온 생각이리라. 한국인들이 이렇게 저승을 별 것 아닌 것처럼 생각하던지 아니면 아예 무시하는 태도는 그들이 저승에 대해서 별 개념을 갖고 있지 않은 데에서 기인한 것 아닐까 하는 생각이다.

한국인들은 지금까지 계속 보아온 것처럼 현세중심 혹은 육신중심적인 태도를 유지했기 때문에 저승에 대해 생각하기를 꺼렸던 것 같다. 한국인들에게는 저승이 중요한 존재가 아닌 것 같다. 왜냐하면 그들은 저승을 독자적으로 존재하는 것이 아니라 이승에 부속되어 있는 것으로 보고 있기 때문이다. 앞에서 상엿소리에서 본 것처럼 저

---

19) 최정여 외(1974), p. 388.
20) 이홍우 외(1988), p. 103

승은 대문 밖에 있으니 대문에 간신히 붙어 있는 부속적인 존재가 되는 것이다. 그러니까 저승이 이승과 동격으로 다른 어떤 곳에 존재하는 것이 아니라 이승의 대표 주자라 할 수 있는 집에 빌붙어 있는 것이라 할 수 있다. 게다가 삶의 터전인 집 안 어딘가에 있는 것도 아니고 집 밖에 있으니 저승은 이승에 비해 그 위상이 한참 떨어지는 것을 알 수 있다.

상엿소리에서 보이는 한국인의 현세중심주의는 예서 그치지 않는다. 상엿소리를 보면 '(저승길을 떠나는데) 대궐 같은 집을 두고 내 갈 길 찾아간다. 이제 가면 언제 오나 한 번 오기 어렵다'와 같은 구절이 나온다. 이 구절에서 고소를 금치 못하는 것은 현세의 집을 '대궐 같은 집'이라고 한 것이다. 당시 일반 평민들이 살던 집은 초가가 대부분이고 소수의 귀족이나 부자들만이 기와집에 살았을 터인데 이런 집을 두고 대궐 같다고 하니 재미있다고 하는 것이다. 이것은 자신들이 사는 집이 진짜 대궐이라고 생각한 것이 아니라 이승에서 사는 것은 저승에 가는 것과는 비교도 안 되게 좋다고 여기기 때문에 나온 과장된 생각이라고 여겨진다. 그런 의미에서 나는 이것을 '현세 무조건 긍정주의'라고 할 수 있지 않을까 하는 생각을 해본다.

비슷한 생각은 다음 문구에서도 보인다. '저승 가면 이승에 한 번 오기 어렵다'는 문구가 나오는데 이것은 이승에 오고 싶은데 이승으로 돌아올 수 있는 가능성이 없다고 생각한 것을 표현한 것이다. 그런데 왜 자꾸 이승으로 돌아오려고 하는 것일까? 이유는 간단하다. 이승이 좋고 이 세계만이 존재한다고 생각하기 때문이다. 잘 알지 못하는 모호한 저승에 가서 살기보다는 확실히 존재할 뿐만 아니라 육신을 갖고 살았던 이승이 훨씬 더 좋다는 것이다.

이런 한국인의 현세중심주의는 그들이 저승사자에 대해 갖는 생각에서 여실히 들어난다. 상엿소리를 보면 한국인들은 죽음을 삶의 자연스러운 과정으로 이해하지 않고 저승사자에 의해 억지로 끌려가는 것으로 여긴 것을 알 수 있다. 이것은 그들이 육신을 갖고 사는 현세를 떠나서는 생이 가능하지 않다고 생각했기 때문에 나온 발상 아닌가 싶다. 무조건 이승이 좋은데 죽음을 맞이하면 어떻든 여기를 떠나야 하니 그것을 억지로 붙잡혀 가는 것으로 이해한 것 이리라.

그러한 태도는 사잣밥에서도 보인다. 저승사자들 위해 차려놓은 사잣밥 상에는 아주 재미있는 것이 포함되어 있다. 간장이 들어 있는 종지가 그것인데 그것을 놓은 의도가 재미있다. 그 발상은 대체로 이런 것이다. '사자들이 먼 길을 왔을 터이니 목이 마를 것이다. 따라서 너무 목이 마른 나머지 제대로 확인도 하지 않고 그 종지에 있는 간장을 물로 생각하고 마실 것이다. 그런 상태에서 망자를 저승으로 데리고 가게 되면 짠 간장을 들이켜 목이 많이 마를 것이다. 따라서 그 갈증을 풀기 위해 사자들이 물을 마시러 다시 이승으로 돌아올 것이다'는 것이 그 순진한 발상이다. 이렇게 함으로써 저승사자를 자꾸 이승으로 불러들여 망자가 저승으로 가는 시간을 조금이라도 늦추어보겠다는 심산이 그것이다. 얼마나 저승으로 가는 것이 싫었으면 이런 생각까지 했을까 하는 생각과 함께 저승보다 이승이 낫다고 생각하는 현세중심주의적인 발상도 읽혀진다.

저승사자가 망자를 데리고 갈 때 다시금 한국인들이 저승에 대해 갖고 있는 모순적인 태도가 발견된다. 한국인들은 많은 경우 죽음을 맞이할 때 저승사자들이 어디선가 나타나서 그들을 끌고 간다고 생각한다고 했다. 그런데 끌고 가는 길을 보면 저승까지의 거리가 꽤 먼 것을 알 수 있다. 왜냐하면 황천길을 가기 싫다는 망자를 끌고 가는 길이 비교적 자세히 묘사되어 있기 때문이다.[21] 무시무시한 무기

---

21) 이 부분은 앞에서도 언급했지만 좀 더 나은 이해를 위해 원문을 실어본다. "일직사자 월직사자 한 손에 창검 들고 또 한 손에 철봉 들고 쇠사슬을 비껴들고.. 저승 원문 다다르니 우두나찰 마두나찰 소리치며 달려들어.."

를 가지고 위협을 하며 망자를 먼 저승을 향해 몰고 가는 것이다.

그런데 상엿소리에서 저승이 어디 있다고 했는가? 대문 바로 바깥이 저승이라고 하지 않았는가? 그렇다면 대문만 지나면 바로 저승일 터인데 왜 이렇게 저승길을 멀게 묘사했을까? 이것은 모순적인 태도이다. 물론 이런 모순적인 태도를 이해 못할 바는 아니다. 상엿소리에 묘사되어 있는 저승까지 가는 길은 심리적인 거리이지 실제의 거리가 아니라고 볼 수 있기 때문이다. 다시 말해 이 묘사는 논리적으로 이해할 것이 아니라 심정적으로 이해해야 한다는 것이다. 이 좋은 이승을 두고 떠나면서 그 길이 얼마나 싫으면 저렇게 극도로 부정적으로 묘사했느냐는 것이다.

그런데 이 상엿소리를 보면 저승에 대한 것은 설명 자체가 없다는 것을 알 수 있다. 저승까지 가는 길에 대한 묘사만 있지 저승 자체가 어떻게 생겼는가에 대한 설명은 없다는 것이다. 어렵게 저승에 도착하면 말과 소의 모습을 한 나찰들이 몰려 나와 망자를 저승 안으로 구인하는 것으로 이 노래는 끝나는데 그 다음에는 이렇게 해서 들어간 저승에 대해 아무런 설명이 없다. 사정이 이렇게 된 것은 이 노래를 만든 사람들이 저승에 대해 전혀 모르고 있거나 아니면 저승에 대해서 관심이 없기 때문이 아닐까 하는 생각이다. 당시의 한국인들은 오로지 이승에서 오래 살면서 아들 많이 낳고 물질적인 행복을 누리는 데에만 관심이 있었으니 저승이 어떤 곳일까 하는 데에 대한 생각은 상대적으로 미약했을 것이다.

이상으로 아주 간략하게 상엿소리에 나타난 저승에 대해 보았는데 이러한 저승관은 바리공주 무가에서도 큰 차이 없이 비슷한 모습으로 나타난다. 바리 무가에 나타난 저승관을 한 마디로 한다면, 저승에 대한 생각이 불분명하다는 것이다. 이 무가를 만든 사람들은 저승

임재해(1990), 『전통상례』, 대원사, p. 22.

이 존재한다고 믿는 건지 아닌지 확실하지 않다. 이것은 위에서 본 상엿소리의 저승관과 그리 다르지 않다.

이러한 모습은 바리가 태어난 직후에 버려지는 장소에서부터 나타난다. 바리가 버려진 곳을 보면 앞에는 황천강이 있고 뒤에는 까치여울 피바다가 있는 곳이라 했는데 대체 이곳이 어떤 곳인지 알 수 없다. 그런데 황천강이 있다고 하니 이곳은 저승이거나 저승에 가까운 곳이어야 할 것이다. 게다가 이곳에는 석가모니나 그의 제자인 목련이나 가섭이 등장하니 이곳은 영혼의 세계이지 육신의 세계일 수 없다. 이 세 사람은 모두 이 세상 사람이 아니기 때문이다.

이러한 생각은 나중에 바리를 키운 노인들이 그들을 찾아온 왕의 신하들에게 한 말에서도 확인된다. 이 신하들은 바리를 찾아 황천강을 건넜을 뿐만 아니라 많은 고개를 넘어 바리가 있는 곳에 도달한다. 이때 노인들은 '그대는 사람인가, 귀신인가, 날짐승이나 벌레들도 들어오지 못하는 곳에 어떻게 들어올 수 있는가'라고 말한다. 이것은 저승에 약을 찾으러 온 바리에게 저승 세계에서 문을 지키고 있던 무장신선이 한 말과 똑같다.

이 설명만을 가지고 보면 이곳은 이승도 아니고 저승도 아닌 것처럼 보이는데 굳이 말한다면 이승보다는 저승에 가까운 곳이거나 저승이어야 한다. 그러나 신하들은 죽은 사람이 아니니 그들이 육신인 상태로 찾은 이곳은 이승이어야 한다. 육신을 갖고 저승에 들어갈 수는 없으니 말이다. 그런데 이들은 황천강과 저승에 있는 여러 고개를 넘었으니 그들이 있는 곳은 또 저승이어야 한다. 이렇게 되니까 이 장소는 저승인지 이승인지 모르는 어정쩡한 장소가 되어버렸다.

사정이 이렇게 된 것은 이 무가를 만든 사람들이 모호한 저승관을 갖고 있기 때문일 것이다. 이들의 뇌리에는 이승과 저승에 대한 생각이 뒤섞여 있는 것이다. 그런데 저승에 대한 생각은 희박하고 이승에 대한 생각은 확고하게 갖고 있으니 이승에 가까운 표현들이 많이 눈에 띈다. 혹자는 이곳은 제3의 상상 속의 신화적인 공간으로 이승과 저승 중 어디에 소속된 것으로 보면 안 된다고 하지만 그렇다고 해도 이들이 저승에 대해 확실한 개념을 갖고 있지 않다는 것은 부정할 수 없을 것이다.

같은 모습은 바리가 약을 구하러 떠나는 길을 묘사하는 데에서도 보인다고 했다. 이 길은 저승으로 가는 길인데 이 길이 저승의 일부인지 아닌지가 명확하게 묘사되어 있지 않다. 앞에서 본 것처럼 바리가 육신을 가지고 출발했으니 이곳은 저승이 될 수 없다. 그런데 중간에 팔 없는 귀신, 다리 없는 귀신, 눈 없는 귀신 등 억만 귀신들이 모여 있는 칼산 지옥이나 불산 지옥과 같은 수많은 지옥을 지났으니 이곳은 또 저승이어야 한다. 이처럼 엄연하게 지옥이 있으니 이곳은 저승도 이승도 아닌 제3의 상상적인 공간이 될 수도 없다. 반드시 저승이어야 하는데 바리는 어엿하게 육신을 갖고 있으니 이 모순을 우리는 어떻게 이해할 수 있을까?

저승에 대해 바리 무가에서 보이는 이러한 모순은 앞에서 상엿소리를 검토할 때 이미 보았다. 망자가 저승사자에게 이끌려 가는데 흡사 몸이 있는 것처럼 묘사하고 있는 것 말이다. 그리고 이 망자에게 저승으로 가는 길은 대단히 힘든 것이었다. 저승사자가 뒤에서 무기를 가지고 위협하지 않았다면 가지 않을 길인데 저승사자의 서슬이 하도 퍼래 어쩔 수 없이 끌려가는 것 말이다.

이러한 태도는 바리공주 무가에서도 어김없이 보인다. 국왕 부부가 죽을병에 걸렸을 때 그 약을 찾아오는 일을 바리의 6명의 언니들은 모두 거절했다. 이것은 그들이 그 길이 죽으러 가는 길이었다는 것을 알았기 때문이다. 다시 말해 그 길은 저승으로 가는 길이니 본인이 죽지 않으면 다녀올 수 없는 길이라는 것을 잘 알았던 것이다. 그리고 그 길이 얼마나 힘든 험로일 것인가를 잘 알았기 때문에 여섯 명의 딸이 모두 포기한 것이다. 이렇듯 한국인들은 저승 가는 길을 아주 힘든 길로 묘사했다. 바리가 대단하다는 것은 그 힘든 길을 뚫고 다녀왔기 때문이다.

아울러 상엿소리에서 보이는 저승의 위치에 대한 모순은 여기서도 발견된다고 했다. 보통 무당들은 저승이 길모퉁이 돌아서면 바로 있는 것이라고 믿고 있는데 바리가 간 저승길은 대단히 길었기 때문이다. 이것 역시 상엿소리에서와 마찬가지로 죽음 뒤의 세계는 무조건 멀고 험할 것이라는 저승에 대한 무지 혹은 무관심에서 발생한 심리적 묘사일 것이다.

저승에 대한 무관심은 저승의 문지기인 무장신선과 얽힌 이야기에서도 발견된다. 우선 그가 있는 공간이 저승인지 이승인지 구분이 안 간다. 바리가 이곳에 도착하자 무장신선은 또 '이곳은 사람이든 귀신이든 짐승이든 벌레든 어느 누구도 들어오지 못하는 곳'이라면서 바리를 키운 노인들이 했던 말을 반복한다. 굳이 말한다면 이곳은 저승길을 거쳐 당도한 곳이니 저승에 해당되어야 하는데 사람도 귀신도 들어올 수 없는 제3의 공간이라고 하는 것이다. 이런 생각을 통해 보면 이 이야기를 만든 사람은 저승관이 모호하다고 할 수밖에 없지 않을까 싶다.

그런데 이 무장신선은 이 이야기에서 문지기로 나오고 있다. 이것은 그가 어떤 문을 지키고 있는 것을 말한다. 그런데 문이라면 이 문은 과연 어디로 통하는 문일까? 이 문을 통과하면 어떤 곳이 나오는지에 대해서 이 이야기는 확실하게 언급하고 있지 않다. 그러나 심증적(心證的)으로 보면 이 문은 저승으로 들어가는 문일 것이다. 이 생각이 맞는다면 바리는 저승으로 들어간 것이 아니라 저승 문턱까지만 갔다가 돌아온 것이 된다. 그런데 그가 그곳에서는 몇 년이라는 세월을 살았지만 그 문을 열고 들어가 문 너머의 세계를 보았다는 이야기는 전혀 없다.

이처럼 이 이야기에서는 이 문 너머에 있는 저승의 모습에 대한 설명을 어디서고 찾아볼 수 없다. 이것은 아마도 저승의 존재 여부를 비롯해서 저승에 대한 개념을 희박하게 갖고 있는 한국인들이 이렇게밖에는 저승에 대해 묘사할 수 없었을 것이라는 추정을 해본다. 실제의 저승에 대해서는 잘 모르고 있으니 그 세계에 대해서는 그리로 통하는 문이 있다고만 상정하고 그 앞의 세계에서 벌어지는 일에 대해서만 서술한 것이다.

그러나 이 문 앞에 있는 세계에 대해서도 그것이 저승인지 아닌지 헛갈리는 묘사를 많이 했다. 이렇게 이승과 저승을 제대로 구분하지 않은 것은 저승관이 뛰어나게 발달되어 있는 불교를 만나면서 생긴 현상인 것 같다. 자신들은 이승에 대한 생각만 투철한데 저승관이 명확한 불교를 만나면서 이 두 세계관을 뒤섞은 것이다. 그래서 이들의 이야기 속에서 이승과 저승이 확연한 구별 없이 뒤섞인 것이리라. 달리 말하면 불교적인 상상력에 강한 영향을 받아 자신들의 생각과 불교 교리를 뒤섞어 상상복합체를 만들어낸 것이라고 할 수도 있겠다.

바리가 약을 구해 돌아올 때에도 마찬가지이다. 그는 영혼으로 가득 찬 세 척의 배를 만나게 되는데 이 가운데 세 번째 배에 탄 영혼들이 주목을 요한다. 이들은 극락에 못가는 것은 기정사실이고 지옥에도 가지 못한다. 죽으면 당연히 가야 하는 저승에 아예 가지 못하고 중음계에서 헤매는 것이다. 그런데 그 이유가 재미있다. 이들은 죄가 많아 헤매고 있는 것이 아니라 자식이 없어 헤매는 것이다.

49재나 오구굿을 지내 줄 자식이 없어 헤맨다는 것인데 이것은 대단한 이승 중심주의적인 사고방식이라 할 수 있다. 왜냐하면 저승에서 벌어질 일을 이승에서 결정하고 있기 때문이다. 이렇게 보면 이승이 저승보다 우위에 있고 저승은 부차적인 것이 된다. 저승은 홀로 존립할 수 없고 이승에 붙어서 존재하는 것이 된 것이다. 이처럼 바리공주 무가에는 육신중심주의 혹은 현세중심주의가 일관되게 표현되어 있는 것을 알 수 있다.

나가며

지금까지 서울 경기 지방에서 유행하는 바리공주 무가에 나오는 영육관과 저승관(내세관)에 대해서 보았는데 우리는 이를 통해 한국인들이 갖는 '육신중시주의'와 '현세중심주의'의 근원이 무엇인지 그 단초를 엿볼 수 있었다. 주지하다시피 무교는 한민족의 뿌리 신앙이다. 다른 어떤 종교가 들어와도 무교는 한 번도 절멸되어 본 적이 없이 꿋꿋이 버텨왔다. 특히 조선시대나 현대에 무교를 '박멸'하기 위해 많은 박해가 있었지만 그다지 성공을 거두지 못했다. 그것은 그만큼 무교가 한민족의 마음 깊은 곳에서 자리 잡고 있기 때문일 것이다.

그 때문이었는지 밖에서 들어온 종교들은 자신도 모르는 사이에 무교화되는 과정을 겪게 된다. 그것은 무교적 심성에 젖어있는 한국인들에게 맞추기 위해 어쩔 수 없는 선택이었을 것이다. 비근한 예로 불교는 무교의 신들을 사찰 안으로 끌어들였고 기독교는 그들의 예배를 굿판처럼 만들어나갔다.

한국 종교는 구복적인 성향이 강한 것으로 이름 높은데 그 영향으로 한국종교도들은 대단히 현세중심적이거나 현세지향적인 태도를 갖게 된다. 그 때문에 한국의 불교도들은 어떤 것보다도 구복을 주목적으로 하는 불공드리는 것에 사활을 걸게 되었고 기독교도들은 복 주기만을 갈구하는 예배에 매달리게 되었다. 그런데 이들이 하는 것은 바로 굿판에서 벌어지는 일과 다를 바가 별로 없다.

한국에서는 아무리 철리(哲理)가 발달된 종교가 들어와도 한국인들이 그런 형이상학적인 데에는 그다지 관심이 없어 그 종교는 복을 비는 종교로 바뀌어 버린다. 그 대표적인 예는 세계에서 가장 큰 교회라고 일컬어지는 여의도 소재의 한 교회일 것이다. 이 교회는 기독교의 기본 교리인 '사회 정의'나 '소외된 이웃에 대한 사랑'에는 별 관심이 없다. 이 교회 신자들이 바라는 것은 그저 돈 많이 벌고 몸 건강하며 가정이 잘 되는 것이다. 그렇다고 다른 교회 신자들이 다르다는 것은 아니다. 뿐만 아니라 한국의 대부분의 불교도들도 똑같은 복만을 갈구하고 있다. 한국의 종교도들은 그들이 믿는 종교만 다를 뿐이지 그 내면의 갈구는 똑같다. 이것은 말할 것도 없이 대단히 현세적이고 육신중심적인 욕구이다.

한국인의 이러한 성향은 우리가 앞에서 바리공주 무가를 분석하면서 보았던 대로 한국 무교의 중심 이념을 이루고 있었다. 그런데 만약 이 무가에서 불교적인 색채를 거둬내면 그나마 내세나 저승에 관한 설명은 거의 없어질 것이다. 이 무가에서 저승에 관한 언급이 나오는 것은 대부분 불교에서 차용한 것들이다. 그것들이 대단히 이승중심적인 바리공주 무가와 섞이면서 저승관이 불분명하게 표현되는 결과를 낳게 된 것이다. 만일 이 무가가 불교적인 영향을 받기 전에도 존재했다면 그것은 지금보다 훨씬 더 이승중심적이었을 것이라는 추측을 해볼 수 있겠다.

〈무당 노래[巫歌]를 통해 본 한국인의 생사관〉 토론문

세키네 히데유키(가천대)

최준식 교수님의 논문은 제목에 단적으로 나타나 있듯이 한국인의 생사관을 바리공주 무가를 중심으로 고찰한 것이며 다음과 같이 요약할 수 있을 것입니다.

①한국인은 현세지향적인 태도를 지니고 있는데 그것은 한국인에게 가장 영향을 많이 미친 '무교(巫教)'에서 헤아릴 수 있다. ②한국인의 생사관은 무교 바리공주 무가에 잘 나타나 있다. ③거기에 나타나 있는 영혼과 육신은 대등한 이원론적 관계가 아니라 전자가 후자의 부차적인 존재로 간주되어 있다. ④이러한 경향은 한국의 죽음의례에도 나타나 있으며 묘제(墓祭)가 중시되는 이유는 묘를 망자의 집으로 생각하는 관념이 반영되어 있기 때문이다. ⑤상엿소리, 저승사자, 사잣밥과 같은 민간신앙에는 전통적인 한국인의 내세관이 잘 나타나 있으며 그 특징은 저승을 꺼리고 이승을 선호하는 현세주의라 할 수 있다. ⑥이러한 경향은 무가에도 나타나 있으며 저승에 대한 관념이 희박하거나 이승과 저승의 관계가 애매모호하다고 볼 수 있다. ⑦원래 이승에 대한 관념밖에 없었던 한국인에게 저승에 관한 관념이 생긴 계기는 불교와의 만남에 있다.

이와 같이 이 논문은 한국의 생사관을 무교를 중심으로 조명한 것입니다. 지금까지 한국 종교문화를 무교에서 찾는 시도는 몇몇 논자들에 의해 시도된 바 있었지만 이 논문의 가치는 그것을 무가의 상세한 분석을 통해서 설득력 있게 실증했다는 데 있는 것 같습니다. 토론자는 종교학 전공자도 아니라 무가에 대해서도 아는 바가 없지만 예전에 한국과 일본의 죽음의례를 동아시아 차원에서 조명하여 공통된 구조를 탐구한 바 있습니다. 여기서는 그 연구의 시각에 입각하여 몇 가지 논점을 제시하며 최교수님께 질문을 드리고자 합니다.

첫째, 한국문화를 무교(무속)로 조명한 연구자들의 시각 차이에 대해서 알고 싶습니다. 토론자는 무교 연구자라고 하면, 유동식 교수, 김태곤 교수, 최길성 교수와 같은 70~80년대 연구자들의 이름이 떠오릅니다. 특히 유동식 교수는 무속 대신 '무교'라는 용어에 고집한 연구자로 알고 있습니다. 그러나 각 논자들의 시각 차이가 어디에 있는지 잘 모릅니다. 최교수님을 포함하여 기존의 무교 연구자들의 시각 차이에 대해서 알려주시면 감사하겠습다.

둘째, 최교수님은 무교를 한국의 고유한 종교로 파악하고 계시는데, 무교를 전 세계에 널리 분포되어 있는 샤머니즘의 하나로 보는 시각도 있습니다. 예컨대 에리아데(Eliade, Mircea)는 『샤머니즘(Shamanism)』(1964)에서 한국 샤머니즘이 터키와 연결되는 남성적 북방계 샤머니즘의 토대 위에 동남아시아와 연결되는 여성적 남방계 샤머니즘이 융합된 것으로 파악한 바 있습니다. 오늘날 문화현상을 전파주의(diffusionism)적 시각으로 해석하는 시도는 부진한 것으로 알고 있습니다만 최교수님은 이러한 과거 유행했던 시각으로 무교를 해석하는 것에 대해 어떻게 생각하시는지요?

셋째, 기타 많은 연구에서도 볼 수 있듯이 이 논문의 목적 역시 한국문화의 고유성이나 특수성 규명에 초점이 맞추어져 있습니다. 그런데 고유성이나 특수성의 규명에는 이에 앞서 동아시아의 생사관의 공통점에 대한 이해가 있어야 한다고 생각합니다. 그렇지 않으면 동아시아의 공통성을 한국의 고유성으로 오인할 우려가 있습니다. 한일 생사관의 비교를 주제로 한 이 학술심포지엄의 성격상, 서구나 인도와 구별되는 동아사아 생사관의 공통성에 대한 이해가 선행되어야 할 것 같습니다. 최교수님은 동아시아인의 생사관의 공통성에 대해서 어떤 견해를 가지고 계시는지 여쭙고 싶습니다.

넷째, 위와 관련해서 중국 도교 및 일본 신도의 생사관에 대한 견해도 여쭙고자 합니다. 최교수님은 무교와 대조되는 종교로서 도교, 신도 그리고 불교를 드셨습니다. 그런데 한국에서 수용된 불교의 생사관에 대해서 언급을 하셨지만 도교와 신도의 생사관에 대해서는 별 언급이 없으셨습니다. 무교와 대조되는, 도교나 신도의 생사관의 특징에 대해서 아시는 범위 내에서 설명해주시면 감사하겠습니다.

다섯째, 다시 위와 관련해서 무교의 대조 대상으로서의 도교와 신도에 대해 의견이 있습니다. 최교수님이 도교와 신도를 무교와 상응하는 종교로 파악하고 계시지만 대조의 위상에 문제가 있는 듯합니다. 민간신앙으로서 사적 성격이 농후한 무교에 비해 도교나 신도는 조직이나 교리가 정비된 공적 성격이 강합니다. 무당에 상응하는 민간 샤먼으로서 중국에는 '땅끼(童乩)', 일본에는 '민간무자(民間巫者)'가 있습니다. 땅끼가 관여된 종교를 '신교(神敎)'로 총칭하고 있으며 아마도 이것이 무교와 비슷한 위상이 아닌가 생각합니다.

여섯째, "불교는 내세와 영혼을 인정하는 종교이다"라는 언급이 있는데 여기서 말하는 불교는 아마도 삼국시대에 한국에 전파되었을 당시의 불교를 가리키는 것으로 생각됩니다. 그런데 불교는 원시불교, 소승불교, 대승불교 등 종파에 따라 생사관이 한결같지가 않습니다. 여기서 언급되어 있는 영혼관이나 내세관이 뚜렷한 불교가 어떤 배경과 속성을 지니는 불교인지 설명해주셨으면 합니다.

일곱째, 최교수님이 한국인의 생사관이 현세주의적이라는 견해를 피력하셨는데 이것만으로는 일본인의 생사관적 특징과 별반 차이가 없을 것 같습니다. 일본의 생사관도 신화나 민간신앙을 통해 현세주의적임을 밝혀졌기 때문입니다. 뿐만 아니라 한중일을 포함한 동아시아의 샤머니즘 문화권도 현세주의적이라는 견해가 있습니다. 한중일 생사관의 차이를 명확히 하기 위해 단순히 현세주의임을 지적하는 것만으로는 부족한 것 같고, 예를 들어 유교문화 영향의 강도와 같은 각 지역마다의 차이를 세밀하게 분석할 필요가 있지 않을까 생각합니다.

여덟째, 만일 한국과 일본의 생사관에서 공통점이 많다고 한다면, 그 계기를 어디에서 찾을 수 있는지가 중요한 안건이 될 수 있습니다. 지리적 인접성을 고려하면, 고대 한반도 일본열도 간의 대량 민족이동이나 한반도와 일본열도 간의 자연적, 생태적 유사성 등을 고려해 볼 수 있습니다. 이에 관해서 최교수님은 어떻게 생각하시는지요?

중세 일본불교의 사생관과 진혼
-둔세승(遁世僧)의 시점을 통해서-

고바야시 나오키(小林直樹, 오사카시립대)

들어가며

사람은 누구나 죽음을 피할 수는 없지만 일상에서 이를 의식하는 일은 적다. 불교 사상이 농후했던 일본 중세기에도 특별히 사정이 달랐던 것 같지는 않다. 가마쿠라기(鎌倉期)의 둔세승무주(無住:1226~1312)는 "모든 사람이 아는 얼굴을 하고 있지만 모르는 것이 죽음이다."라고 하며 규슈(九州)의 어떤 승려의 일화를 기록하고 있다. 이 승려는 보통 때 자신이 죽을 것이라고는 전혀 생각지 않고, '다음 생을 위한 수행'도 전혀 행하지 않았는데, 그 사이에 아버지가 타계하고 어머니도 타계하고, 큰 아버지 큰 어머니도, 나아가 형도 죽음에 이르자, 그때서야 스스로도 '죽겠지요.'라고 깨닫고 '염불도 하고 선행도 쌓아야겠다'는 생각에 이르렀다고 한다.(『사세키슈(沙石集)』[1] 八-5 「죽음의 길을 모르는 사람의 일(死の道知らざる人の事)」)이 승려는 '현명한 자'였기 때문에 죽음을 의식하지 않고 현세에 집착하는 '세상 사람의 마음'을 자신의 일로써 우의적으로 말한 것이라고 무주는 지적

1) 인용은 新編日本古典文學全集에 의한다. 단 표기 등에서는 일부 고쳐 쓴 부분이 있다.

한다. 그러나 이 일화는 한편으로 아무리 현세적인 사람이라도 죽음을 의식한 순간, '다음 생을 위한 수행'에 힘쓰지 않을 수 없었다는 당시의 사정을 알려주는 것이기도 하다.

985년(永觀2), 겐신(源信)에 의해 저술된 『오조요슈(往生要集)』는 중세 일본인의 사후 세계에 관한 인식에 결정적인 영향을 준 것으로 알려져 있다. 우선 개권(開卷), 대문제일(大文第一) 「염리예토(厭離穢土)」에서 지옥 이하, 피해야 할 육도(六道)에 대해서 여러 경론을 인용하면서 설법하는데, 특별히 아주 처참한 팔대(八大) 지옥의 묘사는 선렬(鮮烈)한 인상을 남긴다. 겐신은 그 후에 대문 제이(大文第二) 「흔구정토(欣求浄土)」를 배치하고, 이후 악도(悪道)를 피해 극락정토에 태어나기 위한 방법을 이야기한다. 이와 같은 사생관을 수용한 일본인은 지옥을 비롯한 악도에 대한 공포 때문에 '다음 생을 위한 수행'에 힘쓰지 않으면 안 되었던 것이다.

본고에서는 중세 일본인의 사생관, 타계관 및 진혼(공양)의 양태에 대해 주로 둔세승의 시점에서 고찰하고자 한다. 여기서 다루는 둔세승이란, 불교의 기본요소인 계(戒)·정(定)·혜(慧)-教·禪·律이라고도 한다-의 소위 삼학(三學) 중에, 혜(教學)을 중시하고 계, 정이라는 실천면을 경시하는 경향이 있는 현밀(顯密) 불교계를 이탈하고, 삼학겸비, 제종겸학(諸宗兼學)으로의 강한 지향을 지닌 승려들을 가리킨다.[2] 둔세라고 하는 개념은 전통적으로 실천면을 중시하는 중국이나 한국의 불교계에는 존재하지 않는 일본 특유의 것이라고 일컬어지는데,[3] 둔세승은 어떤 의미에서 중세 일본불교를 특징 지우는 존재형태라고도 할 수 있다. 또한 계율을 중시하는 둔세승은 당연 여법(如法)이 아닌 진무에 민감하고 그 때문에 관승에 비해 내세에 대해 보다 긴장감을

2) 大塚紀弘, 『中世禪律佛教論』(山川出版社, 2009年)
3) 上島享, 「鎌倉時代の佛教」 『岩波講座 日本歷史6 中世1』(岩波書店, 2013年)

띤 인식을 가진 것은 아니었을까 하고 추측된다. 나아가 당시 장송의례에 관계한 것은 오로지 그들 둔세승의 역할이기도 했다.[4] 그들이 남긴 텍스트에는 중세인의 생과 사에 관한 흥미 깊은 인식이 도처에서 보인다. 본고에서는 그들이 남긴 텍스트를 읽어 나가는 것을 통해, 중세 일본불교 특유의 사생관이나 진혼(공양) 양태의 일단을 기층신앙과의 관련성도 시야에 넣으면서 밝히고자 한다.

1. 왕생이라고 하는 행위-간병인과의 협동

『오조요슈』에서 이야기되는 바와 같은 사생관을 수용하고, 정토로의 왕생을 희구, 실천한 사람들의 모습은 왕생전(往生傳)류에 묘사되고 있다. 통상 사상사적 고찰에서는 『일본왕생극락기(日本往生極樂記)』이하, 헤이안(平安) 시대 문인 귀족의 손에 의한 왕생전을 소재로 하는 경우가 대부분이다. 여기서는 13세기 가마쿠라 시대의 고즈케노쿠니(上野國, 현 군마현)야마가미(山上) 지역에서 교센(行仙: ?~1278)에 의해 편찬된 『염불왕생전(念佛往生傳)』[5]을 살펴보자. 교센은 진언(眞言), 염불을 겸수(兼修)하고 선(禪)에도 관심을 보인 둔세승이다. 본서에는 간략한 기술 속에도 왕생인과 그와 관련된 동법(同法:같은 은사 아래 불법을 수행한 동료)이나 간병인과의 교류가, 헤이안시대 왕생전과는 이질적인 내용으로 생생하게 기록되어있다.

우선 제 34화부터 보자. 본화의 전반부는 아쉽지만 소실되었고, 그 후반부에는 이하와 같은 기사가 보인다.

---

4) 松尾剛次, 『中世律宗と死の文化』(吉川弘文館, 2010年)
5) 본서는 가나자와 문고에서 소장하고 있는 영본이다. 인용은 日本思想大系의 본문에 의하고 필자가 영인하였다.

> 6년 5월경, 계기는 없었으나 별안간 교센의 방에 왔다. "마지막 문안을 위해 온 참입니다."라고 운운. 그 후, 병상에 들었다. 같은 5월 21일, 병자가 말하기를 "불당에 부처님을 지금 막 극락에 모셨습니다."라고. 간병인은 이해하지 못했다. 같은 22일, 또 말하기를, "명상(明相)이 바로 나타났다."라고. 또 말하기를 "명상이 이윽고 나타났다. 그는 돌아갈 것이다."라고 운운. 이미 죽어있었다. 환생할 때, 사람이 물어 말하기를 "어떤 경계를 봤습니까?"라고. 답하여 말하기를 "성인이 와서 말씀하시길, '목욕하고 염불하라.'라고 운운. 그리하여 목욕을 끝냈다."라고. 같은 23일, 또 말하기를, "왜 스님은 늦게 오셨습니까?"라고. 그렇게 두 번 반복하여 말하고, 기거염불(起居念佛)하고 바로 서거하였다.

이 이야기의 왕생자는 찬자(撰者) 교센과 교우가 있었던 사람인 것 같고, 병상에 들기 직전, 교센을 '마지막으로 문안'하기 위해 찾아왔다. 주목할 점은 왕생자의 최후 삼일간의 행상이 세세하게 기록되어있다는 점이다. 우선 21일에 병자는 불당의 부처님을 극락에 안치했다고 하고, 이를 듣고 간병인은 이상하게 생각했다고 한다. 다음 22일에 병자는 '명상'(明相)이 이윽고 나타났지만 다시 저쪽으로 가버린다고 말하고 숨이 멎어 버린다. 그 후 소생했을 때, 주위의 사람들이 어떤 '경계'를 봤냐고 물으니, 병자는 성인이 와서 목욕하고 염불하라고 명하였기에 그대로 했다고 답했다고 한다. 나아가 마지막 23일, 병자는 스님이 왜 늦게 오시는지 두 번 말하고 몸을 일으켜 염불한 후 바로 서거했다고 한다.

당시에는 왕생을 위해 평생 수행은 물론이고, 이보다도 임종의 양태가 훨씬 중요한 것으로 여겨졌다.[6)]『오조요슈』[7)] 대문제육(大文第

---

6) 西口順子,「淨土願生者の苦惱－往生伝における奇瑞と夢告－」『平安時代の

六)「별시염불(別時念佛)」에서는 다음과 같이 젠도(善導)의 저작을 인용하는 형태로 임종의례에 대해서 이야기 하고 있다.

젠도 스님이 말씀하시길, "행자들 중 아프고, 혹은 아프지 않은 이도 명이 다할 때에는 완전히 위의 염불에 심취하는 법에 의해, 심신을 바로하고, 얼굴을 서쪽으로 향하고, 마음도 또 조심하여 아마타불을 관상(觀想)하고, 마음과 입을 서로 응하게 하여 목소리가 끊이지 않게 하고, 왕생을 결정했을 때는 꽃대(花台)의 성중(聖衆)이 와서 영접하는 모습을 만들라. 병자, 만약 앞의 경지를 본다면, 바로 간병인에게 향하여 말하라. 이미 말하는 바를 듣고 있다면, 바로 말을 기록하라. 또한 병자는 만약 말할 수 없다면 간병하고, 간병인은 반드시 종종 병자에게 물어야 한다. 어떠한 경계를 봤는가라고.....
...

밑줄 친 부분에서는 병자가 왕생의 단상을 인정한다면, 이것에 대해 간병인에게 고하도록 하고, 또 간병인은 그것을 기록하라고 한다. 또한 병자가 스스로 말할 수 없는 경우는 간병인이 반드시 병자에게 어떠한 대상을 봤는지 빈번하게 물으라고 권한다. 앞서 본『염불왕생전』에서의 병자의 간병인에 대한 발언이나, 일단 타계 후 소생한 병자에 대한 주위 사람의 "어떤 경계를 봤습니까?"라는 질문은 바로『오조요슈』에 나와 있는 가르침의 충실한 실천에 다름 아니었던 것이다.

『염불왕생전』에는 이와 같은 기사가 이 외에도 많이 있다. 제46화에서는 고즈케노쿠니의 오코 고시로 히데무라(大胡小四郎秀村)라는 남자는 1259년(正元1) 10월에 각기병에 걸렸다.

寺院と民衆』(法藏館, 2004年, 初出は1968年)

7) 인용은 일본사상대계의 훈독문에 의한다.

> 같은 5일 축시(丑剋)에 하늘을 향해 미소를 지었다. 지식(知識)이 물어 말하기를 "어떠한 경계를 봤는가?"라고. 답하여 말하기를, "부처님이 오셨다. 그 모습은 유리와 같고 내외 빛이 났다. 또한 음악을 들었다. 인간의 음악보다 훌륭한 점은 말로 다 표현할 수 없다." 라고, 그 후 아미타불을 열 번 염불하는 것을 일곱 번 하고, 마지막 염불에 불이라는 글자와 함께 숨이 멎어 타계한다.

또한 47화에서는 같은 고즈케노쿠니의 호소이 비구니(細井尼)가 1260년(文応1)의 여름 경, 유행병에 걸린다.

> 이 비구니는 이미 발병하여 위급한 상태다. 두 손을 들어 사물을 받으려는 모습이다. 간병인이 이유를 묻는다. 답하여 말하기를 "연꽃에 비가 내린다. 그 모습이 미묘하여 인간의 꽃과 다르다. 그리하여 받고자 하는 것이다."라고 운운. 마지막에 말이 없었다. 꽃을 받는 손은 또한 이전과 같았다. 그러므로 사람들이 왕생인이라고 칭했다.

이상의 두 이야기에서도 주위에 있는 지식(同法)이나 간병인이 병자의 표정이나 동작의 변화를 깨닫고 병자가 보는 '경계'에 대해 집요하게 확인하고자 하는 것이다. 『오조요슈』에서 이야기 되는 임종 의례가 그 성립 후 삼백년 가까이 지나서 도읍을 멀리 떠난 고즈케의 땅에서도 여전히 이렇듯 충실하게 실천되었다는 사실은 일견 놀라운 일로도 비춰진다.[8] 그러나 죽은 사람이 왕생할 수 있었는지 어떤지는 간병인과의 교류에서 확인된 병자가 본 '경계'의 유무와 숨을 거두기

---

8) 이러한 일의 배경에는 13세기에 들어와 『왕생요집』의 판본의 간행이 이어졌다고 하는 사정도 관련되어 있을 것이다.

직전의 병자의 외상에 의해 판단되는(「그러므로 사람들이 왕생인이라고 칭했다.(仍りて人々, 往生人と稱す)」 第47話) 것이기 때문에 두 사람은 필사적으로 이와 같은 확인 작업을 할 수밖에 없었던 것이다. 왕생이라고 하는 행위는 병자와 간병인과의 소위 협동작업이었다. 병자에 의해 보인 〈정토〉라고 하는 '경계'는 간병인에게 언어화되어 확인되고, 나아가 '기록'되어 비로소 왕생의 보증으로써 사람들 사이에 공유되었던 것이다. 그렇지만 죽은 사람이 확실하게 왕생을 이루었는지 어떤지는 결국, 간병인이나 지식(同法)과 같은 죽은 사람 주변에 있는 사람들의 판단에 의할 수 밖에 없었다.

원래 『염불왕생전』에는 위와 같은 간병인과 병자와의 확인 작업 이외에, 임종 시의 자운(紫雲), 음악, 이향(異香)과 같은 기이한 일이 생긴다든지, 죽은 사람이 생자의 꿈에 정토에 태어남을 알린다든지 하는, 왕생전 이래의 익숙한 왕생의 모습이 이야기 되는 경우도 적지 않다. 니시구치 준코(西口順子)씨는 헤이안기 왕생전의 "임종 시의 기록 중, 특별히 많이 보이는 것은 기이한 일(奇瑞)이고, 사후 꿈에 나타나 알리는 것(夢告)이다."라고 하고 이하의 지적을 하는데,[9] 그것은 『염불왕생전』에서도 예외는 아니다.

> 산자에게 보이는 기서(奇瑞)·몽고(夢告)는 많은 경우, 죽은 자에게 가장 가까운 입장의 사람들에게 보인다. 승려라면 동법이고, 제자이고, 신자다. 속세 사람이라면 그 근친인 사람-부모, 형제, 자식, 친척 등-, 친구, 혹은 종자들이었다. 전연 관계없는 사람이 몽고를 받는 경우도 있지만, 대부분 무엇인가의 형태로 연이 있는 자다.

죽은 자의 왕생을 인정하는 것이 죽은 자의 가까운 주변 사람이었

---

9) 주석6, 西口씨의 전게논문.

다는 것 자체는 대단히 자연스러운 일일 것이다. 그러나 왕생의 판단을 그러한 가까운 사람들에게 의존하지 않으면 안 되었던 점, 왕생이 그들과의 협동 작업이었던 점이 오히려 왕생을 확정하기 어렵다는 사실을 당사자에게 인식시키고, 정말로 왕생할 수 있는지에 대한 불안과 함께 하는 상황을 만들어 내는 경우도 있었다. 다음 절에서는 이와 같은 상황에 대해 고찰하고자 한다.

2. 왕생에 대한 불안-마도(魔道)로의 전생(轉生)

앞의 절에서 다룬 『염불왕생전』의 찬자 교센은 고야산(高野山)의 묘헨(明遍:1142~1224)의 종교권에 가까운 곳에 위치하고 있었던 둔세승이라고 추정된다.[10] 묘헨은 도다이지(東大寺) 출신의 저명한 둔세승으로, 고야산에서의 그의 주방(住房:蓮花三昧院)을 거점으로 염불성(念佛聖, 소위 高野聖)의 집단이 형성된 것으로 알려져 있다.[11] 실제 『염불왕생전』에도 고야히지리(高野聖:일본 중세기에 고야산에서 여러 지방으로 가서 간진이라는 모금활동을 위해, 권화, 창도, 납골 등을 행한 승려)의 모습이 눈에 띄고, 교센 스스로도 고야히지리였을 가능성도 충분히 있다.[12] 실은 무주의 『샤세키슈』에는 이와 같은 고야히지리의 왕생에 대한 불안이 세세하게 적혀있는 일련의 기사가 있다.(卷10本-10 「망집에 의해 마도에 떨어진 사람의 일(妄執に依りて魔道に落つる人の事)」) 본 절에서는 우선 이들 기사 분석부터 시작하

10) 小林直樹, 「無住と遁世僧說話－ネットワークと伝承の視点－」『論集 中世·近世說話と說話集』, 和泉書院, 2014年.

11) 五來重, 『增補 高野聖』, 角川書店, 1975年.

12) 永井義憲, 「念佛往生伝の撰者行仙」『日本佛教文學研究 第1集』, 豊島書房, 1966年, 初出は1956年.

고자 한다.

> 고야에 있는 오래된 성인은 "제자가 있으니 왕생은 할 것이다. 후세가 무섭다."라고 한다. 자식, 제자, 부모, 은사의 임종의 안 좋음을 그대로 말하는 것도 불쌍하여 대부분 좋게 말하는 것을. 의미 없는 일이다. 안 좋은 것은 있는 대로 말하고, 스스로도 열심히 후세를 위해 기도하고, 다른 이를 위해서도 기도하는 것이야말로, 망혼을 돕는 인연이라도 될 것이다.

어떤 늙은 고야히지리가 "나에게는 제자가 있으니 왕생은 할 것이다. 그러나 실제 다음 세상이 어떻게 될지 그것이 무섭다."라고 했다 한다. 부모자식이나 사제 등 가까운 사람들 사이에서는 임종 의례가 별로 좋지 않은 경우도 그대로 말하면 당사자가 불쌍하다는 이유로, 왕생한 것처럼 말하는 것이 일반적이었다고 한다. 세상에서 왕생이라고 한 사례의 내실이 만약 그와 같은 것이었다고 한다면 불안은 얼마나 컸을까? 그렇지 않더라도 왕생했는지 안했는지 판단하는 것은 대단히 어려웠다.

> 고야의 둔세 승려 등이 임종할 때, 동법이 와서 평정(評定)하기를 일반적으로 왕생하는 사람은 없다. 어떨 때는 단좌합장(端座合掌)하고, 염불을 외우며 타계하는 승려가 있다. "이야말로 정해진 왕생인이여." 라고 하는 것을 고와타(木幡:교토의 지명)의 게이신방(恵心房)의 큰스님이 "이 또한 왕생이 아니다. 실로 내영(來迎)을 받고 왕생할 정도의 사람은 보통 때, 나쁜 얼굴조차도 좋아 보이는 모습이어야 하는데, 눈썹의 근육이 올라가고 무서운 얼굴이었다. 마도에 빠진 것이다."라고 말씀하신다.

고야히지리가 임종을 맞이할 때에는 동법들이 그 의례를 관찰하고 왕생의 가부를 논의하는데, 왕생했다고 결론지어진 사람은 좀처럼 없었다고 한다. 어떤 때, 단서합장하고 염불을 외우며 숨을 거둔 승려가 있었다. 틀림없이 왕생인이라고 판정했을 때, 계율 부흥 운동(戒律復興運動)을 주도한 가쿠조(覺盛) 문하의 둔세승으로 알려지고 한 때 고야산에도 있었던 가이신보 신쿠(廻心房眞空)가 "표정에서 판단하자면 이도 왕생은 아니다. 마도에 빠진 것이리라."라고 평했다고 한다. 왕생의 판단은 대단히 어려웠던 것이다.

하나 더 사례를 소개하자.

> 얼마 안 된 과거에 아무개 재상이라고 하는 사람이 공부도 많이 하고 현명하였는데, 출가하여 고야산에 은거하고 염불을 외우며 진언(眞言)에 대해서도 살펴보고, 도심자(道心者)로서 이름을 날렸다. 평생의 원은 "임종 때에 염불해야 할 것으로 대부분의 수편은 이미 준비되었다. 올바른 마지막의 십념(十念)을 어떻게 깨끗한 마음으로 외우고, 제 십의 염불을 반복할 때, 특별히 목소리를 높여 정성껏 시원하게 염불하고 이윽고 타계했으면."하고 염원하고, 염원과 조금도 다르지 않게 염불하고 숨이 멎었다.

아무개 재상은 속세에 있을 때, 공부도 많이 하고 현명한 사람으로 유명했는데, 고야산에 출가한 후에도 도심자로서 평판이 좋았다. 임종 의례도 평상시의 염원대로였으니 모두가 그의 왕생을 의심치 않았다. 그런데 이년 후, 동법승에게 재상의 영이 빙의하여 실은 둔세 후에도 어지러운 정치가 신경 쓰여서 '만약 자신이 그 관직에 있었으면 이런 일이 없었을 텐데.'하는 마음을 억누를 수 없어서, "남몰래 망집을 버릴 수가 없어서 그러한 좋지 않은 길로 들어갔다."고 이야기했다고 한다. 무주가 "현인, 도심자라고 유명했었지만, 그 집념이 세상을 위해, 남을 위해, 이생(利生)의 일부분이라고 할 수 있다. 바로 죄가 있다고 할 수는 없지만."이라고 하듯이, 재상의 집념은 사욕으로부터 나온 것은 아니었다. 그럼에도 불구하고 '좋지 않은 길' 즉 마도에 빠진 것이라고 한다.

이 이야기의 마지막을 "그러므로 임종은 알기 어려운 일이다."라고 끝맺는 무주는 나아가 다음의 짧은 삽화를 쓰고 있다.

> 조슈(常州:현 도치기현) 마카베(眞壁)의 교부쓰보(敬佛房)는 묘헨 승려의 제자이고 도심자라고 유명한데, 고야의 성인의 임종을 '좋다'고 하는 이도 '나쁘다'고 하는 이도 있으니, "자, 마음속은 알 수 없는 것이다."라고 하신다. 진실로 이해한다.

앞서 열거한 삽화에서도 이야기 된 고야히지리의 왕생의 정평에 대해서, 스스로도 고야히지리 출신이었다고 보이는 교부쓰보가, 사람의 심중은 아무도 알 수 없는 것이라고 했다고 한다. 무주도 그 의견에 대해 진심으로 동의한다. 도대체 무엇으로써 왕생을 입증할 수 있는지, 고민 속의 승려들의 불안이 대단히 컸으리라는 점은 상상하기 어렵지 않다.

이와 같은 상황에서는 둔세승이 염원하는 정토와 무서운 마도는 그야말로 인접해있는 존재였다고 해도 과언이 아니다. 그렇다면 그 마도는 어떠한 세계였는가? 당시 마도는 덴구도(天狗道)라고도 불려서 승려만이 떨어지는 특수한 악도의 하나로서 인식되었다.[13] 무주는 그 마도, 덴구도의 주인이었던 덴구(天狗)에 대해서 다음과 같이 적고 있다.

---

13) 青木千代子, 「中世文學における「魔」と「魔界」－往生失敗者と往生拒否者－」 『國語國文』 第65巻 第4号(1996年4月).

> 덴구라고 하는 것은 일본에서 일컬은 것이다. 성교(聖教)에 확실한 문증(文証)이 없다. 선덕이 말씀하길, "석가모니, 마도라는 것은 이것이라고 생각됩니다." 대강은 귀류(鬼類)이다. 진실은 지혜, 도심이 없고 집념, 편집, 오만함이 있는 자, 그와 같은 행덕이 있는 자는 모두 이 길로 들어간다. …… 크게 나누면, 젠텐구(善天狗)·아쿠텐구(悪天狗)라고 하고, 두 종류가 있다. 아쿠텐구는 완전히 교만하고 편집적이기만 하여 불법을 믿지 않는 것이다. 그러므로 모든 선행을 막는다. 언제 나올지 모른다. 젠텐구는 불법에 뜻이 있다. 지혜, 행덕이 있으면서 집착하는 마음을 잃지 않아 그와 같은 지해와 행동에 막혀 그 길에 들어갔지만, 현명하여 불도도 행하고 남을 방해하지도 않는다. 아쿠텐구가 방해하는 것도 제어하고, 불법을 지킨다. 이는 곧 빠져나올 것이다."라고 말했다. (巻9-20「天狗, 人に眞言教へたる事」)

무주에 의하면 덴구는 경전류의 기재에는 보이지 않는 일본 특유의 존재였다. 그리고 본 절에서 본 바와 같이, 수행을 열심히 하면서도 집념 때문에 마도에 빠진 둔세승들의 전생(轉生) 후의 모습은 '젠텐구'였다는 것을 설명하는 것이다. 그들은 마도에 들어가서도 여전히 불도 수행을 계속하고, 그 때문에 "곧 빠져나올 것이다."라고 인식되었던 것이다.

여기서 마도의 구체적인 이미지에 대해 살펴보자.『샤세키슈』권1-6「와코의 리야쿠의 일(和光の利益の事)」(『春日權現驗記繪』巻16-2에도 같은 이야기가 있다)에서는 해탈한 큰스님 조케이(貞慶)의 제자였던 고후쿠지(興福寺)의 쇼엔(璋円)이 마도에 빠진 후, 여인에게 빙의하여 다음과 같이 말하고 있다.

> 우리 대명신(大明神)의 득오에 다가가는 방법이 대단한 것. 조금

이라도 불교의 연이 있어 만나 뵙는 사람을, 어떠한 죄인이라고 할지라도 다른 지옥에는 보내지 않고, 가스가노(春日野) 아래에 지옥을 만들어 놓고, 매일 아침 일찍 제 삼의 전으로부터 지장보살님이 쇄수기(洒水器)에 물을 넣어 산장(散杖)으로 물을 뿌려주시니, 한 방울의 물, 죄인의 입에 들어가, 고통스러움이 잠시 가시고 잠시 제정신이 들 때에, 대승경(大乘經)의 요문(要文), 다라니의 신술(神呪) 등을 외워 들려주시는 일, 매일 빠짐이 없다. 이 방법에 의해 이윽고 구원받는 것이다. 학생들에게는 가스가야마 (春日山)의 동쪽에 고잔(高山)라고 하는 곳에서 대명신반야(大明神般若)를 들려주신다. 듣고 논의. 질문, 대답하는 것이다. 옛날에 학생이었던 자는 모두 학생이다. 바로 앞에서 대명신의 설법을 듣는 것이야 말로 송구스러운 일이다.

가스가 대명신은 가스가노의 지하에 특별한 〈지옥〉을 만들고 조금이라도 대명신과 연을 맺은 죄인은 통상 지옥으로 보내지 않고, 여기에 수용한다고 한다. 그리고 가스가 제 삼의 전이 본거지인 지장보살이 이른 아침 일정한 시간에, 사람들의 고통을 위로하고 그 사이에 대승경의 요문 등을 들려줌으로써 〈지옥〉에 빠진 사람들을 구원해주고 있다고 한다.[14] 그 후의 밑줄 친 부분에서는 쇼엔과 같은 학승들은 가스가 산의 동쪽에 있는 고잔(香山)에서 대명신의 강의를 듣고, 논의, 질문하고 있다고 한다. 이에 의하면 가스가야마 의 학승들은 일반 죄인과는 다르게 다루어지고, 고통을 면하고 있는 듯이 보인다. 그러나『덴구조시(天狗草子)』[15] 「고후쿠지권(興福寺卷)」에서는 다음과

14) 本井牧子씨는 가스가노지옥의 발상에 지장보살의 '복사(福舍)'의 개념이 이용되었을 가능성을 지적하고 있다.(「罪業重き人々の救濟－末代濁世の意識」『春日權現驗記繪注解』和泉書院, 2005年)

15) 인용은 新修日本繪卷物全集의 본문에 의한다. 구독점은 필자가 더하

같이, 고후쿠지 중도 대부분이 가스가야마에서 고통을 받고 있다고 한다.

> 이에 의하여 고후쿠지 중도, 집념도 과연 대단히 깊고, 교만함도 특별히 대단하고, 모두 덴구가 되어 가스가야마에 살고, 열반의 고통을 받는다. 대명신은 이를 불쌍히 여겨, 밤낮으로 삼편감로(三遍甘露)의 묘약을 그들의 입에 떨어뜨려주신다. 실로 감사한 일일 것이다.

게다가 『샤세키슈』 卷5本-6 「학생이 마도에 떨어지는 일(學生の魔道に墮ちたる事)」에서는 고후쿠지의 학승의 제자가 작고한 은사의 전생한 곳을 알고 싶다고 기원한 바, '꿈결'에 은사와 만나, 가스가야마 산중에 안내받는다. 그곳에는 고후쿠지와 같은 가람이 서있었고, 내부에는 문답논의가 행해지고 있었다. 그러나 하루의 일정한 시각에는 하늘로부터 지옥의 매와 같은 것이 떨어져 내려와, 승려들은 고통을 받고 있는 양상이 이야기 된다. 게다가 『곤쟈쿠모노가타리슈(今昔物語集)』[16] 卷19-19 「도다이지(東大寺) 승이 산에서 죽은 승려와 만난 일(僧於山値死僧語)」에서는 도다이지에 사는 승려가 부처님께 드리는 꽃을 따려고 '동쪽 산 속'에 들어갔는데, 길을 잃고, "계곡 사이를 꿈과 같은 생각이 들어" 걷고 있었다. 그러자 승려와 같은 이가 출현하고, 지금은 작고한 도다이지의 승려들도 모습을 드러낸다. 그곳에서도 그들은 하루에 한번, 고통을 받는다고 하는 것이다.

이 모든 것을 종합하자면, 당시 가스가야마로부터 가스가노의 지하에 걸쳐 〈지옥〉이 있었고, 특히 생전 불법을 공부한 승려는 가스가

고 일부 표기를 새로이 했다.

16) 인용은 新日本古典文學大系에 의한다.

야마(혹은 고잔을 포함한 가스가야마 연봉[17]) 중에 〈지옥〉을 두고, 대부분 일정한 고통을 받으면서도, 여전히 불법을 공부하고, 구원받을 때를 기다린다는 이미지가 떠오른다.

마도가 〈지옥〉과 연결되어 묘사되는 것은 가스가야마 뿐이 아니다. 『샤세키슈』에서는 "히에(日吉)의 대궁 뒤에도 산승이 많고 덴구가 되어 와코(和光)의 방편에 의해 이윽고 구원받는다고 한다."(卷1-6)고 하고, 히에잔에도 같은 〈지옥〉이 있었던 것을 전한다. 실제 『히에산노리 쇼키(日吉山王利生記)』[18] 卷7-1에서는 엔랴쿠지(延曆寺)의 신겐(眞源)이라고 하는 석학이 꿈에서 일찍 죽은 겐산(嚴算)이라고 하는 승려를 만나고, 히에사(日吉社)의 "산 속, 하치오지 계곡의 근처"에 안내 받아 그곳에서 학문에 힘쓰는 죽은 엔랴쿠지(延曆寺)의 승려들의 모습을 목격한다.

한편 본 절의 전반에서 본 마도에 떨어진 고야히지리들에게, 이와 같은 〈지옥〉이 상정되었던 것을 보여주는 흔적은 없다. 그러나 무주의 분류로 말하자면, '젠텐구'에 해당될 그들은 역시 마도에 떨어져 수학을 쌓고 구원받을 때를 기다리고 있다고 생각해도 좋을 것이다. 고통과 환란은 당연한 것이었을텐데[19] 그것은 반드시 큰 것은 아니었을 것이다. 『히라산고진레이타쿠(比良山古人靈託)』[20]에서의 히라산의 덴쿠는 덴구의 고통에 대해, "철로 된 공을 매일 삼회 먹는다고 들었다. 사실 어떠한가?"라는 질문하는 자의 질문에 답하기를, "공은 없

17) 高山(香山)의 위치에 대하여는 稻木吉一, 「香山寺創建考」『女子美術大學紀要』第24号(1993年10月) 참조.

18) 인용은 神道大系의 본문에 의하고 구독점은 필자에 의한다.

19) 마도(魔道)에 떨어진 승려의 고통을 언급하지 않은 전승은 가스가나 히에의 신에 의한 구제를 설법하게 된 단계에서 나타나는 것으로 본래는 『今昔物語集』 권19-19이나 『沙石集』 권5本-6의 전승처럼 고통을 받는 것이 전제되어 있었을 것으로 생각된다.

20) 인용은 新日本古典文學大系의 훈독문에 의한다.

다. 철로 된 삼각형의 것을 자연히 천연의 도리로서 입에 넣어 먹는 것이다. 그것이 골수에 박혀 도리가 없다. 매일 먹을 수 있는 것은 아니다. 악행을 했을 때에만 먹는 것이다. 그러므로 주의하여 악행을 하지 않으려고 한다."라고 설명하고 있고, 그 고통은 『오조요슈』 등에서 이야기되는 지옥과 비교하자면, 꽤 느슨한 것으로 상정되었던 것 같다. 게다가 마도에서 지내는 시간도, "말세의 승려, 명리의 집념에 의해, 순차적으로 많이 마도에 떨어진다. 여집(余執)을 사과하는 일, 어떤 이는 2~3년, 어떤 이는 5~6년이다. 그 사이에 인간 세상에 태어난다."(『春日權現驗記繪』[21] 卷16-1), "그저 덴구라고 하는 일은 있는 일이다. 다음 해로 6년을 채우려고 한다. 그 달에 준비하여 이 길을 나가 극락에 가고자 생각하는데 반드시 방해 없이 고통에서 벗어나도록 찾아주시오."(『發心集』[22] 卷2-8 「신조보(眞淨房) 잠시 덴구가 된 일(しばらく天狗になる事)」)와 같이, 정신을 잃을 것 같은 장구의 시간을 강조하는 지옥에 비하면, 대단히 짧은 것이라고 인식한 경우도 적지 않다. "마도는 불교도였기 때문에 왕생에 들어가기 위한 또 하나의 길이었다"[23]고도 평가되는 이유일 것이다.

아무튼 마도는 중세의 둔세승 주변을 항상 둘러싸고 있었던 것 같이 보인다. 시점을 달리하면, 무주를 비롯한 둔세승의 저작에는 마도에 대한 기술이 돌출하여 대단히 눈에 띈다고 할 수 있다. 예컨대 앞서 언급한 가스가 〈지옥〉에 떨어진 학승 쇼엔의 은사인 조케이(貞慶:1155~1213)는 마계에게 괴롭힘을 당한 오다와라 조닌 센쿠(小田原上人瞻空)를 위해서 『마카이 에코 호고(魔界廻向法語)』를 저술했다.[24]

---

21) 인용은 주석 13 전게서에 의한다.

22) 인용은 角川ソフィア文庫에 의한다.

23) 若林晴子, 「『天狗草子』に見る鎌倉佛教の魔と天狗」 『繪卷から中世を讀む』(吉川弘文館, 1995年).

24) 淸水宥聖, 「貞慶の魔界意識をめぐって」 『宗教と文化』(こびあん書房, 1990年);

묘에(明恵:1173～1232)도 『갸쿠하이보키(却癈忘記)』 속에서 마도에 대해 이야기했다.[25] 또한 앞서 언급한 마도에 떨어진 텐구와의 문답집 『히라산고진레이타쿠』의 저자 게이세이(慶政:1189~1268)도 온조지(園城寺) 출신의 둔세승이다. 또한 근래에 쓰치야 다카히로(土屋貴裕)씨는 『덴구조시』의 조본(祖本)을 『시치덴구에(七天狗絵)』라고 인정하고, 그 "일곱 덴구의 그림이라고 하는 것, 쓰였다."라고 된 '야사카의 쟈쿠센쇼닌 헨유(寂仙上人遍融)'(『壒嚢鈔』[26] 巻8-32)라는 둔세승에 대해 금강왕원류(金剛王院流)와 권수사류(勸修寺流)를 이어 받은 동밀승(東密僧)이었다는 점을 밝히고, 더불어 그 은사인 '료간(良含) 주변'의 수학 상황을 검토함으로써, 이 책의 성립권에 "'제종겸학'적인 학문의 양상"이 존재함을 지적하고 있다.[27] 참고로 말하자면, 헨유의 은사라는 료간은 무주의 저작에서 둔세승과 친화적인 관승(官僧)으로서 주목받고 있는 금강왕원 승정(金剛王院僧正) 짓켄(實賢)의 손제자에 해당하는 사람으로,[28] 『시치에덴구』의 성립권은 무주의 종교권과 확실

筒井早苗, 「解脱房貞慶と魔道－「春日權現驗記繪」を中心に－」 『金城國文』 第75号(1999年3月)

25) 若林晴子, 「『天狗草子』に見る鎌倉佛教の魔と天狗」 『繪巻から中世を讀む』(吉川弘文館, 1995年)

26) 인용은 濱田敦·佐竹昭廣·笹川祥生編, 『塵添壒嚢鈔·壒嚢鈔』(臨川書店, 1968年)에 의한다. 구독점은 필자가 더하고 한문체의 부분은 필자가 영인했다.

27) 土屋貴裕, 「「天狗草子」の復元的考察」 『美術史』 第159号(2005年10月), 同, 「「七天狗繪」と「天狗草子」－〈二つの天狗草子〉とその成立背景－」 『佛教文學』 第30号(2006年3月). 한편 그 후 牧野和夫, 「延慶本『平家物語』の天狗とその背景」 『中世の軍記物語と歴史叙述』(竹林舍, 2011年)는 「「良含周辺」이라고 하기 보다는 「良含」에 이르는「慶政－理眞－良含」의 상승혈맥(相承血脈)과 「良含」로부터의 「良含－遍融－円海－秀範」의 상승이라고 하는 두 가지의 사자상승(師資相承)의 주변이라고 생각하는 편이 타당할 것이다.」라고 지적한다.

28) 주석 9의 小林의 전게논문.

히 근접해 있었다고 보인다. 이에 더하여 이토 사토시(伊藤聰)씨는 최근에 미와쇼닌 게이엔(三輪上人慶円)의 일화를 제자 도기(塔義)가 집성한 『미와쇼닌교조(三輪上人行狀)』에 빈출하는 마의 기사에 주목하고, "〈마〉와 대화하고, 은덕을 베푸는 것으로써 그들에게 영향력을 행사하는 수험자"로서의 게이엔의 모습을 추출하고 있는데,[29] 이 게이엔, 도기의 사제도 짓켄 주변의 둔세승인 것이다.[30] 아마도 마도는 원래 보리심(菩提心)을 중시하고 편집(偏執)을 멀리하는, 삼학겸비, 제종겸학을 지향하는 둔세승(遁世僧, 혹은 그들의 지향에 공감을 표하는 학승[31]) 사이에서 성장한 개념이 아닐까? 이 점에서 마도는 중세 일본불교 특유의 악도의 양상을 보여주는 지점이라고 하겠다.

3. 지옥과 기층신앙-산중 타계관

앞의 절에서는 전통적인 불교의 악도 인식에 사로잡히지 않는 마도라는 독특한 개념이 중세 일본에서의 둔세승의 사생관의 중심을 점한다는 상황을 보았다. 그 때, 고후쿠지나 엔랴쿠지의 승에게 마도에 떨어지는 것은 가스가나 히에의 신이 만들어 준 〈지옥〉에서 비교적 가벼운 고통을 받으면서도 수학에 힘써 구원을 받을 때를 기다린다고 하는 이미지로 이해할 수 있었다. 나아가 그러한 〈지옥〉의 구체적인 위치에 대해서는 "가스가야마의 동쪽의 고잔이라고 하는 곳"

29) 伊藤聰, 「臨終と魔」『東アジアの今昔物語集』(勉誠出版, 2012年)

30) 小林直樹, 「無住と金剛王院僧正實賢の法脈」『說話文學硏究』 第44号(2009年7月)

31) 당연 계율에 대한 관심이 둔세승뿐만이 아니라 학승간에도 높아졌다는 것에 대해서는 蓑輪顯量, 「官僧·遁世僧と論議における戒律」『中世初期南都戒律復興の硏究』(法藏館, 1999年); 上島享, 「〈中世佛教〉再考－二項對立論を超えて－」『日本佛教綜合硏究』 第10号(2012年5月) 참조.

(『沙石集』 卷1-6), “가스가야마”(同卷5本-6)“가스가야마”(『天狗草子』「興福寺卷」), 도다이지의 “동쪽 산 속”(『今昔物語集』卷19-19), “히에 대궁의 뒤”(『沙石集』卷1-6), “산 속, 하치오지 계곡 근처”(『日吉山王利生記』卷7-1)라고 하듯이, 산속, 혹은 산속의 계곡이라고 하는 이미지로 이야기되었다.

산속의 지옥이라고 하면, 바로 저명한 다테야마지옥(立山地獄)이 상기될 것이다. 11세기의 『대일본국법화경험기(大日本國法華經驗記)』[32) 제124화에는 그 양상이 다음과 같이 묘사된다.

> 수행자가 있었다. 그 이름은 상세하지 않다. 영험한 곳에 가서 기도드리고 난행, 고행을 했다. 엣추(越中 : 현 도야마현)의 다테야마(立山)에 갔다. 그 산에 지옥의 들판이 있어, 멀리 널은 산의 계곡 속에 수많은 온천이 있었다. 깊은 구멍 속에서 온수가 나왔다. 바위로 구멍을 막으니 온천수가 나오는 것이 더 강해져서, 바위 주변에서 뿜어 나온다. 실로 온천수의 힘으로 뒤집어진 바위가 동요한다. 뜨거운 기운이 가득하고 차서 가까이 가서 볼 수 없다. 그 들판의 구석에 큰 불의 기둥이 있다. 항상 불타고 폭발하며 타오른다. 여기에 큰 봉우리가 있고, 제석악(帝釋岳)이라고 부른다. 이곳은 천제석(天帝釋)·명관(冥官)이 집합하여, 중생의 선악을 감정하는 곳이다. 그 지옥의 들판의 계곡 끝에 큰 폭포가 있다. 높이는 수백장, 승묘(勝妙)의 폭포라고 부른다. 하얀 천을 붙인 것 같다. 예로부터 전해지는 일본국의 사람이 죄를 지으면, 대개 다테야마의 지옥에 떨어져 있다고 한다.

32) 인용은 日本思想大系의 훈독문에 의한다. 단, 표기 등 일부 필자가 새로이 한 부분이 있다.

입산의 화산성의 분연(噴煙)이나 온천수가 지옥을 연상시킨 것임에는 틀림이 없다고 하나, 그 입지가 산속 계곡이라는 점은 주목이 필요하다. 『호부쓰슈(寶物集)』[33] 권2에는 삼악도에 대해서는 『오조요슈』에 상세하다고 하면서도, 다음과 같이 언급한다.

> 지옥이라고 하는 것은 그 염부제(閻浮提)의 아래 일천유순에 있다. 등활(等活)·흑승(黑繩)·중합(衆合)·규환(叫喚)·대규환(大叫喚)·초열(焦熱)·대초열(大焦熱)·아비지옥(阿鼻地獄)이다. 이것을 대지옥이라고 한다. 각자 16개의 별소가 있다. 모두 백삼십육의 지옥이다. 이외에 들 사이, 바다 주변에도 지옥은 있다고, 전신보살(天親菩薩)의 구사론(俱舍論)에도 말씀하신다. 실로 그러한 것이라고 보이는 것도 있다. 엣추국 다테야마의 지옥보다, 오미(近江:현 시가현)의 아이지(愛智)의 대령의 딸이 산속의 수험자에 부탁하여 부모에게 편지하는 것은. ……

다테야마 지옥은 『오조요슈』 등에서 말하는 "그 염부제(閻浮提)의 아래 일천유순"이라고 하는 상상을 초월하는 지하 깊은 곳에 있는 팔대지옥과 같은 것과는 달리, 예컨대 『구사론』에 언급되는 바와 같은 예외적인 이 세상의 지옥의 하나로서 소개되고 있다. 그러나 그것이 "들 사이, 바다 주변"에 있는 것이 아니고, "일본국의 사람이 죄를 지으면, 대개 다테야마의 지옥에 떨어져있다고 한다"와 "예로부터 전해지는"이라는 배경에는 종종 지적되는 바와 같이[34] 일본인의 산에 대

33) 인용은 日本思想大系의 훈독문에 의한다. 단, 표기 등 일부 필자가 새로이 한 부분이 있다.

34) 堀一郎, 「万葉集にあらわれた葬制と, 他界觀, 靈魂觀について」 『宗教·習俗の生活規制』(未來社, 1963年, 初出は1953年); 五來重, 『日本人の地獄と極樂』(人文書院, 1991年) 등 참조.

한 기층신앙, 산중 타계의 신앙이 존재하는 것에는 틀림이 없다.

『만요슈(萬葉集)』의 만가(挽歌:죽은 이를 애도하는 노래)에는 사자의 혼이 산에 머무는 이미지가 읊어질 때가 많다.[35] 그런데 그러한 산중타계관의 흔적 특히 불교와 중층되지 않는 형태의 그것을 중세 문헌에서 찾으면 실은 이것이 의외로 어렵다. 그 중에 무주가 『조단슈(雜談集)』[36] 卷9 「관념이익의 일(觀念利益事)」에 기술한 이하의 전승은 특이한 것이다.

> 어느 속세 사람의 처가 사망하여 세월이 흐른 후 산중에 갔는데, 그 처가 옛 모습으로 물을 뜨고자 물통을 이고 가는 것을 보고, "저것은, 어떻게."라고 말하지만, 그녀는 이쪽을 보지 못하고 소리도 들리지 않는 것 같다. 한편 집으로 데려와서 옆에 두고 보니, 물통을 내려놓고는 "아, 가슴이 아프다."라고하며 이윽고 병이 들었다. 이에 사람들이 모여 "보통 일이 아니다."라고 하고, 음양사를 불러 물으니, "옛날의 남편이 눈을 들여다 본 것이다."라며 쫓아낸다. 이윽고 쫓아내는 의식을 치르고, 나중에 한번 손가락을 튕기니(彈指), 그로부터 바람에 날리는 듯이, 머지않아 20, 30 마을 정도 멀리 사라졌다. 나중에 찾았으나 아무것도 보이지 않았다.

부인을 잃은 남자가 오랜 시간이 지난 후 산중에 갔는데, 부인은 옛 모습 그대로 물통을 머리 위로 이고 걸아가고 있는 것을 보았다. 말을 걸었는데, 부인 쪽에서 남편의 모습은 보이질 않고, 목소리도 들리지 않은 것 같다. 남편은 부인을 집으로 데려왔는데, 부인은 가슴이 아프다고 호소한다. 음양사를 불러 이유를 물으니, 남편이 눈을 들여

---

35) 주석 29 堀씨의 전게 논문.

36) 인용은 古典資料에 의하고 구독점 등 표기는 필자가 정리했다.

다봤기 때문이라고 하여 귀신을 좇아내는 의식을 하고 손가락을 튕겼다. 부인은 바람에 날려가는 것 같이, 한꺼번에 20~30 마을 정도 멀리 갔다. 그녀의 모습은 전혀 보이지 않았다고 한다. 이와 같은 속세의 전승을 무주가 적을 수 있었던 것은 그가 보통 때부터 지방의 민간전승 등에도 깊은 관심을 보이고 있었기 때문일 것이다.[37] 여하튼 죽은 사람의 혼이 산중에 머문다고 하는 세속의 신앙은 중세에도 확실히 존재했던 것이다.

한편 이와 같은 고대 이래의 기층신앙을 기반으로 죽은 자는 생사의 경계에 존재하는 산을 넘어 명도로 여행 간다는 발상도 생겼다. '시니데노 야마(死出の山)'라는 시어(歌語)에 그 발상이 보이는데, 그것은 불교 사상과 접촉하며 일본인의 사생관에 깊은 영향을 주는 이미지를 획득했다.[38] 예컨대 『대일본국법화경험기』 제70화에 전하는 다음과 같은 이미지다. 다이고지(醍醐寺)의 렌슈(蓮秀)는 법화경의 지지자이고, 열정적인 관음 신앙자였는데, 어느 날 중병에 걸려 죽었다.

> 멀리 명도로 가는데, 인간계의 경계를 지났다. 깊고 그윽한 산, 험난하고 높은 봉우리를 넘어, 그 길은 대단히 멀었다. 새가 우는 소리는 들리지 않고, 포악하게 구는 몇몇 귀신들이 있었다. 깊은 산속을 지나 큰 강이 있었다. 넓고 깊어서 두려워할 만했다. 그 강의 북쪽 기슭에 한 명의 할머니 귀(鬼)가 있었다. 그 모습은 흉하고 천했으며 큰 나무 밑에 살았다. 그 나무의 가지에는 수많은 옷이 걸려 있었다. 이 귀, 승려를 보고 물어 말하기, "당신은 당연히 알 것이다. 이것은 삼도의 강이고 나는 삼도의 강의 할멈이다. 너는 옷을 벗어 나에게 줘야 한다."고 했다.

37) 佐竹昭廣, 『民話の思想』(平凡社, 1973年)

38) 平田英夫, 「〈死出の山〉を越えて行く人たち」 『和歌的想像力と表現の射程－西行の作歌活動』(新典社, 2013年, 初出は2004年)

명도로 가는 여행에 렌슈가 인간세계와의 경계라고 하는 '깊은 산'을 넘자, 그곳에는 '삼도의 강'이 흐르고, 소위 옷 뺏는 노파가 기다리고 있었다. 이와 같은 이미지는 중국 찬술(撰述)의 『예수십왕생칠경(預修十王生七經)』[39]의 영향 하에 헤이안 말기 일본에서 찬술 되었다고 보이는 『지장보살발심인연십왕경(地藏菩薩發心因緣十王經)』에도 들어갔다.

> 영마왕국의 경계는 시니데노야마(死天山)의 남문이다. …… 여기에서 죽은 자, 사산(死山)으로 향해 들어간다. 험난한 언덕을 지팡이로 물어 가고, 돌길에 짚신이라도 있었으면 한다.

여기서는 '시니데노야마(死天山)'가 '염마왕국'에 인접해있다고 묘사된다. 시니데노야마를 넘어 향하는 세계에 염마왕국이 있다는 인식이다. 이 경전은 창도의 세계에서도 활용되었다고 생각되고,[40] 그 과정을 통해 산과 명계, 특별히 지옥의 이미지 연관은 더욱 확고한 것이 되었다고 예상할 수 있다.

여기서 무주가 『조탄슈(雜談集)』 권7 「법화의 일(法華事)」에 인용한 중국설화를 보자.

> 진나라 때에 교켄(行堅)이라는 훌륭한 큰 스님이 법화경을 독송하고, 그 공이 오래갔다. 그 연으로 태산부군의 사(社)에 머물렀다. 송경좌선(誦經坐禪)하고 밤이 깊었는데, 부군이 나와 이야기를 하셨다. 당나라의 사람이 죽었는데, 부군은 이를 알고 태어난 곳을 찾으

---

39) 인용은 大日本續藏經에 의하며 훈독은 저자. 표기 등 저자가 수정한 부분이 있다.

40) 本井牧子, 「十王經とその享受－逆修·追善供養における唱導を中心に－(上·下)」『國語國文』 第67巻 第6·7号(1998年6月·7月)

셨기에, 큰 스님의 제자 승려 두 명이 죽은 바가 있으므로 그 태어난 곳을 물으니, "한 명은 좋은 곳에 다시 태어났다. 근처에 있다."고 대답한다. "그를 볼 수 있습니까?"라고 묻자, "쉬운 일이다."라고 하고 명관(冥官)을 한명 세우고 가게 했다. 동북방, 5~6리 가서 산의 계곡 중에 염화가 가득했다. 소리치는 목소리가 들렸다. 모양이 변하여 타는 고기와 같았다. 명관이 이를 가리켰다. 큰스님은 슬프게 생각하고, 돌아와서 부군에게 물었다. "어떤 방편, 선업으로써 그를 도울 수 있을까요?"라고. 답하여 말하기를 "법화경을 사경하고 구하라."라고. 그리하여 일부 사경하고 손에 쥐고 또 와서 묻기를 "경을 이미 사경하였습니다. 그 제자는 어찌되었습니까?" 답하여 말하기를 "제목의 다섯 글자를 사경하니 지옥을 나와 인간으로 태어나 남자아이가 되었다." 이 일은 당나라 법화경에 보인다.

법화지경자(法華持經者)이기도 했던 교켄이 우연히 태산부군의 묘에 묵었을 때, 태산부군이 죽은 제자의 전생한 곳을 가르쳐준다. 한 명의 제자가 떨어진 지옥으로 안내받고, 그 모습을 눈앞에 본 교켄은 어떻게든 제자를 구하고자 태산부군이 권하는 법화경을 사경한다. 그 공덕에 의해 제자는 인간세계에 전생할 수 있었다. 무주는 이 설화를 '당의 법화전'에 의한다고 하지만, 실제로는 당의 승상(僧詳) 찬(撰)『법화전기(法華傳記)』가 아니라, 남송의 종효(宗曉) 찬『법화경현응록(法華經顯應錄)』[41] 권 상「동악견법사(東嶽堅法師)」의 아래의 기사에 의한 것이라고 생각한다.[42]

---

41) 인용은 大日本續藏經에 의하고 필자가 수정했다.

42) 小林直樹,「無住と持經者傳－『法華經顯応錄』享受·補遺－」『文學史研究』第55号(2015年3月). 더욱이『法華經顯應錄』에 대해서는 李銘敬,「『法華經顯應錄』をめぐって」『海を渡る天台佛教』(勉誠出版, 2008年); 小林直樹「無住と南宋代成立典籍」『文學史研究』第53号(2013年3月) 참조.

수나라의 승려 교켄은 신원 미상의 인물이다. 항상 선관(禪觀)을 수행하여 절조가 드높았다. 어떤 일로 인해 태산에 들르게 되었다. 날이 저물어 악사(嶽祠)에 들어가 밤을 보내고자 했다. 관리인이 이르기를, "여기에는 숙소가 없습니다. 그저 신전이 있을 뿐입니다. 하지만, 이곳에 기숙하는 자는 반드시 급사합니다."라고 하였다. 교켄은 "상관없습니다."라고 하며, 마침내 신전에 자리를 깔았다. 교켄이 단정히 앉아 경전을 독송한지 1경이 지나자, 홀연히 매우 좋은 의관을 갖춘 신이 나타나 교켄을 향해 합장했다. 교켄은 "이곳에 기숙하는 자가 많이 죽었다고 들었습니다. 어찌 불교신자를 죽이시는 겁니까?"라고 물었다. 신이 이르기를, "마땅히 죽을 만한 자들이 이곳에 이르러 제 목소리를 듣고 제풀에 죽은 것입니다. 죽인 것이 아닙니다."라고 하였다. 또 묻기를, "세상에 전하기를 태산은 귀신을 다스린다고 들었습니다. 그렇습니까?"라고 하였다. 신이 말하기를, "제자가 박복하여 그렇습니다."라고 하였다. 교켄이 "같이 배운 승려 둘이 있는데, 이미 죽었습니다. 지금 이곳에 있습니까?"라고 물었다. 신이 그 이름을 묻고는 "한 사람은 이미 인간으로 태어났으며, 한 사람은 지옥에서 대가를 치루고 있습니다. 스님께서 가서 보시지요."라고 하였다. 신이 사자를 보내어 장원(墻院)에 들여보내주었다. 한 사람이 불 속에서 부르짖는 것을 보았다. 형상이 변하여 알아볼 수 없었으며, 혈육의 탄내가 심하여 바라보고 있을 수 없었다. 이에 곧 신전으로 돌아와 다시 신과 마주 앉았다. 교켄이 이르기를, "이 스님을 구했으면 하는데, 가능할까요?"라고 하였다. 신이 이르기를, "가능합니다. 법화경을 잘 옮겨 적는다면, 반드시 면함을 얻을 수 있을 것입니다."라고 하였다. 이윽고 신과 헤어졌다. 아침에 신전지기가 와서는 교켄이 죽지 않은 것을 보고 의아해했다. 교켄이 신전에서 나와, 서둘러 앞선 기원을 이루기 위해 사경과 장정을 마쳤다. 이를 가지고 신전에 가니, 신이 나타나 까닭을 물었다. 그 사유를

> 이야기하니, 신이 이르기를, "스님의 사경 공덕으로 인해 그는 이미 지옥에서 벗어나 인간으로 태어났습니다. 그러나 이곳은 청결한 곳이 아닙니다. 사경을 안치할 만한 곳이 아닙니다. 바라건대, 스님께서 사원으로 돌려보내어 공양하시기를 바랍니다."라고 하였다. 마침내 신과 헤어졌다. (大宋高僧傳).

이 둘을 비교하면 원전에서는 '태산(泰山)'의 '장원(墻院)'이라고 이야기 되는 '옥(獄)'을 무주는 '산의 계곡 속'에 위치하는 지옥이라는 것을 알아차릴 것이다. (이중 밑줄) 여기에서는 지옥을 산의 계곡의 이미지로 인식하고자 하는 중세인의 인식이 현저하게 보인다.

앞으로 돌아가서, 중세 일본 불교 특유의 마도라고 하는 둔세승의 〈지옥〉 이미지도, 산중 타계라고 하는 기층신앙이 농후하게 반영된 것임을 틀림없을 것이다.

4. 망자의 공양-유골에 대한 시선

그런데 마도에 떨어진 둔세승들의 영은 어떻게 구원받았을까? 발표의 마지막에 둔세승의 영혼구제, 공양문제를 고찰의 마지막에서 다루고자 한다.

지금까지 살펴본 바와 같이 마도에 떨어진 둔세승의 대부분은 그곳에서 수학의 기회를 얻고 자력을 구원의 기회를 엿보고 있는 것처럼 이야기 되었지만, 그 중에는 『홋신슈(發心集)』 권2-8의 신소보(眞淨房)와 같이, 마도에 떨어진 6년차에는 "이 길을 나가 극락에 가고자 생각하는데 반드시 방해 없이 고통에서 벗어나도록 찾아주시오."라고 남에게 공양을 부탁하고 그 결과, "불경과 같은 마음이 이를 정도의 것을 적어 공양"받은 덕분에 극락에 왕생했다고 묘사되는 예도 있다.

공양에 사용되는 '불경'이라는 것은 어떤 것일까? 여기서도 무주의 말에 귀를 기울여보자. 『조탄슈』 권7 「법화의 일」에는 다음과 같은 부분이 있다.

> 지난 어느 승려가 말하기를, 관동에 일이 있었는데, 법화경과 염불은 사람의 효양(孝養)으로 삼아야 한다라고. …… 경에는 범망(梵網), 신주(神咒)로는 보협(寶篋), 존승(尊勝), 수구(隨求), 광명이라고 하는 것을 들었다.

추선공양(追善供養)에 사용되는 것으로서 우선 법화경과 염불을 들 수 있고 또한 그 이외에도 경으로서는 범망경(梵網經), 다라니로서는 보협인다라니(寶篋印陀羅尼), 존승다라니(尊勝陀羅尼), 수구다라니(隨求陀羅尼), 광명진언(光明眞言)이 적절하다고 하는 평가를 전하고 있다.[43]

무주는 이들 중에 경전으로서는 특히 법화경의 공덕을 강조하고 있는데,[44] 다라니에 관해서는 『샤세키슈』 권2-7 「미륵의 행자의 일(彌勒の行者の事)」에 다음과 같이 기록한다.

> 말대에는 진언의 이익이 있을 것으로, 옛날보다는 근래에는 이윽고 성하고, 망혼의 유골을 그 영사(靈寺)에 보내는 일, 귀천을 따지지 않고, 화이(花夷)를 논하지 않고 '나도. 나도.'라며 드높아진. 이는 필연적인 일이다. 망자를 구하는 일, 다라니의 힘이 뛰어나다.

---

43) 이 외에 『雜談集』 권5 「鐘樓事」에서는 「經ハ見之愚惑ヲ除キ, 鐘ハ聞之業患ヲ息ベシ」로서 「鐘聲」이 삼도의 고통을 위로하는 공덕에 대해 설법하고 있다.

44) 小林直樹, 「無住の經文解釋と說話」 『說話文學研究』 第48号(2013年7月)

이 후에 "행인이 있어 토사를 축복하여 망자의 묘에 흩뿌리니 토사로부터 광명이 비추고 망자의 혼을 이끌어 극락으로 보낸다."고 하는 광명진언의 공덕을 말하는 일화를 보여주는데, 여기서 주목할 것은 이러한 진언가지(眞言加持)의 힘과 관련하여 밑줄 친 부분처럼 망혼의 유골을 영사(靈寺:여기서는 고야산을 가리킨다.)로 보내는, 소위 납골의 습관이 근래에 대단히 성하게 되었다는 상황을 언급한다. 실제로 『샤세키슈』에는 쇼렌보(性蓮房)라고 하는 둔세승이 모친의 유골을 고야산에 납골하고자 하는 일화도 수록되어 있다.(巻1-4) 이 납골이라는 현상의 유포와 관련하여 사토 히로오(佐藤弘夫)씨는 다음과 같이 흥미로운 지적을 한다.[45]

> 12세기부터 납골신앙이 나와 그것이 각지에 유포된 것은 이 시기에 육체와 영혼의 관념에도 중요한 변화가 생겼다는 것을 의미하는 것이라고 생각한다. …… 고대에는 정화나 구제의 대상으로서 중시된 것은 무엇보다도 영혼이었다. 죽음에 의해 혼은 바로 육체를 떠나버리기에 불교의 추선공양 의식도 또한 그 영혼의 정화를 실현할 수 있다면 충분하다고 생각했던 것이다. …… 그것에 비해 죽은 사람의 유골을 영장(靈場)에 매납(埋納)하는 일을 영장에 운반하여 온 단계에서는 아직 뼈에 영혼이 머물러있다고 하는 관념이 전제되어 있다. 그리하여 그런 관습이 널리 사회에서 공유되었다는 것은 영혼과 유골이 죽음에 의해 바로 분리되는 것은 아니라는 관념이 사람들 사이에 공유되기에 이르렀다는 점을 가리키고 있다.

다음에 소개하는 『샤세키슈』의 설화(권9-2 「애집에 의해 뱀이 된 일(愛執によりて蛇に成りたる事)」)은 사토씨의 지적을 방증하는 것이다.

45) 佐藤弘夫, 『死者のゆくえ』(岩田書院, 2008年)

> 가마쿠라에 어떤 여성이 와카미야(若宮)의 승방의 아이를 좋아하여 병이 들었다. 모친이 그 사실을 말하자 그 아이의 부모도 아는 사람이었기에, 서로 합의 하에 가끔 아이를 보냈는데, 사랑하는 뜻이 없었기에 소원해져가니, 상사병 때문에 죽었다. 부모가 슬퍼하여 그 뼈를 젠코지 (善光寺)에 보내고자 상자에 넣어 두었다. 그 후 그 아이 또한 병들어 미쳐버리니 방에 가두었는데, 사람과 이야기하는 소리가 들려 이상히 여기고, 그 모친이 문 사이로 들여다보니, 큰 뱀과 마주보고 말을 하는 것이었다. 결국 실신하니 입관하여 와카미야의 서쪽 산에 묻었다. 관 속에 큰 뱀이 있어서 아이에게 휘감겼다. 이윽고 함께 묻었다. 한편 그 부모, 여자의 뼈를 젠코지에 보낸 다음에 다시 "가마쿠라의 어떤 절에 두자."라며 보니, 그 뼈는 아주 작은 뱀이 된 것도 있고 중간 크기의 뱀이 된 것도 있었다. 이 일은 그 부모가 어떤 승려에게 "효양해주소서."라고 있는 그대로를 말한 것이라고 동법의 승려가 확실히 말했다. 20년도 안 된 이야기다. 이름을 알지만 두려워 기록하지 않는다.

쓰루오카(鶴岡)의 와카미야의 어린 동자를 좋아한 나머지 죽은 여자는 뱀으로 전생하여 동자와 다시 만나 동자 사후에도 관 속에서 그 사체에 휘감긴다. 축생도로의 전생을 완료한 이상, 본래 여자의 영혼은 유골과는 이미 관계가 없었진 것이리라. 그럼에도 불구하고 여자를 화장하고 그 유골은 작은 뱀으로 전성했다고 하는 희한한 양상을 제시한다. 여기서는 전생 후에도 뼈에 여전히 영혼이 머문다고 하는 중세인의 인식을 인정하지 않을 수 없다. 그 때문에 여자의 양친은 아마도 젠코지에서 납골할 때 둔세승에게 공양을 의뢰한 것이리라.

그렇다면 고야산의 젠코지라고 하는 영장의 납골 후, 뼈에 머물렀다는 영혼은 어찌 되는 것일까? 15세기로 시대를 거슬러가지만, 『아이노쇼(壒嚢鈔)』 권11-6에는 「대사의 어문에서 말하다(大師ノ御文ニ云)」

로서 다음과 같은 기록이 있다.

> …… 단, 우리 산에 보내 놓은 망자의 사리, 내가 매일 삼밀의 축복의 힘으로써, 안양보찰(安養寶刹)에 보내고, 지금은 우리 산의 자존설법(慈尊說法)의 청중의 보살로 삼을 것이다. 라고 운운.

영지 고야산에 입정한 고호대사(弘法大師)의 삼밀의 축복의 힘(三密加持力)에 의해 '안양보찰'(극락정토)에 보내어, 이윽고 미륵하생의 새벽에는 다시 이 땅으로 돌아와, 미륵설법의 청중으로서 함께 하는 것이라고 한다. 유골이 머문 영장에서의 납골을 경험하고 정토로 향하는 것이 기대되었던 것이리라. 게다가 『홋신슈』 권7-13 「자이쇼 곤노스케 나리키요의 아이, 고야에 사는 일(齋所權介成清の子, 高野に住む事)」에는 슌조보 조겐(俊乘房重源)이 건립한 고야산의 신별소(新別所), 전수주생원(專修往生院)에서의 '배움'으로써, "결중(結衆) 속에 먼저 가는 사람이 있으면 남은 사람들은 모여 큰일이니 이를 장례하는 바"를 행했다는 점, 그것도 "나무를 잘라 모아 장례 치르고"는 화장을 하여 "뼈를 주워" 묻었다고 기록된다. 마도에 떨어졌다고 판단된 고야히지리도 화장된 뼈는 고야산에 묻혀[46] 동법지식들의 손에 의해 아마도 광명진어축복 등을 받고, 정토로의 전생을 기도 받았을 것이다.

한편 뼈에 관한 이와 같은 관념의 변화는 왕생의 인식에도 미묘하게 영향을 주었을 가능성이 있다. 헤이안기 왕생전에는 예컨대 화장된 경우라도 유골에 관한 언급이 인정할 수 없다. 그런데 가마쿠라기에 들어가면 약간 양상이 변화한다. 제1절에서 언급한『염불왕생전』의 선자 교센의 전이 실은 『샤세키슈』 권10말-13 「임종이 훌륭한 사람

46) 日野西眞定, 「高野山の納骨信仰-高野山信仰史における一課題-」 『高野山發掘調査報告書 : 奥之院·宝性院·東塔·大門』(元興寺文化財研究所, 1982年)

의 일(臨終目出き人々の事)」에 수록되어 있는데, 그 임종의 양상은 다음과 같이 묘사된다.

> 임종의 몸, 단좌하고 화한다. 자운이 떠다니고 방 앞의 대나무에 걸린다. 보라색 옷을 뒤집는 것과 같다. 음악 하늘에 들리고, 이향이 방을 매운다. 견문의 도속, 성시를 이룬다. 장례 후를 보니, 재가 보라색이 되었다. 사리가 여러 개 재 속에 있다.

자운과 음악과 이향은 헤이안기 왕생전 이래의 익숙한 왕생의 양상이다. 그러나 그 후에 이야기 되는 보라색의 재와 사리의 출현은 헤이안기 왕생전에는 볼 수 없는 새로운 현상이다. 『샤세키슈』에서는 다른 란케이 도류(蘭溪道隆)의 전에도 "장례 후, 재 속에 사리를 얻었다, 운운."이라고 사리의 출현이 기록된다. 또한 무주보다 약간 이후의 고칸시렌(虎關師錬) 찬 『겐코샤쿠쇼(元亨釋書)』에는 『샤세키슈』의 이 이야기에 의거한 것이라고 보이는 교센전(行仙伝:巻11)이외에도 무혼 가쿠신(無本覺心), 란케이 도류(蘭溪道隆)(이상 권6), 다이큐 쇼넨(大休正念), 도잔 단쇼(東山湛照), 소덴 도카이(桑田道海), 무이 쇼겐(無爲昭元) (이상 권8)의 전에 같은 사리출현의 희한한 일이 기록되었고,[47] 그곳에서는 "사리는 경정혜의 훈(薫)하는 바이다."(昭元傳)[48]라여, 삼학을 배운 승려에게 출현한다는 왕생의 서상(瑞相)으로 인식되고 있다.

원래 이와 같은 고승 사리 출현의 모티브 자체는 중국 고승전에도 연원이 있는 것으로서,[49] 그 영향 하에 있음에는 틀림이 없다. 또한

47) 和田有希子, 「禪僧と「怪異」－虎關師錬と『元亨釋書』の成立－」 『禪學研究』 第87号(2009年3月)

48) 인용은 訂增補國史大系에 의하고 저자가 수정했다.

49) 西脇常記, 「舍利信仰と僧伝－『禪林僧宝伝』の理解のために－」 『唐代の思

그 배후에는 사리신앙이 존재하는 것도 사실이다. 그러나 유골에 대한 관념의 변화가 정착을 보이는 마침 이시기에, 왕생의 새로운 서상으로서 고승사리의 출현이 이야기 된 것은 역시 완전한 우연이라고 보이지는 않는다. 악도에 떨어진 망혼의 유골에 이상이 인정된다고 한다면, 왕생을 이룬 사람의 유골에도 그에 상응하는 표식이 나타나야만 한다는 발상은 대단히 자연스러운 것이다. 이와 같은 당시의 둔세승의 지향에는 중국고승전의 모티브가 합치하고 있는 결과, 고승사리의 출현이 왕생의 서상으로서 이야기되기 시작했다는 측면도 있던 것은 아닌가라고 생각한다.

나오며

본고에서는 무주를 비롯한 중세 일본 둔세승의 저작을 통해 그들의 타계관, 진혼(공양)의 양태를 고찰해왔다. 왕생을 강하게 희구한 둔세승들은 동시에 그 어려움을 통감하고 악도로 향하는 불안에 휩싸였다. 둔세승이 두려워한 악도라는 것은 보제심을 중시하고 편집을 멀리하고, 삼학겸비, 제종겸학이라고 하는 그들의 지향이 크게 반영된 마도라고 하는 중세 일본 특유의 것이었다. 나아가 마도를 〈지옥〉으로서 이야기하는 이미지 형성도 행해졌는데, 여기서는 고대 이래 기층신앙, 산중 타계의 투영을 이해할 수 있다. 한편 망혼의 구제를 위해 경이나 다라니가 사용된 것은 물론이려니와 화장이 증가한 이 시대에는 유골관념의 변화 때문에 영장으로의 납골도 한참 이루어졌다. 이와 같은 관념의 변화는 둔세승의 왕생에 새로운 서상을 출현시

想と文化』(創文社, 2000年, 初出は1990年)에 의하면 중국에서의 고승사리의 기사가 인정되는 것은 『宋高僧傳』 이후라고 한다.

키게 되었다.

중세의 둔세승은 동시대의 생과 사에 훨씬 밀착된 존재였다. 그 때문에 그들이 남긴 텍스트에서는 현장의 생생한 분위기가 농후하게 부상한다. 또한 이러한 텍스트를 남긴 둔세승의 대부분이 창도, 교화 활동에도 관여했다는 것을 고려한다면 생사에 관한 그들의 선예한 감각은 시대를 이끄는 것이었다고도 할 수 있다. 본고에서 얻을 수 있었던 것은 무엇보다도 그 일단에 지나지 않지만 그것을 통해 알 수 있는 둔세승의 사생관이나 진혼(공양) 관념은 중세 일본에서 적지 않은 유포를 가졌다는 것을 추측할 수 있다.[50)]

50) 본고는 JSPS科研費 24520223에 의한 연구 성과의 일부이다.

中世日本佛教の死生觀と鎮魂

－遁世僧の視点を通して－

小林直樹(大阪市立大学)

はじめに

人は誰もが死を免れないものだが、普段それを意識することは少ない。仏教思想が濃厚であった日本中世においてもさして事情は変わらなかったようで、鎌倉期の遁世僧無住（1226～1312）は「皆人の知り顔にして知らぬは死する事なり」として、九州のある僧の逸話を記している。この僧は、日ごろ自分が死ぬことになろうとはついぞ思わず、「後生の営み」もまったく行わなかったが、そのうち父親が死に、母親も死に、伯父伯母も、さらには兄も死ぬに及んで、ようやく自分も「死にや候はんずらん」と心付き、「念仏をも申し、善根をも営まばや」と思うに至ったという（『沙石集[1]』八－5「死の道知らざる人の事」）。この僧は「賢しき者」であったので、死を意識せずに現世に執着する「世人の心」を自らのこととして寓意的に語ったものだと無住は説く。だが、この逸話は一方で、たとえどれほど現世的な人間であっても死を意識した途端、「後生の営み」に励まざるをえなかった当時の事情をも語っている。

985年（永観2）、源信によって著された『往生要集』は中世日本人の死後

1) 引用は新編日本古典文学全集による。ただし、表記等、一部私に改めた箇所がある。

の世界に関する認識に決定的な影響を与えたことで知られる。まず開巻、大文第一「厭離穢土」で地獄以下、厭離すべき六道について、諸経論を引きながら説くが、とりわけ凄惨を極める八大地獄の描写は鮮烈な印象を刻むものである。源信はしかるのちに大文第二「欣求浄土」を布置し、以降、悪道を免れて極楽浄土に生まれるための方法を説いていく。かかる仏教の死生観を受容した日本人は、地獄をはじめとする悪道への恐怖から「後生の営み」に励まざるをえなかったのである。

本稿では、中世日本人の死生観、他界観、および鎮魂（供養）のあり方について、主として遁世僧の視点から考察したいと考える。ここで扱う遁世僧とは、仏教の基本要素である戒・定・慧（教・禅・律とも）のいわゆる三学のうち、慧（教学）を重視し戒・定という実践面を軽視しがちな顕密仏教界を離脱し、三学兼備、諸宗兼学への強い志向をもった僧侶たちをいう[2)]。遁世という概念は伝統的に実践面を重視する中国や韓国の仏教界には存在しない日本独特のものとされ[3)]、遁世僧はある意味で中世日本仏教を特徴付ける存在形態であるとも言える。また、戒律を重視する遁世僧は、当然、如法でない振舞に敏感であり、それゆえ官僧に比して、来世に対しより緊張感を帯びた認識を有していたのではないかと推察される。さらに、当時、葬送儀礼に携わるのは専ら彼ら遁世僧の役割でもあった[4)]。勢い彼らの残したテクストには、中世人の生と死に関する興味深い認識が随所にうかがえる。本稿では、そうしたテクストを読み解くことを通して、中世日本仏教に特徴的な死生観や鎮魂（供養）の様相を、基層信仰との関わりも視野に入れながら明らかにしたいと思う。

2）大塚紀弘『中世禅律仏教論』（山川出版社、2009年）。

3）上島享「鎌倉時代の仏教」『岩波講座　日本歴史6　中世1』（岩波書店、2013年）。

4）松尾剛次『中世律宗と死の文化』（吉川弘文館、2010年）。

1. 往生という行爲－看病人との協働

『往生要集』で説かれるごとき仏教の死生観を受容し、浄土への往生を希求、実践した人々の姿は往生伝類に描かれている。通常、思想史的考察では『日本往生極楽記』以下、平安時代の文人貴族の手になる往生伝を素材とする場合がほとんどであるが、ここでは鎌倉時代（13世紀）に上野国（現群馬県）山上の地で行仙（?~1278）によって編纂された『念仏往生伝[5]』を繙いてみよう。行仙は真言、念仏を兼修し、禅にも関心を示した遁世僧である。本書には簡略な記述の中にも、往生人とそれを取り巻く同法や看病人とのやりとりが、平安期往生伝とは異質の生々しさで描出されている。

まず第34話から見よう。本話の前半部は残念ながら失われているが、その後半部には以下のような記事が見える。

> 六年五月の比、その次(ついで)なく俄に行仙が房に来たり、語りて云はく、「最後の見参のため参るところなり」と云々。その後、病床に臥しぬ。同じき五月廿一日、病者の云はく、「持仏堂の仏、只今極楽に安じ奉る」と。看病、意(こころ)得ず。同じき廿二日、又云はく、「明相忽ちに現れぬ」と。又云はく、「明相いよいよ現(うつつ)に至りぬ。彼還るべし」と云々。既に絶え入りぬ。還生の時、人問ひて云はく、「いかなる境界を見たる」と。答へて云はく、「聖人来たりて言(のたま)はく、『行水して念仏すべし』と云々。仍りて行水しをはんぬ」と。同じき廿三日、又云はく、「いかに聖の御房、遅く来たり給ふや」と。かくのごとく二反これを謂ひ、起居念仏して即ち逝去しをはんぬ。

本話の往生者は撰者行仙と交友のあった者とおぼしく、病床に臥す直前、行仙のもとに「最後の見参」に訪れている。注目すべきは、往生者の最後の三

---

5) 本書は金沢文庫に蔵される零本である。引用は日本思想大系の本文により、私に書き下した。

日間の行状が事細かに記されている点である。まず21日に病人は持仏堂の仏を極楽に安置したと語り、これを聞いた看病人は不審に思ったとされる。翌22日には病人は「明相」がいよいよ姿を現したが、また向こうへ行ってしまうと語ると、そこで息絶えてしまった。その後、蘇生した際、周囲の人がどのような「境界」を見たのかと問うと、病人は、聖人が来て行水して念仏せよと命じたのでその通りにしたのだと答えたという。さらに最期の23日、病人は聖の御房はどうしていらっしゃるのが遅いのかという言を二度発すると、身を起こして念仏し、ただちに逝去したと語られる。

当時、往生のためには平生の行業もさることながら、臨終のあり方がもっとも大切であると考えられていた[6)]。『往生要集[7)]』大文第六「別時念仏」では、次のように善導の著作を引用するかたちで臨終行儀について説かれている。

> 導和尚の云く、「行者等、もしは病み、病まざらんも、命終らんと欲する時は、一(もは)ら上の念仏三昧の法に依りて、正しく身心に当てて、面を廻らして西に向け、心もまた専注して阿弥陀仏を観想し、心と口と相応して、声々絶ゆることなく、決定して往生の想、花台の聖衆の来りて迎接するの想を作せ。病人、もし前境を見れば、則ち看病人に向ひて説け。既に説くを聞き已らば、即ち説に依りて録記せよ。また病人、もし語ることあたはずは、看病して、必ずすべからくしばしば病人に問ふべし、いかなる境界を見たると。……」

傍線部では、病人が往生の瑞相を認めればこれについて看病人に告げるように言い、また看病人はそれを記録せよと言う。また病人が自ら語ることがむつかしい場合は、看病人が必ず病人にどのような対象を見たのか頻繁に問いかけるように勧めている。先に見た『念仏往生伝』における病人の看病人への発言や、

6)　西口順子「浄土願生者の苦悩－往生伝における奇瑞と夢告－」『平安時代の寺院と民衆』(法蔵館、2004年、初出は1968年)。

7)　引用は日本思想大系の訓読文による。

一旦絶入後、蘇生した病人に対する周囲の人の「いかなる境界を見たる」との問いかけは、まさに『往生要集』におけるこうした教えの忠実な実践にほかならなかったのである。

『念仏往生伝』には、これと同様の記事がほかにも散見する。第46話では、上野国の大胡小四郎秀村という男が1259年（正元1）10月に脚気を発病した。

> 同じき五日丑剋に空に向ひて咲みを含めり。知識問ひて云はく、「いかなる境界を見たる」と。答へて云はく、「仏来迎したまふ。その体、瑠璃の如く、内外明映せり。また音楽を聞けり。人間の楽に勝る事、それ語の及ぶところにあらず」と。その後、十念七ヶ度、最後の念仏に、仏の字とともに息止みをはんぬ。

また第47話では、同じく上野国の細井尼が、1260年（文応1）の夏頃、流行病に罹患する。

> この尼、既に病を受けて危急に及べり。二手を挙げて物を受け取らむと欲する体なり。看病、故を問ふ。答へて云はく、「蓮花雨下れり。その体、微妙にして、人間の花と異なれり。仍りて受け取らむと欲するところなり」と云々。最後、語無し。花を受くる手、なほまた前の如し。仍りて人々、往生人と称す。

以上の両話においても、周囲にいる知識（同法）や看病人が病人の表情や動作の変化に気付いて、病人の見つめる「境界」の如何を執拗に確認しようとしているのである。

『往生要集』で説かれる臨終行儀が、その成立後三百年近くを経て、都を遠く離れた上野の地において、なおこれほど忠実に実践されていることは一見驚くべきことのようにもみえる[8)]。だが、死者が往生できたかどうかは、看病人とのやり

8) このことの背景には、13世紀に入って『往生要集』の版本の刊行が相次いだという事

とりの中で確認される病人の見た「境界」の如何と、息を引き取る間際の病人の外相とによって判断される（「仍りて人々、往生人と称す」第47話）ものであるからには、両者は必死でこうした確認作業を行わなければならなかったのだろう。往生という行為は、病人と看病人とのいわば協働作業であった。病人によって見つめられた〈浄土〉という「境界」は、看病人に向けて言語化されることによって確認され、さらに「録記」されることによって初めて往生の保証として人々の間に共有されることになるのである。とはいえ、死者が確実に往生を遂げたかどうかは結局のところ、看病人や知識（同法）といった死者の周囲にいる人々の判断に委ねざるをえなかった。

もとより『念仏往生伝』には、如上の看病人と病人との確認作業以外に、臨終時に紫雲、音楽、異香といった奇瑞が出現したり、死者が生者の夢に浄土に生まれたことを示したりといった、平安期往生伝以来の馴染みの往生相が語られているものも少なくない。西口順子氏は平安期往生伝の「臨終時の記録中、とくに多くみえるのは、奇瑞であり、没後の夢告である」として以下の指摘を行っている[9]が、それは『念仏往生伝』にあっても例外ではない。

> 奇瑞・夢告が生者に示されるのは、多くの場合、死者に最も近い立場の人々である。僧侶ならば同法であり、弟子であり、檀越である。俗人ならば、その近親者－父母・兄弟・子・親類など－、友人、あるいは従者たちであった。まったく無関係な人が夢告をうける時もあるが、多くは何らかのかたちでゆかりの者である。

死者の往生を認定するのが、死者周辺の身近な人々であったこと自体は極めて自然なことであろう。だが、往生の判断をそうした身近な人々に委ねざるをえなかったこと、往生が彼らとの協働作業であったことが、かえって往生を確定する

情も関わっていよう。

9）注6西口氏前掲論文。

ことの困難さを当事者に意識させ、ほんとうに往生できるのかどうかという不安と背中合わせの状況を生み出す場合もあった。次節ではそうした状況について考察してみたい。

2. 往生への不安－魔道への轉生

前節で扱った『念仏往生伝』の撰者行仙は高野山の明遍（1142～1224）の宗教圏に近いところに位置していた遁世僧と推定される[10)]。明遍は東大寺出身の著名な遁世僧で、高野山における彼の住房（蓮花三昧院）を拠点に念仏聖（いわゆる高野聖）の集団が形成されたことで知られる[11)]。実際、『念仏往生伝』にも高野聖の姿が目立ち、行仙自身もとは高野聖であった可能性も十分に考えられる[12)]。実は無住の『沙石集』には、こうした高野聖の往生への不安がつぶさに書き留められた一連の記事が存する（巻10本－10「妄執に依りて魔道に落つる人の事」）。本節では、まずこれらの記事の分析からはじめたい。

> 高野に有る古き聖人、「弟子あれば、往生はせんずらむ。後世こそ恐ろしけれ」と云ひける。子息・弟子・父母・師長の臨終の悪きを、ありのままに云ふも、かはゆくして、多くは良きやうに云ひなすにこそ。由なき事なり。悪しくはありのままに云ひて、我も懇ろに菩提を弔ひ、よそまでも憐れみ、弔はん事こそ、亡魂を助くる因縁ともなるべけれ。

10）小林直樹「無住と遁世僧説話－ネットワークと伝承の視点－」『論集　中世・近世説話と説話集』（和泉書院、2014年）。

11）五来重『増補　高野聖』（角川書店、1975年）。

12）永井義憲「念仏往生伝の撰者行仙」『日本仏教文学研究 第1集』（豊島書房、1966年、初出は1956年）。

ある年老いた高野聖が、「自分には弟子がいるから、一応往生はしたということにはなるだろう。だが、実際の後世がどうなるのか、それが怖い」と語ったという。親子や師弟など身近な人々の間では、臨終行儀があまりよくない場合も、そのままに言うのは本人に気の毒だということで、往生したように言いなすのが常であったという。世に往生と伝えられる事例の内実が、もしそのようなものであったとすれば、往生への不安はいかばかりであったろう。

そうでなくてさえ、往生できたかどうかの判定は極めて困難であった。

> 高野の遁世聖どもの臨終する時、同法寄り合ひて評定するに、おぼろけに往生する人なし。ある時は、端座合掌し、念仏唱へて引き入りたる僧ありけり。「これこそ一定の往生人よ」と沙汰しけるを、木幡の恵心房の上人、「是も往生にはあらず。実に来迎にあづかり、往生する程の者は、日来悪しからん面をも、心地よき気色なるべきに、眉の筋かひて、すさまじげなる顔ざしなり。魔道に入りぬるにこそ」と申されける。

高野聖が臨終を迎える際には、同法たちがその行儀を観察して、往生の可否について議論したが、往生したと結論される人はめったにいなかったという。ある時、端座合掌して、念仏を唱えながら息をひきとった僧がいた。これこそ間違いなく往生人だと判定したところ、戒律復興運動を主導した覚盛門下の遁世僧として知られ、一時期高野山にも在住した廻心房真空が、「表情から判断してこれも往生ではない。魔道に堕ちたであろう」と評したという。往生の判断は困難を極めたのである。

もう一つ事例を紹介しよう。

> 中比、某の宰相とかや聞こえし人、才覚も優に、賢人の覚えありけるが、出家して高野山に隠居して、念仏の行をむねとして、真言なんどもうかがひ、道心者の聞こえあるあり。平生の願ひに、「最後の時、念仏すべき用意に、大方の数遍

は時によるべし。正しき最後の十念をば、いかに心を澄まして唱へ、第十の念仏一反をば、殊に声を打ち上げて、思ひ入れてのびのびと申して、やがて引き入らばや」と念願して、願ひの如く少しも違はず、念仏して息終りにけり。

「某の宰相」は在俗の頃、才覚もすぐれ賢人との評判をとっていたが、高野山に出家後も「道心者」との評価が高かった。臨終行儀も平生からの願い通りで、誰もが往生を疑わなかった。ところが、一両年後、同法の僧に宰相の霊が憑き、実は遁世後も乱れた政治のことが気になって、もし自分がその官職にあったならばこんな事態には立ち至らなかったであろうなどという気持ちが抑えられず、「人知れず妄執忘れ難くして、かかる由なき道に入れり」と語ったという。無住が「賢人、道心者と聞こえしかば、その執心も世のため、人のため、利生の一分にてもありぬべし。強ちに罪あるべしとも覚えねども」と言うように、宰相の執心は私欲から出たものではなかった。にもかかわらず、「由なき道」すなわち魔道に堕ちてしまったというのである。

本話の末尾を「されば臨終知り難き物なり」と結んだ無住は、さらに次の短い挿話を記している。

常州に、真壁の敬仏房は、明遍僧都の弟子にて、道心者と聞こえしが、高野の聖人の臨終を、「吉し」と云ふも、「悪し」と云ふも、「いさ、心の中をも知らぬぞ」と云はれける、実にと覚ゆ。

先に挙げた挿話にも語られた、高野聖の往生の評定について、自身も高野聖出身であったとおぼしい敬仏房が、人の心中は誰にもわからないものだと語ったというもの。無住もそれに心からの同意を示している。いったい何をもって往生の拠り所としたらよいのか、渦中の僧侶たちの不安は極めて大きかったと想像されよう。

このような状況の中では、遁世僧にとって願うべき浄土と恐るべき魔道とは、まさに隣り合わせの存在であったと言っても過言ではない。では、その魔道とはどのような世界だったのだろうか。当時、魔道は天狗道とも呼ばれ、僧のみが堕ちる特殊な悪道の一つと考えられていた[13]。無住は魔道、天狗道の住人である天狗について次のように記している。

> 天狗と云ふ事は、日本に申し付けたり。聖教に慥なる文証なし。先徳云はく、「釈、魔鬼と云へるはこれにやと覚え侍る」。大旨は鬼類にこそ。真実の智恵、道心なくて、執心、偏執、高慢ある者、有相の行徳あるは、みなこの道に入るなり。……大きに分かてば、善天狗・悪天狗と云ひて、二類あり。悪天狗は一向憍慢、偏執のみありて、仏法に信なき物なり。仍りて諸の善行を妨ぐ。出離その期を知らず。善天狗は仏道に志あり。智恵、行徳もありながら、執心失せず、有相の智行に障へられて、かの類に入れども、かしこにして仏道をも行ひ、人のするをも障へず。悪天狗の障ふるをも制して、仏法を守る。此は出離も近しと云へり。（巻9－20「天狗、人に真言教へたる事」）

無住によれば、天狗は経典類に記載の見えない日本独特の存在であった。そして本節で見てきたような、修行に励みながらも執心のゆえに魔道に堕ちた遁世僧たちの転生後の姿は「善天狗」であったと説明されるのである。彼らは魔道に入ってもなお仏道修行をつづけており、そのため「出離も近し」と考えられていたとされる。

ここで、魔道の具体的なイメージを見ていこう。『沙石集』巻1－6「和光の利益の事」（『春日権現験記絵』巻16－2も同話）では、解脱上人貞慶の弟子であった興福寺の璋円が魔道に堕ちた後、女人に憑いて次のように語っている。

> 我が大明神、御方便いみじき事、聊かも値遇し奉る人をば、いかなる罪人な

---

13) 青木千代子「中世文学における「魔」と「魔界」－往生失敗者と往生拒否者－」『国語国文』第65巻第4号（1996年4月）。

れども、他方の地獄へは遣さずして、春日野の下に地獄を構へて取り入れつつ、毎日晨朝に、第三の御殿より、地蔵菩薩、洒水器に水を入れて、散杖をそへて水をそそぎ給へば、一滴の水、罪人の口に入り、苦患暫く助かりて、少し正念に住する時、大乗経の要文、陀羅尼、神呪なむど唱へて聞かせ給ふ事、日々に怠りなし。この方便によりて、漸く浮かび出て侍るなり。学生どもは、春日山の東に高山と云ふ所にて、大明神般若を説き給ふ、聴聞して論義問答なむど人間にたがはず。昔学生なりしは、皆学生なり。まのあたり大明神の御説法を聴聞するこそ、忝く侍れ。

春日大明神は春日野の地下に特別な〈地獄〉を設け、少しでも大明神に縁を結んだ罪人は通常の地獄へは遣らず、ここに収容しているのだという。そして春日第三殿の本地である地蔵菩薩が、早朝の一定時間、人々の苦患を和らげ、その間に大乗経の要文などを説き聞かせることで、〈地獄〉に堕ちた人々の出離をはかっているのだという[14)]。その後の傍線部では、璋円のような学僧たちは春日山の東にある高山（香山）で大明神の講義を聴聞し、論義問答を行っていると語られる。これによれば、学僧たちは一般の罪人とは扱いが異なり、苦患は免れているように見える。だが、『天狗草子[15)]』「興福寺巻」では次のように、興福寺の衆徒全般が春日山で苦患を受けていると語られる。

是によりて、興福寺の衆徒、執心もいよいよ深く、驕慢も殊に甚しく、皆天狗となりて、春日山にすみて、熱悩の苦をうく。大明神これを哀て、昼夜に三遍甘露の妙薬をかれらのくちにそゝぎ給。まことにかたじけなき事ならむかし。

14）本井牧子氏は、春日野地獄の発想に地蔵菩薩の「福舎」の概念が利用されている可能性を指摘している（「罪業重き人々の救済－末代濁世の意識」『春日権現験記絵注解』和泉書院、2005年）。

15）引用は新修日本絵巻物全集の本文による。句読点は私に補い、一部表記を改めた。。

また、『沙石集』巻５本－６「学生の魔道に堕ちたる事」では、興福寺の学僧の弟子が亡き師の転生先を知りたいと祈願していたところ、「夢の心地」に師と出会い、春日山の山中に案内される。そこには興福寺のごとき伽藍が建ち、内部では問答論義が行われていた。だが、一日の一定時刻には天から地獄の責め道具のようなものが降りてきて、僧たちが苦患に苛まれる様子が語られている。さらに、『今昔物語集[16]』巻19－19「東大寺僧於山値死僧語」では、東大寺に住む僧が仏に供える花を摘もうと「東ノ奥山」（すなわち春日山）に入ったところ、道に迷い、「谷迫ヲ夢ノ様ニ思ェテ」歩いていた。すると僧房のごときが出現し、今は亡き東大寺の僧たちも姿を現す。そこでも、彼らは一日に一度、苦患を受けると語られるのであった。

これらを総合すると、当時、春日山から春日野の地下にかけて〈地獄〉があり、特に生前仏法を学んでいた僧侶は春日山（ないし高山も含む春日山連峰[17]）中の〈地獄〉において、多くは一定の苦患を受けつつも、なお仏法の学びをつづけ、出離の時を待っているというイメージが浮かび上がる。

魔道が〈地獄〉と結びつけて語られるのは春日山だけではない。『沙石集』では、「日吉の大宮の後ろにも、山僧多く天狗と成りて、和光の方便によりて漸く出離す、と申し伝へたり」（巻1－6）と、比叡山にも同様の〈地獄〉があったことを伝えている。実際、『日吉山王利生記[18]』巻７－1では、延暦寺の真源という碩学が早世した厳算という僧に夢の中で、日吉社の「奥の山、八王子谷のほとり」に案内され、そこで学問に励む亡き延暦寺の僧侶たちの姿を目撃したことを語っている。

一方、本節の前半で見た魔道に堕ちた高野聖たちに、こうした〈地獄〉が想定されていたことを示す証跡はない。しかし、無住の分類でいえば「善天狗」に該

---

16) 引用は新日本古典文学大系による。

17) 高山（香山）の位置については、稲木吉一「香山寺創建考」『女子美術大学紀要』第24号（1993年10月）他、参照。

18) 引用は神道大系の本文により、句読点は私に補った。

当するであろう彼らは、やはり魔道においても修学を積んで出離の時を待っていると考えられていたのではなかろうか。苦患は当然あっただろうが[19)]、それは必ずしも大きなものではなかったであろう。『比良山古人霊託[20)]』における比良山の天狗は、天狗道の苦患について、「鉄の丸を日に三ヶ度食するの由、申し伝ふ。実不、いかに」との質問者の問いに答えて、「丸にはあらざるなり。鉄の三角なるが、自然に天然の理にて口に食はるるなり。それが骨髄に徹りて術無きなり。毎日には食はれざるなり。もし僻事をしつる時に食はるるなり。されば構へて僻事をばせじとするなり」と説明しており、その苦患は『往生要集』などで説かれる地獄のそれと較べれば、かなりゆるやかなものと想定されていたようである。さらに、魔道において過ごす時間も、「末世の僧、名利の執心によりて、順次生に、おほく魔道に堕す。余執をつぐのふ事、あるひは二、三ねん、あるひは五、六年なり。そのゝち、人天に生ず」(『春日権現験記絵[21)]』巻16－1)、「ただ、天狗と申すことはあることなり。来年六年に満ちなんとす。かの月めに、かまへてこの道を出でて、極楽へ詣らばやと思ひ給へるに、必ず障りなく苦患まぬかるべきやうに訪ひ給へ」(『発心集[22)]』巻2－8「真浄房しばらく天狗になる事」)のように、気の遠くなるような長久の時間を強調する地獄に較べれば、ずいぶんと短いものと認識されていた場合も少なくない。「魔道は仏教徒のための、往生に辿り着くためのもう一つの道であった[23)]」とも評される所以であろう。

ともあれ、魔道は中世の遁世僧の周辺を常に取り巻いていたかのように見える。視点を変えれば、無住をはじめとする遁世僧の著作に魔道の記述が突出し

---

19) 魔道に堕ちた僧の苦患に言及のない伝承は、春日や日吉の神による救済が語られるようになった段階から現れるもので、本来は『今昔物語集』巻19-19や『沙石集』巻5本－6の伝承のように苦患を受けることが前提とされていたであろうと推測される。

20) 引用は新日本古典文学大系の訓読文による。

21) 引用は注13前掲書による。

22) 引用は角川ソフィア文庫による。

23) 若林晴子「『天狗草子』に見る鎌倉仏教の魔と天狗」『絵巻から中世を読む』(吉川弘文館、1995年)。

て目立つとも言えるのである。たとえば先に触れた、春日〈地獄〉に堕ちた学僧璋円の師でもある貞慶（1155～1213）は、魔界に悩まされていた小田原上人瞻空のために『魔界廻向法語』をものしている[24)]。明恵（1173～1232）も『却癈忘記』の中で魔道について説いた[25)]。また、先に挙げた、魔道に堕ちた天狗との問答集『比良山古人霊託』の著者慶政（1189～1268）も園城寺出身の遁世僧である。さらに近年、土屋貴裕氏は『天狗草子』の祖本を『七天狗絵』であると認定し、その「七天狗ノ絵ト云事、書レタ」とされる「八坂ノ寂仙上人遍融」（『壒嚢鈔[26)]』巻8－32）なる遁世僧について、金剛王院流と勧修寺流を受けた東密僧であったことを明らかにするとともに、その師にあたる「良含周辺」の修学状況の検討を通して、該書の成立圏に「「諸宗兼学」的な学のあり方」が存在したことを指摘している[27)]。ちなみに、この遍融の師とされる良含は、無住の著作において遁世僧と親和性の高い官僧として注目される金剛王院僧正実賢の孫弟子にあたる人物であり[28)]、『七天狗絵』の成立圏は無住の宗教圏と確実に近接しているものと思われる。加えて、伊藤聡氏は最近、三輪上人慶円の逸話を弟子の塔義が集成した『三輪上人行状』に頻出する魔の記事に注目し、「〈魔〉と対話し、

---

24) 清水宥聖「貞慶の魔界意識をめぐって」『宗教と文化』（こびあん書房、1990年）、筒井早苗「解脱房貞慶と魔道－「春日権現験記絵」を中心に－」『金城国文』第75号（1999年3月）。

25) 注22若林氏前掲論文。

26) 引用は浜田敦・佐竹昭広・笹川祥生編『塵添壒嚢鈔・壒嚢鈔』（臨川書店、1968年）による。句読点を私に補い、漢文体の部分は私に書き下した。

27) 土屋貴裕「「天狗草子」の復元的考察」『美術史』第159号（2005年10月）、同「「七天狗絵」と「天狗草子」－〈二つの天狗草子〉とその成立背景－」『仏教文学』第30号（2006年3月）。なお、その後、牧野和夫「延慶本『平家物語』の天狗とその背景」『中世の軍記物語と歴史叙述』（竹林舎、2011年）は、「「良含周辺」というよりも、「良含」に至る「慶政－理真－良含」の相承血脈と「良含」に発する「良含－遍融－円海－秀範」の相承という二つの師資相承の周辺と考える方がより妥当であろう」と指摘している。

28) 注9小林前掲論文。

恩徳を施すことで彼らに影響力を与える験者」としての慶円像を抽出している[29)]が、この慶円、塔義の師弟も実賢周辺の遁世僧なのである[30)]。おそらく魔道はもともと、菩提心を重視し偏執を嫌い、三学兼備、諸宗兼学を志向する遁世僧（ないし彼らと志向性を同じくする学侶[31)]）の間を中心に成長してきた概念なのではなかろうか。その点で魔道は中世日本仏教特有の悪道のあり方を示すものであると言えよう。

3. 地獄と基層信仰－山中他界觀

前節では、伝統的な仏教の悪道認識に収まらない魔道という独特の概念が、中世日本における遁世僧の死生観の中心を占めている状況を見てきた。その際、興福寺や延暦寺の僧にとって、魔道に堕ちることは、春日や日吉の神が設けてくれた〈地獄〉において比較的軽度の苦患を受けつつも修学に励み出離の時を待つ、というイメージで捉えられていた。さらに、そうした〈地獄〉の具体的な位置については、「春日山の東に高山と云ふ所」（『沙石集』巻1－6）、「春日山」（同巻5本－6）、「春日山」（『天狗草子』「興福寺巻」）、東大寺の「東ノ奥山」（『今昔物語集』巻19－19）、「日吉の大宮の後ろ」（『沙石集』巻1－6）、「奥の山、八王子谷のほとり」（『日吉山王利生記』巻7－1）というように、山中または山中の谷といったイメージで語られているのである。

山中の地獄といえば、直ちに著名な立山地獄が想起されよう。11世紀の『大

29）伊藤聡「臨終と魔」『東アジアの今昔物語集』（勉誠出版、2012年）。

30）小林直樹「無住と金剛王院僧正実賢の法脈」『説話文学研究』第44号（2009年7月）。

31）当時、戒律に対する関心が遁世僧のみならず学侶の間でも高まっていたことについては、蓑輪顕量「官僧・遁世僧と論議における戒律」『中世初期南都戒律復興の研究』（法蔵館、1999年）、上島享「〈中世仏教〉再考－二項対立論を超えて－」『日本仏教綜合研究』第10号（2012年5月）、参照。

日本国法華経験記』[32]第124話にはその様子が次のように記されている。

> 修行者あり、その名、詳ならず。霊験所に往き詣でて、難行苦行せり。越中の立山に往けり。かの山に地獄の原ありて、遥に広き山谷の中に、百千の出湯あり。深き穴の中より涌き出づ。岩をもて穴を覆ふに、出湯麁く強くして、巌の辺より涌き出づ。現に湯の力に依りて、覆へる岩動揺す。熱き気充ち塞ぎて、近づき見るべからず。その原の奥の方に大きなる火の柱あり。常に焼けて爆き燃ゆ。ここに大きなる峰あり、帝釈岳と名づく。これ天帝釈・冥官の集会して、衆生の善悪を勘へ定むる処なり。その地獄の原の谷の末に大きなる滝あり。高さ数百丈、勝妙の滝と名づく。白き布を張るがごとし。昔より伝へ言はく、日本国の人、罪を造れば、多く堕ちて立山の地獄にあり、云々といふ。

立山の火山性の噴煙や出湯が地獄を思わせたことは間違いないにしても、その立地の山谷である点はやはり見逃せない。『宝物集』[33]巻2は、三悪道については『往生要集』に詳しいと前置きしながら、次のように語っている。

> 地獄といふは、此閻浮提の下一千由旬に有。等活・黒縄・衆合・叫喚・大叫喚・焦熱・大焦熱・阿鼻地獄也。是をば大地獄といふ。をのをの十六の別所あり。すべて一百三十六の地獄なり。此外、野の間、海のほとりにも地獄はありとぞ、天親菩薩の倶舎論には申ためり。まことにさやうにと覚ゆる事ども侍り。越中国立山の地獄より、近江の国愛智の大領のむすめの、山伏につけて親のもとへことづてして侍りけるは。……

---

32) 引用は日本思想大系の訓読文による。ただし、表記等、一部私に改めた箇所がある。

33) 引用は新日本古典文学大系による。ただし、表記等、一部私に改めた箇所がある。

立山地獄は、『往生要集』などが説く「此閻浮提の下一千由旬」という想像を絶した地下深くにある八大地獄の類とは異なり、たとえば『俱舍論』が言及するような例外的なこの世の地獄の一つとして紹介されている。だが、それが「野の間、海のほとり」にあるのではなく、「日本国の人、罪を造れば、多く堕ちて立山の地獄にあり」と「昔より伝へ言は」れるとされる背景には、しばしば指摘されるように[34]日本人の山に対する基層信仰、山中他界の信仰が存在することは間違いないだろう。

『万葉集』の挽歌には死者の魂が山に留まるとのイメージがうたわれているものが多い[35]。ところが、そうした山中他界の証跡、とりわけ仏教と重層していない形のそれを中世の文献に見出そうとすると、実はこれが意外に困難なのである。その中にあって、無住が『雑談集[36]』巻9「観念利益事」に記した以下の伝承は希有に属するものであろう。

> 或俗人、妻ニヲクレテ年月ヘテ後、山中ニ行ケルニ、カノ妻、昔ノ形ニテ水酌ント桶イタヾキテ行ケルヲ、ミテ、「アレハ、イカニ」ト云ヘドモ、カレハ我ヲミズ、音モ聞ヌ体也。サテ、ツレテ家ヘ行テ、カタワラニ居テミレバ、桶ウチヲキテ、「アラ、心(ムネ)イタヤ」トテ、ホトホトトヤミケリ。サテ、人々アツマリテ、「タヾ事トモヲボヘズ」ト云テ、陰陽師ヨビテ問ヘバ、「昔ノ夫ガ目ヲミ入タル也」トテ、ハラヘシケリ。ヤウヤウニ作法シテ、後ニ弾指ヲ一度シタリケレバ、ソレニヨリテ、風ニフカルヽヤウニ、ホドナク二三十町バカリホカヘサリヌ。後ニタヅネケレドモ、スベテミエザリケリ。

妻を亡くした男が、長年月を経て、山中に行ったところ、妻が昔のままの姿で水酌み桶を頭上に載せて歩いているのを見かけた。声を掛けてみたが、妻の

34）堀一郎「万葉集にあらわれた葬制と、他界観、霊魂観について」『宗教・習俗の生活規制』（未来社、1963年、初出は1953年）、五来重『日本人の地獄と極楽』（人文書院、1991年）他、参照。

35）注29堀氏前掲論文。

36）引用は古典資料により、句読点等、表記は私に整えた。

方からは男の姿は見えず、声も聞こえないらしい。男は妻を家に連れ戻ったが、妻は胸が痛いと訴える。陰陽師を呼んで子細を尋ねると、夫が目をのぞき込んだせいだというので、お祓いの作法をした上で弾指を行った。と、妻は風に吹き飛ばされるように、一気に二三十町も彼方へ遠ざかった。後日探しても、その姿はまったく見えなかったという。こうした俗間の伝承を無住が書き留め得たのは、彼が日ごろから地方の民間伝承などにも深い関心を払っていた[37]からであろう。ともあれ死者の魂が山中に留まるという俗間の信仰は中世にも確実に存在していたのである。

一方、こうした古代以来の基層信仰をもとに、死者は生死の境に存在する山を越えて冥途の旅に向かうという発想も生まれた。「死出の山」という歌語にその発想は認められ、それは仏教思想と触れあう中で、日本人の死生観に深い影響を与えるイメージを獲得していく[38]。たとえば、『大日本国法華経験記』第70話が伝える次のようなイメージである。醍醐寺の蓮秀は法華経の持者でかつ熱心な観音信仰の持ち主でもあったが、ある時、重い病を受けて息絶えた。

> 遥に冥途に向ひて、人間の境を隔てたり。深く幽なる山、険難の高き峰を超えて、その途遼遠なり。鳥の声を聞かず、僅かに鬼神暴悪の類あり。深き山を過ぎ已りて、大きなる流の河あり。広く深くして怖畏すべし。その河の北の岸に一の嫗の鬼あり。その形醜く陋しくして、大きなる樹の下に住せり。その樹の枝に百千種の衣を懸けたり。この鬼、僧を見て問ひて言はく、「汝今当に知るべし。これは三途の河にして、我はこれ三途の河の嫗なり。汝衣服を脱ぎて、我に与えて渡るべし」といへり。……

冥途の旅に向かう蓮秀が人間世界との境界をなす「深き山」を越えると、そこ

37）佐竹昭広『民話の思想』（平凡社、1973年）。

38）平田英夫「〈死出の山〉を越えて行く人たち」『和歌的想像力と表現の射程－西行の作歌活動』（新典社、2013年、初出は2004年）。

には「三途の河」が流れ、いわゆる奪衣婆が待ち受けている。こうしたイメージは、中国撰述の『預修十王生七経[39]』の影響下に平安末期の日本で撰述されたとおぼしい『地蔵菩薩発心因縁十王経』にも取り込まれた。

閻魔王国の塊〔堺カ〕は死天山の南門なり。……此れより亡人、死山に向ひて入る。険しき坂に杖を尋ね、路石に鞋を願ふ。

ここでは「死天山（しでのやま）」が「閻魔王国」に接していると語られる。死出の山を越えて向かう世界に「閻魔王国」が位置しているという認識である。この経典は唱導の世界でも活用されたと考えられ[40]、その過程を通して、山と冥界とりわけ地獄とのイメージ連関はさらに強固なものとなっていったであろうと予想される。

ここで、無住が『雑談集』巻7「法華事」に引用する中国説話を見ておきたい。

陳ノ代ニ行堅トテ貴キ上人、法華経読誦、其ノ功久キ有リケリ。事ノ縁有テ、太山府君ノ社ニ宿セル事有ケリ。誦経坐禅シテ、夜陰ニ及ケルニ、府君出テ、相見シ、物語シ給ケル。唐国ノ人死セルハ、府君コレヲ知リ、生所ヲ沙汰シ給フ事ナル故ニ、上人ノ弟子ノ僧、二人、他界セル事有ケレバ、彼ノ生所ヲ問ニ、「一人ハ善所ニ生ズ。一人ハ地獄ニ入レリ。近処ニ有」ト答フ。「彼ヲ見ル事イカニ」ト問ニ、「ヤスキ事ナリ」トテ、冥官ヲ一人サシソヘテ、東北方、五六里行テ、山ノ谷ノ中ニ炎火満リ。喚ブ声有リ。形変ジテ焼タル肉ノ如シ。冥官之ヲ示ス。上人カナシク覚テ、返テ府君ニ問フ。「何ナル方便善業ヲ以テカ、彼ヲ助ベキ」ト。答云、「法華経ヲ書写シテ救ベシ」ト。仍テ一部書写シテ、裹ミ持テ、又参テ、問云、「経已ニ書写シ畢ヌ。彼ノ弟子如何」。答云、「題目ノ五字ヲ書写シタマフニ、獄ヲ出テ、人間ニ生テ、男子ト成レリ」。此ノ事、唐ノ法

39）引用は大日本続蔵経により、私に書き下した。表記など私に手を加えた箇所がある。
40）本井牧子「十王経とその享受－逆修・追善供養における唱導を中心に－（上・下）」『国語国文』第67巻第6・7号（1998年6月・7月）。

華伝ニ見タリ。

法華持経者であった行堅が、たまたま泰山府君の廟に宿した際、泰山府君から亡き弟子の転生先を教えられる。一人の弟子が堕ちた地獄に案内され、その様子を目の当たりにした行堅は何とか弟子を救いたいと、泰山府君の勧めで法華経を書写する。その功徳により、弟子は人間世界に転生することができた。無住はこの説話を「唐ノ法華伝」に拠ったとするが、実際には唐の僧詳撰『法華伝記』ではなく、南宋の宗暁撰『法華経顕応録[41]』巻上「東嶽堅法師」の以下の記事に拠っているものと推定される[42]。

> 隋釈行堅、不知何許人。常修禅観、節操厳甚。因事経游泰山。日夕入嶽祠度宵。吏曰、「此無館舎。唯有神廡下。然而宿此者必暴死」。堅曰、「無妨」。遂為藉蒿於廡下。堅端坐誦経可一更、忽見其神衣冠甚偉向堅合掌。堅問曰、「聞宿此者多死。豈檀越害之耶」。神曰、「当死者特至聞弟子声而自死。非殺之也」。又問曰、「世伝、泰山治鬼、是否」。神曰、「弟子薄福、有之」。堅曰、「有両同学僧已死。今在否」。神問名字。「一人已生人間、一人在獄受対。師往見之」。神遣使引入墻院。見一人在火中号呼。形変不可識。而血肉焦臭。堅不忍観。即還廡下、復与神坐。堅曰、「欲救是僧得否」。神曰、「可。能為写法華経、必応得免」。既而与神別。旦廟令視堅不死、訝之。堅去、急報前願、経写装畢。賚而就廟、神出如故。以事告之。神曰、「師為写経題目、彼已脱去、今生人間。然此処不潔。不宜安経。願師還送入寺中供養」。遂与神別。〔大宋高僧伝〕。

---

41) 引用は大日本続蔵経による。ただし、表記など私に手を加えた箇所がある。

42) 小林直樹「無住と持経者伝－『法華経顕応録』享受・補遺－」『文学史研究』第55号（2015年3月）。なお、『法華経顕応録』については、李銘敬「『法華経顕応録』をめぐって」『海を渡る天台仏教』（勉誠出版、2008年）、小林直樹「無住と南宋代成立典籍」『文学史研究』第53号（2013年3月）、参照。

両者を比較すると、原典では「泰山」の「墻院」と語られる「獄」を、無住が「山ノ谷ノ中」に位置する「地獄」として語っていることに気付かされる（二重傍線部）。ここからは、地獄を山谷のイメージで捉えようとする中世人の認識が顕著にうかがえよう。

翻って、中世日本仏教に特有の魔道という遁世僧の〈地獄〉イメージにも、山中他界という基層信仰が色濃く反映していることは間違いないであろう。

4. 亡魂の供養－遺骨への視線

ところで、魔道に堕ちた遁世僧たちの霊はどのように救われたのであろうか。考察の最後に遁世僧と霊魂の救済、供養の問題に触れておきたい。

すでに見たように、魔道に堕ちた遁世僧の多くは、そこで修学の機会を与えられ、自力で出離の機会をうかがっているように語られていたが、中には『発心集』巻2－8の真浄房のように、魔道に堕ちて六年目の来年には「かまへてこの道を出でて、極楽へ詣らばやと思ひ給へるに、必ず障りなく苦患まぬかるべきやうに訪ひ給へ」と他者に供養を願い、その結果、「仏経なんど心の及ぶほど書き供養し」てもらったおかげで、極楽へ往生したと語られる例もある。

供養に用いられる「仏経」とはどのようなものであったか。ここでも無住の言に耳を傾けたい。『雑談集』巻七「法華事」には次のようにある。

> 先年ノ或ル僧ノ説ニ、関東ニ沙汰スル事有ケルニ、法華経ト念仏ト、人ノ孝養ニスベシト。……経ニハ、梵網、神咒ニハ、宝篋、尊勝、随求、光明ト云事、聞侍シ。

追善供養に用いられるに相応しいものとして、まず法華経と念仏とが挙げられ、さらにそれ以外にも、経としては梵網経が、陀羅尼としては宝篋印陀羅尼、尊勝陀羅尼、随求陀羅尼、光明真言が好ましいという評価を伝える[43]。

無住はこれらのうち経典では特に法華経の功徳を強調している[44]が、陀羅尼に関しては、『沙石集』巻2－7「弥勒の行者の事」で次のように記している。

> 末代には真言の益あるべきにて、昔よりも近代は次第に盛りに、亡魂の遺骨をば彼の霊寺に送る事、貴賤を言はず、花夷を論ぜず、我も我もと持ち上るなり。これ然るべき事にこそ。亡者を救ふこと、陀羅尼の力勝れたり。

この後、「行人ありて土沙を加持して、亡者の墓所に散らせば、土沙より光明を放ちて亡者の魂を導き、極楽へ送る」という光明真言の功徳を説く逸話を語るが、ここで注目すべきは、そうした真言加持の力と関連させて、傍線部のように、亡魂の遺骨を霊寺（ここでは高野山を指す）に送る、いわゆる納骨の習慣が近年非常に盛んになってきている状況に言及している点である。実際、『沙石集』には性蓮房という遁世僧が母の遺骨を高野山に納骨しようとする逸話も収められている（巻1－4）。この納骨という現象の広がりをめぐっては、佐藤弘夫氏に次のような興味深い指摘がある[45]。

> 一二世紀から納骨信仰が生まれ、それが各地に広がっていったことは、この時期、肉体と霊魂の観念にも重要な変化が生じたことを意味するものと考えられる。……古代では、浄化や救済の対象として重視されたのは、もっぱら霊魂の方だった。死によって魂はただちに肉体を離れてしまうため、仏教の追善供養の儀式もまた、その霊魂の浄化を実現できれば十分であると考えられていたのである。……それに対し、死者の遺骨を霊場に埋納することは、霊場に運んだ段階ではまだ骨

43) この他、『雑談集』巻5「鐘楼事」では「経ハ見之愚惑ヲ除キ、鐘ハ聞之業患ヲ息ベシ」として、「鐘声」が三途の苦をやわらげる功徳について説いている。
44) 小林直樹「無住の経文解釈と説話」『説話文学研究』第48号（2013年7月）。
45) 佐藤弘夫『死者のゆくえ』（岩田書院、2008年）。

に霊魂が宿り続けている、という観念が前提になっている。そして、そうした習慣が広く社会に共有されたことは、霊魂と遺骨が死によっても即座に分離することはないという観念が、人々の間に共有されるに至ったことを示しているのである。

次に紹介する『沙石集』の説話（巻9－2「愛執によりて蛇に成りたる事」）は、佐藤氏の指摘を裏書するものであろう。

鎌倉に、ある人の女、若宮の僧房の児を恋ひて、病になりぬ。母にかくと告げたりければ、かの児が父母も知る人なりけるままに、この由申し合はせて、時々児を通はしけれども、志なかりけるにや、疎くなりゆくほどに、思ひ死に死にぬ。父母悲しみて、かの骨を善光寺へ送らむとて、箱に入れて置きにけり。

その後、この児、また病付きて、大事になりて物狂はしくなりければ、一間なる所に押し籠めて置きたるに、人と物語りの声しけるを怪しみて、その母、物のひまより見ければ、大きなる蛇と向ひて云ひけるなるべし。遂に失せにければ、入棺して、若宮の西の山にて葬するに、棺の中に大きなる蛇ありて、児にまとはりたり。やがて蛇と共に葬してけり。

さて、かの父母、女が骨を善光寺へ送る次に、取り分けて、「鎌倉のある寺に置かん」とて、見ければ、かの骨さながら小蛇に成りたるもあり、半らばかり成りかかりたるもありけり。

この事は、かの父母、ある僧に、「孝養してたべ」とて、ありのままにこの様を申しけるとて、同法の僧、慥に語り侍りき。纔に二十年が中の事なり。名も承りしかども、憚りて記さず。

鶴岡の若宮の稚児を慕う余り思い死にした女は、蛇に転生して稚児と再び相まみえ、稚児の死後も棺の中でその遺体にまとわりついている。畜生道への転生を完了している以上、本来女の霊魂は遺骨とはすでに無関係なはずである。にもかかわらず、女を荼毘に付した遺骨は、この時、小蛇に転成するという異相を示している。ここには転生後も骨になお霊魂が宿りつづけるという中世人の認識を認めざるをえないであろう。それゆえ女の両親は、善光寺への納骨の際に遁世僧にその供養を依頼したのである。

では、高野山や善光寺といった霊場に納骨後、骨に宿った霊魂はどうなるのか。15世紀と時代は下るが、『壒嚢鈔』巻11－6には「大師ノ御文ニ云」として次のように記している。

> ……但シ、我ガ山ニ送リ置クトコロノ亡者ノ舎利、我、毎日三密ノ加持力ヲ以テ、安養宝刹ニ送リ、当来ニハ我ガ山ノ慈尊説法ノ聴衆ノ菩薩ト為スベシ、ト云云。

霊地高野山に入定している弘法大師の三密加持力により、骨に宿った霊魂は「安養宝刹」（極楽浄土）に送り届けられ、やがて弥勒下生の暁には再びこの地に戻り、弥勒説法の聴衆に加わるのだという。遺骨に宿った霊魂は霊場における納骨を経て、浄土へ向かうことが期待されたのだろう。

ちなみに『発心集』巻7－13「斎所権介成清の子、高野に住む事」には、俊乗房重源が建立した高野山の新別所、専修往生院における「習ひ」として、「結衆の中に先立つ人あれば、残りの人集まりて、所の大事にて、これを葬るわざ」を行ったこと、それも「木を樵りて葬る」と荼毘に付して「骨拾ひて」葬ったことが記されている。魔道に堕ちたと判断された高野聖も、荼毘に付された骨は高野山に葬られ[46]、同法知識たちの手で光明真言加持などが修されることによって、浄土への転生が祈られたのではなかろうか。

一方、骨に関するこうした観念の変化は、往生の認識にも微妙に影響を与えた可能性がある。平安期往生伝には、たとえ荼毘に付された場合であっても遺骨に関する言及は認められない。ところが、鎌倉期に入ると俄に様相が変わっ

---

46) 日野西真定「高野山の納骨信仰－高野山信仰史における一課題－」『高野山発掘調査報告書：奥之院・宝性院・東塔・大門』（元興寺文化財研究所、1982年）。

てくる。第1節で取り上げた『念仏往生伝』の撰者行仙の伝が実は『沙石集』巻10末－13「臨終目出き人々の事」に収められているが、その臨終の相は次のように語られている。

> 臨終の体、端座して化す。紫雲たなびきて、室の前の竹にかかる。紫の衣をうち覆へるが如し。音楽空に聞こえ、異香室に薫ず。見聞の道俗、市を成す。葬の後見るに、灰、紫の色なり。舎利数粒、灰に交る。

紫雲と音楽と異香は、平安期往生伝以来、馴染みの往生の瑞相である。だが、その後に語られる紫色の灰と舎利の出現は平安期往生伝には認められない新しい現象である。『沙石集』では、他に蘭渓道隆の伝にも、「葬の後、灰の中に舎利を得と云々」と舎利の出現が語られる。さらに、無住にやや遅れる虎関師錬撰『元亨釈書』には、『沙石集』の当話に依拠したとおぼしい行仙伝（巻11）以外に、無本覚心、蘭渓道隆（以上、巻6）、大休正念、東山湛照、桑田道海、無為昭元（以上、巻8）の伝に同様な舎利出現の奇瑞が記され[47]、そこでは「舎利は戒定慧の薫ずるところなり[48]」（昭元伝）と、三学を修めた僧に出現する往生の瑞相として捉えられているのである。

もとよりこうした高僧舎利出現のモチーフ自体は中国高僧伝に淵源するものであり[49]、その影響下にあることは間違いない。またその背後に舎利信仰が存することも勿論であろう。だが、遺骨への観念の変化が定着を見るちょうどこの時期に、往生の新たな瑞相として高僧舎利の出現が語られることは、やはりまったくの偶然とは思われない。悪道に堕ちた亡魂の遺骨に異相が認められるとすれ

47）和田有希子「禅僧と「怪異」－虎関師錬と『元亨釈書』の成立－」『禅学研究』第87号（2009年3月）。

48）引用は新訂増補国史大系により、私に書き下した。

49）西脇常記「舎利信仰と僧伝－『禅林僧宝伝』の理解のために－」『唐代の思想と文化』（創文社、2000年、初出は1990年）によれば、中国において高僧舎利の記事が認められるのは『宋高僧伝』以降であるという。

ば、往生を遂げた人の遺骨にもそれ相応のしるしが現れてしかるべきとの発想は極めて自然なものであろう。そうした当時の遁世僧の志向に中国高僧伝のモチーフが合致した結果、高僧舎利の出現が往生の瑞相として語られ出したという側面もあったのではないかと推察されるのである。

おわりに

本稿では、無住をはじめとする中世日本の遁世僧の著作を通して、彼らの死生観や他界観、鎮魂（供養）のあり方について考察してきた。往生を強く希求していた遁世僧たちは、同時に往生の困難さを痛感し、悪道への不安に苛まれてもいた。遁世僧の恐れる悪道とは、菩提心を重視し偏執を嫌い、三学兼備、諸宗兼学という彼らの志向が大いに反映した魔道という中世日本に特有のものであった。さらに、魔道を〈地獄〉として語るイメージ形成も行われたが、そこには古代以来の基層信仰、山中他界の信仰の投影が看取された。一方、亡魂の救済のため経や陀羅尼が用いられるのはもちろんのこととして、火葬が増加したこの時代には、遺骨観念の変化から霊場への納骨も盛んに行われるようになった。そうした観念の変化は遁世僧の往生に新しい瑞相をも出現させることになったのである。

中世の遁世僧は、同時代における生と死の現場にもっとも密着した存在であった。それゆえ彼らの残したテクストからは現場の生々しい雰囲気が濃厚に立ち上ってくる。さらに、こうしたテクストをものした遁世僧の多くが唱導、教化活動にも携わったことを考慮すれば、生死に関する彼らの先鋭な感覚は時代を領導するものであったとも言えよう。本稿で触れ得たのはもとよりその一端に過ぎないが、それらを通して知りうる遁世僧の死生観や鎮魂（供養）観念は、中世日本において少なからぬ広がりを有するものであったと推察されるのである[50)]。

50）本稿はJSPS科研費 24520223による研究成果の一部である。

〈중세 일본불교의 사생관과 진혼〉 토론문

이세연(한양대학교 비교역사문화연구소)

본 논문은 왕생·공양 등을 둘러싼 둔세승의 인식을 면밀하게 추적함으로써, 중세일본인의 사생관의 한 측면을 제시하고자 한 논고입니다. 관련 사료의 인용방식, 해석 등 크게 흠잡을 만한 점은 없어 보입니다. 다만, 본 논문을 읽으며 문외한으로서 느낀 몇 가지 의문점에 대해 여쭙고 싶습니다.

1. 우선, 왕생을 둘러싼 병자와 간병인의 협동(協働)에 대해 여쭙고 싶습니다. 지적하신 바와 같이, 『往生要集』의 영향은 부정할 수 없습니다만, 왕생을 확인하고자 하는 모든 행위를 『往生要集』에 수렴시킬 필요가 있을지 다소 의문스럽습니다. 현존하는 각종 왕생전을 일별해보면, 왕생의 확인에 혈안이 되어 움직이는 사람들의 모습을 어렵지 않게 발견할 수 있습니다. 그런데, 이러한 움직임은 결연(結縁)이라는 보다 보편적인 맥락에서 파악할 수 있지 않을까 싶습니다. 왕생을 둘러싼 병자와 간병인의 협동이라는 것도 결연의 맥락에서 파악할 수 있지 않을까요?

2. 다음으로, 종교행위를 둘러싼 중세인의 심성의 자리매김에 대해 여쭙고 싶습니다. 구체적으로 말씀드리자면, 마도(魔道)에 빠진 승려들에게 부과된 고난이 간소화되고 수치화되고 있습니다만, 이러한 담론을 어떻게 자리매김할 수 있느냐는 것입니다. 거시적으로 보자면, 이는 성속(聖俗)을 둘러싼 인식, 세계관의 변화를 의미하는 것이 아닐까 싶습니다만, 선생님의 의견은 어떠신지요?

3. 이어서, 본 논문을 통해 선생님이 조망하시고자 한 것이 어떤

것인지 여쭙고 싶습니다. 둔세승의 시각을 통해 중세일본불교의 사생관과 진혼을 해명한다는 시도는 수긍할 수 있습니다. 단, 이럴 경우에는 적어도 〈머리말〉과 〈맺음말〉에서 중세일본불교의 사생관과 진혼의 조감도가 제시되지 않으면 안 된다고 생각합니다. 이는 결국 중세일본불교에서 둔세승이 차지하는 위치를 가늠하는 문제로 연결된다고 생각합니다만, 선생님은 어떻게 생각하시는지요?

4. 본 논문은 잘 정리된 논고라고 생각합니다만, 오리지널리티는 선명하게 드러나 있지 않은 것 같습니다. 마도나 천구도(天狗道)의 존재, 산중타계관, 납골의 담론 등은 선생님도 인용하고 계신 바와 같이, 이미 많은 선행연구에서 해명되어 있는 것들입니다. 물론, 이러한 사실들을 둔세승의 시각에서 재정리하는 작업은 의미 있는 것이라 생각합니다만, 적어도 〈맺음말〉에서는 본 논문을 통해 새롭게 발견된 지견을 좀 더 강조하셔도 좋지 않을까 생각합니다.

5. 선생님은 본 논문에서 '일본의 독특한', '중세일본에 독특한' 이라는 표현을 많이 쓰고 계십니다만, 그렇게 단언해도 좋은 것인지 다소 불안함이 남습니다. 물론 선생님께서는 여러 가지 선행연구들에 근거하고 계시며, 제 자신 뚜렷한 반론의 소재거리를 지니고 있지는 못합니다만, '일본의 독특한', '중세일본에 독특한' 것이 아닐 가능성은 의식적으로 열어둘 필요가 있지 않을까 싶습니다. 본론에서 벗어나는 이야기입니다만, 예컨대 일본의 독특한 신앙이라고 일컬어지는 어령신앙(御靈信仰) 같은 것은 실은 동서고금을 막론하고 존재하는 것이라고 저는 생각합니다. 요컨대, '독특'하다고 일컬어지는 것들이 어느 정도 검증된 것인지 다소 불안하다는 것입니다. '독특'한 것은, 비교의 가능성이 적극적으로 모색되는 가운데 추구되어야 하지 않을까 생각합니다만, 선생님은 어떻게 생각하시는지요?

문외한으로서의 오독이 적지 않다고 생각합니다만, 선생님의 가르침을 받을 수 있으면 감사하겠습니다. 잘 부탁드립니다.

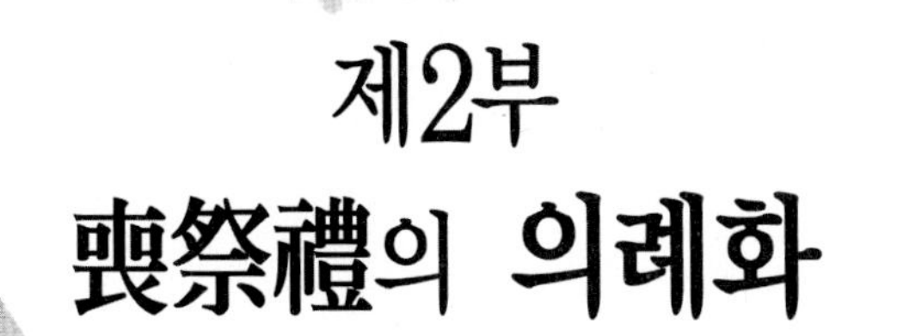

제2부

喪祭禮의 의례화

조선시대 생사관과 사자의례
-사자의례의 동인과 지향-

최종성(서울대학교 종교학과 교수)

1. 서론

일반 민중의 종교문화에 접근하는 데에 있어, 사자(조상)와 사자(조상)의례는 주요한 통로가 아닐 수 없다.[1] 한때 19세기 당시 진화론의 도식에 입각해 종교사를 설명하려던 사색가들이 인류의 보편적이고도 원초적인 종교문화를 설정하는 데에 있어 사자숭배(worship of the dead)나 조상숭배(ancestor-worship)에 매료되기도 하였다. 일본의 대표적인 민속종교연구 전문가인 이케가미 요시마사(池上良正)는 일본 서민의 종교사를 해명하는 주요한 키워드로서 샤머니즘과 함께 조상숭배를 꼽는 데에 조금의 주저함도 없어 보인다.[2]

한국의 문화를 돌이켜볼 때, 사자와 사자의례는 특정 계층과 특정 종교전통의 전유물이었다고 말할 수 없으며, 그 어떠한 계층과 종교전통도 쉽사리 외면하거나 비켜갈 수 없는 종교문화의 핵심 주제였

1) 이글에서는 혈연관계에 기반한 조상(의례)를 다루기도 하지만, 혈연관계를 뛰어넘는 일반적인 사자(의례)를 포괄한다는 점에서 후자의 용어를 대표적으로 사용할 것이다.

2) 池上良正,『死者の救濟史: 供養と憑依の宗教學』, 角川選書, 2003, p. 7.

다고 할 수 있다. 가령, 서구의 세계종교 특히 기독교의 경우 상대적으로 조상숭배의 문제와 거리를 두고 있는 듯 보이지만 그것이 동아시아로 전교되는 과정에서 드러난 문화적 충격과 갈등은 대부분 조상숭배의 문제와 관련되었다. 한국뿐만 아니라 동아시아에 전래된 가톨릭(西學)이 토착의 문화와 심각한 갈등을 빚고 첨예한 긴장 관계에 놓였던 것도 지고존재인 천신(天神)에 관한 차이에서 비롯된 것이 아니라 조상에 관한 담론 및 실천의 대립에서 기인한 것이었다.[3] 가령, 샤를르 달레가 지적하고 있듯이, 가톨릭의 입장에서 학자층이나 일반 국민들이 충실하게 믿고 있는 유일한 종교로서 손꼽히는 것도 다름 아닌 조상숭배였다.[4] 한편 개신교의 선교과정에서 교계 지도자들이 전교의 커다란 장애물로 토로했던 것도 샤머니즘의 실천이 아닌, 유교의 조상숭배 전통이었을 정도였다.[5]

이렇게 여러 계층과 종교문화를 관통하고 있는 조상의 관념과 실천을 하나의 체계로 이해하기란 대단히 곤란한 일이고, 또 그것의 변천과정을 일목요연하게 가늠하는 것도 쉽지 않아 보인다. 일찍이 공양(供養)과 빙의(憑依)를 키워드로 구제받지 못한 채 고통받고 있는 사자를 처리하는 일본문화에 주목했던 이 케가미가 불교 전래 이전

---

3) 조상숭배는 대외적으로 유교와 가톨릭 사이를 화해시킬 수 없는 뜨거운 난제이기도 했지만 대내적으로는 가톨릭 개종자 개인에게도 전통의 효행과 기독교의 구원론 사이를 중재시켜야 하는 절박한 문제이기도 하였다. 중국 후안(福安) 지방의 사례를 통해 연옥개념을 중심으로 조상숭배의 전통과 구원론이 조정되기까지의 변동과정을 논의한 Eugenio Menegon, *Ancestors, Virgins, and Friars: Christianity as a Local Religion in Late Imperial China*, Harvard University Press, 2009, Chap. 7(Filial Piety, Ancestral Rituals, and Salvation) pp. 260-300. 참조.

4) 한국교회사연구소 편, 『한국천주교회사』상, 1979, 212쪽.

5) George O. Engel, "Native Customs and How to Deal with Them", *The Korea Field 4*, Methodist Publishing House, 1904. 11, p. 204.

의 '타타리(祟り)-마츠리(祀り)' 또는 '케가레(穢れ)-하라이(祓い)' 시스템과 불교 전래 이후 형성된 '공양(供養)'/'조복(調伏)'의 시스템으로 양분하여 사자구제의 역사를 설명했던 좋은 선례[6]를 남겼고, 또 그것이 한국문화를 이해하는 데에 일정한 참고가 되기도 하지만, 무엇보다 조선시대 유교문화가 주도한 조상숭배의 비중을 고려해야 하고, 또 무속 및 불교뿐만 아니라 조선후기에 전래된 가톨릭과 뒤이은 개신교 등의 변수를 배제할 수 없는 상황에서 재고와 첨언은 필연적이다.

생사에 관한 일반인의 담론과 실천을 종합해낼 만한 틀과 자료가 아직 마련되지 않은 상황에서 선택은 제한적일 수밖에 없다. 이 글에서는 선택적으로 의례를, 특히 사자의례를 통로로 삼고자 한다. 의례가 관념(세계관)을 이해하는 데에 적합성이 있는지에 대한 우려가 없는 것은 아니지만, 의례를 행위의 한 유형으로만 국한하기보다는 인간의 사고와 행위가 통합되는 메커니즘으로 이해하고자 했던 의례학자 캐더린 벨[7]에 기대어, 사자의례를 둘러싼 관념과 실천에 주목해볼 수 있을 것이다. 조선시대 사자에 대한 의례에는 제(祭), 재(齋), 굿, 기도 등의 다양한 형식이 동원되었고, 다양한 종교문화가 가담하였다는 점에서 복잡다단하다. 본고에서는 두 가지 차원, 즉 사자의례의 동인과 지향의 관점에서 시론적인 논의를 펼치는 데에 만족하고자 한다.

먼저, 조상의례의 다양성을 사자에게 '향한 의례(ritual to)'/ 사자를

---

6) 이케가미의 설명에 따르면, '타타리(祟り)-마츠리(祀り)'가 생자보다 사자의 힘이 강할 경우에 사자의 원혼을 제사로 회유하는 방식이라면 '케가레(穢れ)-하라이(祓い)'는 생자가 사자보다 센 경우에 사자의 때를 정화의식으로 배제하는 방식이다. 한편 '공양(供養)'은 불교적 공덕을 사자에게 제공하는 것이고, '조복(調伏)'은 불법(佛法)이나 불력(佛力)으로 사자를 선도하거나 격퇴하는 방식인 것이다. 池上良正, 앞의책, pp. 29-33.

7) Catherine Bell, *Ritual Theory, Ritual Practice*, New York: Oxford University Press, 1992, p. 47.

'위한 의례(ritual for)' 체계로 대별하여 설명하고자 한다. 이는 의례의 중심 관점이 어디를 지향하는가(의례를 조상 자신이 받는가?/의례를 받는 대상이 조상을 넘어서는가?)에 따른 분류라 할 수 있다. 전자는 의례의 중심 관점이 사자**에게** 모아지지만 후자는 사자를 **위해** 다른 초월적 존재나 힘이 개입된다.

둘째, '잘못된 죽음'에 대한 재처리의 문화를 주목하되, 그것을 '사자주도적 의례(the dead-oriented ritual)'/'생자주도적 의례(the living-oriented ritual)' 체계로 양분하여 이해하고자 한다. 이는 의례가 어디로부터 비롯되었는가(사자의 원한[寃]이 의례를 낳았는가?/사자의 구원을 위한 생자의 바람[願]이 의례를 낳았는가?)에 초점이 놓인 분류라 할 수 있다. 전자는 의례받지 못한 사자의 원혼이 빌미(祟)가 되어 재의례화가 시도되는 것이고, 후자는 생자의 원력(願力)에 의한 의례의 결과로 사자의 영혼이 질적인 변형(구제, 구원)을 성취하게 되는 것으로 구성된다.

2. 의례의 지향

단순하게 말하자면, 사자를 '향한 의례(ritual to)'가 의례의 대상에 주목한 표현인 데 비해, 사자를 '위한 의례(ritual for)'는 의례의 목적에 강조점이 있는 표현이다. 그러나 의례의 복합적인 성격과 가치를 고려할 때, 이 두 가지는 쉽게 분리될 수 없는 것이기도 하다. 사자를 지향한 의례가 사자를 위한 의례일 수 있고, 또 사자를 위한 의례에 사자의 정체성이 명료하게 지정될 수도 있기 때문이다. 그러나 의례화의 지향점을 기준으로 사자의 정체성을 분명히 하면서 사자를 직접 대상화하는 의례(ritual to)와 사자의 구제를 위해 초월적인 신을 상정하는 의례(ritual for)를 양분하여 조선시대 사자의례를 효과적으로 설명할 수 있지 않을까 기대한다.

1. 사자를 향한 의례(ritual to)

사자를 '향한 의례'는 의례를 흡수하는 주체가 분명하다. 생자가 제사하고 사자가 직접 의례를 흠향한다는 점에서 매개적 존재가 개입되지 않는다. 다만, 사자를 명료화하고 차별화하는 상징물(神位)이 중시될 뿐이다. 흔히 신주의 규격과 명칭 상에 차이를 두어 의례 받는 주인공의 차별화를 시도하는 것이 일반적이다. 소위 의례를 흠향할 주체에게 명찰을 부착시킴으로써 의례의 대상을 고정시키는 것이다. 사자의 신위는 다양한 형태로 표현되었지만 제사 받을 사자의 개성을 의례화한 전통은 유교문화에서 분명하였다.

유교문화에서는 제사의 대상을 적절하게 지정하지 않으면 모든 의례가 부적절한 것으로 간주되었다. 즉 제사를 행하는 주체와 제사를 흠향하는 객체 사이에 일정한 질서의 법칙을 부여하고 그것이 제대로 지켜지면 적절한 의례, 즉 정사(正祀)로 간주하고, 반대로 그것이 지켜지지 않은 부적절한 의례를 그릇된 제사, 즉 음사(淫祀)로 폄하하는 전통이 강하였다. "자기가 제사를 지내면 안 되는 대상을 함부로 제사지내는 것이 음사였고, 제 아무리 정성을 기울인다 해도 음사에는 복이 있을 수 없었다"(『禮記』, 曲禮下. 非其所祭而祭之 名曰淫祀 淫祀無福). "신은 자신의 부류가 아닌 제사를 흠향하지 않고 사람도 자신의 족속이 아니면 제사지내지 않는다"(『左傳』, 僖公 10年. 神不歆非類 民不祀非族)는 것이 하나의 의례 상식으로 통하였다.

정사와 음사의 규정 속에서 중시되는 것은 사자와 생자의 관계이다. 생자와 사자 간의 관계가 제자리(in place)에 놓여 있는지, 아니면 제자리를 벗어나(out of place) 있는지가 관건이었다. 가족의 범위와 관계질서를 벗어난 대상은 더 이상 조상이 아닌 유령일 뿐이어서, 이웃집의 조상이 내겐 유령이 될 수 있고, 나의 조상도 이웃에게는 유령이 될 수밖에 없었던 것이다.[8] 사자의 입장에서 보자면 사후에 자신의 제사를 봉행해줄 의례적 주체(後嗣)가 마련되지 못 할 경우, 무사귀신(無祀鬼神)의 처지에 놓이게 될 터이고, 이에 대한 불안감이 생전에 의례적 후사(後嗣)를 마련하기 위한 입양(入養) 및 입후(立後)의 문화로 표출되기도 하였다.[9)]

사자를 '향한 의례'에서는 생자와 사자의 관계 질서가 중시되는 만큼, 그 질서에 부합하는 윤리적 태도도 무시될 수 없었다. 일부 철학적 담론에서 귀신을 음양의 작용으로 이해하는 무귀론(無鬼論)이 우세하였지만, 제사 받는 귀신으로서의 유귀론(有鬼論)을 전제하지 않고서는 의례적 차원의 유교문화를 상상할 수 없는 게 사실이다.[10)] 가령, 『中庸章句』 16장에 "반듯하고 정결하게 옷을 갖추어서 제사를 받들되, 마치 위에 계신 듯, 좌우에 계신 듯하라"(齊明盛服 以承祭祀 洋洋乎如在其上 如在其左右)는 표현대로 사자에 대한 태도는 생전의 관계를 그대로 연장하는 것에 다름 아니었다. 1790년 천주교신자인 윤유일(尹有一)이 북경의 구베아 주교로부터 조상제사를 금지해야 한다는 메시지를 접했을 때, "조상제사란 본래 죽은 사람을 산 사람을 섬기듯이 하는 것인데, 만약 천주교를 신앙하면서 제사를 함께 병행

---

8) 아더 울프는 대만 三峽 지역의 현지조사를 통해 서민들(농부, 광부, 노동자, 소상인) 사이에서 의례화된 신, 조상, 귀신 등과 사회환경과의 친연성에 대해 논하는 과정에서 조상과 귀신과의 양극성에 대해 이같이 지적한 바 있다. Arthur P. Wolf, "Gods, Ghosts, and Ancestors", *Religion and Ritual in Chinese Society*, Stanford University Press, 1974, p. 173.

9) 조선후기에 전개된 입후와 입양에 대해서는 박종천, 「조선 후기 유교적 가족질서의 확산과 의례적 양상」, 『퇴계학보』132, 퇴계학연구원, 2012. 참조.

10) 이런 점에서, 주자의 귀신론을 음양귀신(무귀론)과 제사귀신(유귀론)의 병행으로 이해하며 일본사상사의 귀신론의 흐름을 밝힌 고야스 노부쿠니(子安宣邦)의 관점에 주목해볼 필요가 있다. 子安宣邦, 『鬼神論: 神と祭祀のディスクール』, 白澤社, 2002 ; 이승연 역, 『귀신론』, 역사비평사, 2006.

하는 것이 불가하다면 더 이상 행하기는 어렵겠으나 혹시라도 그것을 폭넓게 받아줄 수 있는 방도가 없겠습니까?"[11]하고 재차 문의했을 정도로 초기 천주교 신자들에게조차도 조상제사는 쉽사리 폐기할 수 없는 중대한 문제였고, 실제로 그것은 생시 때의 관계를 사후에도 지속해야 하는 도덕으로 간주되었었던 것이다. 유교사회에서 제사는 이른바 효의 연장선에 있는 도덕적인 행위일지언정 기독교 일각에서 비판했던 우상숭배의 문제로 귀결될 수 없는 것이었다.

제사를 흠향하는 주체가 조상 단독으로 지정된다 하더라도 조상이 내리는 복보다는 조상에게 베풀어야 할 존경과 감사가 훨씬 더 제사의 분위기를 주도하였다고 할 수 있다. 즉 유교의 조상제사는 조상에게 복을 구하기보다는 근원에 대한 보답과 감사, 즉 보본반시(報本反始)를 경건하게 실천하는 생자의 의무감이 강조되었다. 인간인 이상 소박하게나마 조상으로부터의 복을 기대할 수는 있겠으나 유교에 있어서 제사의 기본은 어디까지나 조상의 은혜에 대한 감사였던 것이다.

앞서 언급한 바대로 사자를 '향한 의례'는 의례를 흠향하는 대상을 분명하게 지정하는 일이 관건이었고, 그것은 대개 차별화된 신위(神位)로 구체화되었다. 신위는 생자와 사자의 관계 질서나 계층 및 신분의 격을 드러내는 주요한 상징물로서 자리 잡았다. 그만큼 사자를 '향한 의례'에서 신주의 문제는 결코 가볍게 처리될 수 없는 사항이었다. 그러나 조선후기에 들어와 신주의 문제에 정면으로 도전한, 그래서 사자를 '향한 의례'를 훼손시킬 만한 종교문화가 다가오고 있었다. 그 하나가 기독교의 폐제분주(廢祭焚主)이고, 다른 하나가 동학의 향아설위(向我設位)였다. 신주를 훼손하거나 무화시키는 행위는 표준화

---

11) 『邪學懲義』 권2, 移還送秩, 觀儉(한국교회상연구소 영인본, 1977, 232쪽).
"有一又問曰 祀祭卽所以事死如生 而若與聖學不可並行 則是爲難行 或可有濶狹之道否"

된 제사양식을 통해 문화의 정통성을 확보하고자 했던 유교의 정통행(orthopraxy)의 입장에서 보자면, 조상의례의 근간을 뒤흔드는, 그래서 더 이상 묵과할 수 없는 도전으로 간주될 수밖에 없었다.

먼저, 1791년 가톨릭 신자인 윤지충과 권상연을 죽음으로 몰아간 이른바 '진산사건'은 윤지충의 모친이 사망했을 때 모친의 신주를 만들기는커녕 기존에 사당에 봉안했던 조상들의 위패마저 불태우고 땅에 묻었던 문화적 충격에서 비롯되었다. 천주교 역사를 박해받는 고난의 역사로 들어서게 한 진산사건은 유교의 입장에서는 이른바 폐제분주(廢祭焚主)의 사건으로 집약되는데, 무엇보다도 주목받은 것은 인간으로서 차마 할 수 없는 '위패를 훼손하고 태우는(毁木主而又燒)'[12]는 행위를 저질렀다는 점이었다. 조상제사가 우상숭배로서 금지되어야 한다는 북경 천주교당국의 메시지를 접한 당시 조선의 천주교인들에게 있어 신주는 생명과 영혼이 깃들 수 없는 한낱 나무 조각에 불과한 것이었다. 그러나 의례의 통제권을 행사한 유교 국가의 입장에서 보자면, 마치 살아생전의 몸과 같은 신주를 불태운 행위 자체야말로 조상의 시신을 함부로 훼손한 패륜적인 중죄에 비견되는 처벌의 대상일 수밖에 없었다.[13] 가톨릭의 폐제분주는 사자를 '향한 의례'에서 중시되는 제사의 대상(조상), 즉 그것을 지정하는 신주를 무화시키는 커다란 도전이었던 것이다.

한편, 가톨릭보다 1세기 뒤에 신앙이 시작된 초기 개신교에 있어

12) 『承政院日記』 1695책, 정조 15년 10월 23일.

13) 당시 『大明律』(發塚條)에 따르면, 자손으로서 자신의 조부모 및 부모의 시신을 훼손하여 버리는 일이나, 노비나 종으로서 자기 집주인의 시신을 유기하여 훼손시키는 일은 모두 참형으로 다스려졌다(其子孫毁棄祖父母父母 及奴婢雇工人 棄毁家長死身者 斬). 그런데 당시 당국에서는 조상의 신주를 훼손한 죄를 시신을 훼손한 죄에 비견(毁父祖神主者 比毁屍律)하여 처리하였던 것이다. 『正祖實錄』 권33, 정조 15년 11월 기묘(8일).

서도 입교의 표징으로 삼은 신자의 행위 중에 단연 돋보이는 것이 사당의 신주를 불태워 조상제사를 폐하는 것이었다. 가령, 감리교에서 펴낸 《죠션크리스도인회보》 1897년 3월 3일판 〈회즁신문〉란에 수원과 용인 지역 회당 소식과 함께 "집안의 목쥬와 토쥬와 숨신 항아리를 다 불샬으고 ..." 하는 엄석현의 모친의 사례가 소개된 바 있다.[14] 또 같은 해 4월 7일자 〈회즁신문〉란도 인천 제물포 교회의 한 교우에 대해 언급하면서, "이 사름이 하느님 도를 독실이 밋고 신쥬를 내다가 불을 노흐려 흐매 족쇽들이쎄셔 갓다니 이런 사름은 춤 새로 난 사름일너라"고 극찬한 바 있다.[15] 가톨릭의 폐제분주와 마찬가지로 개신교인이 행한 목주(木主)나 토주(土主)와 같은 신주를 불태우며 조상제사를 폐지한 것은 유교적 전통의 사자를 '향한 의례'를 정면으로 거부한 것이지만 19세기말 문화적 통제력을 소진한 유교당국으로서는 1세기 전 가톨릭 신자에게 부과했던 피의 처벌을 지속할 수 없었다.

두 번째로 19세기말 동학의 2대교주인 해월 최시형이 주창한 향아설위는 '제상과 신주를 마련하고 벽을 향해 제사하던' 관행(向壁設位)을 거부하고 제사를 행하는 개인을 향해 제사하게 하는 파격적인 조치였다. 향아설위는 조상의 근원이 하느님이고, 그 하느님을 각 인간의 마음 속에 모시고 있으므로 조상제사는 벽이 아니라 인간의 마음을 향해 거행해야 한다는 근본 취지를 담고 있었다. 초기동학에 대한 기록에 따르면, 대략 1878년경 해월이 향아설위에 대한 문제를 제기한 이래 1897년을 기해 그것을 공식화하였다고 전한다.[16] 1세기 전에 가톨릭의 폐제분주가 제사 대상인 신주를 무화시키는 것이었다면, 당시 동학의 향아설위는 제사 대상과 제사 주체를 일체화시키는, 즉 생

14) 《죠션크리스도인회보》 〈회즁신문〉, 1897년 3월 3일.
15) 《죠션크리스도인회보》 〈회즁신문〉, 1897년 4월 7일.
16) 향아설위에 대해서는 최종성, 「東學의 신학과 인간학」 『종교연구』44, 한국종교학회, 2006, 162-4쪽. 참조.

자와 사자의 관계를 혼동시키는 파격으로 간주될 수 있었다. 가톨릭의 폐제분주가 유교의 사자를 '향한 의례'에 있어 하나의 드러난 도전이었다면, 당국의 박해를 피해 심심산중으로 숨어가며 종교를 이어갔던 동학의 향아설위는 세상에 알려지지 않은 숨은 도전이었던 셈이다.

2. 사자를 위한 의례(*ritual for*)

사자를 '위한 의례'는 의례의 대상자인 사자를 지정하는 것 자체보다는 사자가 처한 환경과 죽음의 질을 변형시키는 데에 초점이 놓인다. 따라서 의례를 흠향하는 주체로서 주목되는 것은 조상이 아니라 조상의 구제를 보증하거나 강화시킬 초월적 존재이다. 사자의 개별성이 강조되거나 고정되기보다는 기원을 받는 신(하느님, 부처, 신명 등)이 중심에 놓인다. 따라서 사자를 '향한 의례'에 강조되었던 신주의 문제는 상대적으로 약화되거나 무화될 수도 있다. 생자의 입장에서 보면, 사자를 '위한 의례'에는 사자를 향한 도덕적 의무감보다는 사자를 위한 구제론적 책임감이 압도적이라 할 수 있다.

1) 추선공양(追善供養)

우선, 사자를 '위한 의례'로서 대표될 만한 것이 바로 불교의 추선공양(追善供養) 의례라 할 수 있다. 본질적인 깨달음을 통한 성불(成佛)까지는 아니더라도 극락왕생 혹은 보다 나은 내생을 기약하기 위한 공양의식은 사자 자신이 흠향하는 의례라기보다는 불보살의 가피(加被)에 힘입어 사자의 질적인 전환을 꾀하는 의례라 할 수 있다. 사자를 위한 것이지만 의례적 바람은 불보살에게 주목되는 것이다. 『三國遺事』에 소개된, 현생의 부모를 위해 불국사(佛國寺)를, 전생의 부모를 위해 석불사(石佛寺)를 각각 지어, 한 몸으로 두 세대 양친의 은혜에 보답했다는 대성(大城)의 효행적 미담[17]은 불교의 공양 스타일을 잘 보여주는 사례라 할 수 있다.

조선 태종 12년(1412) 사간원에서 불교를 비판하는 상소를 올리며 "죽은 사람의 천도를 위해 칠칠재를 거행하는데, 틈틈이 법석(法席)을 열고 망자의 빈소에 부처를 걸고 승려를 불러들이기를"[18] 밤낮 없이 거행하는 세태를 비난할 정도로 공양의식은 유교사회에서도 만연하였었다. 왕실에서도 부처에게 왕실 조상을 추복하는 기신재(忌晨齋)가 조선전기 내내 끊이지 않았고, 그 의례적 양식과 절차에 있어 왕실 조상의 위신이 부처나 승려의 권위에 압도당할 수 있다는 우려가 제기되곤 하였다.[19] 흥미로운 것은 세종 때에 재상을 지낸 유정현(柳廷顯)이 생전에 국왕이 추진하려던 수륙재(水陸齋)나 송경(誦經) 의식을 음사라고 극렬히 비판하다가 막상 자신이 죽음에 이르자 자신을 위해 불교적 공양의식을 치러줄 것을 부탁하며 아들에게 막대한 비용을 제공했다는 힐난을 받을 정도로 음사비판과 자기구원 사이에 이중성이 노출되기도 했다는 점이다.[20]

개별적으로 치러지는 공양의식 이외에도 우란분절(盂蘭盆節)과 같은 사자를 '위한 의례'가 전국적인 차원에서 동시적으로 치러지기도 하였다. 가령, 조선후기 세시풍속의 실상을 담고 있는 『東國歲時記』에 따르면, 속칭 백중일(百種日)인 7월 15일을 망혼일(亡魂日)이라 하면서 조상의 망혼을 위해 재(齋)를 열고 불공(佛供)을 올리는 의례가 커다란 명절 행사로 치러졌음을 알 수 있다.[21] 실제로 18세기에 전라

---

17) 『三國遺事』 권5, 孝善9, 大城孝二世父母.

18) 『太宗實錄』 권24, 태종 12년 10월 경신(8일).

19) 『中宗實錄』 권5, 중종 3년 3월 정미(10일). "國家自祖宗以來 設忌晨齋 非禮之擧也 臣聞其日 浴祖宗位板 引入便門 不由正路 待飯佛供僧畢 然後始祭於神位 其汚辱先王之靈 莫此爲甚 生事之以禮 死葬之以禮 祭之以禮可也 請痛加禁止 勿行此擧 庶可以禁民之淫祀"

20) 『世宗實錄』 권61, 세종 15년 7월 병인(15일).

21) 『東國歲時記』 七月, 中元.

도 함평에 기거하며 『導哉日記』를 남겼던 이준(李濬)의 기록을 참조할 때, 7월 15일에 조상의 망혼(전년에 모친이 사망함)을 위해 중들을 불러 설재불공(設齋佛供)하는 관행은 일반적이었음을 짐작할 수 있다.[22)]

칠칠재나 기신재에 비해 상장례(喪葬禮) 의식에 가까운 불교의 다비의례 역시 불보살에게 망자의 해방을 의탁하는 독송과 게문이 강조되었다.[23)] 현존하는 지장도(地藏圖), 시왕도(十王圖), 현왕도(現王圖) 등의 그림에서 알 수 있듯이, 부처 이외에도 망자의 극락왕생의 인도자인 지장보살(地藏菩薩), 명계의 각 단계에서 망자를 심판할 시왕(十王), 그리고 시왕 중에서도 죽은지 3일만에 조우할 강력한 심판자인 염라대왕(현왕) 등에 대한 신앙과 실천을 통해, 사자를 '향한 의례'에 치중했던 유교사회의 압력 속에서도 사자를 '위한 의례'가 굳건한 자리를 지켜나갈 수 있었다.

2) 무속 천도굿

불교적인 공양의식과 더불어 사자를 '위한 의례'로서 주목되는 것으로 무속의 천도의례가 있다. 고려 말의 유습을 이어 조선전기에도 사대부가에서는 조상의 위패를 주자가례에 입각해 가묘(家廟)에 봉안하기보다는 무당집(巫家)에 안치하고 그것을 보호할 명분으로 노비(神奴婢 또는 衛護奴婢)를 딸려 보내기까지 하는 풍속이 사회적 문젯거리로 부상할 정도였다.[24)]

---

22) 『導哉日記』, 경종 1년 7월 15일. "十五日 髡輩有佛供紛擾事 故避于後房 或讀或輟而終晷"

23) 현재 국립중앙도서관에 소장된 『勸供諸般文』(1574), 『釋門家禮抄』(1660), 『僧家禮』(1670) 등은 조선왕조 중후반기의 상장례 의식을 가늠할 만한 자료라 할 수 있다.

24) 김탁, 「朝鮮前期의 傳統信仰-衛護와 忌晨齋를 중심으로-」 『종교연구』 6, 한국종교학회, 1990. ; 최종성, 「조선전기 종교혼합과 反혼합주의

무당집에 조상을 맡기는 것과는 달리, 무녀를 초대해 가족의 망혼을 위해 무속의례를 거행하는 경우도 허다했던 것으로 보인다. 가령, 16세기 양반가의 의례적 실상을 엿볼 수 있는 이문건(李文楗, 1494~1567)의 『默齋日記』에 의하면, 무녀를 불러 가족의 망혼을 위하는 의식이 빈번하게 거행되었음을 알 수 있다. 이문건은 죽은 아들 칠칠일에 즈음하여 무녀를 초대하여 집 앞 남쪽 뜰에서 야제(野祭)를 거행하게 하였으며,[25] 죽은 딸을 위해 집안의 뜰에서 굿을 거행하기도 하였다.[26] 자식뿐만 아니라 집안 내의 노비들의 망혼을 위해서도 무속의 굿을 거행할 정도였다. 가령, 죽은 노비 춘비(春非)의 사칠일(四七日)[27]과 노비인 돌금(乭今)의 남편의 칠일[28] 및 오칠일[29]에도 무녀를 불러 굿을 거행하였던 것이다. 특이한 것은 불교의 49재 절차에 따라 사자를 '위한 의례'를 거행하되 불공(佛供)이 아닌 무의(巫儀)로 주관했다는 점이다.

망혼의 천도(薦度)를 위한 무속의 대표적인 굿으로 오늘날까지 명맥을 유지하고 있는 '진오귀굿' 혹은 '진오귀새남굿'의 흔적은 조선후기 시가(詩歌)에서 확인되고 있다. 18세기 영조 연간의 것으로 짐작되는 김천택(金天澤)의 『靑丘永言』에 실린 한 노래에 'ᄌᆞ노고싀남'(진오

－유교, 불교, 무속을 중심으로－」, 『종교연구』47, 2007, 70-71쪽.

25) 『默齋日記』 嘉靖36년 丁巳歲(1557), 仲秋八月大己酉, 十四日甲午. "亡子七七日 作野祭于下家南庭 花園巫女來事 上下廳皆號哭 吾雖在堂 耳不得靜焉"

26) 『默齋日記』 嘉靖30년 辛亥歲(1551), 冬十月大己亥, 十五日己巳. "爲亡女兒 作巫事于後家庭"

27) 『默齋日記』 嘉靖30년 辛亥歲(1551), 冬十月大己亥, 初六日庚申. "故婢春非四七日云 其夫方實爲巫事"

28) 『默齋日記』 嘉靖31년 壬子歲(1552), 仲秋八月小己酉, 卄三日癸酉. "亡奴七日云 乭今招巫以祀之"

29) 『默齋日記』 嘉靖31년 壬子歲(1552), 季秋九月大庚戌, 卄二日辛丑. "乭今爲巫事 以亡夫五七日也"

귀새남)이 확인되고 있다.

> ᄀᆡ고리腹疾ᄒᆞ여죽든날밤에金두텁화랑이**즈노고**싀**남**갈제
> 靑뫼ᄯᅩᆨ계ᄃᆡ杖鼓던더텅쿵치ᄂᆞᆫᄃᆡ黑뫼ᄯᅩᆨ典藥은져힐ᄂᆞ리분다
> 어ᄃᆡ셔山진거북돌진가ᄌᆡᄂᆞᆫ巫鼓ᄅᆞᆯ둥둥치ᄂᆞ니[30)]
>
> 개구리 배 아파 죽던 날밤에 금빛 두꺼비 화랑이(男巫)이 지노귀 새남굿 할 제,
> 푸른 메뚜기 계대(繼隊)가 杖鼓를 덩더쿵 치는데 검은 메뚜기 典樂은 젓대를 소리 내어 분다.
> 어디서 山을 짊어진 거북이와 돌을 짊어진 가재가 巫鼓를 둥둥 치나니.

앞서 살펴본, 15세기에 조상을 무당집에 위탁하는 관행과 16세기에 일반 가정에 초대되어 벌였던 야제와 굿은 단순히 사자를 '향한 의례'가 아니라 뭇 신령에게 사자의 천도를 염원하는 사자를 '위한 의례'였으며, 조선후기에는 불교의 전통과 교차하면서도 그와는 별개의 독립된 무의(巫儀) 형태인 진오귀(새남)굿으로 정착된 것으로 보인다.

3) 구원을 위한 기도

사자를 '위한 의례'의 항목으로서 기독교의 기도나 추도의 사례를 주목해 볼 필요가 있다. 동아시아에 전래된 기독교가 조상제사를 우상숭배로 간주하고 이를 금지하였다고 해서 조상의례의 부재를 단정해서는 곤란하다. 가톨릭이든 개신교든 그것이 한국사회에 전래되는 과정에서 신주를 불태우고 제사를 폐하는 일이 빈번하였지만, 이는

30) 황충기 주, 『육당본 靑丘永言』, 푸른사상, 2013, 160쪽.

조상을 '향한 의례'를 폐기하는 것이었지 조상을 '위한 의례'를 포기하는 것은 아니었다고 봐야 할 것이다. 한국사회에 전래된 기독교가 사자를 '향한 의례'를 포기해가며 혹독한 대가를 치러야 했지만, 적어도 적응의 과정에서 사자를 '위한 의례'로 탈출구를 모색하려 했던 장면만큼은 무시할 수 없다. 그것은 조상이 복을 베풀어주기 때문이 아니라 조상에게 완전한 구원을 보증해 주기 위해 신에게 드리는 기도와 예배였다.

동아시아에 전래된 초기 가톨릭신자에게 있어 조상제사의 문제는 난제 중의 난제였다. 1791년 진산사건으로 인해 가톨릭 신자가 폐제분주(廢祭焚主)의 패륜자로 낙인찍혀 목숨을 잃었던 것도 조상제사의 문제였다. 진산사건이 일어나기 전, 북경 구베아주교에게 조상제사의 문제를 자문했던 윤유일이 금지령을 전해 듣고 난감함을 토로했듯이, 살아 있을 때와 같이 죽어서도 부모를 섬기는 것이 제사인데, 이를 금지하는 것이 당시 초기신자들에게 얼마나 난감한 사안이었는지 짐작이 간다. 초기 신자들에게 신앙과 윤리 사이에 심각한 긴장관계가 도사리고 있었음은 쉽게 상상되고도 남는다.

그러나 가톨릭의 경우, 조상제사 금지 이후에 부모에 대한 효행의 윤리를 봉합할 새로운 구원의 개념이 가능했다고 본다. 이른바 연옥(煉獄)의 교리가 창출해낸 구원론을 통해 기존의 양식과는 다르지만 효행의 윤리에서 오는 부담감을 덜어가며 조상의례를 지속할 수 있었던 것이다. 살아계신 부모를 정성껏 봉양하고 죽은 부모를 위해서는 하느님께 승천(昇天)을 위한 기도를 올림으로써 효행과 구원론의 긴장을 점차 풀어나갔으리라 짐작된다. 중국 후안(福安) 지방의 천주교사를 소상히 밝혀낸 바 있는 Eugenio Menegon이 설명하고 있듯이, 1세대 개종자들에게 비해 2세대 개종자들은 연옥의 개념이 뒷받침된 새로운 구원론을 통해 부모의 망혼을 위해 기도할 수 있었고, 또 기존의 상장례 의식을 기독교적 양식으로 대체해나갈 수 있었다. 즉, 구원론의 개념을 통해 효행의 양식을 바꿔나갔던 것이다.[31] 사자에게 복을 빌거나 사자를 위무하기보다는 사자의 구원을 신께 기도함으로써, 자기만의 개별적 구원론이 갖는 한계와 효행의 단절을 타개할 수 있었던 것이다. 조상제사는 하지 않으나 조상의 구원을 위한 연도는 가능했던 것이다.

최근에 제출된 조현범의 연구를 통해 알 수 있듯이, 16세기 후반부 이래로 이미 중국에 들어온 선교사들의 한역교리서에 연옥의 개념과 교리가 등장하고 있어 중국은 물론 조선의 지식인들에게도 알려졌을 법하지만, 조선의 천주교신자들이 주목했던 『天主實義』나 『盛世芻蕘』에는 그것이 공식화되어 있지 않았고, 그것을 토대로 작성된 조선의 초기 교리해설서(가령, 정약종의 『主敎要旨』)에도 해당 내용이 누락되어 있었다.[32] 초기 교리서에 누락되어 있다 하더라도 외국 신부들이 국내에서 활동하면서 연옥의 개념과 교리에 대한 공감이 가능했을 것으로 보이며, 적어도 19세기에는 한역교리서나 교리문답이 한글로 번역되면서 일반인들에게 널리 이해되었으리라 짐작된다. 가령, 1675년 북경에서 간행된 예수회 출신 벨기에 선교사 Couplet의 『天主聖敎百問答』이 1884년 한글본 『셩교빅문답』으로 번역되었는데, 연옥에 대한 문답도 명시되어 있다.

문: 련옥은 이엇더ᄒᆞᆫ 곳이뇨

답: 봉교ᄒᆞᄂᆞᆫ 사ᄅᆞᆷ이 셰샹에 잇서 그죄ᄅᆞᆯ 온젼이 깁지 못ᄒᆞ엿시면 죽은후에 련옥에 가셔 잠고ᄅᆞᆯ 밧아 그죄ᄅᆞᆯ 온젼이 단련ᄒᆞᆫ 후에야 텬당에 오ᄅᆞᄂᆞ니라[33]

31) Eugenio Menegon, *op.cit.*, pp. 294-300.

32) 조현범, 「한국 천주교와 조상의례 - 연옥 교리의 번역과 도입을 중심으로 -」, 『종교연구』 69, 한국종교학회, 2012, 85-122쪽.

33) 『셩교빅문답』, 한국교회사연구자료 제15집, 태영사, 1985, 771쪽.

연옥은 죄를 온전히 씻지 못한 채 죽은 영혼이 천당에 오를 수 있도록 잠시 고통을 감내하며 단련하는 곳으로 설명된다. 한편, 19세기 말에서 20세기 초반에 많이 작성되고 불리었던 천주가사 〈사향가〉는 대단히 많은 판본들이 전해지는데, 당시 한글번역본 교리문답의 연옥 교리와 궤를 같이 하고 있는 것으로 보인다.

> 우리무리 봉교인도 보쇽죄과 못다ᄒᆞ면
> 엄심판을 밧은후에 련옥불에 드러가셔
> 죄과보속 다ᄒᆞᆫ후에 텬당문에 올우거든
> 허물며 셰속사ᄅᆞᆷ 영고디옥 오작ᄒᆞ랴
> 에와 벗임네야 우리고향 가ᄉᆞ히다[34]

자기 조상을 배반하고 천주만을 섬긴다는 유교 측의 비난[35]과 죽은 부모 제사는 폐하면서 자기만의 천당행을 염원한다는 동학의 비판[36]을 들어야 했던 천주교로서는 산 부모에게 효도하고 죽은 부모를 위해 영혼기도를 올리는 방식으로 효행과 구원의 문제를 풀어나갔다고 할 수 있다.

개신교의 경우에는 전래시기부터 제사 금지의 원칙이 분명했고, 또 연옥의 교리가 인정되지 않았으므로 조상에게 제사하는 것이나

---

34) 김동욱가첩본, 단국대소장본, 〈ᄉᆞ향가〉 (김영수 편, 『천주가사자료집』 상, 가톨릭대학교출판부, 2000, 375쪽).
35) 위의 책, 379쪽. "제죠샹을 ᄇᆡ반하며 제귀신을 멸망ᄒᆞ고 천주ᄲᆞᆫ만 섬기면서 군부께는 ᄇᆡ척ᄒᆞ니"
36) 『용담유사』, 「권학가」 (『동학사상자료집』1, 아세아문화사, 1979, 135-136쪽).
"무단이 ᄒᆞᄂᆞᆯ님게 쥬소간 비ᄂᆞᆫ말이 삼십ᄉᆞᆷ텬옥경ᄃᆡ의 ᄂᆞ듁거든 가게ᄒᆞ쇼 우숩다 져ᄉᆞ람은 졔의부모 듁은후의 신도업다 이름ᄒᆞ고 제ᄉᆞ됴ᄎᆞ 안지ᄂᆡ며"

제상을 위해 기도하는 것이 공식화되기 어려웠다. 그러나 옥성득의 세심한 연구를 통해 드러나듯이, 혈연적 가족주의에 입각한 도덕률에서 자유로울 수 없었던 개신교인들 역시 그들 특유의 효도신학을 계발하고 기독교 추도회를 마련하면서 기독교 신앙과 전통문화의 절충을 시도해 나갔던 것으로 보인다.[37] 옥성득도 인용한 바 있듯이, 호주 장로교 선교사인 엥겔은 "가족들이 모인 제일(祭日) 밤에, (이미 신주는 폐기되었으므로)위패의 진설 없이 촛불만 밝힌 뒤, 살아생전에 복음을 접해볼 기회를 얻지 못한 채 죽어간 조상들에게 하느님의 자비가 베풀어지길 기도하였다"는 한 남자의 이야기를 듣고는 그것이 위험스럽고 이단적인 행위임을 지적했다고 소회를 밝힌 적이 있다.[38] 엥겔이 소개하고 있는 개신교인의 기도는 어떤 교리적 기반보다는 전통적인 가족주의의 윤리적 관성에서 기인한 것이라 여겨진다. 1897년 《죠션크리스도인회보》에 실린 신앙인의 미담사례로 실린 내용에서도 사자를 '위한 의례'로서의 기도의식을 분명하게 확인할 수 있다.

> 현금에 궁ᄂᆡ부 물픔ᄉᆞ쟝으로 잇ᄂᆞᆫ 리무영씨ᄂᆞᆫ 우리 교회즁 ᄉᆞ랑ᄒᆞᄂᆞᆫ 형뎨라. 음력 륙월 이십 구일은 그 대부인의 대긔 날인ᄃᆡ 그 형뎨가 망극ᄒᆞᆫ ᄆᆞᄋᆞᆷ과 감구지 회(感舊之懷. 필자)를 억제 ᄒᆞᆯ수 업ᄂᆞᆫ지라. 우리가 하ᄂᆞ님을 셤기고 구셰쥬ᄅᆞᆯ 밋은즉 다른 사ᄅᆞᆷ과 ᄀᆞᆺ치 음식을 버려 노코 제ᄉᆞ 지닐리ᄂᆞᆫ 업거니와 부모의 대소긔ᄅᆞᆯ 당 ᄒᆞ여 효ᄌᆞ의 ᄆᆞᄋᆞᆷ이 엇지 그져 지내 가리오. 이에 교즁 여러 형뎨ᄅᆞᆯ 청좌 ᄒᆞ고 대텽 마루에 등촉을 ᄇᆞᆰ키 달고 **그 대부인의 령혼을 위ᄒᆞ여 하ᄂᆞ님ᄭᅴ 긔도 ᄒᆞ고 찬미 ᄒᆞ며** 그 대부인이 ᄉᆡᆼ존 ᄒᆞ여 계실 ᄯᅢ에 하ᄂᆞ님을 밋음과 경계 ᄒᆞ든 말ᄉᆞᆷ과 현슉 ᄒᆞ신 모양을 ᄉᆡᆼ각ᄒᆞ며 일

---

37) 옥성득, 「초기 한국 개신교와 제사문제」『종교와 조상제사』, 민속원, 2005.

38) George O. Engel, *op.cit.*, p. 205.

> 쟝을 통곡 ᄒᆞ고 교우들도 리무영씨ᄅᆞᆯ 위로 ᄒᆞ여 하ᄂᆞ님ᄭᅴ 긔도 ᄒᆞ
> 경경히 밤을 지낼ᄉᆡ 그 모친의게 ᄎᆞᆷ ᄆᆞ음으로 제ᄉᆞᄅᆞᆯ 드린지라 엇
> 지 아름답지 아니리오. 이 후에 다른 교우들도 부모의 대소긔ᄅᆞᆯ 당
> ᄒᆞ면 ᄯᅩᄒᆞᆫ 리무영씨와 ᄀᆞᆺ치 ᄒᆞ기가 쉬울 듯 ᄒᆞ더라.[39)]

가장 눈에 띄는 것은 모친의 영혼에게 제사를 베풀지는 않았지만 망혼을 위해 하느님께 기도하고 찬미하였다는 부분이다. 본 회보를 통해, 신주를 진설하고 제상을 마련하는 기존의 조상제사는 아니었지만 여전히 제일에 가족과 교우들이 함께 모여 망혼을 위해 신에게 기도하는 이른바 '참제사'를 지냈던 사례가 의례적 모범으로 공표되고 있다. 연옥의 교리를 수용하지 않은 개신교의 입장에서 조상제사의 문제를 해결하는 것은 가톨릭보다 훨씬 곤란스러웠을 터이지만, 차마 지나칠 수 없는 효자의 마음으로 제일에 맞춰 사자를 '위한 의례', 즉 추도의 문화를 절충해나간 장면이라 할 수 있다.

3. 의례의 동인

지금까지 의례가 누구를 지향하는가에 따라 사자를 '향한 의례'와 사자를 '위한 의례'로 나누어 기술해보았다. 이제 관점을 돌려서 사자의례가 어디로부터 기인하는가에 초점을 맞춰 정상적이지 못한 '잘못된 죽음'을 처리하는 문화에 주목해보고자 한다. 비정상적인 죽음을 정상화하기 위한 의례의 주도권을 사자가 가지고 있을 수도 있고, 반대로 생자가 가지고 있을 수도 있다. 즉 사자의 원망(怨望)이 의례적 조치를 낳을 수도 있고, 생자의 발원(發願)이 사자를 위한 의례를 낳을

39) 《죠션크리스도인회보》, 〈회즁신문〉 1897년 8월 11일.

수도 있었다. 이번 장에서는 '사자주도적 의례(the dead-oriented ritual)'와 '생자주도적 의례(the living-oriented ritual)'로 양분하여 '잘못된 죽음'을 재처리하는 문화에 주목해보고자 한다. 주지하는 바대로, 유교의 여제(厲祭), 불교의 수륙재(水陸齋), 무속의 진오귀굿이나 무속굿의 뒷전거리 등은 억울하고 소외받은 망혼을 처리하는 대표적인 의례문화였지만, 이외에도 잘못된 죽음을 통해 환기된 의례문화를 발굴하여 보강할 필요가 있다고 본다.

1. 사자주도적 의례(the dead-oriented ritual)

사자의 위상과 지위는 저절로 획득되는 것이 아니어서 죽음의 상황과 맥락에 따라 안정적인 조상이 될 수도 있고, 위험스런 유령이 될 수도 있었다. 다시 말해, 제대로 된 죽음이었는지, 죽음 이후 그것이 제대로 의례화 되었는지, 그리고 그러한 의례를 감당할 주체를 확보했는지 등에 따라 일탈된 죽음, 비정상의 죽음, 그래서 억울한 죽음이 결정되기도 하였다. 이러한 죽음을 교정하여 제대로 된 안정적인 죽음으로 재처리하는 종교문화 중에서, 그것을 초래하는 동인이 사자의 원한이나 바람에 있었던 문화에 주목하고자 한다.

1) 원귀(寃鬼)의 등장과 해원의례(解寃儀禮)

사자의 원한이 의례를 낳은 사례들은 이케가미가 지적했던 '타타리(祟り)-마츠리(祀り)' 시스템과 통하는 면이 있다. 즉 생자가 사자를 배려해서 의례가 마련된 게 아니라 사자의 원망에 의해 의례가 초래될 수밖에 없었던 것들이다. 그런데 원한이 강한 사자의 요청에 부응하기 위한 의례장치와 의례전문가는 대부분 종교전통 안에서, 특히 불교나 무속의 전통 안에서 배양·축적되어온 게 사실이다. 그러나 여기에서 거론할 사례들은 특정의 종교전통으로 확정하기 곤란한 것들

이지만, 굳이 억지로라도 말한다면 유교적인 사기(士氣)와 기개(氣槪)를 갖춘 관리나 공부에 정진하는 예비 관료에 의해 잘못된 죽음이 교정되고 재처리되는 것들이다.

무엇보다도, 장화홍련전(薔花紅蓮傳)이나 김인향전(金仁香傳)과 같은 소위 '아랑형(阿娘型)'의 설화류에는 예외 없이 억울하게 죽은 여원귀(女寃鬼)들이 등장한다. 그들은 억울하게 죽었을 뿐만 아니라 기본적인 장례 절차를 거치지도 못 한 채 방치되어 있어, 법적으로 혹은 행정적으로 억울함을 풀어주고 미완의 죽음의례를 완결 지을 만한 남성 적임자(대개는 유교교육을 받은 지방행정관이나 형조관리)를 찾아 나서 자신의 처지를 적극적으로 호소한다. 문제는 그러한 원귀의 호소를 대면할 만한 용기와 담력을 지니지 못한 사람들이 연이어 죽음을 맞이한다는 점이다. 그러나 결국 기백과 총기를 갖춘 신임 관리가 등장하여 그간의 억울함도 풀고 장례도 갈무리해줌으로써 원귀의 해원이 일단락된다. 사자의 원한은 행정적 절차를 통해 해소되고 잘못된 죽음은 의례를 통해 해소되는 골격이라 할 수 있다.

18-19세기경에 한글로 씌어진 규장각본『靑邱野談』에는 용감하고 현명한 관리가 원귀의 억울함을 해결하는 설화담들이 실려 있다. 먼저, 임지에 부임하는 관리들마다 죽음을 당하는 바람에 부임 기피지역이 된 밀양에 자원하여, 치한에 의해 겁욕을 당하다 죽음을 당한 처녀의 원귀를 대면하고는 끝내 범인도 잡고 방치되었던 관도 수습하여 장사를 지내 준 어느 무관(武官)의 이야기가 눈에 띈다. 물론 문관이 아닌 실직한 무관이었고 그것도 본인보다는 담대하고 지혜로운 부인 덕에 죽음도 모면하고 지방관의 영예도 누린다는 이야기로 다소의 변형이 이루어지긴 했지만, 원귀의 요청을 들을 만한 사기와 잘못된 죽음을 의례적으로 마무리 하는 장면은 유지되고 있다.[40)]

---

40) 최웅,『주해 청구야담3』, 국학자료원, 1996, 275-281쪽.

한편, 뒷날 재상을 지내게 되는 어느 인물이 전라감사를 지낼 당시에, 곡성을 내며 자신을 찾아온 처녀귀신을 대면한 이후 그녀의 원한을 풀어주었다는 이야기도 전한다. 그 처녀귀신은 부친이 출타했던 사이에 계모와 이복 동생의 모의에 의해 죽임을 당하고는 관 속에 넣어져 십리 밖 대로 곁에 아무렇게나 묻혀 있던 이방의 딸이었는데, 결국 전라감사가 처녀의 버려진 관도 수습하고 죄인을 잡아다 엄문하여 승복을 얻어냄으로써 마을사람들로부터 신명(神明)함을 인정받게 되었다고 한다.[41] 이와 유사한 이야기도 전한다. 판서 황인검이 평안감사 시절에 죽은 지아비 분묘를 조석으로 찾아가 제전을 베풀던 여인을 겁박하려다 종내는 그녀를 칼로 찔러 죽인 중을 잡아내고 열녀의 원혼을 씻어주었다고 한다.[42] 원사(冤死)에 대한 법적·의례적 조처는 원귀의 내왕으로부터 비롯된 것이고, 그들의 억울한 죽음을 해결한 관리들은 관리의 꽃이라 할 수 있는 고위급 재상이나 판서까지 오를 정도로 현명한 인재들이었다.

이와는 조금 다른 형태이긴 하지만, 원귀는 형조의 관리가 될 수험생에게도 나타나 원혼을 호소하고 뒷날을 기약하기도 하였다. 즉 김상공(金相公)이 백연봉 영월암에서 깊은 밤 책을 읽고 있을 때, 자신의 지아비와 음부(淫婦)의 모의로 인해 도리어 자신이 음행을 저질렀다고 참소당하고는 그들의 칼을 맞고 영월암 절벽에 버려진 원귀가 그를 찾아와, 언젠가 등과하여 추조(秋曹) 당상을 지내게 되면 자신의 전생의 원한을 풀어달라고 부탁하였다. 훗날 비로소 김상공은 등과하여 형조참판이 되었고, 영월암의 원사 사건을 해결하게 된다.[43] 원혼의 요청을 대면할 만한 사기(士氣)와 원한을 법적으로 해소할 만한 능력을 갖춘 해결사에 의해 잘못된 죽음은 드디어 교정되기

41) 최웅, 『주해 청구야담2』, 국학자료원, 1996, 87-89쪽.

42) 위의 책, 84-86쪽.

43) 최웅, 『주해 청구야담3』, 국학자료원, 1996, 327-329쪽.

에 이른 것이다.

『於于野談』(만종재본)에도 전염병으로 일족과 함께 죽음을 당했던 낭자가 의기(義氣)가 센 훈련원 무사를 자신의 처소로 안내하고는 방치된 일족의 시신을 수습하여 장사지내 줄 것을 요구한 뒤, 꿈에 나타나 보답을 약속하였다는 이야기가 전한다. 그 무사는 뒷날 과거에 급제하여 높은 품계를 받았다고 한다.[44] 무인 혹은 무사의 이야기이지만 담력과 용력을 갖춘 문관과 유비되는 주체라 할 수 있다. 한편, 봉조하 최규서(崔奎瑞)가 용인 민가에서 과거 공부를 하던 시절에 정기(精氣)가 뛰어난 규서에게 어떤 망자가 나타나 자신의 처소가 조석으로 불타고 있다고 하소연하였다고 한다. 최규서는 고총(古冢) 위에 집을 지으면 심신이 진정되고 평안해진다는 세속의 믿음에 따라 옛 무덤 위에 집을 짓고 사는 이를 찾아가 이사 가도록 설득시킴으로써 망자의 요청에 부응하였다. 결국 안정적인 처소를 되찾게 된 귀신이 결초보은(結草報恩)하여 최규서가 영예를 얻게 되었다고 한다.[45]

다소 장황하게 사례가 나열되었지만, 대개 잘못된 죽음을 고시하는 원귀가 등장하고, 담대한 정신력과 지혜를 갖춘 인재(문관, 무관) 혹은 전도유망한 수험생이 그들을 대면하여 원망을 청취하고, 결국에는 정치행정적인 절차를 통해 원혼이 해소되고 일그러진 죽음의례가 완성되는 구조를 공통적으로 갖추고 있음을 확인할 수 있다. 특별한 종교전문가가 등장하거나 사자의 질적인 구원이 뒤따르지는 않지만, 유교사회의 일상적인 법제와 예제로부터 벗어난 잘못된 죽음을 교정함으로써 억울함을 풀어내는 종교적인 구조를 갖추고 있다고 할 수 있다. 그런 의미에서 유교 관리는 사자의 원한으로부터 초래된 의례를 완성해내는 의례전문가에 유비될 수 있다고 본다.

---

44) 박명희 외 역주, 『어우야담』1, 전통문화연구회, 2001, 228-229쪽.
45) 최웅, 『주해 청구야담1』, 국학자료원, 1996, 104-106쪽.

2) 무사귀신의 의례화: 여제(厲祭)

앞에서 살펴본 사례들은 기본적인 사자의 의례조차 받지 못한 원귀에 관한 이야기들이었다. 제사를 받지 못하는, 이른바 무사귀신(無祀鬼神)에 대한 두려움의 크기만큼 자신을 제사해줄 후사(後嗣)를 마련하지 못한 사람에게는 실존적인 불안감으로 다가왔을 것이다. 상진(尙震, 1493-1564)이 손자의 죽음에 이어 아들의 죽음을 연년이 당하면서 작성했던 짤막한 제문이 그러한 불안감을 함축하고 있다.

> 전년엔 네가 자식을 잃고, 금년엔 내가 너를 잃으니, 부자간의 정이 어떻다는 것은 네가 먼저 알았을 것이다. 너를 위해서는 내가 울어주련만(哭) 나를 위해서는 누가 울어주랴? 너를 묻는 일(葬)은 내가 하련만 나를 묻어주는 일은 누가 하랴? 백발의 노인이 통곡하니 푸른 산도 찢어지려 하는구나![46]

물론 무사귀신의 처지에 놓이기 전에 입양과 입후를 통해 후사를 마련할 수 있는 문화적 장치가 마련되어 있었고, 생전에 제사를 대리할 만한 방도를 마련할 수도 있었다. 가령, 의지할 자녀는 없었지만 안동 지역에서 많은 토지를 소유하며 살았던 두금(頭今)이라는 여자 노인은 자신이 소유한 토지와 노비를 향교에 소속시키고 향교의 대제(大祭) 때마다 노비들에게 남은 음식으로 자신의 제사상을 마련해 의례를 치러줄 것을 부탁함으로써 제사가 끊이지 않았다고 한다.[47] 굳이 이렇게 의례적 후사(後嗣)나 대리 제사를 마련하고자 하는 욕망

---

46) 『泛虛亭集』 권5, 祭文, 祭亡子文(한국문집총간 26, 86쪽). "前年汝喪子 今年我喪汝 父子之情 汝先知之汝哭我哭 我哭誰哭 汝葬我葬 我葬誰葬 白首痛哭 青山欲裂"

47) 高尙顔, 『效嚬雜記』 (김남형 역주, 『효빈잡기』, 계명대학교출판부, 2007, 171쪽).

의 이면에는 해악의 근원인 무사귀신(無祀鬼神)의 굴레에 빠질 수 없다는 절박감이 놓여 있는 것이다.

지금까지의 문제는 주로 개인적 차원의 원귀와 그로 인한 해악이었다. 그러나 개인적 차원을 뛰어넘는 집단적인 무사귀신에 대한 대응은 국가나 지역사회 전체가 극복해야 할 과제 중의 하나였다. 집단적인 무사귀신은 개인적 차원의 해악을 뛰어넘는 전염병이나 한발의 빌미로 여겨져 국가적 예제가 마련될 정도였다. 집단적인 차원의 무사귀신(無祀鬼神)을 의례화한 여제(厲祭)가 바로 그것이었다.[48)]

세종 22년(1440)에 마련된 여제의주(厲祭儀注)에 지정된 무사귀신의 항목은 모두 12위에 이른다.[49)] 즉, 칼에 맞아 횡사한 자, 수화(水火)나 도적으로 인해 죽은 자, 남에게 재물을 빼앗기고 핍박당해 죽은 자, 남에게 처첩을 강탈당하고 죽은 자, 형벌을 받고 억울하게 죽은 자, 천재(天災)가 돌아 역질에 죽은 자, 맹수와 독충에 해를 당해 죽은 자, 굶주리고 얼어 죽은 자, 전투로 인해 죽은 자, 위급하여 스스로 목매달아 죽은 자, 담이 무너져 압사당한 자, 자식이 없이 죽은 자 등이었다. 그러나 4년 뒤인 세종 26년(1444)에 아이를 낳다가 난산으로 죽은 귀신이 첨가된 것으로 보이며,[50)] 당시에 난산으로 죽은 자 이외에도 벼락 맞아 죽은 자, 추락하여 죽은 자가 추가되어 무사귀신의 항목은 총 15위가 되었고,[51)] 이는 성종 대의 『國朝五禮序例』(吉禮, 祝版)에서 공식화 되었다. 무사귀신의 항목이 추가되는 것과 관련해서, 특

---

48) 조선시대 여제에 대한 종합적인 이해를 위해서는 이욱, 『조선시대 재난과 국가의례』, 창비, 2009, 5장(전염병과 여제), 참조.

49) 『世宗實錄』 권89, 세종 22년 6월 기해(29일).

50) 『世宗實錄』 권106, 세종 26년 10월 병오(1일).

51) 성종 대의 논의에 따르면, 1444년에 여제 12위에 난산으로 죽은 자, 벼락 맞아 죽은 자, 추락사한 자 등 3위가 추가된 것으로 확인된다. 『成宗實錄』 권15, 성종 3년 2월 계유(6일).

히 산난사자(産難死者)가 무사귀신에 흡수되는 과정과 관련된 흥미로운 설화가 『於于野談』(만종재본)에 전해지고 있다. 설화에 따르면, 한성부윤은 꿈속에서 온몸에 피를 흘리며 자신을 찾아온 여인을 만나게 되는데, 그 여인은 자신이 무사귀신의 제향에 찾아왔으나 아이를 낳다가 죽은 귀신의 제사는 국법에 의해 보장되지 않으므로 (무사귀신을 소집하고 감시하는 소임을 맡은) 성황신에게 쫓겨났다고 하소연하였다. 한성부윤은 꿈을 깨고 난 뒤 임금에게 요청하여 난산자의 위패도 봉안하게 되었다고 한다.[52)]

후사를 남기지 못한 귀신뿐만 아니라 갖가지 부정스런 죽음을 당한 무사귀신들을 위한 여제는 국가와 지방에서 공식화되었고, 봄의 청명일(淸明日), 가을의 7월 15일, 겨울의 10월 1일에 정기적으로 치러졌으며, 한발과 역질이 발생한 상황에서는 별여제(別厲祭)가 추가되기도 하였다. 정기적이든 비정기적이든 간에 여제는 무사귀신의 질적인 향상이나 구제를 위해서라기보다는 재앙의 빌미로 여겨지는 무사귀신을 거두어 제향하려는 의도에서 거행된 것이다. 조선시대 여제에 활용된 축문이나 제문을 확인하더라도 여제는 의례적인 선행을 통해 무사귀신의 구제를 축원하려는 것이 아니라 병과 재앙으로 화기(和氣)를 상하게 한 무사귀신을 위무함으로써 원귀의 개입 이전의 질서와 평안을 되찾으려는 의도에서 거행되었던 것임을 알 수 있다.[53)] 결국 여제는 개인적 불행을 넘어선 확대된 재앙(전염병, 한발)을 초래케 하는 집단적인 무사귀신의 억울함에 의해 비롯되었고, 의례 받지 못한 귀신을 집단적으로 의례화하는 유교적인 문화 장치였다고 할 수 있다.

---

52) 박명희 외 역주, 『어유야담』1, 전통문화연구회, 2001, 239-240쪽.
53) 이승수 편역, 『옥같은 너를 어이 묻으랴』, 태학사, 2001, 197-199쪽.

3) 원혼의 빌미와 무속의례

앞에서 거론한 두 가지 논의는 유교문화의 틀에서 조정된 사자주도적 의례였다. 이제 잘못된 죽음이 무당에 의해 조정되는 의례문화에 대해 주목할 차례이다. 사실, 무당이 개입된 사자주도적 의례의 역사는 장구하다. 불교가 전래되기 이전인 고구려 유리왕 19년(기원전 1년)에 망자의 원혼으로 인해 특별한 의례적 조처가 취해졌다.

> 19년 8월에 제천의례에 쓸 돼지가 달아나자 왕이 탁리와 사비로 하여금 뒤쫓게 하였다. 그들이 장옥택(長屋澤)에 이르러 돼지를 붙잡고 칼로 돼지의 각근(脚筋)을 끊었다. 왕이 그것을 듣고 노하여 말하기를, "어떻게 제천의례에 사용할 희생을 함부로 상하게 할 수 있는가" 하고는, 탁리와 사비 두 사람을 구덩이에 넣고 죽여 버렸다. 9월에 왕이 병에 들자, 무당은 "탁리와 사비가 빌미가 되어 병이 든 것이라" 하였다. 이에 왕은 무당으로 하여금 그들에게 사과하게 하였더니 곧바로 병이 나았다.[54)]

무당은 유리왕이 병든 것이 제천의례에 사용할 희생을 상하게 했다는 이유로 억울하게 목숨을 잃어야 했던 탁리와 사비의 원혼이 빌미(祟)가 된 것으로 파악하고, 치유의식의 일환으로 원혼에게 사죄하는 의례를 거행하였다. 왕의 질병과 치유의식을 불러일으킨 동인은 원혼의 빌미였고, 그것을 파악하고 해소할 수 있는 전문가로 무당이 지목되었던 것이다. 원혼의 빌미를 파악하는 전문가로서의 무당의 역할은 고려시대에도 계속되었다. 가령 고려 인종이 병에 들었을 때에

---

54) 『三國史記』 권13, 고구려본기1, 유리왕 19년. "十九年秋八月 郊豕逸 王使託利斯卑追之 至長屋澤中得之 以刀斷其脚筋 王聞之怒曰 祭天之牲豈可傷也 遂投二人坑中殺之 九月 王疾病 巫曰 託利斯卑爲祟 王使謝之卽愈"

도 무당은 척준경(拓俊京)이 빌미가 된 것이라 제시하였고, 그 결과 척준경이 문화시랑평장사(門下侍郎平章事)로 추복되고 자손들에게도 벼슬이 내려지게 되었다.[55] 무당의 의례 대신에 추복과 신원의 정치적 의례가 후속되었다는 점에서 차이가 있기는 하나 탁리, 사비, 척준경 등의 원혼이 의례적 조처를 낳게 한 동력이었다는 점은 공통된다.

한편, 조선시대 연산군 때에는 한때 왕비였다가 폐비(廢妃)로 전락하고 끝내 사약을 받아 생명을 마감했던 폐비 윤씨가 빌미가 되어 임금의 광질(狂疾)을 부추기고 무당굿을 초래하게 했다는 인식이 궁중에 팽배하였다. 간혹 연산군 자신이 무당이 되어 폐비 윤씨의 형상을 하고는 노래와 춤을 추었다고 한다.[56]

저승에 안착하지 못한 원혼은 병과 재앙의 빌미가 될 수 있다는 점에서 잘못된 죽음을 당한 영혼을 천도(薦度)시키는 무속의 의례장치가 마련되었다. 조선후기 『靑丘永言』의 시가집에 등장하는 지노귀새남이 그것을 대표한다고 할 수 있을 것이다.[57] 앞서 『묵재일기』에서 확인한 바 있는 죽은 자들을 위한 7일 단위(칠일, 사칠일, 오칠일 등)의 무속굿은 일상적인 죽음을 처리하는 의례절차로서 불교의 추천공양의식과 유사해보이지만, 특별히 지노귀새남굿은 일상적이지 못한 죽음으로 인해 원혼의 빌미를 제공하거나 그럴 가능성이 있는 망혼을 천도시키는 의식으로 활용되었을 것이라 생각된다.

위에서 살펴본 아랑형설화, 여제, 지노귀새남 등의 예들은 사자로서 받아야 할 기본적이고도 일상적인 의례를 받지 못 한 무사귀신의 원혼이 의례의 직접적인 동인이 되었던 것이다. 원혼의 잘못된 죽음을 재처리하기 위해 유교의 엘리트나 제관이 동원되기도 하였고, 때

55) 『高麗史』 권17, 세가 17, 인종 24년 정월 병진.
56) 『燕山君日記』 권59, 연산군 11년 9월 병신(15일).
57) 황충기 주, 앞의 책, 304쪽.

로는 무당이 나서기도 하였다. 지노귀새남의 경우엔 유교의식에 비해 천도적(薦度的) 성격이 두드러지는 게 사실이지만, 그렇다고 해서 사자의 현격한 질적인 변환을 가져오는 고도의 구원론을 개입시키기보다는 그저 망자로 하여금 무사귀신의 굴레를 벗어나 안정스런 저승행을 꾀하도록 유도할 뿐이라는 점에서 불교나 기독교의 사례와는 대비될 수 있다고 본다.

2. 생자주도적 의례(the living-oriented ritual)

사자주도적 의례는 의례화 되지 못한 망자가 일으킨 빌미(祟)가 의례의 관건이었다면, 생자주도적 의례는 망자의 구제나 구원을 바라는 생자의 바람(願)이 의례의 동인이 된다는 점에서 차이가 있다. 즉, 사자의 빌미로 인해 생자가 의례를 행하는 것(사자주도적 의례)과 생자가 의례를 거행함으로써 사자가 구원을 얻는다는 것(생자주도적 의례)은 의도와 방향이 대별되는 것이다. 전자의 입장에서는 의례화 되지 않은, 즉 무사귀신의 죽음이 잘못된 죽음이지만, 후자의 경우에는 구원받지 못하고 명계에서 떠돌거나 고통받는 영혼이 잘못된 죽음으로 인식되는 것이다. 따라서 잘못된 죽음을 처리하는 방식도 무사귀신에게 기초적인 의례를 제공하는 것(사자주도적 의례)과 구원받지 못한 고혼을 극락왕생 혹은 승천시키는 것(생자주도적 의례) 사이에 차이가 존재하는 것이다.

1) 수륙재

잘못된 죽음을 생자주도적으로 처리하는 의례의 사례로서 우선적으로 거론할 수 있는 것이 바로 무주고혼을 위한 수륙재이다. 흔히 집단적인 망혼을 처리한다는 점에서 유교의 여제(厲祭)와 불교의 수륙재는 동일한 맥락으로 이해되기도 한다.[58] 실제로 무사원귀(無祀寃

鬼)의 빌미로 인한 악질(惡疾)에 대응하는 방식의 하나로서 수륙재가 거행되기도 하였다.[59] 그럼에도 불구하고 여제와 수륙재 사이에 차별성이 확인된다.

먼저, 의례가 요청된 배경과 맥락상에 차이가 드러난다. 여제와는 달리 수륙재에는 망자의 추천(追薦)과 제도(濟度)를 요청하는 맥락이 강조되었다. 여역의 빌미가 된 무사귀신을 위해 수륙재를 요청했던 맥락이 있긴 하지만, 대부분은 무주고혼의 명복과 망자의 천도를 비는 맥락에서 수륙재가 거행되었다. 가령, 태조 4년(1395)에 망한 고려 왕족을 위한 수륙재를 매년 봄과 가을에 관음굴(觀音堀), 견암사(見巖寺), 삼화사(三和寺) 등에서 거행하도록 하였고,[60] 세조 13년(1467)에는 이시애(李施愛)의 난 때 죽은 함길도 사람들의 영혼을 위해 수륙재가 베풀어지기도 하였다.[61] 태조 5년(1396)에는 왕도(王都)를 건설하다 죽은 역부(役夫)들을 위로하기 위해 수륙재를 거행하였고,[62] 정종 즉위 때에는 선왕(先王), 선비(先妣), 현비(顯妣), 망자(亡子), 고려 왕씨 등을 위해 흥천사(興天寺)에서 수륙재를 거행하기도 하였다.[63] 이는 무사귀신의 빌미 론(論)보다는 망자를 위한 추천재로서의 맥락을 잘 보여주는 사례들이라 할 수 있다.

둘째, 여제와 수륙재에 활용된 제문 및 기도문 등을 비교할 때 차이가 두드러진다. 여제의 제문은 응어리진 원귀로부터 한발과 여역이 비롯됨을 강조하고, 무사귀신으로 하여금 옛 원기(寃氣)를 풀고 새로운 화기(和氣)를 세우도록 요청하는 데에 주력한다.[64] 반면, 조선후기

58) 『世宗實錄』 권9, 세종 2년 8월 무오(22일). "水陸齋近於厲祭"

59) 『文宗實錄』 권9, 문종 1년 9월 경술(15일).

60) 『太祖實錄』 권7, 태조 4년 2월 무자(24일).

61) 『世祖實錄』 권42, 세조 13년 6월 기해(6일).

62) 『太祖實錄』 권9, 태조 5년 2월 을묘(27일).

63) 『正宗實錄』 권2, 정종 1년 10월 을묘(19일).

에 간행된 수륙재찬요(水陸齋纂要) 류의 문서를 참조하면 공덕(功德)과 적선(積善)의 맥락에서 거행되는 공양의식을 통해 망자를 비롯해 구제받지 못한 온갖 존재의 제도(濟度)와 해탈(解脫)을 염원하는 것이 주를 이룬다.[65] 원혼의 빌미보다는 의례자의 원력(願力)이 훨씬 강조된다고 할 수 있다.

셋째, 여역의 빌미로 인해 수륙재를 거행할 경우, 수륙재가 유교의 여제와 동일한 맥락을 지닌 의례로 인식될 수 있었지만, 유교사회가 진행되면서 여역으로 인한 불교 수륙재는 점차 유교 예제인 여제의식으로 대체될 수밖에 없는 문화적 압박이 존재하였다고 본다.[66] 즉 여역이 발생하면 수륙재든 여제든 거행할 수 있었지만, 유교의 여제가 점차 공식적인 예제로 인정되면서 여역의 상황을 해결하는 의례로서 수륙재보다는 여제가 주목을 받게 되었을 것이다. 이런 점에서

---

64) 『寒岡先生文集』 권11, 祝文, 祭無祀鬼神文(한국문집총간 53집, 302쪽). "玆者 天久不雨 雖或小雨 旋卽渴涸 時節旣晩 種不入土者 尙多 其旣種者 亦皆焦槁 不堪立苗 一年民生之計 固已罔極 而癘疫爲災 處處熾張 呻吟相聞 死亡無算 念惟天地之間 窮寃無告者何限 幽寃鬱結 感傷天和 爲旱爲癘 職此之由 潛思興歎 悲念何旣 幸荷誤恩 忝司人鬼 人不得不以爲憂 而鬼亦不得其享者 亦豈敢不用其心哉 從古迄今 不得其死者 其類不一 或在戰陣而死國 或遭毆鬪而亡軀 或以水火盜賊 或罹飢寒疾疫 或爲墻屋之頹壓 或遇蟲獸之螫噬 或陷刑辟而非罪 或因財物而逼死 或因妻妾而殞命 或危急自縊 或沒而無後 或產難而死 或震死 或墜死 若此之類 不知其幾 是皆守土之任 所當收享而慰綏者 是用告于城隍 召集群靈 侑以酒食 唯爾衆神 尙其不昧 群來會食 洞釋舊寃 共臻新和 迅掃疾疫 時降甘霖 俾民鬼之相協 庶幽明之交泰"

65) 강원도 동해시 삼화사(三和寺)에 전해지는 『天地冥陽水陸齋儀纂要』는 1547년 계룡산 갑사본의 판각본으로 간주되고 있으며, 속지의 책명과는 달리 표지에는 '中禮文'이라 씌어 있는 것이 특징이다. 여기에 수록된 수륙재의 각종 법문과 기도문에 대해서는 임종욱 역주, 『천지명양수륙재의찬요』, 동해시, 2007. 참조.

66) 『端宗實錄』 권5, 단종 1년 1월 기묘(21일).

수륙재는 여역의 상황을 종료하기 위해 요청된 의례이기보다는 천도적 성격을 지닌 공양의식으로서의 정체성을 강화해나갔을 것이라 생각된다.

수륙재는 말 그대로 물과 육지에 떠도는 고혼(孤魂)을 불러 씻기고 음식과 불법을 베풀며 위로하는 의식이다. 물과 육지라 표현하지만 사실은 삼계(三界)의 고통에 얽매여 있는 구제받을 영혼을 초대한다는 점에서 15위에 한정된 여제의 범위를 훌쩍 뛰어 넘는다. 인로왕(引路王)의 안내를 받아 감로(甘露)의 자리에 초대되는 영혼은 지옥에서 고통 받는 영혼은 물론 굶주림에 허덕이는 아귀(餓鬼), 여귀처럼 고통과 원한 속에 죽은 원혼들(여제의 무사귀신과 대동소이), 심지어는 점복자, 무당, 도사(道士) 등의 종교전문가들까지 포괄된다.

> 일심(一心)으로 받들어 청합니다. 업보[業因]가 깊고 무거우며 화보(華報)도 가볍지 않은 맹인 점복자들, 점괘와 묘자리를 보는 사람들, 귀신을 부르고 섬기는 무당들, 불교와 도교를 분별하지 못한 채 영약(靈藥)과 단사(丹藥)을 제련하며 고행에 힘쓴 고귀한 남녀 도사(道士)들, 머무를 성(城)도 없고, 거처할 집도 없이 기이한 말과 행동으로 남의 근심을 풀어주었던 악사(樂士)들, 온 세상 그릇된 것을 믿고 왜곡된 진리에 빠져 고통 받다 돌아가신 생령(生靈)과 그에 따르는 권속들을 (일심으로 받들어 청합니다).[67]

수륙재는 무주고혼은 말할 것도 없고 완벽한 진리가 아닌 그릇된 망상에 빠져 헤매다 고통 속에 죽어간 영혼마저도 공양 자리에 불러

---

67) 『天地冥陽水陸齋儀纂要』, 召請下位第二十二. "一心奉請 業因深重 華報非輕 雙盲卜士 賣卦山人 招事鬼神 師巫神女 不分釋道 鍊藥燒丹 苦行高公 道士女冠 不住材城 無家定處 怪語爲行 解愁樂士 十方法界 信邪倒見 苦死生靈 幷從眷屬"

불보살의 가지(加持)로써 죄업을 소멸시키려는 의도에서 행해진다. 초대받은 영혼들의 죽음이 잘못된 것은 의례화가 덜 되어서가 아니라 구원이 완벽하지 못했기 때문이다. 결국 잘못된 죽음을 교정하는 것은 구원을 성취하는 것에 달려 있다. 이러한 구제를 위한 의식은 원혼의 빌미에서가 아니라 어디까지나 공양을 베푸는 생자의 발원(發願)에서 출발하는 것이다.

2) 연도와 추도

2장 2절에서 기술했듯이, 천주교와 개신교에서도 연도와 추도의 의식을 통해 사자를 '위한 의례'를 추진할 수밖에 없었다. 그것이 가능했던 것은 효행의 윤리와 구원의 문제가 절충을 이루었기 때문이다. 천주교의 경우에는 자기만의 구원을 넘어 가족과 친지를 향한 이타적 구원이 교리적으로 가능해졌고, 개신교의 경우에도 엄밀한 교리적 뒷받침은 없다 하더라도 가족주의적 윤리와 구원의식이 뒷받침되면서 느슨한 형태의 사자를 '위한 의례'가 가능해진 것이다.

문제는 이절에서 다루고 있는 '잘못된 죽음'을 처리하는 생자주도적 의례가 기독교에서도 논의가 가능한가 하는 점이다. 사실, 기독교에서는 원귀라든지 무사귀신이라든지 고혼이라든지 하는 개념이 상대적으로 명료화되어 있지 못하다. 그럼에도 불구하고 죽음을 재조정하려는 의식이 없는 것도 아니다. 원리적으로는 죽음의 형태학이 불가능하지만 사실적으로는 그것에 따라 죽음을 재처리하려는 의례화가 계발되었다고 할 수 있을 것이다.

우선적으로 단순한 이분법을 작동시킨다면, 기독교의 복음을 듣고 신앙생활을 준수하다가 구원의 확신 속에서 죽음을 맞이한 경우에 망자의 죽음은 교정될 필요도 없을 것이다. 한마디로 잘된 죽음일 것이다. 그런데 복음을 들을 기회조차 없이, 설사 있다 하더라도 충분한 믿음과 구원의 확신 없이 죽음을 맞이하였다면 문제는 달라진다. 더

군다나 그것이 사랑하는 가족들 사이에서 벌어진다면 심각한 문제가 아닐 수 없다. 전통적인 죽음의 형태학에 따르면 잘못된 죽음이 아닐 수 있다. 그러나 기독교의 구원론적 견지에서 보자면 구원받지 못한 죽음은 잘못된 죽음이고, 구원의 빛이 쬐어져야 하는, 즉 교정되어야 할 죽음인 것이다.

잘못된 죽음은 의례를 통해 해소될 수 있을 것이다. 분명한 것은 그러한 의례가 완벽한 구원에 이르지 못한 망자의 빌미에 의해 비롯되기보다는 잘못된 죽음을 교정하기 위한 생자의 바람에 의해 구성된다는 사실이다. 앞서 인용한 바 있는 『天主聖教百問答』의 한글 번역본인 『셩교ᄇᆡᆨ문답』의 일부 문답 내용이 다시 주목된다.

> 문: 사ᄅᆞᆷ이 련죄ᄒᆞᄂᆞᆫ 곳에잇ᄉᆞ매 가히 구ᄒᆞ야 낼 법이 잇ᄉᆞ랴
> 답: 교우들이 능히 구ᄒᆞᆯ지니 혹 ᄌᆡᄅᆞᆯ 직희며 혹 경을 외오며 혹 가난ᄒᆞᆫ 이ᄅᆞᆯ 구제ᄒᆞ야 그보쇽의 부죡ᄒᆞᆫ 거ᄉᆞᆯ ᄃᆡ신ᄒᆞ야 기우면 그 령혼이 즉시 텬당에 오ᄅᆞᄂᆞ니라[68]

연옥(煉罪之處)에 처한 영혼이 생자(교우)의 기도의식, 송경, 선행(빈민구제) 등을 통해 대속을 얻어 승천할 수 있다는 구원의 방도가 제시되고 있다. 그런데 이러한 구원의 방도를 모색하며 영혼의 완전한 보속을 대신할 이는 다름 아닌 생자이다. 잘못된 죽음을 교정해야 할 권위는 구원자인 신에게 있지만, 교정을 위한 의례를 주도할 주체는 살아 있는 유족, 즉 생자인 것이다. 자기만의 구원에 만족하지 못하는 윤리의식을 가진 후손이 완벽한 구원이 성취되지 못한 조상 혹은 불신자인 조상을 위해 베푸는 것이 기독교의 사자를 '위한 의례'라 할 수 있다. 그것은 조상의 빌미가 아니라 후손의 아쉬움과 너그러움

---

68) 위의 책, 772쪽.

에서 비롯된 의례였고, 조상에 대한 사랑과 공경을 표하면서도 이타적인 구원을 위한 기도를 절충해보려는 생자에 의해 주도된 의례였다. 생자가 조상을 필요로 하는 것이 아니라 구원의 완성을 위해 조상이 생자를 필요로 하게 된 것이다.

4. 결론

지금까지 두 가지 차원에서 조선시대 죽음과 죽음의례를 생각해 보았다. 첫째로 의례가 무엇을 지향하는가에 따라 사자를 '향한 의례(ritual to)'와 사자를 '위한 의례(ritual for)'로 양분하고 당시 종교문화에서 구축한 다양한 전통들을 대별해 보았다. 당시 의례의 지배력을 행사하고 있던 유교문화와 비유교문화 사이에서의 대립은 '사자에게' 할 것이냐 아니면 '사자를 위해' 할 것이냐의 문제였다.

'*ritual to*' 와 '*ritual for*' 의 긴장은 때론 피를 불러오는, 다시 말해 목숨을 걸어야 하는 대립이기도 하였다. 그 같은 역사적 슬픔 속에 유교와 천주교가 놓이기도 하였다. 유교는 생자**에게** 의례(효도)하고 사자**에게** 의례(제사)하는 전통을 고수한 반면, 기독교는 생자**에게** 의례(효도)하고 사자를 **위해** 의례(기도)하고자 하였다. 유교는 죽음의 계기에도 불구하고 '에게'를 지속하려는 윤리의식을 가지고 있었으며, 기독교는 '에게'의 윤리의식을 '위해'의 구원의식으로 전환하고자 하였던 것이다.

두 번째로 의례가 어디로부터 출발하는가에 따라 '사자주도적' 의례와 '생자주도적' 의례로 양분하여 죽음, 특히 '잘못된 죽음'을 재처리하는 의례문화에 대해 검토해 보았다. 사자주도적 의례는 죽음의 의례를 거치지 못한 원귀, 원혼, 무사귀신 등이 의례의 동인으로 작용하였다는 점에 공통점이 있으며, 의례를 통해 사자의 질적 변화를 꾀하기보다는 사자로 하여금 일정한 자리와 직능을 갖게 하는 데에 주력하였다. 한편, 생자주도적 의례는 망혼의 빌미보다는 망자의 구제와 구원을 배려하는 생자의 바람에 의해 출발한 것이다. 의례를 통해 완료되지 않았던 망자의 구제/구원이 성취된다는 점에서 망자의 영혼은 질적으로 고도의 변화를 겪게 된다. '사자주도적' 의례와 '생자주도적' 의례는 대립적이기보다는 공존과 경쟁을 통해 잘못된 죽음, 안정적이지 못한 죽음을 재처리하는 한국문화의 다양한 층위를 구성하게 하는 데에 일조했다고 판단된다.

본고는 복잡다단한 조선시대의 사자의례를 의례의 동인과 지향이라는 관점에서 일별해 보는 것으로 만족해야 했다. 사실 이러한 분류들 사이에 내재하는 질서에 대해 더욱 정밀한 사유가 필요할 것이고, 더욱이 이러한 시스템이 역사적 흐름 속에서 어떠한 변동을 겪었는지 읽어내는 것이 긴요하겠지만, 이는 후속 과제로 기약하고자 한다.

〈조선시대 생사관과 사자의례〉 토론문

松本眞輔(慶熙大)

최종성 선생님의 발표는 한국의 장송의례 혹은 사자공양의 문제에 대해 "사자를 직접 대상화하는 의례(ritual to)와 자사의 구제를 위한 초월적인 신을 상정하는 의례(ritual for)」라는 틀을 이용하면서 해명하고 있으며 또는 '不遇의 死'에 대한 의례 문화에 대해 논하고 있다. 한국의 사자의례에 대한 넓은 시야에서 고찰하고 있어 상당히 많은 것을 배웠다. 토론자는 일본의 고전문학전공자로 이하는 한국과의 비교를 염두에 두면서 일본의 문제에서 약간의 논점을 제시하고 싶다.

1. 크리스트교와의 접점에 대해

최종성 선생님의 논고의 서두에서도 기술하고 있는 것처럼 동양의 종교 사상과 크리스트교가 접촉할 때 커다란 문제가 된 것이 선조공양이다. 여기에서는 1594년부터 1551년까지 일본에 체재했던 예수회 선교사 프란시스 사비에르의 서간에서 일본인의 죽음에 대한 생각을 보고 싶다(이하 河野純德譯(1994)『聖フランシスコ・ザビエル全書簡 3』〈書簡第九六유럽의 예수회원에게 보낸 1552년1월29일 코친으로부터〉에 의함)

8. 이러한 종파가 말하고 있는 주된 내용은 자신의 죄에 대해 '자기 자신이 속죄하는' 고행을 하지 않은 사람이라도 만약 그 종파의 창시자의 이름을 외운다면 모든 고통에서 구제받는다는 것입니다.

그리고 만약 이것을 깊이 믿고 조금이라도 의심하지 않고 자신의 모든 희망과 신뢰를 걸고 창시자의 이름을 외운다면 가령 지옥에 떨어진 자라도 구제된다고 약속 합니다.(p173)

23. 야마구치(山口)의 이 사람들은 우리들이 일본에 가기까지 일본인에게 신을 보여주지 않았기 때문에 신은 자비하심이 깊지 않다고 하여 세례를 받지 않고 신의 완전한 선에 대해 크게 의심을 품고 있었습니다. 만약 우리들이 말하는 것처럼 신을 예배하지 않는 사람이 모두 지옥에 간다는 것이 사실이라면 신은 일본인의 선조들에게 자애심을 갖고 있지 않았다는 것이 됩니다. 선조들에게 신에 대한 지식을 주지 않아 그들이 지옥에 가게된 것입니다.(p187)

24. 이것은 신을 예배하지 않게 되는 위험을 안은 커다란 의심이었습니다. 주되신 신은 그들이 진리를 받아들이도록 하고 또 그들이 괴로워하고 있는 의심에서 해방되는 것을 바랬습니다. 우리들은 이유를 들어 모든 종파중에 신의 가르침이 제일 처음에 사람들에게 각인된 것을 증명했습니다. 즉 중국에서 일본으로 종파들이 도래하기 이전부터 일본인은 살인, 도적질, 거짓 증언하는 것, 그 외에 십계명을 어기는 것이 나쁘다는 것을 알고 있었으며 행위가 나쁘다는 증거로서 양심의 가책을 느끼고 있었습니다. 왜냐하면 악을 피하고 선을 행하는 것이 '원래' 사람의 마음에 새겨져 있었기 때문입니다. 전 인류의 창조주'되시는 분이 모든 사람의 마음속에 새긴' 신의 율법을 다른 누군가로부터 가르침을 받지 않고 '태어나면서' 사람들은 알고 있었다고 설명했습니다.(p188)

48. 일본의 신자들은 하나의 슬픔이 있습니다. 우리들이 지옥에 떨어진 사람은 구원할 수 없다고 하자 그들은 너무나 깊이 슬퍼합

니다. 돌아가신 아버지와 어머니, 처, 자식, 그리고 다른 사람들에 대한 애정 때문에 그들에 대한 경도된 심정에서 깊은 슬픔을 느낍니다. 많은 사람은 죽은 사람을 위해 눈물을 흘리고 보시나 기도 등으로 구원할 수 없는가하고 나에게 물어옵니다. 나는 그들을 도울 방법은 아무것도 없다고 대답합니다. (p201)

49. 그들은 이러한 일에 대해 비탄에 빠집니다만 나는 그것을 슬퍼하고 있다기 보다는 오히려 그들이 자기 자신'의 내심의 생활'에 게으르지 않고 신경을 써서 선조들과 함께 고통의 죄를 받지 않도록 해야한다고 생각합니다. 우리들은 신은 왜 지옥에 있는 사람들을 구원할 수 없는가, 그리고 왜 지옥에 언제까지나 있지 않으면 안되는가 하고 나에게 묻습니다. 나는 이러한 모든 '질문에' 충분히 대답합니다. 그들은 자신들의 선조가 구원받을 수 없다는 것을 알게 되자 우는 것을 멈추지 않습니다. 나도 또 '지옥에 떨어지 사람들에게' 구원이 없다는 것으로 눈물을 흘리고 잇는 친애하는 친구를 보니까 슬픔의 정을 자애냅니다.(p202)

유명한 자료이기는 한데 중세의 일본인이 사자을 어떻게 생각하고 있었는지를 아는데 참고가 될 것이다. 내용을 상세히 본다면 여러가지 문제가 부상하겠지만 여기에서는 일본인이 '지옥'에 강한 집착을 보여주고 있다는 점에 주의하고 싶다. 선조제사에 대해서는 유교문화의 침투도에 의해 상당한 온도차가 있다고 생각되며 일본에서는 압도적으로 불교의 영향이 강했다. 사후에 정토에 갈지 지옥에 떨어질지 또는 윤회를 반복할지와 같은 논의는 있지만 사후의 세계 그 자체가 부정되는 것은 없고 또 사자의 사후의 지위는 살아있는 자의 행위(불교의례)에 의해 변경된다고 생각한 듯하다(상기 8번 등). 그렇다고 한다면 여기에서 궁금한 것은 한국의 크리스트교 수용에서 지옥에 떨어진 인간의 구제는 어떻게 논의되고 있었는지(혹은 선조가 지옥에 있다고 하는 문제 설정 자체가 존재하지 않았는지)의 문제이다.

2. 불우(不遇)한 죽음(死)에 대해

불과의 사와 사자공양에 대해서는 일본에도 유형적인 이야기는 많이 있는데 최종성 선생님이 소개해주신 사례와 크게 차이가 나는 것은 사자의 영을 달래는 자가 많은 경우 승려이라는 점이다. 예를 들어 일본의 대표적인 무대 예능에 '노(能)'가 있는데 그 대본의 유형에 "생전의 고뇌를 안고 왕생할 수 없는 사람을 각 지역을 순례하는 승려가 구제하는" 것이 있다. 한국의 사례에서는 유생이 구제자로서 등장하는 경우도 있는 것 같은데 일본의 경우 그것은 기본적으로 승려의 역할이었다. 이 점에서도 역시 일본에서는 불교의 영향이 강하다고 할 수 있다.

또한 일본의 경우 불과의 사는 혼령이라는 문제와 결합되기 쉽다(나쁜 일이 발생하면 사자 공양을 충분히 하지 않았기 때문이라고 생각한다). 혼령 사상은 일보의 사생관을 생각할 때 빼놓을 수 없는 문제로 이미 많은 논고가 있는데 한국의 사례와 비교해서 생각하면 한가지 궁금한 것은 혼령이 된 자의 성별이나 사회적 지위이다.

일본의 영혼으로 유명한 인물중에는 早良親王(光仁天皇의 아들), 菅原道眞(右大臣), 平將門(桓武天皇의 자손), 崇德天皇(鳥羽天皇의 아들) 등 높은 지위에 있던 남성이나 그 자손이 포함되어 있으며 스가노하라가처럼 자손이 계속해서 조정에 있었던 경우도 있다(에도시대가 되면 〈累〉, 〈岩〉, 〈菊〉와 같은 여성에게도 주목이 집중된다). 한편 한국에서는 정쟁에 패한 불과의 사를 이룬 왕이나 귀족은 많은데(정몽주, 단종, 사육신, 정여립 등등 예를 들면 한이 없다) 유교적인 문맥에서의 선조 제사라는 관점에서 생각해보면 선조의 혼령화라는 것은 원리적으로 어렵다고 생각된다(최영장군이 혼령인지는 논의가 나누어지지만). 혹은 유생이 사자 공양을 행한다는 이야기가 있다는 것은 유교적인 문맥에서 불우한 죽음을 해방시킬 수 있다고 생각했다는 것이 되는 것인지. 알려주셨으면 합니다.

근세일본 서민들의 종교문화와 사생관

허남린(The University of British Columbia)

1. 들어가는 말

일본의 종교문화는 근세(1600-1868)에 들어 만개하였다. 위로는 무사계급으로부터 밑으로는 천민에 이르기까지 종교는 일상적인 소비품이 되었다. 전국의 각 마을에 침투한 불교사원을 떠나 종교와 무관하게 일상을 영위한다는 것은 상상할 수 없었다. 마찬가지로 신도의 神社도 중세보다 많은 수가 증가하고 일상적 생활관습이나 문화전통의 습속에서 영향력을 증가하여 갔다.[1] 일본 근세기의 종교문화의 중심은 불교와 신도의 두 축이었다.

근세에 들어 종교문화가 개화할 수 있었던 것은 무엇보다 전국시대의 동란이 끝나고 평화가 찾아온 것과 큰 관련이 있었다. 살육과 파괴의 공포로부터 벗어난 인민들은 평화롭고 안정적인 생활을 만들어가고 있었고, 이에 발 맞추어 정신적 복지에 대한 욕망이 날로 분출되어 갔다. 뿐만아니라, 경제의 발전과 더불어 증가하여 가는 잉여소득의 일부를 종교적 욕구의 충족을 위해 사용할 수 있었으며, 교통과 유통경제의 발전은 사람의 이동을 한층 용이하게 했다. 여기에 레

1) 신도신사의 증가 및 불교사원과의 관계에 대한 구체적인 실례로서는 圭室文雄 (2003), pp. 7-22; Hardacre (2002), pp. 76-80참조.

저문화의 확산과 침투는 종교문화와 깊은 관련이 있었다. 전국의 유명 寺社는 오락소비문화에 친화적 내지는 우호적이었고, 그리고 자신들의 경제수익을 위해 그리고 사회적 영향력의 제고를 위해 점차 부상하는 놀이문화의 확산을 십분 활용했다.

불교와 신도가 종교문화의 중심축을 이루었지만, 보다 기본이 된 것은 불교였다. 江戸幕府의 기독교금지 종교정책에 힘입어 그 수가 크게 증가하면서 큰 영향력을 구축할 수 있었던 불교사원들은 중세 때와 마찬가지로 계속하여 신도신사를 제도적으로 종속시키고 이를 지배하였다. 伊勢神宮같은 신도의 정상에 서는 황실의 신사조차 불교사원의 영향을 벗어날 수 없었다.[2)] 그렇다고 신도의 종교문화가 독자성을 모두 상실한 것은 아니었다. 제도적으로는 불교에 종속되어 있으면서도 나름의 고유 종교적 기능을 영위하며, 종교문화상품을 개발하고 소비자들을 끌어들었다.

일본근세의 종교문화는 死者儀禮례 祈禱行爲가 근본적인 바탕을 이루었다. 집안에 死者가 발생하면 불교승려가 집전하는 불교식 장례식을 거쳐 저 세상으로 사자의 영혼을 보내고, 사후의 조상숭배의례도 불교식으로 영위하였다.[3)] 여기에는 천황, 쇼군을 포함하여 천민에 이르기까지 예외가 없었다. 흔히 檀家制度라고 불리는 국가의 기독교금지정책의 파생 시스템 하에서, 불교가 죽음과 관련된 의례를 독점적으로 지배하는 시대가 도래한 것이다.[4)] 하지만, 일상적인 종교적 기도 기원행위, 즉 신들에게 소원을 빌고, 정신적 위안을 받고, 초월

---

2) 伊勢神宮에 대해 영향력을 행사하였던 불교사원은 무로마치시대에 설립된 임제종에 속하는 비구니절이었던 慶光院으로, 메이지시대에는 폐절되고 그 건물은 伊勢神宮의 神職 종사자들의 숙소로 이용되었다.

3) Hur (2014), pp. 242-244.

4) 德川幕府의 반기독교정책이 단가제도를 파생하게 된 과정에 대해서는 Hur (2007), pp. 111-114 참조.

적 존재와 교통하는 종교적 기도문화에는 불교와 신도 모두 중심적인 역할을 했다. 더 나아가 종교적 기도행위는 레저문화와 동전의 앞뒷면을 이루면서 대중적으로 전개하여 갔다. 일본근세의 종교문화는 장례식 및 조상제사, 기도행위, 그리고 종교적 레저활동(놀이문화) 으로 크게 대별할 수 있다.

본 논고에서는 불교와 신도에 관련된 기도문화 및 놀이문화를 중심으로 근세 일본종교의 특성을 고찰한다. 죽음 및 조상제사 관련된 종교적 의례 문제는 본 편집물에 별도의 논문이 있기 때문에 이를 생략하고, 근세일본인의 사생관을 간단히 살펴보는 것으로 대신하고자 한다. 본 논문의 중심주제는 따라서 근세일본에 있어 대중적으로 전개된 기도문화 및 놀이문화의 종교적 특성은 무엇인가하는 문제이다. 본 주제를 고찰하는데 있어 암묵적으로 전제하는 배경적인 시각은 조선의 종교문화이다. 조선의 종교문화를 직접 언급하지는 않지만, 조선과의 상이점을 염두에 두면서 근세일본의 종교문화의 특징을 추출하고 그 배경을 고찰하고자 하는 것에 본 논문의 의도가 있다.

2. 근세 일본인의 사생관과 "지옥의 문제"

근세에 들어 단가제도가 정착되면서 그 때까지 장구한 세월 일본인을 괴롭혔던 "지옥"의 문제가 "해결"되었다. 여기에서 "지옥"은 사후의 행선지, 즉 내세의 한 곳을 일컫는 것으로, 만약 여기에 태어나거나 떨어지면 끝장이라는, 지옥은 종래 모든 일본인에게 있어 무시무시한 공포의 대상이었다. 그러한 지옥의 문제가 "해결"되었다함은 어떠한 경우에도 지옥에 떨어지지 않을 수 있는 길이 누구에게나 열리게 되었다는 것을 의미한다.[5)]

중세의 시기를 통하여 불교는 일본인의 정신세계에 거대한 영향력을 행사했다. 불교문화는 다양한 전개를 보였지만, 그 가르침 가운데 가장 큰 힘을 발휘한 것은 "카르마 (業)의 법칙"이었다. 카르마의 법칙이란 사람이 살아가면서 쌓아가는 "업"을 지칭하는 것으로, 이것이 모든 존재의 근본원리로 작용한다는 가르침이다. 중세일본에서는 전생의 업에 의해 현생이 결정되고, 현생의 업에 의해 후생의 존재가 결정된다는 六道의 이론이 사람들을 주박했다. 육도는 천계 (신), 인간, 수라, 축생, 아귀, 지옥의 여섯 가지 윤회의 길을 지칭하는 것으로, 전생의 업이 좋아 인간으로 태어난 사람도 현생에서 나쁜 짓을 많이 해서 나쁜 업을 쌓으면 죽어서 다른 존재로 태어날 수 있는데, 그 중에서 가장 혹독한 것은 지옥에 떨어진다는 믿음이었다.

죽어서 떨어질 수 있는 지옥, 형용할 수 없는 고통이 영원히 지속되는 지옥은 한 종류만 있는 것이 아니었다. 지옥도 여럿이 있었고, 이러한 지옥에서의 고통도 가지가지였으며, 이들에 대한 절절한 묘사는 공포의 상상을 뛰어넘었다. 지옥에 떨어지면 그야말로 만사가 끝이라는 믿음은 중세의 일본인들을 겁먹게 한 가장 무서운 우주의 철칙이자 사회원리였다. 카르마의 법칙이 무서운 것은 크게 두가지 이유에서였다. 하나는 어느 누구도 카르마의 법칙에서 벗어날 수 없다는 것이었고, 다른 하나는 이러한 카르마의 법칙 내에서 자신의 운명을 개선할 수 있는 것은 기본적으로 각 개인의 책임에 속하는 것으로, 해결은 당사자 밖에 할 수 없다는 자기책임주의였다.

첫번째 카르마의 법칙은 일견 보편성이 있고 과학적이었다. 윤회하는 모든 생명체의 존재는 현재 쌓고 있는 업에 의해 정확하게 결정되는 바, 여기에는 어떠한 착오도 그리고 예외도 있을 수 없다는 가르침은 과학적이고 매력적이기까지 했다. 세상의 모든 존재를 설명하는 과학적 원리로서의 카르마의 법칙은 나아가 현재 존재하는 모든

---

5) Hur (2007), pp. 17-18.

현상, 사회구조, 정치질서를 정당한 것으로 합리화하는 설명체계로 전개되면서, 중세일본의 가치관의 기저를 형성했다. 카르마의 법칙에 따르면 이 세상에는 불의, 억울함도 없고, 돌연변이도 있을 수가 없다. 있는 현실을 그대로 받아들이고 이를 운명처럼 살아가야 하는 것이 중세의 세상이었다.[6]

두번째의 자기책임의 원리는 각 개인을 왜소하게 하고 불교의 영향력을 크게 만들었다. 왜냐하면 카르마의 개선을 위해 가장 많이 권장된 것이 불교의례의 공헌, 즉 불교공양이었기 때문이었다. 奈良 즉 南都 불교와 밀교계통의 천태종과 진언종이 불교계의 권력을 휘두르던 중세에 있어 이들이 주장하고 권장하는 의례는 복잡하기도 했지만 비용도 엄청나게 소요되었다.[7] 제대로 된 의례를 공헌한다는 것은 일반인들에게는 그림의 떡이었다. 귀족계급 및 상층무사계급에게 유리하게 작용하는 중세의 카르마 법칙은 일반 서민들을 위축시켰고, 지배계층과 밀착된 소위 "顯密顯體制"는 불교를 살찌웠다.

현밀불교의 압도적 위세 속에서 이에 반하여 새로운 불교운동이 일어난 것은 어쩌며 당연한 시대의 요구였는지도 모른다. 소위 鎌倉佛教로 총칭되는 이들 신불교 종파들은 나름대로 각 개인이 쉽게 카르마를 개선할 수 있는 문호를 넓혀주고 새로운 길을 제시하면서 일반 서민들을 끌어 안으려 노력했지만, 그 세력이 쉽사리 확산되지는 않았다. 鎌倉佛教는 중세후기에 가서야 서서히 개화하기 시작했다. 그렇다고 각 개인이 자신의 업을 개선할 수 있는 장치가 금방 마련되어 누구나 쉽게 이를 실행할 수 있게 된 것은 아니었다. 이는 근세를 기다려야 했다. 근세에 들어 카르마의 문제를 누구가 쉽게 해결할 수 있는 장례식을 위시한 사자의례가 일반 서민들의 생활에까지 정착되

6) LaFleur (1983), pp. 26-29.

7) Grapard (1999), pp. 345-347.

면서 중세의 지옥의 문제는 역사의 뒤안길로 사라지기 시작했다.

근세에 들어 德川幕府가 국가차원에서 기독교를 금지시키면서 이를 위한 수단으로 "寺請制"를 모든 사람에게 강제한 것은 불교계에는 큰 행운이었다. 기독교인이 아니라는 증명을 불교사원이 발급하게 함으로써 모든 일본인은 반드시 어딘가에 있는 불교사원의 멤버가 되어야했다. 이를 기반으로 불교측에서 공을 들여 확립시켜 간 것이 檀家制度이다. 즉 모든 사람들이 불교사원의 멤버가 되자, 불교사원들은 이들 멤버들에게 수입원이 되는 불교식 장례 및 사자의례를 의무화했던 것이다.[8] 근세의 일본인들은 천황에서부터 천민에 이르기까지 죽으면 모두 예외없이 불교식 장례를 거쳐 저 세상으로 갔다.

불교식 장례의 기본구도는 종파에 관계없이 거의 대동소이했다. 浄土真宗을 제외하고는 불교식 장례는 생을 마친 각 개인의 나쁜 카르마를 없앤 후, 부처의 제자로 만들고, 의식을 거쳐 극락 (혹은 정토) 세계로 사자를 보내는 것을 줄거리로 하고 있다. 浄土真宗의 경우는 현생에서 이미 구원을 받았다고 믿었기 때문에 죽었다고 해서 구태여 다시 부처의 제자로 만들 필요가 없다고 보고, 장례식은 이미 구원받은 것에 대한 감사의 제전에 불과했다. 부처의 제자가 되어 극락세계로 간 사자의 영혼이 그 후 어떻게 존재하고, 남은 가족과 어떻게 서로 교통을 한다고 믿었는가는 별개의 문화전통 속에서 전개되었지만, 중요한 사실은 가족이 불교식으로 치루어주는 장례를 거치면 누구든 안전하게 극락세계로 간다고 믿었다는 점이다.[9] "가족불교"의 정착은 새로운 사생관의 도래를 의미했다.

근세에 있어 "가족불교"의 의례는 어떻게 카르마의 법칙을 무화시킬 수 있었는가? 그렇다고 불교 자체가 카르마의 법칙을 방기하거나

---

8) 특히 "寺請制"와 "檀家制"의 관련에 관해서는 Hur (2007), pp. 95-100, 111-112.

9) Hur (2014), pp. 245-250.

폐기한 것은 물론 아니다. 카르마의 법칙에 대해 근세의 가족불교가 힘을 발휘한 것은, 모든 카르마는 각 개인의 책임이라는 두번째의 항목에 대한 해석의 변형이었다. 즉 카르마는 각 개인의 독자적 책임이라는 철칙이 타인의 힘으로도 각 개인의 카르마는 개선될 수 있다는 새로운 해석과 믿음으로 변형되고, 이의 구체적인 실행이 전면적으로 제도화하고 정착한 것이 큰 변화였다. 이것이 "回向" 追善供養의 원리로, 한 사람이 만든 좋은 카르마를 다른 사람에게 양도할 수 있게끔 그 전이가 의례적으로 제도화한 것이다. 카르마를 개선하는 가장 효과적인 방법은 불교의 삼보에 대한 공양이고, 그 공양의 가장 구체적인 방법은 승려가 집전하는 불교적 의례의 공양이었다. 이러한 의례는 물론 무료가 아니었다. 불교의 追善供養를 통해 생산된 공덕은 소위 은행구좌의 잔고와 같아 한 사람의 은행구좌에서 다른 사람의 은행구좌로 돈을 송금하듯 그 공덕을 옮길 수 있다는 것이 근세 일본인들이 믿었던 회향의 원리이다.[10)]

죽은 자는 물론 삼보를 향해 의례를 공양할 수 없다. 남은 가족들이 장례식 및 사후공양이라는 절차를 통해 의례를 불교사원에 공양하고, 이렇게 해서 얻은 공덕을 사자에게 전이시켜, 그 개선된 카르마의 힘으로 사자를 즉각적으로 부처의 제자로 만들고, 궁극적으로는 부처의 제자가 된 사자를 극락의 세계로 보낸다는 것이 근세일본에 있어 보편화된 장례문화였다. 장례식의 의례를 불교식으로 치루어 줄 수 있는 가족이 있으면 모든 사자는 "가족불교"를 통해 구원을 받을 수 있게 되었다. 단가제도의 확립과 더불어 모든 사람은 불교식 장례를 통해 극락으로 보내졌다. 비로소 중세의 "지옥의 문제"가 해결된 것이다.

가족에 의한 장례가 불가능한 사람들을 위한 구원의 방법도 자연

---

10) Hur (2007), pp. 156-157, 173-175.

발생적으로 파생되고, 나아가 미리 자신이 직접 나서서 자신의 카르마를 사전에 개선할 수 있는 "逆修"라는 방법도 생겨나게 되었다. 예외적 상황에 대처할 수 있는 길도 개인차원에서 그리고 사회차원에서 창안되었다. 따라서, 이론적으로 말한다면, 근세일본에 있어서는 사후 지옥에 떨어질 일이 없어진 것이다.

중세인들을 주박하였던 지옥의 질곡이 사라지고 내세의 문제가 해결되면서, 근세에 두드러지게 나타난 것이 현세적 욕구의 분출이다. 근세의 일본인들은 "現世利益(げんぜりやく)"라고 총칭되는 현세의 욕망을 현실의 세계에서 해결이 불가능하면 종교적 수단들을 통해 이를 충족시키고자 했다.[11] 사회의 안정과 경제의 발전은 현세적 욕망의 확대로 이어졌고, 현실에서 해소가 불가능한 욕구 욕망들을 종교의 세계가 흡입하여 해결시켜 주면서, 이를 원동력으로 하여 근세일본에는 과거에 볼 수 없었던 종교문화가 활짝 개화하였던 것이다.

3. 근세일본의 기도문화와 寺社

근세일본의 종교문화를 활성화시킨 원동력은 풍부한 자원을 자랑하는 神佛의 세계였다. 풍부한 자원이라함은 불교와 신도가 제공하는 초월적 신들의 존재, 즉 신불의 종류가 무척 다양하고 그들이 제공하는 초월적 기능 또한 거의 모든 인간의 욕망을 망라하여 처리할 정도로 세분화, 전문화, 보편화되어 있음을 이름이다. 근세 일본사회는 실로 갖가지 모습으로 현현하여 인간사의 다양한 문제를 해결해 주는 초월적 존재들이 큰 위력을 떨친 신불의 세계였다 해도 과언이 아니었다.

---

11) 宮田 登 (2006), pp. 127-130.

조선의 불교사원에 진좌하는 불교의 신들은 개성화 혹은 개별화되어 있지 않았다. 부처면 부처, 아미다불이면 아미다불, 관음보살이면 그냥 관음보살이지 어느 절이라고 그 절만에만 현현하는 특정한 부처의 신, 특정한 아미다불의 신, 특정한 관음보살의 신이 존재한다고 믿지 않았다. 하지만 일본의 경우는 불교사원에 진좌되어 있는 신들은 대부분 개체화되어 있고, 각기 특정한 이름을 갖고 있고, 여기에 부합하는 특정한 초월적 기능을 갖고 있는 경우가 많았다. 불교사원의 불교신들은 서로 구별되고 다르게 작용하는 개별적 존재들이다. 예컨대, 아미다불은 근세일본의 어느 불교사원에 가도 흔히 만날 수가 있는데, 그들 신 앞에서 기도를 올리는 일본인들은 그 많은 아미다불이 전부 동일하다고 믿지 않았다. 개성, 효능, 명성 등에 있어 많은 절에 진좌하고 있는 아미다불은 서로 다르고, 따라서 기도를 하기 위해 오는 참배객을 끄는 힘도 서로 달랐다.

같은 절 안에도 동일한 보살신들이 복수 안치되어 있었다. 하지만 그들 모두 각자의 개성을 갖고 있고, 서로 다른 초월적 효능을 갖고 있다고 믿었다. 예컨대 에도의 서민불교문화의 중심지였던 淺草寺의 경우, 본당 안에만 6개의 관음보살상이 진좌하고 있었는데, 이곳을 찾는 사람들의 신앙대상이 된 것은 그 가운데 하나인 "淺草觀音"으로 대중에 알려진, "秘佛聖觀音像"이었다. 淺草寺 신앙의 중심은 관음보살이라는 불교경전에서 말하는 추상적 신이 아니라, 특별히 秘佛의 취급을 받은 자그마한 성관음보살상 하나였던 것이다.[12] 長野善光寺의 경우도 마찬가지였다. 여럿 있는 아미다불 가운데 기도의 대상이 된 것은 특정한 하나의 阿彌陀像이었다.

불교의 어떤 경전에도 신들의 초월적 힘이 그 불교신을 표상해 내는 상 (이미지)의 크기, 형태, 역사, 모양에 따라 서로 다르다고 설파

---

12) Hur (2000), p. 211.

하고 있지는 않다. 아니 설파할 수 없다. 표상에 따라 불교신들의 자비가 다르게 구현되고 구원력이 상이하다고 믿거나 주장한다면 그것은 오히려 비불교적 내지는 반불교적이다. 불교신들의 神性은 경전적 혹은 추상적 관념과 믿음에 근거하고 있지, 나무나 돌로 깎아놓은 물체의 개별적인 물질적 표상에 근거하고 있다고는 말할 수 없기 때문이다. 조선의 절에 가면 어느 절이나 본당에는 거의 동일한 형상의 불상이 중앙의 잘 보이는 곳에 제단 위에 안치되어 있고, 그 앞에서 기도를 바치는 사람들은 그 불상의 크기나 형태 혹은 언제 만들어졌는지 역사 등에 관심을 기울이지 않는다. 하지만 일본에서는 모든 불교사원의 불상들은 거의 모두 개별화되어 있으며, 그 개별성이 불교의 신들에 대한 신앙과 숭배를 좌지우지한다.

일본의 각 불교사원에 진좌하고 있는 신들은 때문에 서로 다르다. 전국에 유명한 아미다상이 100개가 있다면 100의 서로 다른 아미다신이 존재하는 셈이 되고, 1000개가 있다면 1000의 서로 다른 아미다신이 존재하는 셈이 된다. 문제는 근세일본의 불교사원의 수가 엄청나게 많았다는 사실이다. 큰 절이 포섭하고 있는 "寺院(子院)"이라고 부른 개별 사원, 암자까지를 포함하면 그 수가 20만을 넘었을 것이라고 추정하고 있다.[13] 이론적으로 근세일본에는 20만을 훨씬 뛰어넘는 불교신들이 존재하고 영향력을 행사했다고 할 수 있다.

신도도 마찬가지였다. 稻荷神社는 전국 방방곡곡에 없는 곳이 거의 없지만, 그 효능은 개별 신사에 따라 천차만별이었다. 전국적으로 명성이 높은 稻荷神社에서부터 이름도 없고 찾아 오는 이도 없는 稻荷小社에 이르기까지 그 수가 엄청나게 많았다. 다른 신들도 마찬가지였다. 근세일본에는 불교계의 신들 이외에 신도계의 신들도 넘쳐나

13) 불교사원의 수에 대한 자세한 논의에 대해서는 Hur (2007), pp. 373-374 참조.

고 있었다. 이러한 신불의 세계가 기도문화를 꽃피운 풍부한 자원의 역할을 했다.

근세일본에 있어서 신불의 또 하나의 특징은 신불의 종교적 생명이나 명성이 고정되어 있지 않았다는 점이다. 새로운 신들이 만들어지는가 하면 기존의 신들이 세인의 관심에서 사라지는 가운데, 신불은 명멸했다. 本居宣長가 잘 암시했듯이, 일본인은 어떤 것도 신으로 숭배하여 올리는 (祭り上げる) 문화 속에서 살았고, 어떠한 신도 숭배하지 않으면 잊혀지고 버려질 (祭り捨てる) 수도 있었다.[14)] 특정한 신이 인기를 얻으면 유행신 (はやり神)이 되었다. 새로운 신이 창출되고 기존의 신이 퇴출되는 종교문화의 특성은 기도문화의 전개와 밀접한 관련이 있었다.

다양한 종류의 신불을 수 없이 창출하고, 그들에게 다양한 초월적 기능을 부여하면서, 여기에 몰입하는 종교문화의 융성이 국가권력 입장에서는 그리 부정적인 것만은 아니었다. 집단을 이루면서 반제도적인 행위로 나아가는 것은 사회질서를 해치는 것으로 규정되어 통제되고 억압되었지만, 그 외는 종교활동은 특별한 사정이이나 위험성이 없다고 판단되는 한 용인되었다.

국가권력이 점차 대중화되어 가는 기도문화에 대해 관용을 보인 것은 기도행위가 기본적으로 "현세이익"에 대한 욕구해소의 비정치적 통로로 기능했기 때문이었다. 전쟁이 끝나고 사회에 평화가 도래하면서 근세 일본인들은 정치적 타부영역을 침입하지 않는 범위 내에서 현세적 욕구를 분출시켰다. 욕구분출이 금지된 영역은 무사계급이 독점한 정치권력, 사회질서의 기본틀을 형성했던 계급질서, 그리고 외교에 관련된 대외접촉 등 통치의 기본골격에 관련되어 있었다. 생활에 가장 중요한 경제행위는 주어진 계급질서 내에서 비교적 자율과

14) Matsumae (1993), pp. 317-319; Hur (2000), pp. 208-209.

자유가 보장되었고, 교육 및 레저문화, 결혼, 안전, 건강 등에 대한 인간적 욕망의 종교적 해소는 국가가 크게 통제하지 않았다.

현세이익에 대한 욕망을 종교적으로 해소한다는 것은 사회의 지배구조, 국가의 통치구조에 기인하거나 내재하는 갈등이나 모순에 대해 불만 혹은 의문을 갖거나 이에 직접 도전하는 움직임을 사전에 방지해주는 기능을 했다. 경제적 풍요에 대한 욕망은 누구에게나 있었다. 그러나 이의 성취는 계급사회의 틀이라는 한계에 가로막히는 경우가 많았다. 富는 개인이 성취한 것이 아니라 하늘로부터 부여받은 것이라든지, 현재의 있는 그대로의 사회적 신분을 주어진 운명으로 받아들이는 것이 참된 인간의 도리라든가, 여성의 종속적 지위는 자연의 음양원리처럼 처음부터 당연히 그런 것이라든가 등, 자신의 현재 상황을 자신의 힘을 넘어서는 어떤 궁극적 원리나 초월적 윤리규범에 의해 이미 규정되어진 것으로 받아들이고, 여기에 의문부호를 달지 않는 것이 국가권력과 지배계급의 입장에서는 바람직한 것이었다.

그러나 상업과 교통의 발전에 힘입어 경영수완을 발휘, 거대한 부를 축적하고 사회적 존재감을 드러내는 대상인이 등장하기 시작하고, 상업적 농업의 진전으로 농촌에서도 부를 축적할 수 있는 기회가 증대하면서, 동시에 부의 편재로 농촌이 황폐화되고 도시지역을 중심으로 사회불안이 증대하자, 근세인들은 통치질서의 원리에 의문을 제기하고, 이념적으로 정당화되던 위에서 일방적으로 규정하는 삶의 자리매김에 대해 회의하기 시작했다. 이러한 평민들의 상층화와 하층화의 양방향 움직임은 위정자들에도 무사계급의 빈곤화 등 큰 골치거리를 가져다주기 시작하고, 많은 지식인들은 이러한 지배질서의 이념과 현실의 괴리에 대해 예리한 지적을 하기 시작했다.[15] 사회질서는 고정된 것이 아니라, 개인의 노력 혹은 기회의 포착, 공권력의 지배방식에

---

15) Hur (2007), pp. 304-307.

따라 변화할 수 있다는 인식의 확산은 현실과 괴리된 여러 형태의 욕구의 분출, 사회적 유동의 증대로 나타났다. 현실과 이론의 괴리를 어떻게 메울 것인가의 문제는 德川幕府가 세 차례에 걸쳐 광범한 개혁 드라이브를 통해 극복하고자 했던 지배구조의 근간에 관련된 중요한 사안이었다.[16)]

그러나 개혁은 권력의 속성이 그랬듯이 언제나 보수적으로 전개되고, 위정자들이 지향한 해결방안은 각 개인들을 향한 윤리도덕의 강조였다. 유교적 용어를 빌어 공권력은 각 개인이 현재의 자리매김을 숙명적인 것으로 충실히 받아들이고, 근면과 도덕적 생활을 더욱 분발하여 영위해야 한다고 강조했다. 말자하면, 사회구조적 문제를 개개인의 문제로 환원하여 사회질서의 불안요소를 넘기고자 했던 것이다. 근세후기로 가면서 윤리도덕을 강조하는 교화운동의 한 방편으로 시작된 "孝義錄"의 편찬과 유포와 같은 정부 방침에는 사회 각부문의 보수세력들도 적극 동참하였다.[17)] 이와 동시에 일반인들이 현실과 이념, 현실과 욕망의 괴리를 메울 수 있는 통로로써 유행적으로 의존한 것이 신불에 대한 기도행위였다. 신불을 향해 분출되는 기도문화의 확산에 대해 공권력은 사회질서에 저촉되지 않는 한 관용적이었다.

신불에 대한 기도행위는 현실에서 배태된 그러나 현실에서 쉽게 채워질 수 없는 욕망을 인간의 차원을 넘는 어떤 초월적 존재의 힘에 의탁하여 성취하고자 하는 심리의 표현이다. 이러한 기도행위의 주체는 개인이며, 실행의 전과정도 개인의 차원에서 전개되며, 그에 대한 최종 책임도 개인에게 돌아간다. 집단적 기도행위, 마을 공동체에서 시행하는 기도의례도 있지만, 그 근본구조에 있어서는 시작에서 끝에

16) 근세일본의 공권력이 추진한 개혁노력의 전반에 대해서는 Jansen (2000), pp. 236-256 참조.

17) Hur (2007), pp. 294-304.

이르기까지 어떠한 책임도 공권력에 돌아가지 않고, 모두 그 자체내에서 순환되고 완결된다. 현실의 한계를 넘어 분출되는 각종의 욕망을 기도행위를 통해 성취하고자 하는 경우, 이러한 행위는 그 문제의 소재를 사회의 구조적 모순에 돌리기 보다는 개인 속에서 찾고 이를 초월적 세계와 연결시켜 해소한다. 근세일본에 있어 종교적 기도문화의 융성은 통치의 틀, 지배질서의 모순에 대한 회의와 비판을 약화시키는 역할을 했다.

근세일본의 불교와 신도는 사회의 각 방면에서 분출되는 각종 욕망, 소원, 기원 등을 충족시킬 수 있는 풍부한 초월적 자원이 있었고, 이를 향유한 불교사원과 신도신사는 이를 기도의 소비시장에 효율적으로 공급하고 판매하는 탁월한 상업적 능력을 발휘했다. 유명 불교사원, 신도신사는 전국에 산재하였고, 각 지역에서 혹은 전국적으로 회자되는 명성을 바탕으로 기도참배객, 순례자들을 폭넓게 끌어모았다. 예컨대, 에도와 그 인근만 하더라도, 淺草寺, 品川增上寺, 成田新勝寺, 富岡八幡宮, 兩國回向院, 江ノ島弁財天, 川崎大師, 相模大山, 鎌倉大佛, 鶴岡八幡宮 등을 위시하여 크고 작은 사원, 신사들에는 각기 개별화된 그리고 전문화된 초월적 구제의 능력을 자랑하는 유명한 신불들이 즐비하였다.

특히 전국규모의 권리영역 (繩張り)를 갖고 큰 영향력을 떨쳤던 신불로는 高野山, 長野善光寺, 그리고 伊勢神宮을 들 수 있다. 高野山은 깊은 산중에 멀리 떨어져 있어 일반인들이 쉽게 접근하기 힘든 관계로 각 寺院들이 해마다 각자의 신앙권 나와바리를 돌며 護符 (お札)를 배부하고, 기도료를 거두어 갔다. 高野山의 寺院은 學侶의 子院으로만 세어도 그 수가 200을 넘었다. 相模의 중남부의 예를 든다면, 거의 모든 가정은 高野山 寺院의 하나인 高室院으로부터護符 (お札)와 모래 (お砂)를 받아 일년간의 평안과 무병, 풍작과 행운을 기원했다.[18] 물론 각 가정이 관계를 맺고 있는 신불은 高野山만이 아니었다. 자기

지역의 불교사원과 신도신사, 그리고 인근의 유명한 신불과의 접촉도 항상적으로 있었고, 몇 십 종류의 護符를 여러 절과 신사로부터 해마다 받는 것은 어디에서나 보는 광경이었다.

정례적으로 배분되는 護符 중심의 기원 이외에도, 연중행사의 형태로 실행되었던 갖가지 기도집회, 신도들의 집단적 종교활동의 모임인 講中의 활동, 특별한 일이 있을 때에 기도를 위해 신불을 찾는 행위 등, 근세의 일본인들에게 있어 기도생활은 그야말로 일상적이었다. 이렇게 신불과의 항상적 접촉을 통해 현실의 욕망, 기원을 발신하고 해소하며, 신불과 밀접하게 소통하는 생활은 사회의 안정에 큰 기여를 했다고 생각된다. 사회의 불만과 욕구가 모두 공권력에 대한 불만 혹은 지배계층에 대한 항거로 이어졌다면 근세일본의 지배질서는 유지되기 힘들었을 것이다. 물론 농민항거 (一揆), 도시민의 항거 (打ち壊し)와 같은 집단적 힘의 행사가 없었던 것은 아니지만, 이와같은 수 많은 항거와 반란이 지배질서의 전복으로까지 이어지지 않았다는 사실은 분출하는 욕구의 해소통로가 여러 방면에서 다양하게 작동되고 있었기 때문이었다고 볼 수 있다.

근세일본은 기도문화의 소비천국이었다. "寺社詣"의 대상은 사방에 넘쳐 있었다. 寺社參詣는 생활의 일부가 되었고, 寺社參詣의 행위는 일상을 벗어나서 맛볼 수 있는 특별한 기쁨과 안위를 가져다 주었다. 주거지의 근처에, 마을을 벗어난 곳에, 아주 멀리 떨어진 곳에 寺社參詣를 유혹하는 신불과 그들이 펼치는 종교적 향연은 근세일본을 실로 "神佛의 나라"로 만들었다. 일상적 寺社參詣를 넘어, 비일상적인 분위기 속에서 경험할 수 있거나 혹은 인위적으로 특별히 연출되는 신들의 현현에 접할 수 있는 寺社參詣의 기회도 많이 있었다. 그 가

18) 村上弘子 (2009), pp. 225-227. 오후다와 오스나는 일종의 호부로 일본인들은 이를 잘 보존하거나 소지, 혹은 접촉하거나 모래의 경우 밟으면 그 해에 재앙이 차단되고 복이 찾아 온다고 일반적으로 믿었다.

운데 두 가지의 예를 든다면, 하나는 "開帳"이고, 다른 하나는 "巡禮"이다.

開帳는 평상시에는 직접 대면하면서 기도를 올릴 수 없는 "秘佛"이라고 알려진 불교의 신들을 직면 대면하여 바라보면서 기원을 빌 수 있도록 한 특별한 장치의 연출을 지칭한다. 평상시에는 비불을 볼 수 없도록 상자 안에 담아 문을 잠가두었다가, 일정 기간 그 상자를 본당의 정면에 옮겨 놓고 문을 열어 참배객들이 상자 안의 비불에게 직접 기도를 드릴 수 있게했다. 유명한 비불을 소지한 불교사원은 통상 33년에 한 번씩 開帳 행사를 실시했는데, 비불의 공개기간은 60일을 기준으로 하고, 그 후 보통은 20일에서 30일을 더 연장하여 방문객을 맞았다. 공개된 비불을 직접 우러러 보고 기도를 올리면 평상시에 비할 수 없는 막대한 효험이 있다고 믿었기 때문에, 유명한 비불의 開帳에는 엄청난 인파가 몰렸다.[19] 그렇다고 開帳를 실시하는 불교사원이 참배객을 무료로 맞이한 것은 아니다. 참배객은 開帳佛에 대한 공양의 희사라는 의미에서 입장권을 구입하고, 본당에 들어와 開帳佛에 대해 기도를 올린 후에는 감사의 표시로 각자의 성의에 따라 추가적으로 공양을 하는 경우가 많았다.

開帳행사가 가능한 비불을 갖고 있는 불교사원은 비불의 명성에 큰 차이가 존재했지만 그 수는 전국적으로 700 이상을 헤아렸다.[20] 에도나 쿄토 같은 큰 도시에는 일년 내내 거의 매일 같이 어디선가 開帳행사가 개최되었고, 淺草寺나 富岡八幡 같은 지명도가 높은 곳에서 개최될 경우에는 그 일대는 연일 참배객으로 인산인해를 이루었다. 그렇게 빈번히 開帳가 개최되어도 식을 줄 모르는 뜨거운 열기는 근세일본에 있어 기도문화가 얼마나 뿌리깊고 광범위하게 전개되었는

19) Hur (2000), pp. 80-82.

20) 현재도 비불이 어느 절에 있는지 그 전국적인 면모를 쉽게 찾아볼 수 있다. 田中爲芳 (2006), pp. 413-445.

가를 말해준다. 成田新勝寺의 경우는 엄밀히 開帳의 대상이 되는 비불이 없음에도 본당의 不動明를 비불로 의제하여 開帳를 나리타 본산, 그리고 에도의 富岡八幡宮에서 여러 번 개최하여 큰 성공을 거두었다.

불교의 어느 경전에도 불교의 신들을 평시에는 잘 감추어 두었다가 특정한 날 이를 공개적으로 전시하여 입장료를 받고 경제적으로 수입을 올리면서 신앙객을 맞이하라는 가르침은 없다. 開帳의 대상이 되는 것은 추상적 관념으로서의 불교적 신이 아니라, 눈 앞에 구체적 형태로 현현하는 신, 즉 나무 등으로 깎아 만든 구체적인 이미지로서의 신상이다. 그러나 비불로 취급된 아미타상 혹은 관음상이라고 그 모든 신상이 동일한 신앙의 대상이 되었던 것은 아니다. 그 개별적인 이미지의 유래 및 역사, 의미부여, 취급상황, 얽힌 이야기 등에 따라 초월적 능력, 종교적 가치가 달라진다. 불상이라는 물상에 신앙의 가치를 부여하는 것은 반불교적 내지는 비불교적인 사고방식이지만, 근세일본에 있어서는 이러한 비불교적인 사고가 오히려 기도문화의 가장 불교적인 바탕이었다. 근세일본에서 왕성하게 전개되어간 기도문화는 특화된 소비상품으로서의 신불의 세계를 일본식으로 독특하고 새롭게 창출해 가면서 전개되어 갔던 것이다.[21)]

근세일본의 대중적 기도문화는 또한 신불의 정해진 코스를 따라 순차적으로 종교적 여행을 진행하는 순례문화의 발전을 가져왔다. 근세일본은 가히 순례문화의 보고라 할 정도로 각종 각양의 신불의 순례코스가 개발되고 선전되고 확장되고 번창하였다. 유명한 순례코스로는 시코쿠의 오헨로 (お遍路)를 들 수 있고, 西國三十三觀音, 坂東三十三觀音, 秩父三十三觀音 등 觀音靈場의 순례코스가 있었다. 이들 이외에도 각종 신불을 중심으로 크고 작은 코스가 각지에 우후죽순

---

21) Hur (2009), pp. 51-53.

처럼 창출되고 모방되면서, 너도나도 순례객을 끌고자 노력하였다. 인구가 밀집한 도시지역에는 교통의 편의를 십분 활용하여 소규모의 순례코스가 끝없이 개발되었는데, 에도의 경우만 하더라도 그 수가 수십 개를 헤아렸다. 전국적으로 산재해 있는 순례코스를 소개하는 책자를 보면, 그 수가 수 백, 수 천을 헤아린다.[22] 근세일본은 종교 순례의 천국이었다.

집을 떠나 먼 순례의 길에 오르는 것은 신앙심과 종교적 기원의 간절한 마음에 기초하고 있었다. 효험이 높은 신불이 안치되어 있는 유명 사원을 하나 하나 순서대로 방문하면서 신앙의 마음을 바치고 기도를 하며 소원성취를 기원하는 것은 순례객의 일반적 모습이었다. 인근에 포진한 순례코스를 도는 것은 그리 어렵지 않았지만, 먼 거리에 서로 떨어져 있는 유명한 순례코스로 여행을 떠나는 것은 물론 일상적인 행위가 아니였다. 때문에 오랜 시간에 걸친 준비와 마음의 각오가 필요했고, 그 만큼이나 각 순례지에서 봉헌하는 기도는 일상적인 기도와는 다른 특별한 의미가 있었다.

4. 근세일본의 놀이문화와 寺社

근세일본에 있어 기도문화의 이면에는 놀이문화가 있었다. 여기에서 놀이라 함은 일상에서 벗어나 즐기는 오락, 여행, 식도락, 선물구입, 이색적인 체험, 관광, 타지인들과의 교류 등을 망라한다. 근세일본의 지배구조는 극히 분권적이면서도 동시에 幕藩秩序의 고정화를 위해 사람들의 이동을 제한했다는 인상이 깊지만, 실제에 있어서는 여행을 겸한 순례에는 큰 장애가 없었으며, 같은 행정구역 내에서의

22) 『全國靈場巡拝事典』 (2005) 참조.

이동은 거의 제한을 받지 않았다. 근세 일본인들은 종교적 명목으로 여행을 즐겼는데, 그렇다고 그러한 여행은 종교적 목적이 전부는 아니었다. 기도를 위해 신불을 찾는 행위의 이면에는 언제나 놀이의 요소가 있었으며, 놀이의 요소가 강할수록 신불에 대한 기도행위는 더욱 매력이 있는 경험이 되었다.

고대로부터 기도와 놀이는 동전의 양면을 이뤘다. 신불에의 기도는 놀이를 동반하고 있었고, 탈일상의 놀이에는 종교적 요소가 있었다. 이는 기도와 놀이를 실행하는 사람들에 있어서도 그렇고, 기도와 놀이는 구경하는 사람들에 있어서도 마찬가지였다. 기도에 놀이적 요소가 있는 것은 무엇보다 기도를 들어줄 신불을 기도의 제전에 불러오기 위해 행하는 몸짓에서 유래된 바 크다. 신도의 신사에서 기도를 봉헌하기에 앞서 신을 불러오기 위한 수단으로 神樂, 즉 신의 초빙을 위해 춤을 봉헌한다. 간단한 악기 혹은 종과 같은 보조물을 손에 들고 연기하는 神樂는 놀이의 요소가 다분히 있었고, 이를 관람하는 참관자도 놀이의 기분에 젖어들었다. 불교의례에도 놀이의 요소는 곳곳에 산재했다. 본당에 모셔져 있는 불상을 앞에 둔 제단도 장엄하게 장식되어 분위기를 만들어내고, 그 앞에서 행하는 의례는 여러 의례도구들과 배경 멜로디와 어우러져 놀이적 분위기를 연출했다.

불교사원과 신도신사에서 큰 종교행사가 개최될 경우에는 많은 인파가 몰렸다. 일상과는 다른 이색적이고 무언가 특별히 발산되는 초월적인 분위기에 방문객들은 들뜬 마음으로 행사에 참가하기도 하고 참관하기도 하면서 하루를 즐겼다. 보다 많은 인파를 끌어들이기 위해, 종교행사의 주최측에서는 비일상적이고 특이하며 장엄한 분위기를 만들고자 노력하였고, 그것이 경제적으로도 큰 수입을 불러왔다. 사람들이 모이면 장사꾼들도 모이게 마련이고, 길거리에는 먹거리 시장이 열리고, 오락을 제공하는 재주꾼들은 모처럼 찾아온 생업의 기회를 놓치지 않으려 했다.

德川幕府는 처음에는 사람의 이동을 제한하고자 했다. 이는 大名와 무사계급을 통제하기 위한 것이 주목적이었지만, 이러한 원칙은 일반인들에게도 적용되었다. 여행을 하기 위해서는 주요 길목에 설치되어 있는 關所에 제출하고 확인을 받아야 할 여행허가서인 手形證文이 필요했다. 근세초기에 발행된 手形證文을 보면 이동이 허용된 사유로서는 寺社參詣와 병치료를 위한 온천의 방문이 대다수를 차지했다.[23)]신불을 찾아 기도를 올리는 행위는 이동통제의 대상에서 제외될 수 있는 근거의 하나였던 것이다. 이렇듯 신불에의 기원은 통제의 대상 밖에 있는 일종의 비일상적 자유공간이었다.

근세의 일본인들은 외부로부터 침해받지 않는 비일상적 자유공간을 확보하고 이를 유지하고자 노력했다. 무엇이 자유공간으로 향한 갈구의 저변에 있었는가? 그것은 다름 아닌 기도와 그 이면에 있는 놀이에의 갈구였다. 놀이의 공간은 종교의 공간과 짝을 이루면서 도처에 창출되었다. 마을의 마쓰리도 그러하였고, 개인적 혹은 집단적인 寺社參詣도 그러하였으며, 각종 講 집단에의 참여도 그러하였다. 어느 마을, 어느 지역을 가도 각종 講의 조직을 볼 수 있었는데, 講에는 종교적 목적의 활동이 많았지만, 여기에도 모여서 음식을 같이하고 더불어 여가를 보내는 놀이적 요소가 다분히 포함되어 있었다.

가장 비일상적인 놀이는 타지역에 위치한 신불을 찾으면서 확대되었다. 며칠 씩 혹은 몇 달 씩 도보여행을 하면서 새로운 지역의 음식도 맛보고, 숙박지에서 이색적인 술자리도 갖고, 때에 따라서는 飯盛女와의 하룻밤도 즐겼다. 이를 총칭하여 物見遊山이라 불렀다.[24)] 사람들의 여행이 빈번해짐에 따라 東海道를 중심으로 필요한 거리마다 성립된 宿場는 날로 번창했으며, 여행객들을 위한 편의시설도 증

23) Vaporis (1994), pp. 217-254.

24) 宇佐美ミサ子 (2005), pp. 114-131 참조.

가하고, 심지어는 여행 보따리를 다음의 행선지까지 배달해 주는 영업 즉 지금의 여행사와 같은 회사들도 많이 생겨났다. 여행가이드북의 출판은 붐을 이루었고, 여행객을 노리는 쓰리꾼들도 활보했다. 하지만, 여행은 즐거운 놀이였다.

유명한 신불의 境內, 門前, 혹은 그 인근에는 몰려드는 인파를 상대로 여러 상업오락 시설이 우후죽순처럼 생겨나면서 여기저기 사카리바 (盛り場)가 탄생했다. 사카리바는 지금의 감각으로 말한다면 종교와 놀이의 양면을 갖는 유흥의 저자거리라고 할 수 있는데, 근세일본에는 유명한 사카리바가 많이 생겨나 오락의 발산지 역할을 했다. 에도의 경우에는 淺草寺의 사카리바가 유명했다. 雷門을 들어서면 본당에 이르기까지 양쪽으로 각종 기념품, 물품을 파는 仲見世가 즐비하게 늘어서 있고, 경내에 들어서면 水茶屋, 楊枝屋가 여기저기 산재하고, 곳곳의 빈 공터에서는 미세모노(見せ物)의 전시장이 펼쳐져 있었으며, 서커스의 연기마저 볼 수 있었다.[25)]

신불이 진좌되어 있는 본당을 중심으로 그 주변의 경내는 종교적으로 본다면 가장 신성한 장소가 된다. 淺草寺의 경우도 淺草觀音秘佛이 안치되어 있는 본당은 모든 중요한 종교의례가 집전되고, 참배객이 반드시 찾아 기원을 봉헌하는 곳으로, 淺草寺 경내에서 가장 신성한 장소였다. 그러나 동시에 본당을 둘러싼 경내는 놀이의 중심지이기도 했다. 경내에 산재한 水茶屋와 미세모노는 그러한 놀이와 오락의 상징이었다. 淺草寺는 근세에 화재로 큰 피해를 입곤 했는데, 화재가 발생하여 경내의 水茶屋가 철거되면, 水茶屋의 주인들은 화재의 피해로부터 영업시설이 회복될 때까지 仮宅을 허가해 달라고 정부에 탄원을 하곤 했다. 그러면 정부는 기한을 정하여 仮宅을 허가해 주었다. 仮宅이란 水茶屋가 소실되었으므로 인근의 門前에 방을 빌려 하

25) Hur (2000), pp. 47-70.

는 영업의 형태를 지칭하는 것으로, 그 영업이란 다름 아닌 吉原에서 진출한 遊女들에 의한 성의 매매였다.[26] 다른 말로, 淺草寺의 가장 성스러운 경내에 산재한 水茶屋에서는 평상시 버젓이 성의 매매가 이루어졌던 것이다. 가장 신성한 종교공간에서 가장 세속적인 행위가 이루어졌다는 의미이다.

음행은 불교에서 엄격히 금지하는 戒律의 하나이다. 그러나 그러한 금지조목은 淺草寺의 가장 성스러운 경내에서는 백지화되었을 뿐만 아니라, 성의 매매라는 형태로 공공연히 도발되었다. 반대개념으로 인식되는 聖과 俗은 짝이 되어 동전의 앞뒷면을 이루었고, 이에 대해 근세의 일본인들은 어떠한 위화감도 느끼지 않았다. 성과 속이라는 개념은 근대의 산물이었다. 성관음비불에 기도를 봉헌하고 나와서는 바로 옆에서 성을 사면서도 근세 일본의 불교도 나아가 일반인들은 아무런 갈등도 이상함도 느끼지 않았다. 성은 속으로 통하고, 속은 성으로 통했다.

일본의 가장 존숭받는 장소는 아마도 天照大神가 진좌하고 있는 伊勢神宮일 것이다. 근세일본에 있어서도 伊勢神宮는 전국을 달군 寺社參詣의 정점에 있었다. 많은 사람들이 찾고 많은 사람들이 방문하고자 했다. 이렇게 해서 오카게마이리 (お陰參り) 문화는 꽃을 피웠다. 특히 60년에 한번씩 오는 특별한 절기가 되면 이세로 가는 길목은 인파로 북적였다. 수십만 혹은 수백만의 인파가 몰렸다는 기록이 전해지고 있다. 이들 인파의 관심이 아마테라스 태양신에 대한 숭배에 있었을까? 아마테라스 보다는 곡물의 신인 外宮에 진좌되어 있는 豊受大神를 향한 기원행위가 보다 인기가 있었다고 한다.

그러나 그러한 종교적 기도의 봉헌 보다 더 큰 인기를 끈 것은 사실은 神宮에서 약간 떨어진 곳에 있는 사카리바였다. 이세에 도착하

26) Hur (2000), pp. 136-150.

여 간단히 參宮를 한 후, 참배객들은 이곳 사카리바에 여장을 풀고 음식과 술을 들고, 연극을 보고 연회를 하면서 고대했던 여행의 진짜 즐거움에 빠져들었다. 이세의 사카리바는 한창 번성할 때에는 1000명 이상의 遊女로 북적였다. 이들은 이세의 參拜客들에게 섹스를 제공했다. 이러한 유녀와의 시간을 근세 일본인들은 쇼진오토시 (精進落し)라고 했다. 많은 남자 방문객들은 伊勢神宮을 참배하는 종교적 精進을 마친 후, 이를 떨구어 버리는 "쇼진오토시"로 발걸음을 옮겼다.[27] 쇼진오토시는 구조적으로 본다면 伊勢神宮 참배의 클라이맥스이자 대단원의 막내림이었다. 기도와 놀이는 상반하여 존재한 것이 아니라, 일본 최고의 聖地에서 하나로 합체되었던 것이다.

5. 맺음말

근세일본의 종교문화는 무엇보다 신불 중심이었고, 그 신불은 종류도 많고 기능도 다양했다. 불교의 종파 또한 다양했다. 어느 한 종파가 독점적인 지위 및 영향력을 행사하는 구도가 아니었다. 큰 불교 사원의 경우도 幕藩 시스템처럼 고도의 독립성을 갖는 수십 수백개의 寺院들이 모여 전체를 구성하는 형태였다. 내부적인 다양성과 자율성이 조화를 이루었고, 국가정책을 최대한 이용한 불교는 중세의 지옥문제를 해소시켜 주었다. 신도의 경우는 불교에 종속적이면서도 연면히 그 독특성을 유지했다.

신불의 쌍두마차에 의해 전개된 종교문화는 기도와 놀이문화의 개화를 초래했다. 사회적 유동성이 제고되면서, 개인으로 집단으로 근세의 일본인들은 신불에의 기원행위에 많은 시간과 재원을 할애했

27) Hur (2000), p. 257.

다. 그러한 기도 기원행위는 놀이적 요소를 포섭하고 있었다. 이는 전국시대가 종언을 고하고 평화의 시대가 지속되면서 심화된 현상이었다. 신불이 제공하는 비일상적 자유공간은 사회계급의 벽을 낮추어 주고, 여기에서 이루어지는 기도와 놀이는 사회신분에 관계없이 누구에게나 열려있었다.

비교적 자유롭고 자율성이 높았던 기도와 놀이문화는 공권력에 있어 부정적으로 작용하는 것만은 아니었다. 고정된 계급질서에 대한 의문, 분출하는 욕망, 고개를 드는 불만의 목소리를 잠재우는데 있어 기도와 놀이는 간접적으로 공권력의 통치를 도와주었다. 사회에 불만의 가스가 차오르면 이것이 폭발하기 전에 김을 빼어주는 역할을 했던 것이다. 8대 쇼군 吉宗는 에도의 넘치는 에네르기를 해소시켜 주는 방안으로 淺草寺와 스미다강 근처의 지역에 놀이공원을 만들기도 했다.[28] 현실이 해결해 주지 못하는 욕망은 기도가 해소시켜주고, 현실에서 쌓인 울분은 놀이가 해소시켜 주었다.

하지만 기도와 놀이의 도구적 효용은 공권력이 주도적으로 기획한 정책의 결과물은 아니었다. 자연발생적으로 일어난 현상을 사회질서의 유지를 위한 통로로 흐르게 했던 것이다. 하지만 이러한 신불에 대한 유연한 대응태도는 메이지의 중앙집권국가가 되면 변화하기 시작한다. 천황제국가의 구축을 위해 모든 정신 에너지를 중심 한 곳으로 모으는 가운데 종교도 국가의 일극점에 종속시키는 것이 필요하다고 판단했던 것이다. 神佛分離, 국가신도가 추진되고, 미신타파라는 미명하에 전통과 관습은 통제되었다. 근대로 들어서면서 새로운 문물의 도입으로 놀이의 자원도 문명의 이기가 발전하면서 한층 다양화되었다. 근세의 놀이문화도 여기에서 큰 전환점을 맞이하게 되었다.

정치 및 지배구조와 맞물리는 가운데 근세일본의 기도와 놀이문

---

28) Jinnai (1995), p. 101.

화는 일본인 특유의 사유구조를 형성하면서 전개했다. 일본에 있어 신불의 세계는 기독교의 하나님, 이슬람의 알라, 혹은 성리학의 性/理/太極 등의 초월적 궁극원리와는 거리가 멀었다. 성리학이 성과 리의 궁극원리에 기반하여 전개되는 사유구조라면, 일본의 신불의 세계는 코코로 (心, 마음)에 착지하여 전개되는 사유구조였다. 근세일본의 가장 대표적인 유학자로 일컬어지는 荻生徂徠는 주자가 이야기하는 만물의 근본원리인 性과 理는 구축된 허구적 이론이라고 일축했다.[29] 성리학의 이론으로는 일본사회가 도저히 설명될 수 없었던 것이다. 荻生徂徠는 性/理/太極을 부정했지만, 여전히 근세일본의 최고의 유학자였다. 현실과 이론 사이에 메울 수 없는 괴리가 존재한다면 그 이론은 잘못된 것이라고 주장하면서, 荻生徂徠는 일본의 현실을 설명하기 위해 성리학 이전의 고대유교에서 그 실마리를 찾고자 했다.

근세 일본인들은 코코로에서 출발하여 사유를 전개했다. 신이란 무엇인가? "인간의 욕망이 바로 신이었다" (欲は神なり). 인간의 있는 그대로의 마음, 인간의 솔직한 욕망이 다름 아닌 신이라고 국학자들은 파악했고, 이러한 인식은 일상생활에서 실천으로 옮겨졌다. 인간이 갖고 있는 코코로를 저 멀리 높은 곳에 있다고 상정하는 추상적인 유일신의 경지로 끌어올리려 하는 노력은 근세일본에서는 찾아보기 힘들었다. 인간의 코코로를 무엇인지 잡히지도 않고 아득하여 알 수도 없는 무슨 궁극원리에 꿰어 맞추려 하지 않았다. 있는 그대로의 마음, 있는 그대로의 인간으로서의 욕망을 진지하고 솔직하게 추구하는 것이 신에 가까이 가는 것, 즉 신불의 세계로 자기를 끌어 올리는 것이라고 자연스럽게 믿었던 것이다. 일본은 근세에 그리고 그 후에도 결코 유교의 나라가 될 수 없었다. 기도와 놀이는 인간 코코로의 솔직한 추구이자 표현의 통로이며 그 도달점이었다. 근세일본의 종교문

29) 이에 대한 자세한 논의는 Sagers (2006), pp. 20-22 참조.

화는 조선과는 근본적으로 다른 사유구조 위에서 전개되었던 것이다.

이러한 근세일본의 사유구조, 아니 일본인의 사유구조가 어디에서 연유하는가의 문제는 아주 중요한 연구의 대상이다. 이를 좀 더 정확하게 묻는다면 어디에서 왔는가의 문제가 아니라, 어떠한 환경 속에서 배태되고 형성되고 확산 심화되었는가에 대한 물음이 될 것이다. 일본은 조선과는 다른 종교전통을 발전시켜 왔고, 독자적인 정치구조, 사회질서를 유지하여 왔다. 근세일본은 조선과는 많이 다른 사회였다. 권력, 경제, 문화의 분배구조가 다르고, 지식권력의 존재형태가 다르고, 사회질서의 체제가 다른 사회였다. 각 촌락의 자율성과 독립성은 조선과는 다른 독특한 존재구조를 형성했다. 말하자면, 근세일본은 조선과는 다른 물적구조 위에서 일본 특유의 생존구조, 욕망구조, 가치관, 종교문화를 전개한 사회였다. 이들 복잡하게 얽힌 제반 문제들에 대해 필자는 답이 준비되어 있지 않지만, 언젠가는 반드시 천착해야 할 중요한 과제라는 점에는 큰 확신을 갖고 있다.

참고문헌

Grapard, Allan G. "Religious Practices." In The Cambridge *History of Japan, Volume 2, Heian Japan.* Eds. Donald H. Shively and William H. McCullough. Cambridge: Cambridge University Press, 1999.

Hardacre, Helen. *Religion and Society in Nineteenth-Century Japan: A Study of the Southern Kantō Region, Using Late Edo and Early Meiji Gazetteers.* Ann Arbor: Center for Japanese Studies, University of Michigan, 2002.

Hur, Nam-lin. *Prayer and Play in Late Tokugawa Japan: Asakusa Sensōji and Edo Society.* Cambridge, M.A.: Harvard University Asia Center, 2000.

Hur, Nam-lin. *Death and Social Order in Tokugawa Japan: Buddhism, Anti-Christianity, and the Danka System.* Cambridge, M.A.: Harvard University Asia Center, 2007.

Hur, Nam-lin. "Invitation to the Secret Buddha of Zenkōji: Kaichō and Religious Culture in Early Modern Japan." *Japanese Journal of Religious Studies* 36/1 (March 2009), pp. 45-64.

Hur, Nam-lin. "Funerary Rituals in Japanese Buddhism." *In The Wiley Blackwell Companion to East and Inner Asian Buddhism.* Ed. Mario Poceski. Oxford: Wiley Blackwell, 2014.

Jansen, Marius B. *The Making of Modern Japan.* Cambridge, M.A.: The Belknap Press of Harvard University Press, 2000.

Jinnai, Hidenobu. To*kyo: A Spatial Anthropology.* Trans. Kimiko Nishimura. Berkeley: University of California Press, 1995.

LaFleur, William R. *The Karma of Words: Buddhism and the Literary Arts in Medieval Japan.* Berkeley: University of California Press, 1983.

Matsumae, Takeshi. "Early Kamin Worship." *In The Cambridge History of Japan, Volume 1, Ancient Japan.* Ed. Delmer M. Brown. Cambridge: Cambridge

University Press, 1993.

Sagers, John H. *Origins of Japanese Wealth and Power: Reconciling Confucianism and Capitalism, 1830-1885*. New York: Palgrave Macmillan, 2006.

Vaporis, Constantine Nomikos. *Breaking Barriers: Travel and the State in Early Modern Japan*. Cambridge, M.A.: Harvard University, Council on East Asian Studies, 1994.

田中爲芳編集,『新全國寺社佛像ガイド』(東京: 美術出版社, 2006)

圭室文雄,「江戸時代の村鎭守の實態: 水戸藩領村鎭守の數量的檢討」『明治大學教養論集』三六八号(2003)

宮田 登,『はやり神と民衆宗教』(東京: 吉川弘文館, 2006)

村上弘子,『高野山信仰の成立と展開』(東京: 雄山閣, 2009)

宇佐美ミサ子,『宿場の日本史: 街道に生きる』(東京 : 吉川弘文館, 2005)

『全國靈場巡拜事典』(東京: 大法輪閣, 2005)

〈근세 일본 서민들의 종교문화와 사생관〉 토론문

김경희(단국대)

한국의 조선시대와 일본의 에도 시대가 갖는 중요한 의미 중 하나는 오늘날의 한국과 일본의 정신문화를 살펴볼 수 있는 그들 특유의 사유구조가 형성되기 시작한 시기라는 점입니다. 허남린 선생님의 논고는 근세 일본 서민들의 다양한 종교문화에 대해 살펴볼 수 있을 뿐만 아니라 조선의 종교문화와의 차이를 규정짓는 그들의 사유구조를 이해한다는 점에서도 매우 흥미로운 시사점을 얻을 수 있었습니다.

그러한 의미에서 허남린 선생님의 글을 읽고 토론하게 된 것을 영광으로 생각합니다. 일본 근세 사상과 종교 문화사에 대한 해박한 지식을 엿볼 수 있었으며 개인적으로 많은 공부가 되었습니다. 에도시대의 문학작품에서 출발하여 종교 사상사 쪽으로 공부를 넓혀가며 관심사 속에서 개인적으로 가졌던 의문들의 갈증이 해소되는 기분으로 매우 흥미롭게 읽었습니다. 이에 대해 선생님께 다시 한번 감사드리며 보다 깊은 이해를 위해 다음 두 가지 점을 여쭙고 싶습니다.

첫째, 근세 일본인들의 종교문화는 불교와 신도가 중심을 이루었지만 보다 기본이 된 것은 불교였다고 하셨습니다. 그리고 조선의 불교사원과는 달리 일본 불교사원에 진좌되어 있는 신들은 대부분 개체화되고 기능적으로 개별화되어 있다는 점, 그 개별성이 불교 신들에 대한 신앙과 숭배의 모태가 되어 근세 서민들의 다양한 기도문화와 순례문화로 발전했고 급기야 종교적 자유공간 속에서 개화한 놀이문화는 근세 일본을 "신불의 나라"로 만들었다고 언급하셨습니다. 과연 일본 근세 종교문화사에 대한 통찰과 해박한 지식이 돋보이는 명쾌한 논리라고 느꼈습니다. 그럴수록 그러한 근세 일본인들의 종교문화를 만들어낸 사유구조는 어디에서 연유한 것인지에 대한 의문이 커집니다. 그것에 대해 선생님은 맺음말을 통해서 성리학이 성과 리의 궁극원리에 기반하여 전개되는 사유구조라면 일본 신불의 세계는 고코로(心, 마음)에 착지하여 전개되는 사유구조였다고 조선의 그것과 대비시키면서 답안을 제시하고 계십니다. 있는 그대로의 마음, 있는 그대로의 인간적인 욕망을 진지하게 추구하는 것이 신에 가까이 가는 것이라고 사유했고, 거기에서 출발한 기도와 놀이는 인간 고코로의 솔직한 추구이자 표현의 통로이며 그 도달점이라고 하셨습니다. 선생님의 논리와 주장에는 근본적으로 공감을 하며 이견이 없습니다만, 이 부분을 통해 좀 더 알고 싶은 점은 근세 일본인의 고코로라고 하는 마음에 관해서입니다. 이 고코로(心, 마음)는 근세 국학자들이 말하는 '가라고코로(漢心)'와 '야마토고코로(大和心)'의 '야마토고코로'로서 파악하면 되는 것인지, 아니면 그것보다 더 이전의 고코로를 가리키는 것인지 하는 점입니다. 또한 국학자들은 유교나 불교 등을 외래 사상으로 보아 그것을 배제하고 그것으로부터 해방되어 일본 고대의 모습을 있는 그대로 이해하고자 했다고 생각합니다만, '가라고코로'로서의 유교와 불교가 갖는 측면과, 논고에서 언급하신 불교의 다양한 종교문화를 이루는 사유전개의 출발인 '고코로'는 서로 어떻게 이해하면 좋을까요?

둘째, 근세 일본인들은 종교 행사를 통해 비일상적인 자유공간을 확보하고 그것을 유지하고자 노력했다고 하셨습니다. 淺草寺를 예로 종교의례가 거행되는 경내에 성 매매가 이루어지는 미즈차야(水茶屋)

가 산재해 있었다는 것은 가장 신성한 종교공간에서 가장 세속적인 행위가 이루어졌다는 의미로 매우 흥미롭습니다. 또한 신사나 절 주변에 형성된 이름난 몬젠마치(門前町)에 놀랍게도 매춘 영업소가 우후죽순으로 들어서고, 신사참배를 마치거나 절에서 불공을 드린 후 남자들이 사창가에 들러 매춘을 하는 것을 신을 참배하고 난후 환속한다는 의미로서 '쇼진오토시(精進落とし)'라고 불렀다고 하셨습니다. 가장 성스러운 장소여야 할 신사나 사원 근처에서 어쩌다가 매춘이 성했는지 정말 아이러니가 아닐 수 없는 대목입니다. 예전에 제가 일본의 유녀에 관한 짤막한 글을 쓰기 위해 책을 읽던 중 사에키 준코(佐伯順子)씨가 『유녀의 문화사』(1987)라는 저서에서 '고대의 유녀는 신과 함께 노는 자로서 성(聖)스러운 자임과 동시에 성(性)적인 자였다'고 지적하며 유녀는 원래가 성스러운 존재였다고 기술한 부분을 읽은 적이 있습니다. 학술적으로도 '성(性)'적인 것을 '성(聖)'스러운 것으로 인정하였다는 것인데 매우 흥미로운 학설이라고 생각했습니다. 또한, 중생에게 불도를 권하여 공덕을 쌓게 한다는 권화(勸化)의 의미로서 비구니의 모습을 한 매춘부들도 있었다고 하여 비구니의 모습을 한 여인을 사면 마치 보살이라도 만난 듯 참배라도 하는 기분을 갖게 하여 손님에게 또 다른 충족을 준다는 이야기였습니다. 고대의 '미코(巫女)'라 불리던 무녀가 유녀의 시초였다고 하는 유녀 기원설이나, 원래 고대로부터 일본인이 매춘을 관대하게 여겼다고 함을 감안하여도 앞서의 주장처럼 '性'을 '聖'스러운 것으로 여겼다고 것만으로 그들의 종교적 놀이문화를 이해하기에는 여전히 미진함이 남습니다. 이러한 점들을 선생님은 근세 일본인들이 인간의 솔직한 욕망을 추구하여 신에게 가까이 가는 행위이자 종교적인 기도문화 이면에 종교적 자유공간 속에서 벌어지는 놀이문화로 설명하고 계신 것으로 이해했습니다. 그러한 근세 일본인의 종교놀이에 대한 사유구조가 어떻게 형성되었는지가 매우 궁금해집니다. 약간은 질문의 초점이 일본인의 종교문화에서 성문화로 치우친 느낌이 듭니다만, 이 부분에 대한 선생님의 고견을 듣고 싶습니다.

근세 일본의 선조제사와 의례

-회덕당을 중심으로-

이기원(강원대학교)

1. 머리말

전근대 일본인들의 인생의례는 주로 불교와 신도에 의해 규정되었다. 나카무라 하지메는 『일본인의 사유방법』에서 주어진 환경과 조건을 그대로 긍정하여 수용하는 자세에 일본인의 사유방식을 찾으면서 이러한 현실세계의 강한 긍정의 바탕에 불교적 전통을 두고 있다. 불교적 전통이 강한 근세 일본 사회가 유교를 수용하여 유교가 정치 및 사회에 일정 정도 영향을 미치면서 이른바 '유자'층이 형성되었지만 유교적 사회는 아니었다. 유교사회의 근간이 되는 예법질서가 형성되어 있는지 등이 중요한 관건이 된다. 생활속에서 유교가 어떠한 영향력을 갖고 있는가이다. 주희는 예법에 대해 "천리의 절문, 인사의 의칙"(『논어집주』〈학이편〉)이라 하여 사회의 모든 제도나 의식, 규범이 예에 의해 구성되고 성립되어야 함을 강조한다. 예법질서에 따라 행동하고 말하고 대하는 실천을 통해 유교 사회는 성립된다. 주희가 『가례』를 집필하고 『가례』가 사회 전반에 보급되어 유교에 기반한 관혼상제를 실시하게 되면서 유교는 사회 생활 전반의 인생의례를 담당하는 가장 중요한 삶의 양식이 되었다. 이러한 『가례』는 일본에도 수용되어 일정 정도『가례』에 기초한 의례가 실시되었다.

하지만 불교적 전통이 강한 일본에서『가례』의 수용은 조선과 비교해볼 때 훨씬 강한 진통을 겪을 수 밖에 없다. 수토론(水土論)을 주장한 쿠마자와 반잔(熊澤蕃山, 1619~1691)의 유골은 매장해서 불교식의 무덤을 만들고 절에 안치했고, 그의 부모의 유체는 매장하여 유교식 봉분을 만들었다. 반잔과 같은 유자는 특징적이다. 데라우케 제도에 의한 장제의례는 유교에 의한 가례와 충돌할 수 밖에 없다. 이러한 상황에서 오사카(大阪)에서 탄생한 학문소 회덕당(懷德堂) 유자들이 가례에 따라 제사를 지냈다는 것은 상당히 파격적이었다.

이 글은 회덕당이 서일본에서 어떠한 방법으로 유교를 사회속으로 유포시켜가려 했는가, 이른바 유교 프락시스(Confucian Praxis)의 문제를 유교에 의한 가례실천의 측면에서 고찰한다. 유교 프락시스의 문제란 유교가 '일상'을 어떻게 규정하며 어떠한 삶을 영위할 것인가의 문제이다. 그 '일상'을 사생관이라는 측면에서 본다면 또 어떻게 달리 보이는가의 문제가 포함된다. 유교에 의한 가례의 실천은 전통적인 사생관과 충돌이 불가피할 수 밖에 없다는 점에서 회덕당의 유교 실천 문제는 중요성을 더한다.

회덕당은 미야케 세키안(三宅石庵, 1665~1730), 고이 란슈(五井蘭洲, 1697~1762), 나카이 치쿠잔(中井竹山, 1730~1804)과 나카이 리켄(中井履軒, 1732~1817)에 이르러 전성기를 맞고 이후 야마가타 반토(山片蟠桃, 1748~1821)에 이르면 서양과학까지 수용하여 전통적인 유학에서 변용된 '지'를 보여준다. 반토의 주저『꿈의 대용(夢の代)』은 천문·지리·의학·역사·제도·경제 등의 방대한 문제를 다루는데 이러한 백과전서식 지식은 반토의 학문이 반드시 전통적인 유학에 의해서만 구성된 것은 아니라는 점을 보여준다.

불교가 인생오례의 중심축에 있던 전근대 일본에서 회덕당은 불교식 제사가 아닌 유교식 제사를 실시했다. 그러면서도 회덕당에서는 무귀론을 주장한다. 반토의『꿈의 대용』의 〈무귀〉편은 회덕당의 유교에 대한 입장이 비교적 선명한 형태로 제시되어 있다. 그런데 무귀론의 주장과 조상 제사의 당위성 강조는 일견 모순된 것처럼 보인다. 거기에는 학문으로서의 유학과 가례 실천을 위한 유교가 공존해 있다. 유교 가례의 실천은 유교에서 가장 중시하는 효의 실천이다. 회덕당에서는 가례의 실천뿐만이 아니라 효자현창운동을 실시하여 유교를 오사카 서민들에게 유포시키는데 중요한 역할을 했다. 학문으로서의 유교와 현실적 실천으로서의 유교가 회덕당내에서는 공존해 있다. 회덕당은 유교의 본질에 대한 공부 이상으로 사회적 실천을 중시했으며 막부는 회덕당의 이러한 점을 중요시 했다. 서일본에서 회덕당을 관학으로 발전시키고자 한 회덕당 유학자들의 노력이 효자현창운동과 유교식 제사의 실천으로 나타났다고 할 수 있다.

2. 효자현창운동

『효경』의 마지막이 상제례를 다루고 있는 데서도 알 수 있는 것처럼 유교에서 가례는 효의 실천이다. 회덕당의 학교 이미지를 만드는데 결정적으로 기여한 것이 효자 현창 운동이었는데 학교 이미지뿐만이 아니라 상업도시 오사카에 유교를 적극적으로 보급시키는데도 중요한 역할을 했다. 나카이 치쿠잔에 의해 적극 시행된 효자 현창 운동은 회덕당이 서민 교화에 적극적으로 힘쓰는 교육기관으로 각인되는데 중요한 역할을 했다.

치쿠잔이 효자 현창 운동을 하게 된 동기는 미마사카국(美作國:오카야마 북부)의 요시노군(吉野郡) 다도노무라(田殿村)에 사는 이나가키 아사노죠(稲垣淺之丞)의 효행이 인정되어 1764년 막부로부터 표창받은 사건에 있다. 이나가키는 슈안 당시 회덕당에 기숙하던 학생으로 슈안의 천거로 안지번(安志藩·兵庫県)의 오가사하라가(小笠原家)의 유관이 된 인물이다. 그런데 향리에 혼자사는 노부를 돌볼 사람이 없자 사직하고 고향에 돌아가 노부를 모시고 살았다. 이러한 효행을 막부로부터 인정받은 것이다. 이듬해인 1765년에는 이나가키의 효행상을 다룬 『稻垣淺之丞純孝記錄』이 편찬되어 회덕당 동지회에서 회람되었다. 이것을 치쿠잔이 한문으로 다시 쓰고 동생 리켄이 발문을 써 『子華孝狀』이라는 제명으로 회덕당판으로 출판했다. 이보다 앞선 1739년 나카이 슈안은 『五孝子傳』을 썼으며 치쿠잔은 카도노군(葛野郡·京都府) 가와시마무라(川島村)의 효자 기베에(儀兵衛)의 효행상을 「孝子儀兵衛記錄」과 『革島物語』라는 제명으로 간행하고, 이어 『정부상의 기록(貞婦さんの記録)』이라 하여 타쓰노(龍野)에 사는 상(さん)의 효행상도 간행하여 널리 알렸다.[1)]

회덕당이 효를 중요하게 여긴 것은 '충효를 첫째로 여긴다'는 회덕당 건립정신에 잘 나타나 있는데 〈효자전〉의 간행은 그러한 건립 정신의 사회적 교화와 실천에 해당한다. 회덕당에서 효자 및 효손(孝孫)에 어느 정도로 깊은 관심을 가졌는지를 알 수 있는 사료로 라이 슌수이(賴春水)의『在津紀事』에는 "리켄은 다른 사람과 이야기 하다가 민간의 효자, 순손에 대한 얘기에 이르면 얼굴 표정까지 바꾸어 이것을 칭찬했다. 그 모양이 바보같았는데 평소의 호걸한 모습과는 전혀 닮지 않았다. 치쿠잔도 또한 그러했다"[2)]는 일화가 전해온다. 그 정도로 회덕당에서 효자 현창 운동은 서민 교화의 소재로 중요한 역할을 한 것이다.

회덕당의 효행기록중에서 효자현창운동의 계기가 되는 나카이 슈안의 『오효자전』을 살펴보자. 오사카에서 해운 화물업을 하는 선주

---

1) 加地伸行, 『中井竹山·中井履軒』(日本の思想家24), 明德出版社, 1980, 82~85쪽.

2) 賴春水, 『在津紀事』 下(『新日本古典文學大系』97), 岩波書店, 2000, 245쪽.

가쓰라야 타로베(かつらや太郎兵衛)에게는 장녀 이지(伊知, 16세)를 비롯한 4명의 아이와 양자 1명 도합 5명의 자녀가 있다. 가쓰라야의 배의 선장 신칠(新七)은 아키타(秋田)에서 오사카까지 쌀을 운반하는 일을 했는데 도중 폭풍을 만난 배가 망가지고 쌀의 일부가 물에 잠겨버리자 오사카로 돌아온 그는 변상이 두려워 쌀을 전부 잃어버렸으며 배도 망가졌다고 거짓말을 했다. 그러고는 주인 몰래 쌀을 내다 팔고 망가진 배까지 팔아버린 신칠은 그 돈의 일부를 가쓰라야에게 주고는 도망을 가버렸다. 가쓰라야 역시 돈에 마음이 흔들려 그것을 받고 말았다. 나중에 사건을 수상히 여긴 쌀주인에게 발각되어 가쓰라야는 체포되고 사형에 처해지게 되었다. 이러한 사실을 알게 된 장녀 伊知는 "지금 이러한 죄를 범한 것은 우리들의 생활에 마음이 흔들린 것이다. 그렇다면 우리들이 목숨을 바쳐 아버지 대신 벌을 받는 것을 봉행소에 청원하면 어떻겠는가?"[3]하고 동생들에게 호소했다. 이에 동생들이 함께 오사카 봉행소에 청원한 결과 오사카 성주의 대리(城代) 비츄가미(備中守) 오타(太田侯)가 불쌍히 여겨 가쓰라야에게 오사카 삼경 추방(오사카 삼경:北組, 南組, 天満組에서 추방하는 것)이라는 가벼운 형벌을 내렸다. 이러한 이야기를 슈안이 필록한 것이 『오효자전』이다.[4]

다음으로 치쿠잔의 『정부 상의 기록』을 보자. 산(さん)은 후쿠치야마(福知山:교토후)의 아야베(綾部)에서 태어났다. 그녀는 후쿠치야마에 있는 묘각사(妙覚寺)의 승려 교순(教順)과 혼인하여 아들을 낳았다. 남편인 교순은 묘각사 주지의 양자였는데 양부와 트러블이 생겨 일가는 교순의 고향인 타쓰노(龍野:효고현)로 돌아갔다. 그러나 5년 후 아들이 죽자 교순은 너무나 슬픈 나머지 미쳐버렸다. 일가는 다시

3) 中井甃庵, 『五孝子傳』 2쪽(西村時彦, 『懐德堂五種』, 松村文海堂, 1911).

4) 中井甃庵, 『五孝子傳』 5쪽에 "오효자전은 나카이 슈안이 기록한 것"이라 되어 있다.

타쓰노의 사에무라(佐江村)로 옮겼다. 이후 두 명의 딸을 얻었는데 생활이 어려워지자 상은 바느질이나 빨래 등으로 근근히 먹고 살면서도 폭력을 휘두르는 남편을 극진히 모셨다. 이러한 사실을 전해들은 치쿠잔이 모금을 하여 이들을 도왔다.[5)]

치쿠잔의 『몽양편』은 일륜의 도리를 제시한 짧은 글로서 효제에 대한 설명을 시작으로 오륜에 대한 이해를 시키고 있다.

> 부모를 좋게 섬기는 것을 효라하고 윗사람을 좋게 섬기는 것을 제라 이름한다. 효제 두 글자는 주야로 마음에 두어 일생 잃어버리지 말아야한다. 부자, 군신, 부부, 장유, 붕우를 오륜이라 하며 하루도 떠나지 말고 중요하게 그 길을 지켜야 한다.(『몽양편』, 1쪽[6)])

회덕당이 충효의 교화에 건립 목적을 둔 것에서 알 수 있는 것처럼 상인 윤리를 포함하여 서민들의 도덕 윤리의 구체적 내용을 알기 쉽게 전하고 있다. 이어 치쿠잔은 항심(恒心)을 "사농공상 각각의 직분이 있으며 평생토록 다른 생각을 품지말고 자신의 직분을 지키는 것"[7)]이라 하여 분한을 넘지 않고 자신의 위치를 지킬 것을 강조한다. 그런데 '항심'[8)]에 대한 자신의 직분을 지키고 다른 생각(他念)을 품지 않는다는 해석은 일반적인 해석과는 거리가 있다. 『맹자』에 전거를 갖는 '항심'은 도덕성을 말하는 것으로 인의예지의 선한 도덕 본성을

---

5) 中井竹山, 『貞婦さんの記錄』(西村時彦, 『懷德堂五種』, 松村文海堂, 1911).
6) 中井竹山, 『몽양편』(西村時彦, 『懷德堂五種』, 松村文海堂, 1911).
7) 中井竹山, 『몽양편』, 5쪽.
8) 떳떳한 생업이 있는 자는 떳떳한 마음을 갖고 떳떳한 생업이 없는 자는 떳떳한 마음이 없는 것이니 만일 떳떳한 마음이 없으면 방벽함과 사치를 할 것이다.(『孟子』〈滕文公上3〉: 有恒產者有恒心, 無恒產者無恒心, 苟無恒心, 放僻邪侈, 無不爲已).

지키고 드러내는 것을 말한다. 치쿠잔처럼 다른 생각을 품지않는 것으로 '항심'을 해석하는 것은 막부의 시책을 충실하게 따르게 하기 위한 교화적 차원에서의 해석으로 이해할 수 있다. 이러한 점을 보면 회덕당이 막부와 어떠한 연관성을 갖고 있었는지를 어느 정도는 짐작할 수 있다. 또한 "사람은 정직을 근본으로 삼고 재능은 그러한 다음의 일" 이라거나 "재능이 있어도 본심의 덕이 없다면 그 재능은 쓸모없는 것"이라는 언설은 회덕당이 추구하는 것이 무엇이었는지를 알게 해준다.[9] 여기서 치쿠잔이 말하는 '본심의 덕'은 무엇일까? 『몽양편』은 오륜의 덕을 설명하는 것으로 시작한다는 점에서는 오륜이라 생각할 수 있는데 한편 "인의예지는 사람이 하늘로부터 받은 사덕(四德)으로 만 가지의 선은 모두 여기에서 나온다"[10]고 한 것과 함께 생각해본다면 마음에 본유되어 있는 인의예지의 선에서 나오는 오륜의 덕이라 할 수 있다. 이러한 점에서 보면 치쿠잔의 『몽양편』은 『맹자』에 기초해 있다. 이처럼 회덕당에서는 오륜 질서에 관한 내용을 평이한 언어를 구사하여 일상에서 지켜야만 되는 덕목을 알기 쉽게 설명하고 있다.

회덕당에서 실시한 효자 현창 운동은 당시 막부의 서민 교화 정책의 연장선에 존재한다. 서민들이 자발적으로 만든 학습소 데나라이주쿠(手習塾)는 향보기(享保期, 1716~1736)에 오면 적어도 마을마다 존재할 정도로 광범위하게 보급되어 있었다. 막부가 주도하는 서민 교화책은 데나라이주쿠까지 시야에 넣고 있었다. 민중들의 자발적 활동을 전제로 하면서도 막부는 정략적으로 데나라이주쿠를 이용한 위로부터의 통제를 계획했다. 특히 요시무네는 데나라이주쿠에서 사용하는 교재로 『육유연의대의(六諭衍義大義)』나 『오인조장전서(吾人組帳前

9) 中井竹山, 『몽양편』 3쪽.
10) 中井竹山, 『몽양편』 11쪽.

書)』 등을 편찬, 간행하여 데나라이시쇼(手習師匠)에게 배포하거나 좋은 효과를 내는 시쇼를 포상하게 했다. 예를 들어 1711년(正德元年)에 내린 닷시(達)에는 데나라이주쿠가 습자 교육이라는 전 계층 공통의 기초 교양이나 가정교육의 결함을 보완하는 기관이며 풍속시정을 위한 예의작법이나 충효의 실천 도덕을 가르치며 교과 내용으로는 『실어교』·『대학』·『소학』·『여금천』·『여훈』·『여효경』등을 제시하고 있다.[11] 이러한 막부의 서민교화정책의 목적에 대해 이시가와 겐(石川謙)은 사회문제의 발생이나 점차 확대되는 외국과의 교류에 의한 위기의식이 형성되면서 전 국민적인 정신통일의 필요성이 강하게 대두되었다고 지적하며 야마시타는 중앙집권적 권력 강화책이나 신분제도의 확립 등을 들고 있다.[12]

1722년 막부는 『육유연의대의』를 출판한다. '육유'란 명의 태조의 명으로 만들어진 6개 항목에 걸친 도덕을 지칭한다. 명의 범광(范鋐)이 '육유'를 해설하여 『육유연의』라는 제명으로 출판한다. 요시무네는 이 『육유연의』를 소라이에게 훈점을 날게 하고는 무로 큐소에 일역시켜 출판했다. 『육유연의대의』는 ①효순부모(孝順父母), ②존경장상(尊敬長上), ③화목향리(和睦鄕里), ④교훈자손(教訓子孫), ⑤각안생리(各安生理), ⑥무작비위(毋作非爲)의 6항목에 걸쳐 설명이 들어 있다. 이 책의 간행 목적에 대해 "본조의 사민으로 충효절의의 길을 알게 하기 위해 습자, 소독(素讀) 지남을 하는 데라코야 선생에게 내려 정성껏 가르쳐 훈계하게 한다"고 했다.[13] 막부는 전국의 데나라이주쿠에 이것을 습자 교본으로 사용하게 했으며 데나라이시쇼를 포상할 때도 이 『육유연의대의』를 부상으로 하사했다. 결국 『육유연의대의』

---

11) 山下武, 『江戶時代庶民教化政策の研究』, 校倉書房, 1969, 49~50쪽.
12) 石川謙, 『寺子屋』, 至文堂, 1960, 77~84쪽; 山下武, 위의 책, 45~46쪽.
13) 『六諭衍義大意』, 7쪽(『日本道德叢書』, 1901): "本朝の士民をして忠孝節義の道を知らしむ, 手習素讀指南の寺子屋の者共召出され精々教訓致すべき."

의 간행은 충효도덕을 서민들에게 체득시켜 풍속의 교화를 이루려는 의도가 배어있었다. 이러한 서민 교화정책은 막부가 주도하는 『孝義錄』의 간행 보급으로 이어진다.

관정원년(1789) 3월 마츠타이라 사다노부(松平定信)는 전국의 위정자들에게 효행이나 기특한 자들의 상찬이나 그 기록이 있으며 모두 보고하도록 했다. 각 번에서 수집한 보고서를 바탕으로 『효의록』(50권)이라는 제명으로 1800년 완성된다. 이 『효의록』은 전국별로 효행자, 충의자, 정절자, 형제 가족 화목, 기특자 등의 항목별로 상찬의 내용과 인수(8610명)가 기재되어 있다. 항목중에서 과반수를 차지하는 것이 효행자로 5523인이다.[14] 막부는 『효의록』의 간행을 통해 민중에게 충효의 유학적 도덕주의를 심어주려는 의도를 갖고 있었다. 여기에는 충효를 기반으로 하는 유교의 덕목을 생활속에서 실천할 수 있는 풍속의 조장이 전제되어 있다.

회덕당에서의 효자 현창 운동은 회덕당이 막부의 교화시책에 적극적으로 협조함으로써 회덕당이 사적인 학문소가 아닌 교육의 공적 질서를 형성하는데 중요한 역할을 한다는 것을 각인시키는 좋은 사례가 된 것이다.

3. 이단론과 무귀론

불교가 서민 생활을 조장하던 일본에서 유교식 제사의 실천은 수용되기 어려운 면이 존재할 수 밖에 없다. 유교에 입각한 제사를 실천하기 위해 먼저 살펴볼 것은 반토의 무귀론이다.

회덕당의 초대 학주 미야케 세키안은 주자학자 아사미 케이사이

14) 山下武, 위의 책, 314~324쪽.

(淺見絅齋, 1652~1711)에 입문한다. 이후 세키안은 육왕학으로 기울었지만 주자학을 버리지는 않았다. 『선철총담』에서는 "세상이 세키안을 야학문(鵺學問)이라 불렀다. 머리는 주자, 꼬리는 양명이며 목소리는 진사이와 닮았다"[15]고 비난한다. 회덕당은 태생 부터가 '야학문', 즉 정체 불명의 학문이었다. 이러한 비판은 회덕당 내부에서도 있었는데 회덕당의 교수였던 고이 란슈는 "세키안의 학문은 종지가 없다. 약을 팔아 업을 삼으면서도 즐겨 의술을 논한다. 세속에서 이를 두고 야학문이라 말한다. 머리는 주자, 꼬리는 육상산, 손발은 왕양명과 같으며 우는 소리는 의사와 닮았다고 한다"고 했다.[16] 4대 학주 나카이 치쿠잔은 세키안 보다는 주자학의 입장에서 교육을 실시했다. 치쿠잔은 소라이, 진사이는 물론 형식에 너무 치우친 안사이학을 배척했다. 그렇다고 해서 회덕당이 줄 곧 주자학만을 고집한 것은 아니다. 학문에 대한 유연성이 있었기 때문에 반토와 같은 지식인의 출현이 가능했다.

유연한 학문을 추구하면서 무귀론을 주장하는 반토의 입장에서 이단은 어떠한 의미인가를 보자. 이단에 대한 일반적인 전거는 『논어』「위정편」의 "攻乎異端, 斯害已"에 있는데 반토의 스승 리켄은 "그 길을 해치고 인심을 해치는 것인데 이단을 공격하여 배척하는 것은 도를 해치기 때문"[17]이라 했다. 여기서 길을 해치고 인심을 해치는 가장 큰 이단은 불교였다. 반토는 불교의 문제점으로 크게 세 가지를 제시한다. 먼저 불교는 자신의 안락만을 위할 뿐이지 천하 국가를 위한 것이 아니다. 둘째 불교에서 주장하는 지옥극락은 존재하지 않는데 인도가 더운 나라이기 때문에 시원한 나라를 극락이라 여긴다거나 지옥은 이와 반대로 너무 더운 땅이고 화차(火車) 같은 것을 만들어 공포를 조장할 뿐이다. 셋째 그러한 석가의 생각의 이면에는 풍속

15) 『先哲叢談』「三宅石庵條」(源了圓外譯注, 平凡社, 1994).

16) 五井蘭洲, 『蘭洲遺稿』乾.

17) 山片蟠桃, 『夢の代』〈이단〉, 448쪽(『日本思想大系』 43, 岩波書店, 1973).

교화라는 목적이 있었다.[18] 풍속교화는 유교의 오륜을 바탕으로 시행되어야 하지만 불교는 천당 지옥설을 만들어 전세, 금세, 후세의 삼세, 인연설, 윤회 같은 망설을 퍼뜨렸다. 이러한 망설에 따르면 부모의 은덕은 무시되고 "전세의 선을 쌓아 그 인과에 따라 지금 세상에 태어나는 것이라면 모두 자력으로 부귀한 자로 태어난다면 부모의 은덕은 없는 것"이니 "성인의 도를 배우고 치지격물의 공부를 하여 이단의 설에 미혹되지 말라"[19]고 하여 혹세무민하는 불교의 일소를 강조한다. 이러한 반토의 이단론은 다음과 같이 정리된다.

> 오륜의 도를 분별하여 천당에 태어나기 바라는 것을 그만두고 군주와 부모를 섬기고 자손을 가르치고 벗에 신의가 있어야 한다. 또한 석가의 본뜻을 깨닫는다면 선을 권장하고 악을 응징하기 위해 천당 지옥설을 시작했다는 것을 알게 되며, 지금까지 고생한 일이 무용한 짓이라는 것을 알아 머리를 기르고 고향에 돌아가 산업에 힘써야 한다. 식솔들이 있어 고향에 돌아가지 못하는 자들은 환속하여 새로운 일에 힘써야 한다.[20]

반토가 지적하는 위와 같은 이단으로서의 불교가 갖는 문제점은 하나 더 있는데 그것은 제사와 관련된다. 반토는 불교식의 제사에서 제사하는 귀신이 누구인지 모르면서도 승려들이 독경 하는 이유는 무엇인가 하고 반문하면서 다음의 견해를 피력하고 있다.

> 지금 제사하는 귀신을 더더욱 모르면 무엇을 위해 경을 읽는가? 그 뜻을 모르는 것이다 … 예로부터 불자들은 갖가지 부처의 영험함

18) 山片蟠桃, 〈이단〉, 454쪽.
19) 山片蟠桃, 〈이단〉, 456쪽.
20) 山片蟠桃, 〈이단〉, 462쪽.

> 이나 불가사의한 것을 칭송하지만 실제로 영이 있다면 이와 같은 잘못된 제사를 드리기에 신불이 흠향하지 않는다 … 신이 강림하는 것은 측량할 수 없으니 (그러한 제사는)영이 있다면 흠향하지 않고 영이 없다면 무익한 독경이다. 하지만 유자가 신을 제사하는 것은 영전에 그 영을 위로하기 위해 이러저러한 일을 하는 것인데 공물을 차려놓고 신령을 제사하고 흠향하기를 바라는 제문을 읽는데 살아있는 사람과 똑같이 여기므로 영도 받아들인다. 그런데 유무의 논의없이 영전에 사서오경을 읽는다면 무슨 유익이 있겠는가? 불자는 경에는 갖가지 공덕이 있다고 떠드는데 독경을 하면 지옥에 있는 자도 극락에 태어난다 하여 땀을 뻘뻘흘리며 독경을 하지만 그 영이 싫어하는 것도 모른다.[21)]

불교 제사에서 독경하는 것의 무의미함, 즉 제사하는 대상이 누구인지 모른다는 것, 결과적으로 그러한 제사는 아무런 유익이 없다는 것이며 반대로 유교에서의 제사는 제사의 대상이 분명하다는 것을 말하고 있다. 이렇게 하여 당시 서민 생활의 대부분을 조장하던 불교의 이단성, 특히 조상 제사에서 문제를 드러내는 불교를 일소하면서 반토는 유교식의 제사의 당위성을 주장한다. 이처럼 이단의 문제와 함께 제사에서 귀신의 문제가 등장한다.

반토의 『꿈의 대용』의 〈이단〉편에 이어 바로 다음에 이어지는 것이 〈무귀〉편(상하)이다. 〈무귀〉편은 『꿈의 대용』의 다른 항목들 보다 분량이 가장 많다. 이러한 점에서 반토가 제사와 그 대상으로서의 귀신 문제를 얼마나 심각하게 받아들이고 있었는지를 추측하게 한다. 그것은 반토만의 문제가 아니라 회덕당 전체의 문제였으며 회덕당의 존재 이유와 관련되어 있다.

---

21) 山片蟠桃, 〈이단〉, 472쪽.

유교에서 귀신의 유무가 중요한 이유는 조상제사와 직결되기 때문이다. 『논어』「선진편」의 귀신을 섬기는 것에 대한 자로의 질문이 바로 그것이다. 이 질문에 대한 공자의 대답은 "사람도 잘 섬기지 못하는데 어찌 귀신을 섬기겠는가?"(未能事人, 焉能事鬼)였다. 이 대화에 대해 주희는 "귀신 섬김에 대해 물은 것은 제사를 받드는 바의 뜻을 물은 것(問事鬼神, 蓋求所以奉祭祀之意)"이라 주해한다. 주희는 귀신을 섬긴다는 것이 곧 귀신을 제사하는 이유에 대한 물음으로 이해한 것이다.[22] 인간 공동체 유지에 제사 문제가 중요하게 작용하고 있다는 것을 주희의 해석에서 찾아 볼 수 있다.

그렇다면 먼저 주자학의 귀신 이해에 대해 살펴보자. 주희는 『중용』 16장의 "귀신의 덕이 지극하다"(鬼神之爲德其盛矣乎)는 이른바 「귀신장」에 대해 "정자(이천)가 말하길 귀신은 천지의 공용(功用)이며 조화의 자취라 했고 장자(횡거)가 말하길 귀신은 (음양)두 기의 양능(良能)이라 했다"는 말을 인용한 뒤에 "두 기로 말하면 귀는 음의 영이며 신은 양의 영이다. 하나의 기로 말하면 이르러 펴지는 것이 신이고 돌아가 되돌아가는 것이 귀이다"[23], 또는 "氣는 魂, 體는 魄"[24]이라고 부연한다.[25] 여기에는 음양이 곧 귀신이라는 논리가 성립되어

---

22) 子安宣邦, 『鬼神論』(白澤社, 2002), 29쪽. 코야스는 공자와 자로의 대화에 주목하여 귀신이 인간의 문화체계에 거처를 마련한 것이며 인간의 표상 체계로서의 언어와 건축에 거처를 마련한 것이라 간주한다(11면).

23) 『중용장구』 16장의 주자주:程子曰, 鬼神天地之功用, 而造化之迹也.張子曰, 鬼神者二氣之良能也.愚謂以二氣言,則鬼者陰之靈也.神者陽之靈也.以一氣言則至而伸者爲神.反而歸者爲鬼. 한편 『주자어류』「귀신장」에서는 "귀신은 기이며 굴신왕래하는 것"(鬼神只是氣, 屈伸往來者: 『주자어류』 권3, 「鬼神」, 34쪽) 혹은 "귀신은 음과 양이 자라고 줄어드는 것에 불과하다"(鬼神不過陰陽消長而已: 『주자어류』 권3, 「鬼神」, 34쪽)고 하여 귀신의 자연성이 강조되어 있다(『朱子語類』, 中華書局, 1986).

24) 『주자어류』 권3, 「鬼神」, 36쪽: 氣曰魂、體曰魄.

25) 『중용장구』 16장의 주자주. 한편 『주자어류』「귀신장」에서는 "귀신은

있다. 천둥번개나 자연현상도 귀신의 작용이라 간주하는 주희는 자연철학적인 입장에서 귀신을 해석하고 있다.

한편 주희는 "인간은 기가 모여서 생겨나며 기가 흩어지면 죽어 귀신이 된다"[26]라고 하면서도 귀신에 대한 제사를 긍정한다. 주희에 의하면 후손이 지극정성으로 제사를 지내면 기가 모여 귀신이 되어 그 귀신이 제사를 흠향하며 이러한 과정을 반복(4대)하다보면 기는 완전히 흩어져 없어지게 된다. 이처럼 주희의 귀신론에는 음양으로서의 귀신과 제사의 대상으로서의 귀신이 교차한다. 유귀론을 주장하는 듯 무귀론을 주장하는 입장 사이에 주희의『주자가례』가 위치한다.[27]

그렇다면 주자학을 바탕으로 한 회덕당에서는 귀신에 대해 어떠한 입장에 서 있는가? 반토의 무귀론적 입장에 대해 살펴보자. 반토는 다음과 같이 말한다.

> 성인의 가르침은 하·은·주 삼대에 행해진 올바른 도를 근본으로 한다. 그런데 신이 있으면 있다고 하고 없으면 없다고 하는 것이지 어째서 없는 것을 있다고 하여 사람을 미혹시키는가? … 그럼으로 지금 불법(佛法)을 배척하고 귀신을 물리쳐 삼대의 올바른 도를 변론한다. 모두 귀신의 설에 빠져 돌아오지 않는 자를 가르치는 것이다.(『꿈의 대용』「범례」, 146~147쪽)

기이며 굴신왕래하는 것"(鬼神只是氣, 屈伸往來者: 『주자어류』 권3, 「鬼神」, 34쪽) 혹은 "귀신은 음과 양이 자라고 줄어드는 것에 불과하다"(鬼神不過陰陽消長而已: 『주자어류』 권3, 「鬼神」, 34쪽)고 하여 귀신의 자연성이 강조되어 있다(『朱子語類』, 中華書局, 1986).

26) 『주자어류』 권3, 「鬼神」 46쪽 :氣聚則爲人, 散則爲鬼.

27) 코야스는 주희의 귀신론을 "범신론적으로 자연의 모든 사물에 귀신을 인정하는 말로 종결된다"고 했다. 위의 책, 167쪽.

여기에서 보듯이 반토는 유교의 전통이 무귀론에 있다고 말한다. 무귀론은 불교의 유귀론에 대한 반론으로 제시되어 있다. 이러한 무귀론에서 문제가 되는 것은 조상 제사이다. 귀신이 없다면 조상제사의 필요성도 없어지기 때문이다. 반토의 무귀론은 반토의 독창적인 창발이 아니라 회덕당의 지적 전통위에 서 있다. 치쿠잔 역시 『초모위언』에서 "귀신에 기도하고 소원을 비는 것은 사람의 마음을 크게 미혹시켜 이익을 보려는 사심에서 발한 것으로 군자가 강하게 경계하고 깊이 끊어야 하는 바"라 했다.[28)]

란슈에 의하면 천지조화의 유행이 음양의 기이며 기는 귀신은 아니지만 음양의 기가 조화 유행하여 굴신왕래하는 것이 귀신이다.[29)] 이것은 곧 천지자연의 변화를 귀신의 작용으로 간주하는 주자학의 음양으로서의 귀신설을 계승한 것이다. 란슈의 귀신론을 계승한 리켄 역시 주희의 해석을 따라 "음양이 곧 귀신"이며 "음양의 운용이 귀신일 따름이다"는 점을 밝히고 있다.[30)] 이어 그는 "정자, 주자가 귀신 조화의 이치를 논한 것은 명쾌하지만 오직 그 인귀를 논한 것은 더욱 도움이 되지 않는다"[31)]고 하여 주자학의 귀신론을 무귀론으로 이해하여 기가 흩어지면 귀신이 된다거나 지극정성으로 제사를 지내면 귀

---

28) 中井竹山, 『草茅危言』 卷4, 「祈禱」, 31쪽. 여기에는 치쿠잔에서 보이는 성인의 도가 곧 인도이며 인도를 천도라 파악하는 인간중심주의적이며 현세주의적, 합리주의적 유교관이 자리하고 있다(陶德民, 『懷德堂朱子學の硏究』(大阪大學出版會, 1994), 318쪽)

29) 五井蘭洲, 『性理解』〈鬼神〉條: 天地造化ノ流行是皆陰陽ノ氣ニシテ、鬼神ニ非ズ、其造化流行ノ屈伸往來スルモノ是鬼神ナリ(大阪府立中之島図書館所藏, 陶德民, 위의 책, 305쪽에서 재인용).

30) 中井履軒, 『中庸逢原』, 69쪽(『日本名家四書註釋全書』11,東洋図書刊行會, 大正12).

31) 中井履軒, 『水哉子』, 15쪽(關儀一郎編, 『續日本儒林叢書』第一冊隨筆部第一書目, 東洋図書刊行會, 1930).

신이 흠양한다거나 하는 인귀론은 수용하지 않았다. 음양으로서의 귀신과 제사의 대상으로의 귀신을 구별하는 것이다. 주희의 귀신론에 대한 반론이 여기에 있다.

반토 역시 "지금처럼 귀신에 빠져 미혹된다면 성인이 다시 일어나도 반드시 무귀를 말할 것"이라 했는데 반토가 무귀를 주장하는 이유 역시 모든 만물은 "천지음양의 화합으로 태어나고 죽고 무르익고 시드는 것은 모두 이치가 같아서 산천, 물과 불도 모두 음양 이외의 다른 것이 아니다"[32]고 하여 동일한 지점에 서 있다. 이처럼 천지만물의 모든 것은 음양의 작용과 조화의 결과이며 그렇기 때문에 귀신은 존재하지 않는다. 그러면 귀신이 존재하지 않는다는 것에서 제사를 지내야 하는 당위성은 어떻게 하면 가능해지는가? 『주자가례』가 유귀와 무귀의 사이에 있다는 것은 결국 유교가 귀신같은 미신적인 요소를 될 수 있는 한 배제하면서도 한편으로는 심정적인 차원에서 귀신의 존재를 긍정할 수 밖에 없다는 것을 간접적으로 보여준다. 반토는 계속해서 다음과 같이 말한다.

> 군자에게 효가 있는 자는 언제나 부모를 생각한다. 어떤 것에든지 생각한다. 그렇기에 생각하면 곧 술과 음식 그 외에 언제나 좋아하는 것을 차려 제사한다. 또 길흉이 있으면 이것을 고한다. 이것이 효자의 실제의 정으로 자연스러운 뜻이다. 이 때문에 성인이 이 정에 따라 상제례를 제정하여 귀신을 공경하는 것이 생겨났다.(「무귀」 하, 560쪽)

반토는 성인이 상례와 제례를 제정한 이유를 인정에서 찾는다. 귀신에 대한 제사가 효에 의한 '인정'과 결합됨으로써 귀신론은 오륜의

32) 山片蟠桃, 『夢の代』〈무귀〉하, 558쪽.

문제로 전환되고 있다. 리켄 역시 제사는 효의 실천이라 간주했다. 리켄은 다음과 같이 말한다.

> 제사는 봉양을 추구하고 효를 계승하는 것이다 … 살아서는 봉양하고 죽어서는 장례를 치르고 장례가 끝나면 제사를 지낸다. 봉양은 순종함을 보는 것이며 장례는 슬퍼함을 보는 것이며 제사는 공경하여 때때로 하는 것을 보는 것이다. 이 세 가지 길을 다하는 것이 효자의 행함이다. 제사는 사물이 밖에서 스스로 이르는 것이 아니라 안에서 나오는 것으로 마음에서 생겨난다.(『弊帚續編』「原祭」, 25쪽)

이와 같이 리켄도 반토와 마찬가지로 제사를 심정윤리의 문제, 즉 효라는 차원의 통속 도덕의 영역에서 다루고 있다. 무귀론과 제사의 바탕에는 통속 도덕이 사회 공동체의 풍속 유지와 맞물려 설명되고 있다. 제사 행위에 사회 공동체를 유지, 존속시킬 수 있는 힘이 있다는 것을 회덕당 유학자들은 간파하고 있었다. 무귀론을 주장하면서도 제사의 당위성이 강조되고 있다.

그런데 이처럼 무귀론을 주장하면서도 효를 중심으로 하는 심정의 윤리로만 제사의 필요성을 강조한다고 해서 유교식의 제사가 쉽게 받아들여질 수 있을까? 여전히 불교나 신도, 미신 등에 의존하는 생활습속은 쉽게 포기할 수 없기 때문이다. 여기에 반토의 갈등이 있었다고 할 수 있다. 반토는 귀신의 존재를 인정하는 듯 한 발언을 하고 있다.

아래의 인용문은 『중용』의 귀신장(16장) “천하의 사람으로 하여금 재계하고 깨끗이 하여 의복을 성대히 하여 제사를 받들게 하고는 양양히 그 위에 있는 듯하며 그 좌우에 있는 듯하다”(使天下之人齊明盛服, 以承祭祀, 洋洋乎如在其上, 如在其左右)에 대한 반토의 주해에 해당한다.

> 아아! 如자는 귀신을 말하는 묘미이다. 귀신에 친근한 자들은 그 위에 있는 듯하며 그 좌우에 있는 듯하다 하고, 귀신을 논파하는 자들은 있지 않다(無在)고 한다 … 원래 귀신은 없는 것이 확실 하다고 해도 의복을 성대히 하여 성실공경을 다하여 제사하면 위에 있는 듯 좌우에 있는 것과 같다 … 성실과 공경으로 제사하면 있는 것처럼 되며 성실과 공경이 없이 제사하면 없는 것이다.(『꿈의 대용』「무귀」 상, 498쪽)

여기서 반토가 말하는 귀신은 없다고 하는 것과 의복을 성대히 하여 성실 공경으로 제사하면 귀신은 있다고 하는 발언의 '사이'에 존재하는 것은 무엇인가? 귀신은 없다고 하면서도 성실 공경으로 제사하면 귀신이 제사를 흠향한다. 다시 말하면 성실과 공경의 마음으로 제사하는 것이 강조되고 있다. 그런데 반토는 여기에서 그치지 않는다. 이어 그는 "우리 선조의 귀신(鬼)은 우리 자손의 뒤를 생각하는 마음과 같은 이치로 이것을 추모하고 제사하여 있는 것처럼 해야한다는 것을 잘 분변하여 알고 제사할 때는 높이고 받들며 일상에서는 멀리하여 생업에 근면하는 일이 중요하다. 우리 자손된 자 이것을 잘 지켜야 한다. 이것이 우리들이 제사하는 귀신이다"[33]는 점을 강조한고 있다. 여기서 주의할 것은 반토가 '우리 선조의 귀신(鬼)'이 바로 '우리들이 제사하는 귀신'이라고 말한 부분이다. 반토의 이러한 반응은 무귀론을 말하면서도 한편으로는 선조 귀신의 존재는 긍정하는 인상을 준다는 점이다. '일반적인 귀신'과 '선조 귀신'을 애써 구별하려는 반토의 복잡한 마음 상태를 읽을 수 있다. 나아가 반토는 "귀신의 마

---

33) 山片蟠桃, 『夢の代』〈무귀〉하, 573쪽.

음에 들기를 바란다거나 자기 마음을 다하여 신까지도 받아들이려고 생각할 정도가 된다면 이것이야말로 신을 제사하는 지극한 정이 된다"[34]고 까지 말하고 있다.

물론 그렇다고 하여 반토가 유귀론의 입장으로 선회했다는 것은 아니다. 제사 문제를 효의 차원으로만 설명해서는 제대로 수용되기 어렵다는 것을 반토는 의식하고 있었다. 그렇기 때문에 반토의 무귀론은 인정에 기초하여 조상귀신의 존재를 긍정하는 듯 한 발언이 결합되고 이어 불교나 신도에 빠져 귀신같은 미신에 사로잡혀 인심을 미혹시켜서는 사회 질서나 풍속의 유지가 어렵다는 현실 인식이 결합된 중층된 형태의 귀신론이라 할 수 있다.

4. 『상제사설』과 제사

> 기일(忌日)에 제사지내지만 신에게 소선(素膳)을 바치고 승려가 독경을 할 뿐이다. 그 다음은 빈객을 초대하여 성찬을 차려 대접하니 신을 제사하는 것이 아니라 승려를 제사하는 것이며 빈객을 제사하는 것이다.(「무귀」하, 574쪽)

반토는 일본에서 일반적으로 실시되는 제사 행위 자체가 문제 있음을 지적하고 있다. 이러한 방식의 제사는 조상을 제사하는 것이 아니기 때문에 아무런 도움이 되지 않는다. 반토의 집안도 정토진종으로 불교식의 제사를 지내왔다는 것을 생각해보면 불교식의 제사가 일반화된 일본에서 유교식의 제사의 보급은 특수한 형태에 속할 수 있다.

---

34) 山片蟠桃, 『夢の代』〈무귀〉하, 580쪽.

가지 노부유키는 일본인들의 사생관에 대해 다음과 같이 말한다. "(일본인들은)선조의 혼이 축생계, 아귀계, 지옥계에 있다고 전혀 생각하지 않는다. 부처와 함께 극락정토에 있다고 생각하거나 유교식으로 선조의 혼은 천상을 떠다니거나 나무 그늘 아래에 있다고 생각한다...기일이나 피안, 분(盆)의 기간이 끝나면 조용히 원래의 장소(극락정토나 천상과 같은 이승의 어딘가)로 돌아간다고 생각하기 때문에 안심하는 것이다. 축생계, 아귀계, 지옥계로 돌아간다고는 전혀 생각하지 않는다. 결국 대부분의 불교 신자가 유교적인 초혼재생의 관념으로 선조를 대한다."[35) 이러한 설명은 동아시아에서 불교 역시 유교식의 제사에 기초해 있음을 말해준다. 그럼에도 일본에서 유교식의 제사는 일반화되지 않았다.

회덕당에서 유교식의 제사를 지낸 것은 슈안의 저서 『상제사설(喪祭私說)』(슈안의 자서는 1721년 작성)이 말해준다. 『상제사설』은 주희의 『가례』와 구준(丘濬, 1421~1495))의 『가례의절(家禮儀節)』, 일본 유자들의 서적, 각 가정에 내려오는 전통적인 방식, 또는 전해 들은 내용 등을 참고하여 상제례에 대한 유교식의 예법을 한문으로 쓴 저서이다. 이 책은 슈안 그 자신이 부친에 대한 효를 다한다는 지극히 사적인 의미에서 저술된 것이다. 후에 치쿠잔과 리켄의 교정을 거쳤다. 이와 별도로 리켄은 슈안이 죽고 난 직후인 1758년 여름 복상의 필요에 따라 『상제사설복기도(喪祭私說服忌圖)』를 작성했다.[36) 『상제사설복기도』는 막부가 내린 복기령(服忌令)에 의거하여 명의 제도를 바탕으로 친족관계별 복기기간을 제시한 그림인 〈복기도〉와 복기령을 한문체로 해석한 영석(令釋)으로 구성되어 있는데 앞부분에는 슈안의

35) 가지 노부유키, 『침묵의 종교-유교』, 경당, 2002, 68쪽.

36) 『喪祭私說』의 사료는 國文學硏究資料館(http://www.nijl.ac.jp/) 소장본(『喪祭私說服忌圖』, 원소장처는 西尾市立圖書館)으로 1758년 리켄의 수고본을 사용.

『상제사설』이 실려 있다.『상제사설』의 의의에 대해서는 불교적인 장제의례에 대항하여 "서민의 이에를 주체로 하고 이에를 장으로 삼아 이에의 조상의 영혼을 봉사하는 이에의 상제례를 사당(실)을 거점으로 하는 형태로 제시한 것"이며 "불교적 요소와의 타협으로 가능한 선에서 이에(家)의 상제례 집행을 목적으로 한 것"[37]이라는 평가가 존재한다. 이러한 평가에는 데라우케 제도가 일반적인 상황에서 불교와의 충돌을 최대한 피하기 위한 슈안의 고민까지도 보인다.

리켄은 〈복기도〉를 작성한 이유에 대해 다음과 같이 말한다.

> 지금 최마(衰麻)의 예가 폐해진지 오래되었고 복(服)은 이름만 있을 뿐이다 … 또 기(忌)와 복의 구별이 있는데 (일본에서는) 기를 상(喪)에 상당한다고 생각하며 복은 상이 아니라고 한다. 기가 끝나면 평일과 다름없이 음식을 즐긴다...아아! 이것은 예를 제정한 자의 죄가 아니다. 어찌 사대부로서 배워 그것을 본받겠는가? 지금 국가 제도를 바탕으로 사적으로 복기도를 만들고 고례(古禮)에 방주(旁注)를 곁들이고 별도로 복기령을 해설하여 그 뒤에 붙였다. 그 의도는 사람들로 국가제작의 뜻이 여기에 있다는 것을 알게 하는데 불과하다.[38]

최마의 예가 사라졌다는 것은 결국 막부의 복기령에 문제가 있다는 것이며 그것은 유교식 제례가 사라졌다는 것을 말하는 것이다. 일

---

37) 高橋文博,『近世の死生觀』, ぺりかん社, 2006, 136쪽.

38) 中井履軒,『喪祭私說服忌図』<服忌図前引>:方今衰麻之廢久矣, 服也者有名而已 … 有忌服之別也, 遂認忌爲喪, 不復以服爲喪, 忌旣闋焉輒, 飮食衎衎, 莫殊平日焉 … 嗚呼! 是非制礼者之辜也, 豈學士大夫而倣之哉, 今寅國家制私作服忌図, 旁注古礼,別譯令辭, 附于其後,其意不過欲使人知國家制作之意, 有在焉.

반적으로 유교식의 상복은 5복제(참최, 재최, 대공, 소공, 시마)가 있고 복상 기간은 3년, 1년, 9개월, 5개월, 3개월이 있다. 막부의 〈복기령〉에 따르면 부모를 위한 기는 50일, 복은 13개월이며, 남편을 위한 기는 30일에 복은 13개월, 부인을 위한 기는 20일에 복은 90일이다. 남편이 죽으면 기는 한 달, 복은 13개월, 조부모가 죽으면 기는 한 달, 복은 5개월, 증조부모가 죽으면 기는 20일, 복은 3개월 등으로 정해져 있다. 이러한 〈복기령〉의 문제를 바로잡기 위한 것이 리켄의 〈복기도〉라 할 수 있다.[39] 리켄이 〈복기도〉를 작성하는데 기준으로 삼은 것은 "고례에 모친을 위해 재최(齊衰) 3년, 부친이 살아 있으면 기(朞-1년), 장자를 위해 적모(嫡母)를 위해 모두 재최 3년, 지금 주해하는 바는 명나라 제도에 따른다"[40]고 하여 명나라의 제도를 중심으로 하면서 고주를 참조했다. 명대의 부모를 위한 복상기간은 참최3년이다.

〈복기도〉에서 보면 부모를 위한 복상기간은 참최3년, 남편의 상에는 참최3년, 조부모의 상에는 재최부장기(齊衰不杖朞: 상장(喪杖)을 짚지 않고 일 년 동안 입는 상복), 증조부모의 경우는 재최5개월이다. 막부의 〈복기령〉과 리켄이 제시하는 복상기간이 다름을 알 수 있다. 리켄이 제시하는 복상기간은 『주자가례』와도 동일하기 때문에 유교에서 일반적인 복상기간을 제시하고자 했던 리켄의 의도를 볼 수 있다. 이처럼 일본의 전통적인 복기 방법이 아닌 중국에 전해오는 고대의 예를 바탕으로 작성된 것이 리케의 〈복기도〉이다.

여기서 또 한 가지 유의할 것은 리켄이 국가 제작의 의도가 있다

---

39) 신도에 전해내려 오는 복기의 방법을 바탕으로 에도시대 5대 쇼군 츠나요시(軍德川綱吉)는 1684년 유자 하야시 호코(林鳳岡)와 기노시타 쥰안(木下順庵), 신도가 요시가와 고레타리(吉川惟足) 등과 함께 복기령을 작성 공포한 이후 수차의 개정을 거쳐 1736년 확정되었다.

40) 中井履軒, 『喪祭私說服忌図』<服忌図>: 古礼爲母齊衰3年, 父在朞, 爲長子, 爲嫡母, 皆齊衰3年, 今所註從明制.

고 한 부분이다. 리켄은 제사를 국가와 연결 지어 생각하고 있는데 개인의 일상적인 제사에서부터 지역 공동체로, 국가 전체로 확대해 나가는 것이 구상되어 있다고 볼 수 있다. 전근대 일본에서 실시되는 국가적 제사는 천황이 주제하는 신도식의 제사이다. 신도식의 제사는 천황이 사직에 제사지내는 것으로 국가의 주인은 제사의 주제자 곧 천황이 된다. 하지만 리켄의 유교식의 제사 보급에서 제사의 주제자는 천황이 아니라 막부가 되는 것이다. 국가에 의한 제사는 곧 국가적인 의례의 문제이기 때문에 리켄의 의도는 유교적인 의례를 국가의 의례로 확대하고자 하는 것에 있다고도 보인다. 전근대 동아시아에서 국가의 통치는 기본적으로 예악 제도에 기초해 있는데 리켄의 이러한 발언은 그가 유교적인 예악 제도를 근간으로 하는 국가의 질서 확립의 가능성을 언급한 것으로 이해할 수 있을 것이다.

슈안의 『상제사설』은 일본이 처한 특수한 사정이 반영되어 있다. 예를 들어 『가례』에서는 신주(神主)의 앞부분을 분칠하고 부친의 경우는 '皇考某官封諡府君神主'라 쓰고 모친의 경우는 '皇妣某封某氏神主'라 쓰며 그 왼쪽 아래에 '孝子某封祀'라 하여 봉사자를 기록한다. 원 대 이후로는 황(皇)자 대신에 현(顯)자를 쓰도록 했다. 이 부분에 대해 『상제사설』에서는 다음과 같이 제시하고 있다.

> 두터운 골지(滑紙)를 재단하여 크게 전면에 펼친다. 考는 가군(家君)을 칭하고 妣는 실군(室君)을 칭하고 방친(旁親)의 주를 합사할 때는 가실이라는 글자를 없애고 단지 군(君)으로 칭할 뿐이다. 비등(卑等)이라고는 해도 모두 그러하다 … 모두 某封祀主祀의 글자를 쓰지 않는다.[41]

41) 中井甃庵, 『喪祭私說』〈主面書式〉: 裁厚滑紙, 大亘前面, 凡諸考皆以家君称, 諸妣皆以室君称, 旁親祔主去家室字, 惟以君称, 雖卑等皆然, 但中下殤從已所称, 不俱某封祀主祀等字.

슈안이 제시하는 신주서식의 특징은 종이를 사용한다는 것이다. 종이의 사용은 편리함과 관련되어 있다. 신주의 주면에 직접 쓰게 된다면 긴장하여 글자를 틀릴 수 있으며 애당초 신주의 형태 자체도 글자를 틀릴 수 도 있다. 그렇지만 종이를 사용하면 쓰기가 쉬우며 잘못쓰면 언제든지 고쳐 다시 쓰면 된다.[42)]

이 외에도 호칭상의 문제가 있는데 예를 들어 제고(諸考)는 가군(家君), 제비(諸妣)는 실군(室君)이라 칭한다거나 방친은 군(君)으로 칭하며 신분의 고하에 관계없이 동일하며 모두 '某封祀主祀'처럼 봉사자의 이름을 쓰지 않는다. 슈안이 도안한 신주의 주면서식(主面書式)[43)] 그림에는 "某諡號家室君神主"로 되어 있다. 여기에는 『주자가례』에서 보이는 현(顯)자나 관직 등의 칭호의 생략, 속(屬:高, 曾, 祖, 考)의 생략, 봉사자의 생략등 상당히 간략화 되어 있다. 그러한 이유에 대해 슈안은 "일본에서는 생전에 관직이 없으면 사후에 추증되는 일은 없다. 그래서 속과 주사(主祀)의 이름을 생략하고 쓰지 않는다. 즉 세대가 변한다 해도 제(題)를 바꿀 필요가 없으니 일이 간단하여 마음도 또한 편하다"[44)]고 하여 간략함과 편이함, 일본의 사정을 들고 있다.

이러한 간략과 편이, 일본사정의 반영은『상제사설』에 일관되어 있

---

42) 中井甃庵, 『喪祭私說』〈主面書式〉: 方書題時, 敬愼之至, 心手畏縮, 反易致字形參差 … 不若用紙之書寫, 平易改換自由, 而心舒手熟自免差謬.

43) 이러한 슈안에 의한 신주의 서식은 치쿠잔에 의하면 "이 편의 주면서식은 우리 만년선생에서 시작된다. 일찍이 선생 당시의 유자들의 설을 참작하고 절충하여 일가의 법을 세웠다고 들었다"(中井甃庵, 『喪祭私說』〈主面書式〉: 善按是編主面書式, 椒乎萬年先生, 嘗聞先生采当時諸儒之說折衷, 以立一家之法)고 하여 萬年先生 즉 세키안 당시부터 유교식 제사를 지내왔음을 알 수 있다.

44) 中井甃庵, 『喪祭私說』〈主面書式〉: 我邦士流, 生已無封爵乃追贈之典, 固無不與, 今乃省及主祀之名不書, 則雖易世不用改題, 事簡而心亦安焉.

다. 위의 인용문에서 '가군'이나 '실군'을 쓰는 이유에도 일본이 처한 사정이 나타나 있다. 중국에서는 관직에 있는 자에게 사용하는 부군(府君)이나 대부의 부인을 나타내는 유인(孺人)을 일본의 풍토에서 쓴다면 참월한 것이기에 남자를 가군, 여자를 실군이라 하는 것이 좋다. 또한 방친의 친족을 제사하는데 신분이 낮은 자를 군이라 칭하는 것은 본래 지나친 칭호이지만 이미 제(題)를 바꿀 수는 없으며 지금은 신분이 낮다고 해도 후일 모두 자손의 존행을 받으며 또 봉사자의 이름을 쓰지 않으면 과한 칭호라 해도 해는 없다.[45)]

일본이 처한 사정의 반영은 제사상차림에도 나타난다. 유교의 제사상에는 어육이 사용되지만 불교에서는 있을 수 없는 일로 소선, 즉 생선이나 육류를 사용하지 않는 간소한 음식을 사용한다. 주로 불교를 신앙하는 일본인들의 세속에 저해되지 않기 위해 슈안은 속례를 따라 불교식의 소선을 사용하는 것이 좋다고 했으며 실제로 제사에서 사용되었다.[46)]

신주 역시 따로 제작할 필요 없이 당시 일반적으로 사용하는 불교의 위패를 대신해도 되며,[47)] 집과는 독립된 구조물인 사당에 대해서도 좁은 일본의 주택 사정을 고려하여 집안의 한쪽 방에 사실을 세운다고 하며 이것을사당이라 하지 않고 사실(祠室)이라 했다.[48)] 또한 네 개의 감실을 만들어 각각 신주를 보관하는 『가례』의 규정을 간략히

---

45) 中井甃庵, 『喪祭私説』〈主面書式〉: 祖先之称, 用府君孺人, 在我邦士庶不免僭越, 追儒有以家君室君称之者甚得, 凡当旁親祔位, 雖卑亦書曰君似是等過称, 異既以不改題爲 … 乃今日已之卑等是異曰子孫之尊行, 且旁不題主祀之名, 則姑加過称亦無害焉.

46) 田世民, 『近世日本における儒礼受容の研究』, ぺりかん社, 2012, 179쪽.

47) 中井甃庵, 『喪祭私説』〈主面書式〉: 一制不必別作神主, 唯用世俗所謂位牌.

48) 中井甃庵, 『喪祭私説』〈祠堂〉: 凡屋宇之間, 先立祠室, 我邦士庶之家往往狹隘.

하여 네 개의 신주를 하나의 감실에 모아 안치,[49] 가난해서 제기 도구를 갖추지 못할 경우에는 일상의 음식용 그릇을 사용한다[50] 거나 하는 규정들이 모두 『가례』의 일본식 적용이다.

이처럼 『상제사설』은 주희의 『가례』를 기본으로 했지만 반드시『가례』를 그대로 수용한 것이 아니라 일본의 사정에 맞게 상당히 간략화되어 있다.

회덕당은 1792년 오사카 대화재 때 전소되어 1796년에 다시 준공되었다. 이때의 준공 도면을 보면 강사 북서면에 사당을 설치한 것을 알 수 있다. 이 사당에는 나카이가의 역대 신주가 모셔져 있다. 나카이가는 〈나카이가역대 양사록(中井家歷代襄事錄)〉이라 이름붙인 장례 기록까지 남겼다. 이 기록에는 장례 절차 및 관의 크기, 장례상 차림표, 참석자나 역할 분담 등 자세한 부분까지 제시되어 있다. 이 기록물은 상제례의 기록이면서 동시에 다음 세대에 까지 지속적으로 이어질 수 있는 상제례의 모범과 마음의 자세를 제시한 것이다.[51]

5. 맺음말

동아시아에서 제사는 죽음에 대한 공포를 해소하기 위한 방법으로 기능한다. 제사는 사후의 안심을 주기 위한 초혼재생의 표출이다. 저세상이 어떠한 곳인지, 죽으면 어떻게 되는지 아는 사람은 아무도 없다. 그렇기 때문에 두려운 것이다. 이러한 의미에서 제사는 위령의

49) 中井甃庵, 『喪祭私說』〈祠堂〉: 朱子家祀, 分龕爲四, 各藏一櫝, 今從簡制, 四櫝共一龕.

50) 中井甃庵, 『喪祭私說』〈祠堂〉: 若家貧不悉備者, 廚下割烹之具, 或用爲器, 代之可也.

51) 田世民, 위의 책, 175~178쪽.

의미를 가진다. 또한 유교에서 삶이란 제사를 통해 이 세상에서 살아 있는 자들과 함께 영원히 산다는 것을 의미한다. 유교에서 자신의 몸이 부모의 유체인 것처럼 자신의 몸을 통해 부모는 기억된다. 그 기억은 부모의 사후 제사라는 퍼포먼스로 계승된다. 제사를 지내지 않는다는 것은 곧 자신의 생의 기억을 단절시키는 것과 같은 것이 된다.

회덕당은 불교가 아닌 유교식의 제사를 통해 선조와 자손이 영원히 함께 동거하는 세계를 전망했다. 불교식의 제사와는 또 다른 형태의 기억의 유전이다. 지속가능한 세대의 염원이 회덕당 유자들에게는 있었다. 나카이 치쿠잔은 서일본의 학문을 견인하려는 의도에서 사적인 학습소였던 회덕당을 대학으로 발전시키려는 구상을 가졌다. 그러한 구상속에는 학문뿐만이 아니라 생활문화 면에서 유교의 생활화라는 것도 포함되어 있었다고 볼 수 있다. 여기에 또 한가지 중요한 사실은 회덕당에서 상제례의 제정과 '국가제작'을 연결지어 생각하고 있다는 점이다. 이러한 생각에는 상제례의 파격적인 혁신이 드러나 있다고 할 수 있다. 그러나 그러한 문제는 그리 쉽게 해결할 수는 없다. 나카이가는 묘지까지 유교식으로 하지는 않았다. 나카이가의 묘는 오사카 우에혼마치(上本町) 서원사(誓願寺)에 있다. 그렇기 때문에 유교적 사회의 성립과 유교에 기초한 사생관의 형성은 중층적일 수 밖에 없을 것이다.

〈근세 일본의 선조 제사와 의례〉 토론문

송완범(고려대학교 일본연구센터)

본고는 근세 일본의 선조에 대한 제사와 의례의 문제를 회덕당이라는 당시의 학교 교육을 통해 살펴본 것으로, 발표자의 전문 영역인 일본 사상사와 교육사에 특장 점을 잘 살려주는 발표문으로 의미 있는 작업이라 평가할 수 있다.

우선, 회덕당은 당시 일본에서 전국적으로 물자의 유통과 금융의 중심지였던 오사카(大阪)의 초닌(町人)들이 중심이 되어 세우고 운영한 학교이다. 초닌은 사·농·공·상의 근세 일본의 겉으로 표방된 신분구조 속에서 소위 도시상공업자로 이해되는 계층으로, 그들의 실제 신분의 위치는 경우에 따라서는 지배계층인 사무라이들이 무시할 수 없는 것이기도 했다. 이는 같은 한자문화권에 속하며 한역불교와 유교를 받아들인 공통의 문화영역을 가지는 중국과 조선의 경우와는 상이한 특징적 일면이기도 했다.

본고는 이러한 다양한 논점의 확보가 가능한 근세 일본의 교육사적 관점에서 회덕당이라는 특수 계층이 세우고 운영하는 학교가 때로는 공공성을 구현하면서 근세 후반기에 출현하였다가 부침을 거듭하면서도 잃지 않았던 교육의 다양한 접근 방법에 대해 주목하고 있다. 특히 본고는 오사카를 중심으로 한 간사이(關西)지방에서 유교를 사회 속으로 어떻게 유포하려 했는가에 대해, 회덕당이 중심이 되어 전개한 '효자현창운동' '이단론' '무귀론' '제사'라는 논의들과, 그를 통한 실제적 행위들의 사례를 제시하고 있다. 또한 발표자의 논지 전개에는 회덕당을 중심으로 한 유가적 교육의 여러 행위가 때로는 불교적 이해를 밑바탕에 깔고 전개되었다든가, 혹은 그런 불교적 이해가 유가적 조류를 견인하고 있다는 이해가 보인다. 이를 확인하기 위해서는 근세 일본과 초닌 세계의 성립 이전의 전사에 대한 이해도 필요할 것이다.

그럼 토론자는 근세의 일본사상이나 일본교육에 상세하지 못하지만, 여러 모로 공부가 많이 되었다. 이하 두어 가지 의견을 내는 것에 의해 토론자의 소임에 대신하려 한다.

첫째. 일본사상사 및 교육사에서 에서 근세 이전의 불교와 유교의 관계를 경쟁, 대립, 대체 혹은 어떤 관계로 인지하고 계시는지요?

둘째. 회덕당의 성격을 간사이의 학교 혹은 간토(關東)의 학교와 비교하면서, 근세 학교의 여러 양태 중에 회덕당의 위치는 어떻게 규정될 수 있을까요?

셋째. '선조제사와 의례'라는 측면에서 중국이나 가깝게는 조선의 경우와 異同점이 많다고 느껴지는데 그 이유와 배경에 대해 간단히 코멘트 부탁드립니다.

제3부
變容하는 전통과 근대세계

기독교의 수용과 유교와의 충돌

-천주교의 조선선교와 그 성격-

조재국(연세대학교, 종교학)

머리말

한국사회의 개화기에 서양문명의 얼굴을 가지고 전래된 천주교는 처음에 개혁유학자들에게 환영받았지만, 곧 보수적 유학자들이 전개한 척사론의 벽에 붙이 치게 되었다. 이미 일본과 중국에서는 성공을 거두고 조선으로 유입된 천주교가 조선에서는 환영받지 못하고, 수많은 순교자들을 배출하게 되었다. 천주교는 조선에서 유래가 없는 자발적 수용과 유래가 없는 극심한 박해를 경험하게 된 것이다. 지금까지 천주교전래사의 연구에서 밝혀진 바와 같이 천주교 박해의 원인을 당시 지배층을 형성하고 봉건사회의 사상적 기초를 제공하고 있던 유교와의 충돌에서 찾는 것은 타당한 분석이라고 생각된다.

또한 주로 천주교 쪽의 학자들에 의하여 연구된 천주교 선교역사의 관점에서 조선의 개혁유학자들의 자발적 수용이라는 점도 매우 중요하고 세계선교역사에서 특기할만한 일이다. 일본이나 중국에서 예수회 선교사들에 의하여 계획적, 전략적으로 천주교가 전래된 것과 비교하면 조선에서의 천주교수용은 일부 조선유학자들에 의하여 돌발적으로 이루어졌다고 할 수 있을 것이다. 특히 예수회의 독특한 전도방법인 적응주의적 선교방법이 일본과 중국에서 초기에 성공을 거둔 것과는 달리, 조선 천주교는 처음부터 유교의 척사론과 대결하여야 했고, 유교의조상제사에 대항하는 과정에서 무차별적인 탄압을 받아서 서민층의 변방으로 밀려나게 되었다. 서민층을 중심으로 하는 천주교는 유교의 형식논리의 상징이라고 할 수 있는 조상제사제도와 대결하면서 수많은 순교의 피를 흘릴 수밖에 없었지만, 그 결과 강고한 유교적 봉건제도의 붕괴로 이어지고, 근대의 여명을 기약하게 되었다.

본 논문에서는 일본과 중국의 경우를 염두에 두면서 조선의 초기 천주교역사에 있어서 선사들에 의한 전략적 선교가 아닌 자발적 수용이 갖는 한계가 무엇이었는가를 살펴보고자 한다. 이를 위하여 먼저 조선 천주교 수용의 특징을 살펴보고, 다음으로 보유론과 척사론의 갈등에 있어서의 논점, 양자의 인간이해에 따른 조상제사에 대한 상반된 이해, 천주교 신자들의 신앙과 그 유산에 대하여 고찰할 것이다.

1. 예수회의 동양선교와 조선의 천주교 수용

이그나티우스 로욜라(Ignatius de Loyola, 1491~1556)가 청빈, 순결, 복종을 강령으로 조직한 예수회(the Jesuits)는 1540년 9월 27일, 교황 파울 3세(Paul III)의 승인을 받자마자 동양선교에 착수하여 1556년 그의 임종 시에는 약 1,000여 명의 선교사들을 전 세계에 보내게 되었다. 예수회는 적극적으로 선교운동을 전개함으로써 천주교의 반종교개혁(Counter Reformation)의 중심에 섰으며, 프란시스코 사비에르(Francisco de Xavier, 1506~1552)와 마테오 리치(Matteo Ricci, 1552~1610)는 각각 일본과 중국에서 성공적인 선교 활동으로 동양사회에 큰 변화를 가져다 주었다. 선교사들은 처음에 포르투갈의 지원을 받아 일본과 중국에서 선교 거점을 마련할 수 있었으며, 포르투갈의 쇠퇴 이후 18세기부터는 신흥 열강으로 부상한 네덜란드와 영국의 도움으로 다시 동양에 진출하였으며, 19세기에는 프랑스의 동양 진출에 힘입어 베트남을 비롯한 동남아시아에 진출하였으며, 아편전쟁 이후 중국에서의 자유로운 선교 기득권을 확보하였다.

유럽 열강들의 동양 진출에 맞추어 천주교 선교사들은 동양의 여러 나라에서 선교를 시작할 수 있었지만, 열강들의 이해관계에 따라 선교의 어려움을 겪기도 하였다. 일본에 천주교를 처음 전해준 이는 스페인 태생의 예수회 선교사인 사비에르이다. 그는 포르투갈 왕 요한 3세(John III)의 명을 받아 인도의 고아에 파견되어 선교활동을 하던 중 일본인 야지로(安次郎)를 만나(1547) 세례를 주고(1548), 1549년 8월 15일 그와 같이 가고시마(鹿兒島)에 상륙하였다.[1) 사비에르와 야지로는 사츠마(薩摩)지방의 영주 시마츠 다카히사(島津貴久)를 방문하여 선교 허가를 받고, 일본인 전도를 시작한지 얼마 안 되어 150여 명의 신자들에게 세례를 주었다. 그는 2년 3개월 동안 일본에 머물면서 야마구치(山口) 지방의 영주인 오우치 요시타카(大內義隆)의 협력을 받아 활발한 선교활동을 전개하였다. 당시 일본의 봉건 영주들은 외국과의 무역을 바라고 있었던터라 서양 선교사의 입국을 환영하였다.[2) 1551년 사비에르가 중국 선교를 위해 떠난 후, 일본에 최초의 병

---

1) 야지로는 다네가시마에 표류한 적이 있던 포르투갈 상인 페르난데스 핀트가 1546년 사절로 다시 방문한 후 인도로 돌아갈 때 함께 출국한 두 명의 일본인 무사 가운데 한 사람인 安次郎이며, 핀트의 소개로 사비에르를 만나 포르투갈어와 신학을 배우고, 일본어 통역으로 일본선교를 도왔다. 近藤儀左ェ門, 『生月史稿』(長崎: 芸文堂,1979),118-119.

2) G.B.Sansom, 『日本文化史』 福井利吉郎譯(東京東京創元社,1976),342-343. 당시 일본열도는 소위 다이묘령국제(大名領國制)라는 정권분할제도가 형성되어 각 다이묘가 자신의 관할지역에서 분국경제를 실시하여 부국강병책을 강력히 추진하고 있었다. 海老澤有道, 『日本キリシタン史』

원을 세운 루이스 드 알메이다(Luis de Almeida, 1525~1597)와 『일본사』를 쓴 루이스 프로이스(Luis Frois, 1532~1597) 등의 예수회 선교사들이 선교를 계속하여 오토모 쇼린(大友宗麟, 1530~1587), 아리마 하루노부(有馬晴信, 1567~1612), 다카야마 우콘(高山右近, 1552~ 1615), 고니시 유키나가(小西行長, 1557~1600) 등의 영주들이 신자가 되었고 일본선교는 큰 성과를 얻게 되었다.

한편, 사비에르가 1552년 12월 광동 상천도(廣東 上川島)에서 사망한 후 마테오 리치는 그의 뜻을 잇기 위해 1587년 난징(南京)으로 들어갔다. 리치는 그곳에서 중국문화를 배우고, 중국 상류층 지식인들에게 천문, 지리, 수학을 가르치다가 1601년에 북경에 도착하여 만력황제 신종(萬曆皇帝 神宗, 1563~1620)을 알현하여 천주당 창설의 허락을 받았고, 1610년 사망할 때까지 많은 개혁파 사대부들에게 전도한 결과, 서광계(徐光啓, 1562~1633), 이지조(李之藻, 1571~1630), 양정균(杨廷筠, 1562~1627) 등이 기독교를 받아들이게 되었다. 중국 천주교는 강희(康熙) 원년인 1662년에 이미 42개소의 전도소에 약 160개의 교회가 창설되었고, 15만 명의 교인으로 성장하였다.[3)]

일본과 중국에서의 선교활동이 단기간에 큰 성과를 거두게 된 데는 당시의 시대적 상황도 많이 작용하였지만, 1581년에 예수회 본부가 공식적으로 채택한 적응주의적 방법이 주효했다고 평가된다. 예수회 선교사들은 본부의 선교정책인 적응주의를 따라 일본과 중국의 전통문화와 생활양식을 존중하였으며, 접촉대상으로 서양문명의 발달에 관심을 가지고 있던 일본의 지방 영주(大名; 다이묘)나 중국의 사대부 등 지배층에 집중하였다. 또 서양인들의 육식습관에 대해 문제 삼는 일본인들의 비판을 받아들여 스스로 육식을 포기하고 야채

22-23(東京: 塙書房, 1976).

3) 이원순, 『조선서학사연구』 81(일지사, 1985).

와 건어물로 만든 음식을 먹었다. 선교사들은 처음에 겸손의 표시로 싼 옷감으로 성의(聖衣)를 만들어 입었지만, 지위와 품위를 상징하는 일본의 복식문화를 받아들여 비단으로 만든 성의를 착용하여 일본인들에게 성직자로서 더 존경을 받게 되었다. 사람을 방문할 때는 반드시 작은 선물을 준비하는 등, 일본인들의 예의범절을 존중하고 따르면서 일본 사회의 환영을 받게 되었다.[4] 이 과정에서 상류층 지도자의 기독교 수용은 주민들의 집단적인 개종으로 이어져 단기간에 많은 수의 신자를 얻을 수 있었다. 리치는 중국의 생활습관을 철저하게 따라 중국사대부의 복식을 즐겨 입었으며 조상과 공자숭배 등의 종교적 풍습도 용인하는 태도를 취했으며, 상제(上帝)의 개념을 원용하여 천주(天主)에 대하여 설명하였다. 그는 『천주실의(天主實義)』 등 많은 기독교 서적을 중국어로 출판하였고, 세계지도인 『만국여도(萬國輿圖)』를 만들어 보급하였고, 사서(四書)를 이탈리아 어로 번역하여 중국 유학(儒學)을 서양에 소개하였다. 이에 명나라의 황제 신종은 리치가 사망하였을 때(1610.5.11) 그를 국장(國葬)으로 모시게 하였다. 한때 예수회의 적응주의 선교 방법은 예전(禮典) 논쟁에 휩싸여 어려움을 겪기도 하였으나, 여전히 각 선교지에서 교육사업과 사회사업, 커뮤니케이션 분야, 에큐메니컬 운동단체 등에 폭넓게 참여하는데 기여하고 있다.

예수회는 일본 선교와 중국 선교에서는 성공하였지만, 조선에는 직접 선교사를 파견하지 않았고, 조선 선교에 관심을 나타내지 않은 것 같다. 반면 조선의 개혁파 유학자들은 중국을 통하여 스스로 천주교에 대하여 배우고, 사람을 보내서 교리를 공부하게 하고 세례를 받게 함으로써 유례가 없는 자발적 천주교 수용이라는 역사를 가지게

---

4) 조재국, "중세일본의 천주교 선교와 신개념의 수용에 관한 연구," 『신학논단』, Vol.68, 200, 연세대학교 신과 대학 연합신학대학원(2012.6).

되었다. 일본과 중국에서 천주교가 전성기를 지나 박해기에 접어든 무렵에 조선에서는 실학파로 불려진 일단의 개혁적 유학자들이 등장하였는데, 그들은 중국의 서학 서적들을 구입하여 연구하였다. 실학파의 대표적 인물인 성호(星湖) 이익(李瀷, 1681~1763)은 성리학의 사변적 공론에 염증을 느끼며 실용적 학문을 찾던 중 중국의 서학서를 접하고 문하생들과 함께 읽게 되었는데, 그들은 서학에 대해 찬반 양론으로 나뉘었다. 반대파는 안정복(安鼎福, 1712~1791)과 신후담(愼後聃, 1702~1761) 등이고, 찬성파는 이벽(李蘗, 1754~1786), 권철신(權哲身, 1736~1801), 권일신(權日身, ?~1792), 정약종(丁若鍾, 1760~1801), 정약전(丁若銓, 1758~1816), 정약용(丁若鏞, 1762~1836), 이가환(李家煥, 1742~1801) 등인데, 찬성파는 후에 천주교를 적극적으로 받아들였다. 기호(畿湖) 지방의 남인(南人)계 유학자들인 찬성파는 광주(廣州)의 천진암(天眞菴), 주어사(走魚寺) 등지에서 강학회(講學會)로 모여 교리서를 탐독하는 한편, 기도모임과 실천운동을 함께 했다. 이벽은 1783년 동지사(冬至使)의 일행으로 참가하게 된 이승훈(李承薰, 1756~1801)에게 "북경에 가거든 천주당을 찾아보고 그곳에 있는 서양 선비(선교사)를 만나보고 신경(信經)도 얻어오고 아울러 영세(領洗)도 청하여 받고 오라"고 부탁하였다.[5] 다음해 2월(음력 1월) 이승훈은 북경 남천주당에서 예수회의 그라몽(Louis de Grammont, 1736~1812) 신부에게 세례를 받았으며, 다음 달 교리서, 십자가상, 성화, 과학서 등을 가지고 귀국하여 조선 천주교의 시작을 알렸다. 이승훈을 맞이한 이벽은 정약전, 정약용 형제에게 적극적으로 전도하였으며, 양반 계층보다 중인(中人) 계층의 전도에 힘썼다. 이 때 최창현(崔昌賢, 1754~1801), 김범우(金範禹, 1751~1787), 최인길(崔仁吉, 1765~1795), 지황(池璜, 1767~1795), 김종교(金宗敎, 1754~1801) 등 역관(譯官)들이 입교하였는데,[6] 그들은 북경

5) 한국기독교사연구회, 『한국기독교의 역사I』 71(교문사, 1989).

을 왕래하며 서학에 대하여 익히 알고 있었고, 양반들처럼 전통에 얽매이지 않고 개방적이었다. 1785년 봄부터 이승훈을 중심으로 수십 명이 함께 오늘날 명동성당이 된 명례동의 김범우의 집에 모여 미사를 드리기 시작하였는데, 얼마 지나지 않아 형조(刑曹)에 발각되어 중인인 김범우만 체포되어 고역을 당하다가 유배지인 충청도 산골에서 수주일 만에 세상을 떠나고 말았다. 그의 죽음은 이후 조선 천주교인들의 고난과 순교의 서막이었다. 이후 혹독한 박해가 계속되면서 신자층은 상류에서 중류로 그리고 서민층의 하류로 그 중심축이 이동하였으며, 신앙의 성격이 격정적이고 종말론적으로 변하게 되는 등[7] 조선 천주교는 봉건지배층과의 대립을 피할 수 없게 되었다. 천주교는 일본과 중국에서는 환영을 받았지만 자발적인 수용과 예배모임을 가진 조선에서는 초기부터 순교자를 내는 등 세계 어디에서도 유례를 찾아 볼 수 없는 모진 수난을 당하여 양반 봉건체제를 강고하게 떠받치고 있었던 유교와의 충돌을 예감하지 않을 수 없었다.

이런 충돌의 징후를 보여주는 조선의 자생적 천주교 신자는 최초의 한글소설『홍길동전』의 작가 허균(許筠, 1569~1618)이라고 할 수 있다. 허균은 20세에 생원(生員)이 되었고, 25세에 문과에 급제하여 벼슬이 판서에 까지 올랐으나, 광해군의 폭정에 반항하는 동지들을 규합하던 중 체포되어(1617) 이듬해 반역죄로 사형에 처해졌다. 그런데 유몽인(柳夢寅, 1559~1623)의 『어우야담(於于野談)』, 안정복(安鼎福)의 『순암집(順菴集)』, 그리고 박지원(朴趾源, 1737~1805)의 『연암집(燕巖集)』 등은 하나같이 허균을 조선 최초의 천주교 신봉자로 말하고 있으며,[8] 이들은 척사파 유학자들로 허균의 다음 세대 문인들인 만큼,

---

6) 샤를르 달레, 안응렬, 최석우 역주,『韓國天主敎會史 上』314-315(한국교회사연구소, 2000).

7) 민경배,『한국기독교회사』112-114, (대한기독교출판사, 1982).

8) 유홍열,『고종치하 서학수난의 연구』5(을유문화사, 1988).

『홍길동전』을 읽었을 것이라고 생각된다.

안정복은 『순암집』에서 "고금에 천학을 말한 자가 없지 않습니다. 옛날에는 추연(鄒衍)이 있었고 아조(我朝)에 와서는 허균(許筠)이 있었으니, 그 내용에 대하여 듣고자 합니다." 하므로, 대답하기를, "허균은 총명하고 문장에 능했으나 행실이 전혀 없어서 …… 사람들이 모두 침을 뱉으며 비루하게 여겼었다 …… 그러면서 부르짖기를, '남녀 간의 정욕은 하늘이 준 것이고, 윤리와 기강을 분별하는 일은 성인의 가르침이다. 하늘은 성인보다 높으니, 차라리 성인의 가르침을 어길지언정 하늘이 준 본성을 거스를 수는 없다.' 하였다. 이래서 당시에 그의 문도(門徒)가 된 문사(文詞)깨나 하는 경박한 자들이 천학에 대한 설을 제창했으니, 그 실체가 서학과는 하늘과 땅처럼 달라서 같이 비교하여 말할 수 없는 것이었다. 대개 학술에 차질이 빚어지면 모두 이단으로 떨어지게 되므로 조심하지 않을 수 없다….그러다가 끝에 가서는 남만(南蠻)과 연결하여 반란을 일으키다가 주살(誅殺)되고 말았다. 이를 가지고 말한다면 배우는 자는 응당 학문을 하는 첫머리에 잘 변별해서 이와 같은 말류의 폐단이 생기지 않을까를 살펴야 할 것이라"고 대답한다.[9] 이렇듯 안정복은 허균의 가치관과 세계관을 천주교에서 나온 것이라고 말하면서 실제로 천주교 세력과 결탁하여 거사를 도모했다고 주장하고 있다. 박지원도 『연암집』에서 "게(揭)12장이 있는데, 허균이 사신으로 중국에 가서 그 게를 얻어 가지고 왔다. 그러므로 사학(邪學)이 우리나라에 들어온 것은 아마도 허균으로부터 시작되었으리라. 현재 사학을 배우는 무리들은 허균의 남은 무리들이다. 그 언론과 습관이 한 꿰미에 꿴 듯이 전해 내려왔으니, 그들이 그릇되고 간사한 학설을 유달리 좋아하고 지나치게 빠져서 정신을 차리지 못하는 것은 당연한 일이다"고 기록하여 사학이 허균으로부터

9) 이원순, 『조선서학사연구』 167(일지사, 1985).

시작되었고, 이벽, 이승훈, 정약종 등의 신자들이 허균의 뜻을 이어가는 사람들이라고 주장한다.

오윤태는 다음과 같은 몇 가지 증거를 들어 허균이 일본 천주교의 영향을 받았을 것이라고 주장했다.[10] 첫째로 허균이 중국이 아니라 일본으로부터 『게12장』을 얻어 온 것이며, 그것은 일본 천주교인들이 1592년에 만들어 사용하던 도치리나 기리시탄(Doctrion Christao)이라는 것이다. 이것은 12단(端)이라고 부르는데, 천주경(天主經), 성모경(聖母經), 종도신경(宗徒信經) 등의 12경으로 구성되어 있다. 유홍열도 『연암집』 등을 따라 "중국에 들어가서 천주교의 근본경문인 12단을 얻어 가지고 돌아와서 그것을 배우고 암송하였다"며,[11] 그렇지만 1618년까지 중국에서 출판된 천주교 서적 가운데 12게나 12장은 보이지 않는다고 말한다. 따라서 임진왜란 직전에 일본통신사 서장관으로(1590~1591) 일본에 다녀온 이복형 허성(許筬, 1548~1612)이 그런 서적을 얻어왔을 가능성이 있다고 본다. 둘째로, 유몽인의 『어우야담』에서 허균의 천주교를 설명하면서 구라파라는 한자어를 일본에서 쓰는 "구라파(仇羅婆, 유럽)"라고 쓰고 있고, 거리를 설명 하는 기점이 일본이라는 사실에 유의한다. 일본에서 1594년에 조선인 포로 신자들이 네 종류의 천주교 교리서를 조선어로 번역했다는 기록이 있음을 들어 허균의 시대에 조선에 그 책들이 들어와 있었을 가능성이 더 높다는 것이다. 셋째로, 이식(李植, 1584~ 1647)과 이규경(李圭景, 1788~?)이 "남녀 욕정은 하늘에 따른 것"이라고 한 허균의 말은 천주교에서 왔고, 그가 성적으로 방종한 것도 사교(邪教)를 믿기 때문이라고 했지만, 그 말은 허균이 일본의 파비안이 쓴 『묘정문답(妙貞問答)』에서 따온 말일 것이라고 본다.[12] 그리고 오윤태는 이런 증거들을 통하여 허

10) 오윤태, 『한국기독교사(한국가톨릭사1편)』 195-196(혜선문화사, 1975).
11) 유홍열, 『고종치하 서학수난의 연구』 5(을유문화사, 1988).
12) 오윤태, 『한국기독교사(한국가톨릭사1편)』 202-203.

균이 일본 천주교의 영향을 받았을 것이라고 말하며, 『홍길동전』의 내용에 "상제", "장로" 등의 용어를 쓰고 있고, "나는 성인을 따르지 않고 하늘을 따르겠다"고 한 점은 유일신 사상을 나타내는 것으로, 그의 서얼(庶孼) 차별에 대한 문제 제기는 천주교의 평등사상의 발로에 따른 것이라고 주장했다.[13)]

허균이 공주(公州)목사로 있을 때 서류(庶流)들과 가까이 지냈고, 파직 당한 뒤에는 부안으로 내려가 산천을 유람하며 기생 계생(桂生)을 만났으며 천민 출신의 시인 유희경(柳希慶, 1545~ 1636)과도 교분이 두터웠다고 한 것으로 보아, 봉건사회의 신분차별의 폐단을 몸소 체험하였고, 천주교의 반봉건적 평등사상의 영향을 받아 민중을 계도할 목적으로 사회개혁사상을 담은 한글소설 『홍길동전』을 썼을 것으로 생각한다. 더구나 허균은 1597년 2월 5일 나가사키에서 26명 천주교 신자들이 도요토미 히데요시(豊臣秀吉, 1536/37~1598)에게 처형당했다는 사실과 임진왜란 때 포로로 잡혀가거나 그 이전에 노예로 잡혀간 조선인들 다수가 일본에서 천주교 신자가 되어 극심한 탄압에도 굴하지 않고 신앙을 지켰다는 이야기를 들었을 가능성이 있다.[14)] 오윤태는 "『홍길동전』과 『요한계시록』의 장군들에 관한 기록의 차이는 청황색 말의 등장과 중앙의 길동 대신에 성경에는 순교자들이 서 있는 것 뿐"이라고 하여, 조선사회의 신분차별의 타파에 대한 강한 사명감이 천주교 신앙에서 비롯되었음을 암시하고 있다.[15)]

---

13) 오윤태, 『한국기독교사(한국가톨릭사1편)』 206-207.

14) 임진왜란(1592-98)으로 인해 수많은 조선인들이 포로가 되어 일본으로 끌려갔다가 후에 일부는 귀환하였는데, 루이 프로에스(Louis Froes)가 1596년에 쓴 편지에 의하면 나가사키로 끌려간 조선인 노예들은 3백명이 넘었고, 그들의 대부분이 세례를 받았으며 일본어를 쉽게 배워서 고백성사를 받았다고 한다. 샤를르 달레, 안응렬, 최석우 역주, 『韓國天主教會史 上』 283-284(한국교회사연구소, 2000).

15) 오윤태, 『한국기독교사(한국가톨릭사1편)』 209(혜선문화사, 1975).

2. 유학자들의 보유론과 척사론의 갈등

조선의 천주교 수용은 허균의 『홍길동전』에서 보듯이 급진적인 사회개혁운동으로 이어질 수 있는 경향성을 가지고 있었지만, 초기의 양반 지배층 출신 신자들은 천주교를 유교의 단점을 보충할 수 있는 신념 체계로 받아들이고자 하였다. 필경 그들은 서학이라 불리며 중국에서 들여온 천주교의 근대성에 매료되었고, 조선의 위정자들을 설득하여 연착륙시키고자 하였을 것이다. 그래서 전통적인 가치 체계를 벗어나지 않고 점진적 변화를 추진하기 위하여 보유론적 입장을 견지하였지만, 당쟁에 휘말리면서 예상하지 못한 탄압을 받게 되어 일부 지식인 신자들은 배교의 고통을 체험하지 않을 수 없었고, 일부의 신자들은 순교의 자리로 나가거나 잠복하지 않을 수 없었다. 그런 가운데 종교적 양심을 가지고 구(舊) 체제를 방어하려는 척사론자들을 끝까지 설득하고자 한 지식인 신자들이 있었고, 그들이 남겨 놓은 절절한 신앙고백은 한국 천주교의 신앙적 유산이 될 것이다.

일본과 중국에 비하여 뒤늦게 수용한 조선에서 천주교는 꽃 필 여유도 없이 보유론과 척사론 사이의 논쟁과 정치적인 탄압에 휩싸이게 되었다. 일본의 경우, 사비에르가 가고시마에 도착한 후에 곧 지방영주들의 호의로 천주당이 창립되었고, 중국의 경우도 리치가 북경 도착한 지 4년 만에 신종 황제의 호의로 천주교남당(宣武門教堂)이 건립되었다. 조선은 이웃 두 나라보다 무려 180여년이나 늦은 1784년에야 남인계 유학자들의 자발적인 구도에 의하여 천주교를 들여올 수 있었다. 그러나 조선은 중국과의 빈번한 왕래로 많은 사절들이 17세기 초부터 북경의 천주당을 방문하거나 예수회 수사들을 만날 기회가 있었으며, 일본에서는 임진왜란 때 포로로 잡혀간 조선인들 가운데 천주교 신자가 된 사람들이 많았으며 조선통신사의 왕래로 일본 천주교의 사정을 알게 되었을 것이라고 생각된다.

조선은 일본이나 중국과 달리 정치권력의 비호가 전혀 없이 뜻있는 개혁유학자들이 자발적으로 천주교를 수용, 척사론자들의 계속되는 비난에도 굴하지 않고 저변을 확대해 갔다. 일본에서는 도쿠가와 정권(德川幕府)의 쇄국정책에 따른 천주교 말살정책으로 인하여 신자들은 지하로 숨어버리고 오랜 잠복 기간에도 대를 이어 신앙을 지켜갔고, 중국에서는 예수회 선교사들이 황실과의 유대를 바탕으로 순조로운 선교활동을 이어갔으나, 예전 논쟁에 이은 1773년 예수회의 해산으로 침체기로 들어갔다. 그러나 조선 천주교는 계속되는 탄압에도 굴하지 않고 천주교 신앙의 정통성을 지켜나갔고, 그로 인해 정치적인 탄압과 종교적인 탄압으로 수많은 순교자를 내게 되었다. 조선 천주교는 이웃나라와 달리 정권의 비호나 지배세력의 호의를 얻지 못하였고, 오히려 정치적 탄압을 정당화시키는 척사론의 공격으로 인해 유교와의 갈등이 증폭되었으며, 구한말 나라가 멸망할 때까지도 보유론과 척사론의 논쟁과 천주교와 유교의 충돌이 이어지고 있었다. 여기에서 우선 보유론적 수용론의 입장에서 논술한 서적들을 찾아보고, 초기 지식층 신자들의 천주교에 대한 이해의 정도를 살펴보고자 한다.

먼저, 보유론적 수용론자들의 대표격인 이벽의 주장을 그의 『성교요지(聖敎要旨)』를 통하여 살펴보고자 한다. 『성교요지』는 한시로 된 운문체로 천주교 교리를 잘 집약하고 있다. 제1부의 1절~15절은 그리스도의 사역과 말씀 등 성경내용을 요약하여 엮은 것이며, 제2부의 16절~30절은 『대학』의 가르침인 수신(修身), 제가(齊家), 치국(治國). 평천하(平天下)를 예수의 삶에서 발견할 수 있고, 유교의 정도(正道)는 곧 예수 그리스도라고 주장하며 천주교의 실천적 교훈을 제시하고 있고, 31절~49절은 하늘과 땅, 새와 짐승 등 자연만물이 하나님의 존재를 증거하고 있다고 주장한다. 이벽은 인간은 성실하고 근면하여야 하고 덕행을 쌓아야 한다고 말하고, 그러기 위해서는 세례를 받고 천주교인이 되어야 한다고 말한다. 그는 어떤 직업에 종사하든지 정도의 삶을 살아야 영혼의 구원을 받으며, 정도는 효우(孝友), 충성(忠誠), 자혜(慈惠), 선행(善行)을 실천하는 것이라고 하면서 보유론적 천주 신앙을 전개하고 있다.

다음으로 정약용은 비록 신유박해가 다가올 때 『자벽론(自辟論)』을 써서 당국에 제출하였지만, 유교의 천(天) 사상을 통하여 천주교의 천주(天主)의 개념을 이론적으로 정리한 인물이다. 그는 송유(宋儒)의 음양은 형체가 없고, 다만 명암이 있을 뿐이기 때문에 만물의 근원이 될 수 없으며 "태극(太極)"이나 "이(理)"도 창조의 능력을 가지는 것이 아니라고 주장하여, 송대 유학이 말하는 이기묘합(理氣妙合)의 만물 창조론을 부정한다. 대신에 그는 『시경(詩經)』의 "유천생민(唯天生民)….천생증민(天生蒸民) 유물유측(有物有則)"의 천만이 창조주인데, 그 천이 인천(禋天)"과 "사천(事天)"의 대상이 되는 위격을 갖춘 주재자라고 하였다. 그에게 천은 결코 주자(朱子)의 이(理)와 같이 선험적 형이상의 존재가 아니고, 창조자요 주재자로서의 위격적 존재였고 윤리적 실재였던 것이다. 따라서 인간의 생사화복이 천에 의하여 좌우되는 것이며 "수신사천(修身事天)"의 내성적 수기(修己)와 진선애(眞善愛)의 실천에 의하여 인간 심성에 부여된 도심(道心)인 "성지호덕지명(性之好德之命)"을 발휘하게 하여 "천인제회(天人際會)"의 가치있는 삶을 살 수 있다고 믿었다. 그는 천인제회(天人際會)의 외형적 제례가 제천이며 하늘을 섬기는 사천(事天)은 적선극기(積善克己)을 실천하고, 천주교의 미사를 드리는 것으로 완성된다고 하였다.[16]

마지막으로 정약종은 천주교 신앙을 끝까지 고수하여 신해박해 때에 많은 신자들과 함께 순교한 초기 천주교의 출중한 지도자인데, 서민층을 위하여 한글로 『주교요지(主敎要旨)』를 저술하였다. 『주교요지』는 상권 32장과 하권 11장으로 구성되어 있는데, 상권에는 창조

16) 이원순, 『조선서학사연구』 440(일지사, 1985).

론과 천주론을 먼저 설명한 후 이어 불교의 잡귀숭신을 비판하고 천주교의 영혼불멸설, 천당지옥설을 해설하고 있으며, 하권에서는 성경을 인용하여 기독론과 구속론을 해설하고 있다. 이 책은 구조와 내용에 있어서 문답식으로 교리를 해설한 마테오 리치의 『천주실의』와 상당부분 일치하고 있지만, 유교경전보다는 일상생활에서 발견할 수 있는 비유를 사용하고 있기 때문에 조선민중의 문화와 사고에 맞게 풀이하려고 노력한 흔적이 보인다. 신유박해 당시 형조에 압수된 천주교 서적이 총120종 177권 199책이었다고 하는데, 그 중에 한글(언문)서적은 총86종 111권 128책이었다고 한다.[17] 또한 『주교요지』의 저작 연대로 추정되는 1790년 어간은 조정에서 천주교를 본격적으로 탄압하면서 신자 계층이 양반중심에서 서민과 하층민 중심으로 이동하게 된 것도 한글서적이 늘어난 이유일 것으로 추정된다.

『주교요지』 상권의 주제는 천주론, 타종교(도교, 불교, 민간신앙) 비판, 천당지옥설로 되어 있고, 하권의 주제는 기독론과 구속론의 해설로 천지창조와 선악과 사건, 예수의 성육신 등을 예를 들어 자세하게 설명하고 있다. 정약종은 5장에서 아담만이 아니라 천주께서 아담을 비롯한 모든 인간을 창조하셨다는 사실을 설명하면서 부모가 자식의 숫자나 성별을 스스로 결정할 수 없다는 것을 예로 들고 있으며, 15장에서는 푸른 하늘이 천주가 아니라고 하면서 백성이 두려워하는 것은 대궐이 아니라 대궐에 사는 임금님인 것과 같은 이치라고 말한다. 16장에서는 천지가 스스로 만물을 내지 못하는 것을 설명하면서 그림을 예로 들고 있는데, 화가가 그림을 그리려면 종이와 물감이 있어야 하지만, 그렇다고 종이와 물감이 그림을 그린다고 할 수 없고 반드시 화가가 있어야 하는 것처럼, 땅은 종이에, 하늘은 물감에, 만

---

17) 배요한, "정약종의 『주교요지』에 관한 연구", 『장신논단』 Vol.44, No. 4, 450.

물은 그림에 비유해 보면 천주가 계셔야 만물이 창조될 수 있음을 설명하고 있다.[18] 『주교요지』 가운데는 유교의 경전이나주자학자들의 표현을 인용한 부분도 있는데, 상권 9장에는 "만물이 형태가 있는 것은 천하고, 형체가 없는 것은 귀하므로….이제 천주는 높으시고 귀하심이 사람과 천신보다 한량없이 더하시므로, 소리도 없으시고, 냄새도 없으시며, 오직 신령할 따름이니라"고 기록하고 있다. 배요한 박사는 이 부분은 『주역』의 "계사전(繫辭傳)"에 나오는 "형이상자(形而上者) 위지도(謂之道) 형이하자(形而下者) 위지기(謂之器)"(형이상의 것을 도라고 하고, 형이하의 것은 기라고 한다)구절과 『시경』의 "상천지재(上天之載) 무성무취(無聲無臭) 지의(至矣)"(상천의 실음은 소리도 없고 냄새도 없으니 이에 지극한 것이다)라는 구절에서 온 것이라고 한다.[19] 정약종이 그의 책에서 민간신앙을 비롯하여 여러 종교에 대해 언급하면서 천주교의 내세관과 영혼불멸설을자세히 설명한 것은 당시 하층민들의 종교적 관심사를 반영한 것이라고 생각된다.

이러한 보유론적 천주교 수용론에 대하여 보수적 유학자들 가운데서 천주교를 사교로 규정하는 척사론이 대두되었다. 천주교의 전래로 대표되는 서양의 충격에 대하여 동양의 전통적 가치를 지키려는 운동이 일어나는 것은 어쩌면 당연한 일일 것이다. 더구나 조선 정부는 개국초기부터 유교사상을 기반으로 하는 강고한 정치권력을 형성하고 있었기 때문에 일본과 중국에 비하여 천주교 배척의 강도가 강할 수밖에 없었던 것이다. 조선조 초기에 정도전(鄭道傳, 1342~1398)은 정치적 필요에 의해 『불씨잡변(佛氏雜辨)』을 써서 불교에 대한 척사론을 강력히 전개하였다. 그는 유교는 인간의 삶을 일회적으로 보기 때문에 현세에 집착하여 현세에 최고의 가치를 부여하기 때문에 군

18) 배요한, "정약종의 『주교요지』에 관한 연구" 『장신논단』, Vol.44, No.4, 452.

19) 배요한, "정약종의 『주교요지』에 관한 연구," 453.

주에 대한 존경심을 유지할 수 있지만, 불교는 불토라는 이상세계를 추앙하고 현세를 덧없는 속세로 규정하기 때문에 정치적 군주에게 크게 기대하지 않는다는 것이다.[20] 그의 불교 배척 논리는 척사론자들의 의하여 천주교에 그대로 적용되었다. 그래도 천주교 전래의 초기 단계에서 배척논리가 감정적인 면이 강했으나 천주교의 조선사회 정착이 진전되면서부터는 본격적인 척사론이 나타나고 그로 인해 참혹한 탄압이 전개되었다.

먼저, 안정복은 신중론으로 일관한 스승 성호 이익의 수제자를 자칭하면서도 가장 열심히 천주교에 대하여 척사론을 펼쳤는데, 그의 주장은 유교에 대한 방어적 성격이 강하여 위정론(衛正論)적 척사론이라고 할 수 있다. 그는 척사론으로 두 책을 저술하였는데, 『천학고(天學考)』는 주로 천주교의 연원을 밝히는 글이고, 『천학문답(天學問答)』은 유학의 입장에서 천주교의 교리를 비판한 글이다. 그는 문답형식의 글을 통해서 천주교를 비판하고 유학을 옹호하고 있다. 안정복은 천주교의 수사가 혼인하지 않고, 인간창조론과 아담의 죄가 유전된다고 하고, 천주나 상제인 예수가 십자가에 못 박혀 죽고, 지옥의 벌을 면하기 위하여 종일토록 빌게 하는 것 등이 이상한 일이고, 묵자(墨子)의 겸애설(兼愛說)과 같은 원수사랑 및 후세 천당지옥은 현세의 행도(行道)를 가르치는 유학에 반하고, 현세를 잠시 사는 곳으로 가르치고 있지만 유학은 현세를 위해 노력해야 함을 가르치고 있다고 말한다. 그는 영혼론은 유교에도 있으나, 영혼 불멸설은 불교의 가르침으로 유학에 반하고, 유교의 제사에 대하여 가상(假像)을 보고 절한다고 하지만, 천주교는 왜 천주상을 걸어 놓고 예배하는가고 묻고, 천주교는 "오로지 개인의 사사로움에서 나온 것(전출어일기지사(專出

20) 부남철, "조선유학자가 불교와 천주교를 배척한 정치적 이유-정도전과 이항로의 사례를 중심으로-" 『한국정치학회보』 30집 1호, 93.

於一己之私)"이라고 비판하면서 성인지도(聖人之道)는 오직 유학일 뿐이며 둘이 될 수가 없다고 주장한다.

안정복은 인척(姻戚)인 권철신에게 여러 번 서신을 보내 어려움이 닥칠 것을 경고하였다. "일본도 역시 천주학을 금하여 수만 명을 잡아 죽였다 한다. 어찌 우리나라만이 무사할 것이라 할 수 있겠는가. 하물며 당쟁이 벌어져 피차간에 틈을 엿보며 좋은 일은 덮어두고, 좋지 못한 일은 드러내는 때에…천당의 즐거움이 미치지 않았는데 현세에서의 앙화가 미쳐올까 두려우니, 삼가지 않아도 될 것인가, 두려워 하지 않아도 될 것인가."[21] 그는 천주교 운동이 당쟁에 악용될 소지가 있으며 자파세력인 남인이 치명적 손상을 입지 않을까 걱정하고 있는 것이다. 안정복은 천주교의 교리 가운데 합리적 이해가 어려운 부분만 골라서 비판하고 있는 것으로 보아, 처음부터 천주교를 불교와 같은 미신적인 사교로 몰아 부치고자 한 것으로 평가된다. 또한 "중국에서도 천주교를 따르는 자들은 어리석은 백성들에 불과하다"고 말하는 것으로 보아, 그는 일본과 중국의 천주교에 대한 왜곡된 정보를 가지고 있었을 가능성도 있다.[22]

다음으로, 신후담(愼後聃)은 『서학변(西學辨)』을 저술하여 천주교의 영혼론에 예리한 논평을 가하고 있다. 그는 스승 이익으로부터 보다 신중하게 천주교를 관찰해 볼 것을 권고받기도 했지만, 성리학자의 입장에서 천주교를 불교의 아류로 보고 비판하고 있다. 그는 "천주"의 주재적 지위는 인정하나 창조적 지위를 부정하였다. 만물의 창조는 "태극(太極)"에서 연유된다는 성리학의 가르침을 따르고 있기 때문이다. 태극의 이(理)는 실(實)이나 그 위는 허(虛)이기 때문에 정위치 못할 것이니 봉사할 수 없는 것이라 하여, 마테오 리치가 "천주=상

21) 이원순, 『조선서학사연구』 179(일지사, 1985).
22) 이원순, 『조선서학사연구』 180.

제=천"이라고 풀이한 보유론적 천주 신앙의 입장을 잘못이라고 지적한다. 또한 그는 영혼 불멸론은 세상 사람들의 죽음을 애석하게 여기는 마음을 이용하여 천주교가 이득을 얻으려는 것이고, 천당지옥설은 사람들이 복을 바라고 화를 두려워하는 마음에서 나온 것이며 이는 불교의 허탄하고 망령된 주장을 받아들여 사사로이 이익을 추구하는 교설이라고 비판한다.[23)]

마지막으로, 이헌경(李獻慶)은 『천학문답』에서 천주교에 대한 일곱 가지 질문에 답하는 형식으로 척사론을 전개하였다. 그는 신기함과 안일함을 추구하는 자들로 인하여 천주교의 사설(邪說)이 유행하고 있으나 불교보다 천주교가 더욱 저열하고 극악한 것이니 서학서를 분서(焚書)하여야 한다고 주장하였다. 이헌경은 옛부터 상제를 주재자로 높이 받들어 온 것은 사실이나 천주교는 천주도상(圖像)을 창조주, 주재자로 추앙하여 이를 예배하며 구원을 비는 어리석음을 저지르고 있다고 한다. 그는 또한 비록 천문, 역산 등 몇 가지는 우수하다고 하나 천주학은 "성학(聖學)"에 비교할 수 없다고 주장한다. 이헌경을 비롯한 모든 척사론자들이 한결 같이 정치적, 학문적 차원에서 유교를 중시하였기 때문에 내세관이나 보편적 사랑, 초월적 신의 존재에 대한 신앙과 같은 종교의 순기능적인 차원을 완전히 배제하고 있다고 평가된다.

일본의 척사론 서적들은 불교의 승려나 배교한 성직자들이 주장한 소극적 척사론인데 반하여 조선의 저서들은 지도층 유학자들이 저술한 적극적 척사론이라고 할 수 있다. 일본은 다신교를 기반으로 하는 나라이고, 유학이 정치 이념이나 봉건사상으로 정착된 것이 아니기 때문에 척사론이 주로 종교적인 주제나 가치관에 한정되어 있

23) 배요한, "정약종의 『주요교지』에 관한 연구," 『장신논단』, Vol.44, No.4, 456.

고, 천주교 탄압도 척사론적 이해에 의한 것이라기보다는 봉건지배나 관료들의 경제적 수탈에 대한 지방 신자들의 문제 제기와 사회개혁 운동에 기인하고 있다고 평가된다. 한편 조선의 적극적 척사론은 정부의 지배자들에게 정치적 입장으로 받아들여지고, 당쟁에 따른 반대파 배척의 구실로 이용되면서 천주교 탄압의 직접적 원인을 제공하였다고 할 수 있다. 결국 한 치의 양보도 없이 전개된 수용론과 척사론은 두 종교의 충돌을 가져왔고, 척사론에서 보이는 종교에 대한 몰이해는 조선 건국의 종교정책인 억불숭유의 편견에서 비롯된 것으로 조선왕조의 멸망을 가져온 원인이 되었다고 볼 수 있다.

3. 인간론의 차이와 조상제사 문제

조선 유학자들의 천주교에 대한 찬반논쟁과 조선 정부의 박해에도 불구하고 천주교의 신자층은 상류층에서 중인, 상민, 천민층으로 빠르게 확산되었고, 탄압의 구실도 교리적인 문제보다는 제의적인 문제로 이전되어 제사문제가 부각되었다.[24] 형식주의에 치우쳐 있던 유교나 산속에 파묻혀 있던 불교에 실망한 대중들에게 천주교의 인간이해 및 생사관은 종교적 욕구를 풀어줄 새로운 가치관으로 받아들여졌기 때문에 천주교에 끌리게 되었고, 신자들은 천주교의 내세관인 영혼불멸 사상으로 인하여 순교를 두려워하지 않게 되었다. 또한 사

24) 달레는 신유박해(1801년) 직후의 상황에 대하여 1811년 조선 신자들이 북경 선교사들에게 보낸 서한을 인용하여 자세히 소개하고 있다. “사업에 재주가 있는 교우들은 대박해 중에 모두 죽었나이다. 형벌을 면한 사람들은 모든 가산과 가진 물선을 다 잃고, 겨우 동량질로 목숨을 이어 나가게 되었나이다.” 샤를르 달레, 안응렬·최석우 역주, 『韓國天主敎會史 中』 24-25(한국교회사연구소, 2000) 참조.

회면에서는 제사제도에 대한 문제제기가 천주교 신자들을 직접적이고 가시적으로 구별해 주었고, 새로운 가치체계의 확립과 사회개혁의 동인으로 작용할 잠재력을 가지고 있었다. 천주교가 서울과 경기를 중심으로 발흥하여 충청과 전라, 경상 지역으로 확산되면서 천주교 신자의 계층은 더욱 다양화되어 갔고, 계속되는 박해에도 불구하고, 서학이라고 불리던 천주교는 어느새 민중의 신앙으로 정착되어 갔고, 천주교는 더 이상 합리적 이론이나 정치적 규제로 통제할 수 없는 컬트집단으로 성장하고 있었다. 아마도 천주교의 생사관은 척사론적 관점에서는 탄압의 구실이 되었지만, 민중들 사이에서는 천주교적 세계관의 참신성을 알리는 전령의 역할을 하고 있었다. 천주교의 가치관과 세계관은 『홍길동전』을 통하여 그려본 이상세계의 그것과 상통하고 있기 때문에 천주교는 조선 민중들의 종교적 요청일 뿐만 아니라 천지개벽에 대한 이상을 실현해 줄 가치체계로 조선 민중들에게 받아들여지고 있었고, 이는 척사론자들이 무력으로 옹호하고자 한 구체제적 유교이념의 필연적 쇠퇴를 의미하는 것이었다.

조선 사회의 가치관에 혁명적 변화를 가져온 제사 문제를 둘러싼 갈등은 단지 제사 문제에만 국한되지 아니하고 사회질서의 붕괴 및 새 질서의 구축으로 이어질 수 있는 것이다. 제사문제는 먼 후일에 천주교에서 다시 용인하는 쪽으로 방침을 바꿀 정도로 요지부동의 조선적 형식 가치였지만, 적어도 혹독한 탄압을 견디면서 지켜온 천주교의 상징적 가치였다고 할 것이다. 이러한 문제의식을 가지고 천주교의 탄압과, 그 구실로 이용된 조상제사 문제를 고찰해 보고, 그에 따른 천주교의 생사관의 특징을 살펴보는 것은 본 논문의 주제인 한국의 천주교 수용에 따른 유교와의 충돌에 관련한 핵심적 문제를 분석, 이해하는 일이 될 것이다.

천주교와 유교는 인간에 대한 이해가 근본적으로 다르다. 인간의 타락과 타락의 가능성을 주시하는 천주교와는 달리, 유교는 맹자의 성선설에 따라 인간 존재를 낙관론적으로 이해하고자 한다. 『맹자(孟子)』의 "승문공(勝文公)(상)"은 "맹자가 말하기를 사람의 본성은 선하며 그것을 확충해 나가면 반드시 요임금이나 순임금 같은 성현이 될 수 있다"고 하였다. 인간은 현세적 삶 속에서 유교 성현들의 가르침을 실천하면 성인(聖人)이 될 수 있기 때문에 죽음의 극복이나 내세에 대한 관념이 희박할 수밖에 없다. 반면에 천주교에서는 "예수의 부활"은 죽음이 초극되는 천주교의 상징이자 종교적 신앙의 정점이다. 천주교의 죽음 이해의 바탕이 되는 초월의 천주, 그리고 그의 사랑과 완전한 의지에 있다고 한다면 "천년왕국"으로 대표되는 목적론적 내세는 천주의 사랑과 의지가 구현된 제도적 프로그램이라고 할 수 있다.[25] 그래서 천주교에서 죽음은 영원한 생명을 획득하는 전환의 계기가 될 수 있고, 오히려 진정한 생명을 여는 생산적인 함의를 가지고 있기 때문에 신자들은 신앙을 지키기 위해서 순교의 자리로 나갈 수 있는 것이다.

이에 비하여, 유교는 조상제사라는 특유의 의식을 통하여 종교적 요소를 구현하고 있으나, 현세적 지향의 제한된 종교성을 가지며 자신의 현세적 운명, 즉 장수와 자손번성, 부의 축적을 기원하는 의식으로 제한되는 것이다. 이러한 유교의 인간주의는 만물이 생성, 소멸, 재생성하는 자연스러운 순환 속에서 일어나는 당연한 순리로 죽음을 받아들이도록 한다. 그리고 유교는 그래도 남는 문제인 죽음에 대한 공포를 대중적 해법으로 해결하고자 하는데, 그것이 조상제사라는 기제로서 신의 의지가 아닌 인간의 기억에 의존하는 것이다. 그래서 유교적 인간은 자신을 기념하여 제사를 지내주고 자신을 기억해 줄 자손과 가정을 만들어 놓는 것이 최대의 과제가 되는 것이다. 그의 육

---

25) 최우영, "신의 의지와 인간의 기억－유교와 기독교의 '죽음론' 소고－" 『동양사회사상』 20, 108(2000).

체는 사라질지라도 제사의식을 통한 기억 속에서 그는 살아있는 것이다. 또한 제사의식은 생물학적 관계일 뿐인 조상과 자식을 신성한 종교적 관계로 전환시켜 주기 때문에 유교에서 부모와 자식의 관계를 천륜(天倫)으로 신성시하는 것이다.[26] 유교적 입장에서는 결혼의 가장 중요한 의미도 조상을 받들고 대를 이어가는 것이며 제사드릴 자손을 낳아 기르는 것이다.

조선은 개국 초기부터 "시대를 광구(匡救)하고 백성을 교도(敎道)하기 위하여" 충효를 근본 도덕으로 하는 유교를 통치이념으로 정하였고, 사대부(士大夫)에게만 사대봉사(四代奉祀)의 제사를 요구한 중국사회와 달리, 조선사회에서는 서인(庶人)에게도 고비(考妣:죽은 아버지와 어머니)의 제사를 행하게 하였다.[27] 일반적으로 서인들은 매년 부모의 기일(忌日)에 드리는 제사인 기제(忌祭)를 지켰는데, 안채의 대청마루에 8촌 이내의 친척들이 함께 모였다.[28] 조상제사는 대가족의 형성에 중요한 역할을 하였고, 가족들의 통일과 조화를 이루는 구심점이었으며 가부장제도의 기반을 만들었고, 강력한 가장권을 설정하여 국민도덕인 효도교육의 장으로 기능했다. 따라서 조상제사야말로 유교적인 신분질서를 정립하고 사회의 기본단위인 가정을 공고히 하는 가장 핵심적인 시스템이었다. 조선사회에서 제사제도가 확립되어 있다는 것은 곧 유교적 지배 질서인 왕-제후-평민-하층민 등으로 대별될 수 있는 국가통치의 시스템을 굳건하게 유지할 수 있다는 확실한 증거가 되었다.[29] 더구나 조선에서 왕을 국부(國父)로 부르고,

---

26) 최우영, "신의 의지와 인간의 기억－유교와 기독교의 '죽음론' 소고－," 113.

27) 류순하, 『기독교 예배와 유교제사』 65-67(숭실대학교출판부, 1996).

28) 류순하, 『기독교 예배와 유교제사』 73.

29) 배요한, "유교의 조상 제사관에 관한 고찰," 『장신논단』, Vol.45, No.4, 424.

왕비를 국모(國母)로 부른 것에서 알 수 있는 것처럼, 유교적 통치이념에서는 국가를 확대된 가족으로 보고 있었다.

한편 예수회는 중국에서 처음에 적응주의적 선교정책에 따라 "조상숭배는 신앙에 위배되지 않으며 일정 한도 내에서 용납할 수 있다"고 주장하여 중국인들의 많은 호응을 받았지만, 도미니크회와 프란체스코회가 교황청에 조상제사 용인에 대한 문제를 제기하여 전례논쟁이 일어나게 되었다. 교황청은 1645년 제사금지령을 내렸으나, 예수회의 주장에 따라 1656년에 다시 금지령을 해제하고, 또다시 교황은 1715년과 1742년에 조상제사를 금지하는 교서를 내렸지만 8명의 교황과 강희제(康熙帝)까지 가담하면서 혼란을 거듭하였다. 그 후, 로마 교황청은 2세기가 흐른 뒤인 1939년 12월 8일 천주교인들이 공자 제사와 조상제사에 참여하는 것을 승인하였다.

조선에서 처음 천주교가 조상제사를 용인하고 있었던 것 같으나, 1791년 5월 전라도 진산(珍山)에서 양반 출신인 윤지충(尹持忠)과 권상연(權尙然)이 폐제분주(廢祭焚主)를 함으로써 조상제사 문제가 천주교 탄압의 가장 큰 구실로 대두되기 시작되었다. 모친상을 당한 윤지충과 그의 외사촌인 권상연이 교황청의 지시를 따르기 위해 제사를 지내지 않고 신주를 불태우고 천주교 의식으로 상을 치렀다. 이것을 두고, 공서파(功西派)는 유교사회의 제례질서를 파괴하는 패륜(悖倫)이며 무부무군(無父無君)이라고 하면서 공격했다. 결국 두 사람은 체포되어 혹독한 심문을 받았고, 정조가 30여건의 상소와 영의정 채제공(蔡濟恭)의 간청을 받아들여 참수를 승인하여, 1791년 11월 13일 오후 3시에 순교했다.[30] 신해박해로 인해 조선유학자들에게는 천주교 탄압에 대한 좋은 구실을 얻게 되었다. 또한 조상제사를 거부하는

30) 정조는 계속 순교자들이 나올 것을 우려하여 사형 집행을 유예시키기 위하여 특사를 전주로 보냈으나 때가 늦었다고 한다. 샤를르 달레, 안응렬·최석우 역, 『韓國天主教會史 上』 355(한국교회사연구소, 2000).

천주교는 당시 향촌사회(鄕村社會)를 중심으로 하는 지역사람들에게 지탄의 대상이 되었고, 아울러 중앙정부에서 논란이 되었다.[31] 조상제사 문제로 촉발된 천주교와 조선정부의 갈등 및 충돌은 신해박해(辛亥迫害, 1791년), 신유박해(辛酉迫害, 1801년), 기해박해(己亥迫害, 1838년), 병인박해(丙寅迫害, 1866년), 신미박해(辛未迫害, 1871년), 신축박해(辛丑迫害, 1901년)로 이어져 조선말까지 계속되었다.

황선명은 조선에 새로 전래된 천주교와 조선의 지배 이념인 유교의 충돌이 불가피하게 된 것은 봉건지배 이념의 외재적 표현일 뿐만 아니라 지역공동체의 규범윤리를 지켜주는 조상제사에 대한 천주교의 도전 때문이라고 주장하였다. 그는 "유래가 없는 자생교단의 출현이라고 일컫는 천주교 신앙공동체의 형성은 주자가례의 예속(禮俗)에 정면으로 도전하여 매주폐제(埋主廢祭)와 같은 윤상(倫常)의 문제를 일으키면서 향약(鄕約)제도나 가부장적 규범문화가 지배하는 향촌사회에는 도저히 용납될 수 없는 것이기 때문에 이단적(異端的)이라 할 수 있다"고 하였다.[32] 그는 조선 천주교가 조상제사를 폐지함으로써 강고한 가부장적 규범에 도전할 수 있었던 것은 몇 가지 조선조 말기의 특수한 사정에 기인하고 있다고 말한다.[33] 첫째로, 당시에 사민(四民)체제의 붕괴와 유민(流民)의 증가로 인하여 현실의 고통을 벗어나고자 천주교의 종말론적인 구원과 내세에 대한 약속이 하나의 복음으로 들리기 쉬운 사회상이 전개되고 있었다. 신유박해로 검거된 유관검(柳觀儉)은 서양의 대선(大船)이 보화를 가득 싣고 와서 성교를 크게 떨치고 천주당을 지어 자신들을 구원해 줄 것이라고 믿었다고 한다. 둘째로, 소외된 민중들은 유교의 규범 문화보다는 천주와 같은 절대자에게 의지하려는 고백적 차원을 중시하였기 때문에 형식에 얽

31) 황선명, 『조선조종교사회사연구』 301-302(일지사, 1992).

32) 앞의 책, 301.

33) 앞의 책, 302-314.

매는 조상 제사보다는 강력한 종교 상징인 천주라는 뚜렷한 초월자에 더 이끌린 것이다. 셋째로, 천주교의 신앙공동체가 가족적 연대로 이루어진 일종의 비밀결사와 같은 컬트집단이었고,거기에 신앙적 결속이 가미된 형태로 형성되었기 때문에 극심한 탄압에도 살아남을 수 있었다. 이러한 요건이 외국인 성직자 없이도 자생교단 형식의 조선 천주교를 가능하게 하였으며 나아가 계속되는 탄압에도 굴하지 않는 신앙을 유지하게 하였다고 생각한다.

4. 천주교 신자들의 신앙과 천주교의 대응

중국의 명나라 붕괴이후(1644년), 소중화(小中華)를 자처하며 유교의 문화적 자부심을 지켜가고자 했던 유학자의 강고한 신념은 시대적 변화와 서민층의 종교적 욕구 이해를 방해하였으며, 척사론에 바탕을 둔 이해와 설득을 넘어서 주변으로 밀려난 서민층의 신자들에게까지 정치권력을 이용한 무자비한 탄압을 초래, 참혹한 순교의 피를 흘리게 하였다. 이렇듯 공권력을 앞세운 혹독한 탄압이 계속되는 상황에서도 조선의 민중들이 천주교에 입신하고 끝까지 신앙을 지키고, 투옥과 고문을 견디고 순교의 자리에 동참한 것은 특기할만한 일이다. 서민층 신자들의 입신 동기와 순교 과정을 살펴보면 당시 천주교인들의 신앙적 성격을 알 수 있을 것이다. 야마구치(山口正之)에 따르면 많은 순교자들이 내세의 소망을 가지고 신앙을 지키며 순교의 길을 간 것으로 나타난다.[34] 1867년에 잡혀서 포도청에 수감된 박화심(朴化心,62세)은 그해 7월 13일 취조에 대하여 다음과 같이 대답하였다. "나는 1863년에 강대숙(姜大淑)이라는 고향 사람이 '성교에 귀의

34) 山口正之. 『朝鮮西教史』 201-202(雄山閣, 1967).

하면 후세에는 선지(善地)에서 낙을 누리고 영혼은 천당에 가오'라며 권유하기에 결국 그에게 못 이겨서 입교하였습니다." 실제로 여성 신자의 입교의 동기는 그런 경우가 많았다고 한다. 천주교가 가르치는 "천당지옥"의 미래 사상은 "죽은 후의 영원한 복", "후세낙선(後世樂善)"을 바라는 서민들의 단순한 신앙에 따른 것이다. 1866년에 처형된 프랑스 신부 베르누도 "조선 민중의 성격은 매우 단순하여 별로 깊이 생각하지 않는다. 성교의 진리를 알려주면 금방 감동하여 입신하고 어떤 희생도 마다하지 않는다. 그러나 진리를 설명해주어도 잘 모른다. 부인들과 무식한 남자들은 모두 그런 경향이 있다"고 말했다. 그래서 종교적인 지식은 매우 부족하였고, 천주경, 성모경, 십계명 등의 단순한 기도문을 아침저녁으로 외우는 것으로 신앙적 만족감을 얻었다. 1868년 체포되어 옥에 갇힌 유식한 여장부 한성임(韓成任,55세)는 그해 4월 14일의 진술에서 무식한 민중의 경박한 신앙 태도에 실망하며 "우부우부(愚夫愚婦)들은 겨우 한 절을 외우고 세례를 받는다. 그리고 천당에 들어간다고 믿고, 기쁘게 사지(死地)로 간다. 마치 불나방 같다"고 분개하였다. 같은 해에 옥에 갇힌 양(梁)마리아(45세)는 가난한 가정에서 자란 불쌍하고 무식한 여자였다. 그해 5월 5일 진술에서 "성교에 들어가면 의식(衣食)을 마음대로 얻어"라고 들었기 때문에 기쁘게 입신했다고 말했다. 현세 이익의 신앙이 가난한 사람들의 간절한 바람으로 연결되었다. 그렇게 해서 천주교는 19세기 중엽부터 서민들의 마음에 침투하여 민중 신앙의 기반을 확립한 것이다.

조선의 천주교는 처음 전래한 때부터 반상(班常)의 신분, 남녀의 성별, 노유의 연령, 서얼(庶孼)의 출생 등의 차별을 무시, 부정하는 교회활동을 펴왔기 때문에 상류층보다는 중류층과 하류층 사람들에게 호감을 주었고, 실제로 탄압의 분위기 속에서 초기 천주교를 이끌어 간 인물들도 중인 이하의 신분이 많았다. 천주교 초기의 총회장으로 일한 인물은 상민 최창현(崔昌顯)이었고, 처음 명례방(明禮坊)의 집회 장소를 제공한 인물은 중인 역관 김범우(金範禹)였으며, 전주 신앙공동체의 지도자는 상민출신의 유항검(柳恒儉, 1756~1801)이였다.[35] 신유박해(1801년) 때에 검거된 신자들의 신분을 살펴보면 592명(남자 480명, 여자 112명) 가운데 양반 20.6%, 중인 6.7%, 양인 4%, 천민 6.9%, 미상 62%로 나타나고 있다. 신유박해의 성격이 벽파(僻派) 정권의 시파(時派) 제거라는 정치적인 목적을 가지고 시파계의 남인 천주교 지도자들을 검거하였기 때문에 양반(122명)이 많이 포함되어 있었으나, 초기선교 시대에도 이미 절대 숫자가 적은 중인층이 6%이고, 양인과 천민이 13%를 차지하고 있는데 신분 미상인 사람들이 양반은 아닐 것으로 판단되기 때문에 천주교는 초기부터 민중 층으로 구성되어 있었다고 볼 수 있는 바, 천주교의 내세관 등의 신앙적인 내용이 중인층 이하의 민중들에게 어필하고 있었다고 생각된다.[36] 야마구치에 의하면, 1866년부터 1878년까지 포도청에 검거된 407명의 신자용의자들 중에 남자는 300명이었는데, 그 중에 유죄(신자)로 인정된 자는 131명이였다. 그들의 직업을 분류해 보면, 지식층에 속하는 59명의 직업은 유학자 18명, 의약업 7명, 군관 19명, 상인 15명이었고, 무식자층에 속하는 57명의 직업은 농사 32명, 기술자 12명, 천민 13명이었고, 그 외에 불명이 5명이었다. 천주교는 18세기에 종교철학으로 전래된 이래, 서학으로서 유학자들에게 환영받았지만, 100여년이 지나자 귀천, 빈부, 유무식에 관계없이 국민 종교로서 성장한 것을 여실히 나타내고 있다. 여기에서 천민, 지게꾼, 일꾼, 물 기르는 자 등 가난한 사람들이 13명이나 있는 것은 민중범부의 서민종교가 되었다는 사실을 나타내고 있는 것이다.[37]

한편, 조선의 천주교가 서민종교로 변천되면서 신자들의 내세관이

35) 이원순, 『조선서학사연구』 265(일지사, 1986).
36) 민경배, 『한국기독교회사』 76(대한기독교출판사, 1982).
37) 山口正之, 『朝鮮西教史』 200-201(雄山閣, 1967).

지나치게 현세구복적인 경향을 띠게 되어, 『척사윤음』에서 천주교의 영혼불멸설과 천당지옥설이 내세의 복락을 위해 현세에 믿음을 갖는 이(利)의 종교라고 비난할 수 있었던 것이다. 『척사윤음』에서는 "저들이 공경하고 존숭한다는 것은 죄를 면하고 복과 은총을 맞이하려고 하는 비루한 일에 불과하니, 결국 스스로 하늘을 모독하고 더럽히는 데로 돌아갔도다"라고 비난하고 있다. 유교의 정통이 마땅히 행할 일이기에 도덕적인 삶을 살아가는 의(義)의 종교이기 때문에 조선 유학자들에게 내세의 복락을 추구하는 서민들의 신앙이 이해되지 않았고, 과거 불교와 같이 민중을 미혹하는 종교로 오해되고 말았던 것이다. 그래서 정하상(丁夏祥)은 『상재상서(上宰相書)』에서 "천주께서는 지극히 공의로우사 선을 갚지 아니하심이 없고, 천주께서는 지극히 공의로우사 악을 벌하지 아니하심이 없습니다. 만일 육신이 죽은 후에 영혼까지 따라 없어진다면 상이나 죄를 어디에 베푸시겠습니까? 그래서 영혼이 멸하지 아니함을 마땅히 알아야 하겠습니다"라고 주장하였다.[38] 여기에서 정하상은 인과응보적인 공의 개념과 영혼불멸을 주장하여 불교의 윤회사상을 연상하게 하였고, 예수의 삶에서 보여준 천주교의 윤리를 언급하지 않았기 때문에 척사론자들에게는 조상제사를 반대하는 논리로 받아들여진 것이다.

이런 상황에서 지식인 신자들과 프랑스인 사제들이 조상제사의 폐지에 대한 개선이나 대안이 없는 상태에서 조선에서 수백 년을 이어온 국민도덕의 핵심적 기반이며 가시적 의례제도를 폐지하자고 주장한 것은 가족주의 국가관을 통치기반으로 하는 봉건적 조선정부에 심각한 위협으로 인식되었을 것이다. 그로 인하여 천주교는 복음의 핵심가치인 신분제 폐지, 평등사상, 이웃사랑의 실천 등을 확장시키

---

38) 배요한, "정하상의 『상재상서』에 관한 연구", 『장신논단』, Vol.46, No.1, 229.

고, 윤리적 삶과 영혼구원 등을 위해 일하고, 조선적 천주교 신앙의 확립에 실패하고 말았다고 할 수 있다. 조선 천주교가 고난의 역사 한가운데 있던 1874년에 순교의 역사를 자세히 기록해 놓은 샤를르 달레(Charles Dallet, 1829~1878)도 유교는 조선의 국교이며 제사는 공식적인 종교예식이기 때문에 그것을 어길 때는 극형으로 처벌받게 될 것이라는 인식을 나타내고 있다.[39] 그는 조선이 쇄국을 포기하지 않을 것으로 내다보고, 서양의 힘에 의한 개국 시도는 교회의 파멸과 신자들의 순교를 가져올 뿐이었다고 말하면서 언젠가는 러시아 영토에 합병됨으로써 해결될 것이라는 견해를 나타내고 있는데, 이는 당시 서양인들이 쇄국 조선을 보는 일반적인 시각이었던 것 같다.[40]

그럼에도 불구하고 천주교는 유교사상을 기반으로 형성된 강고한 봉건체제에 강력한 충격을 주었고, 조선사회가 서구의 근대적 가치에 눈을 돌리게 하였다. 이원순은 조선 후기사회에서의 천주교 신앙의 실천은 협의적으로는 새로운 종교, 윤리체계의 수용이지만 광의적으로는 새로운 가치체계의 수용이라고 하였다.[41] 비록 천주교가 신앙적 실천 안에서의 새로운 인간관과 생의 철학의 실천을 목적한 것으로 종교적 한계를 지닌 것이나, 동시에 전통적 신분제, 직업관, 사회규제의 불평등을 극복할 원리의 수용이었던 것이다. 성리학의 이기(理氣)론에서 말하는 청탁(淸濁), 후박(厚薄), 상하의 원리(原理)에 따른 신분의 귀천이나 직업의 차별이 당연시 되던 유교적 봉건사회에서 인간의 존엄과 평등, 이웃사랑, 평화의 사상 등 예수 그리스도의 교훈은 상당한 문화적 충격을 주었을 것이다.[42]

---

39) 샤를르 달레, 안응렬·최석우 역,『韓國天主敎會史 上』209-217(한국교회사연구소, 2000).

40) 샤를르 달레,『韓國天主敎會史 上』275-276.

41) 이원순,『조선서학사연구』264-265(일지사, 1986).

42) 이원순,『조선서학사연구』265.

또한 유홍렬은 제주도에서 발생한 민간의 자생적 박해라고 볼 수 있는 신축박해(辛丑迫害, 1901년)에서 보듯이, "조선후기 사회에 도를 더하여 가던 탐관오리들의 권력남용에 대한 민중들의 분노는 새 시대를 향한 열망을 불러일으켰다"고 평가한다.[43] 샤를르 달레도 "민중 시위의 원인은 모든 종류의 상하 관리들의 게걸스러운 탐욕과 흉악한 도둑질이었다. 조선에서는 진정한 궁중의 감독관들인 대신들이 오래전부터 관직 수여에 비싼 세금을 받아왔다. 벼슬이 글자 그대로 경매에 붙여졌다"고 말하고 있다.[44] 삼정문란이라는 말로 표현되는 세제(稅制)의 파탄은 서민들의 생활을 고통으로 몰아넣었고, 하급관리들의 착취에 견디다 못한 민중들이 천주교의 가르침에 끌려, 자유를 위한 투쟁에 나서게 된 것이다. 극심한 박해 속에서도 천주교 신앙을 굳건히 지킨 신자들의 신앙운동은 유교적 향촌사회의 강고한 벽을 무너뜨리는 봉건타파 운동으로 이어졌다. 따라서 그들의 고난과 희생은 한국근대를 열어준 의로운 고난이었다고 평가할 수 있다.

조선의 천주교 수용사에서 가장 특기할 것으로 개혁 유학자들에 의한 자발적 수용을 말하고 있지만, 지난 천주교 선교의 역사를 찬찬히 돌아볼 때, 자발적 수용이 갖는 한계도 없지 않았다. 일본과 중국에서는 고도의 훈련된 예수회 선교사들과 그들을 후원하는 서양 국가들의 정책적 판단에 의하여 선교 사업이 전문적으로 전개된 반면, 조선에서는 종교 지형의 변화에 대한 국제적인 정세에 무지했을 뿐만 아니라 당쟁을 기반으로 하는 국내 정치의 한계를 정확하게 인식하지 못한 채, 처음부터 천주교의 교리문제와 제사문제가 당쟁의 파고를 타고 정치권력의 중심을 강타하였다. 그만큼, 시기와 방법의 적절성을 생각할 여유가 없었던 수용론자들의 절박한 심정이 속도전을

43) 유홍열, 『고종치하 서학수난의 연구』 471-472(을유문화사, 1988).
44) 샤를르 달레, 안응렬·최석우 역, 『韓國天主敎會史 下』 332(한국교회사연구소, 2000).

방불하게 하는 초기 천주교 수용과 탄압, 그리고 저항의 역사 속에 매우 잘 들어나 있다. 그러나 천주교의 전래와 수용이 타문화권 주민들의 가치관 및 세계관의 전면적인 변화와 더불어 사회체제의 변혁을 포함한 문화변혁을 동반한다는 사실을 생각하면 타문화권에 대한 기독교 선교에서 속도의 완급이나 선교사업의 정치적 고려는 반드시 필요한 요소라고 생각된다. 비록 천주교의 선교 노력과 희생의 덕을 크게 힘입었지만 후에 들어온 개신교의 병원선교와 교육선교의 성공은 간접선교의 잠재적 효용성을 증거하고 있는 것이다.

조선에서의 유교와 천주교의 갈등과 충돌은 말할 것도 없이 서양 근대라는 혁명적 문화변혁의 물결 앞에서 이를 수용하고자 하는 세력과, 전통적 가치를 고수하자 하는 세력 사이의 목숨을 건 싸움이었다. 새로운 문명을 받아들여 새로운 가치체계를 성립시키고자 한 천주교 수용론자들의 끝없는 노력과 형이상적 성리학 논쟁 속에서 이미 형해화(形骸化)의 길로 들어선 유교의 형식주의를 거부하고 천지개벽을 희구하던 민중들의 순교의 피로 인하여 밑으로부터의 변화와 개혁을 이끌게 된 것이라고 평가된다. 비록 탄압과 순교의 역사 속에서 고난의 길을 걸어야 했던 천주교 신자들의 소망이 당장 실현된 것은 아니지만, 천주교는 후발 주자로 들어온 개신교와 함께 근대 한국을 개화로 이끄는 동력을 제공했다고 할 수 있을 것이다.

맺는말

이상의 논고를 통하여 조선의 초기 천주교 선교역사에 나타난 자발적 수용의 문제를 의식하면서 천주교와 유교의 충돌, 그리고 초기 조선 천주교의 성격을 살펴보았다. 일본과 중국에서는 예수회의 적응주의적 선교방법이 성공을 거두게 된 것은 당시의 시대적 상황이 크게 작용한 것인 바, 조선에서의 유학자들에 의한 자발적 수용은 선교 전략의 부재로 인하여 양반봉건체제를 강고하게 떠받치고 있던 유교와의 충돌을 피할 수 없었다. 그럼에도 불구하고 개혁유학자들과 [홍길동전]의 저자 허균의 경우에서처럼 사회개혁과 문명개화에 대한 강한 의지를 가진 사람들에 의하여 천주교의 자발적 수용이 불가피하였다고 생각된다.

처음에 보유론적 수용자들인 양반출신 신자들은 천주교 수용을 통하여 전통적인 가치체계를 벗어나지 않고 점진적 변화를 추진하고자 하였으나, 당쟁에 휘말리면서 극심한 탄압을 받게 되자 배교의 고통을 체험하거나 순교 혹은 잠복의 길을 가지 않을 수 없었다. 한편 척사론자들은 조선건국 초기에 정도전에 의하여 확립된 불교탄압의 논리를 가지고 천주교를 유교정권을 흔드는 반국가적인 사교로 규정하여 탄압의 구실로 삼았다. 당시 중국이 명나라 붕괴이후에 중국유교의 쇠퇴와 더불어 소중화를 자처하며 유학의 문화적 자부심을 지키고자 했던 유학자들의 강고한 신념이 척사론으로 확대, 재생산되었다고 볼 수 있다.

유교와 천주교의 갈등의 가장 큰 원인은 인간론의 차이와 조상 제사문제에 있었다. 천주교 신자층이 양반층에서 벗어나 중인, 상인, 천민층으로 이동하면서 탄압의 구실이 교리적인 문제 보다는 제의적인 문제로 이전되었고, 그 중심에 조상제사가 있었다. 형식주의에 치우쳐 있던 유교에 실망한 서민들에게 천주교의 인간이해는 종교적 욕구를 풀어줄 새로운 가치관으로 받아들여졌고, 신자들은 천주교의 내세관인 영혼불멸 사상으로 인하여 순교를 두려워하지 않게 되었다. 소외된 민중들은 유교의 규범 문화보다는 천주와 같은 절대자에게 의지하려는 고백적 차원을 중시하였기 때문에 형식에 얽매는 조상제사보다는 강력한 종교 상징인 천주라는 뚜렷한 초월자에 더 이끌린 것이다. 한편 조선은 개국초기부터 조상제사를 통하여 유교적 지배 질서인 왕-제후-평민-하층민 등으로 대별될 수 있는 국가통치의 시스템을 굳건하게 유지하는 확실한 기반으로 삼고자 하였기 때문에 천주교에 대한 탄압은 불가피한 것이었다. 그러나 서민신자들의 순교적 신앙은 유교적 향촌사회의 강고한 벽을 무너뜨리는 봉건타파 운동으로 이어졌다.

조선의 천주교 수용의 특징으로 자발적 수용을 말하고 있지만, 그것이 갖는 한계도 없지 않았다고 생각된다. 일본과 중국에서는 고도의 훈련된 예수회 선교사들과 그들을 후원하는 서양 국가들의 전략적 판단에 의하여 선교가 전개된 반면, 조선에서는 처음부터 교리문제와 제사문제가 당쟁의 파고를 타고 정치권력의 중심을 강타하고 말았다. 시기와 방법의 적절성을 생각할 여유가 없었던 천주교 수용론자들의 절박한 심정이 천주교 수용과 탄압, 그리고 저항의 역사 속에 매우 잘 들어나 있다. 타문화권에 대한 기독교 선교에서 속도의 완급이나 선교사업의 전략적 고려는 반드시 필요한 요소라고 생각되는데, 후에 들어온 개신교의 병원선교와 교육선교의 성공은 간접선교의 잠재적 효용성을 증거하는 것이다.

참고문헌

Sansom, G.B,『日本文化史』, 福井利吉郎譯, 東京 : 東京創元社, 1976.
近藤儀左ェ門,『生月史稿』, 長崎: 芸文堂, 1979.
山口正之,『朝鮮西教史』, 雄山閣, 1967.
海老澤有道,『日本キリシタン史』, 東京 : 塙書房, 1976.
금장태,『귀신과 제사-유교의 종교적 세계』, 제이앤시, 2009.
김 철,『정약종의 주교요지에 관한 연구』, 카톨릭대학, 1979.
김시준 역,『新完譯 闢衛編: 韓國天主敎迫害史』, 명문당, 1987.
류순하,『기독교 예배와 유교제사』, 숭실대학교 출판부, 1996.
리치 마테오, 송영배외 5인 역,『천주실의(天主實義)』, 서울대학교출판문화원, 2010.
마사히코 사와,『미완조선그리스도교사』, 일본기독교단출판국, 1991.
샤를르 달레, 丁奇洙 譯,『朝鮮敎會史序論』, 探求堂, 1966.
---------, 안응렬·최석우역,『韓國天主敎會史, 上』, 한국교회사연구소, 2000.
---------, 안응렬·최석우역,『韓國天主敎會史, 中』, 한국교회사연구소, 2000.
---------, 안응렬·최석우역,『韓國天主敎會史, 下』, 한국교회사연구소, 2000.
오윤태,『한국기독교사(한국가톨릭사1편)』, 혜선문화사, 1975.
유홍열,『고종치하 서학수난의 연구』, 을유문화사, 1988.
이기동,『東洋三國의 朱子學』, 성균관대학교출판부, 2003.
이원순,『조선서학사연구』, 일지사, 1986.
황선명,『조선조종교사회사연구』, 일지사, 1992.

김옥희, "서학의 수용과 그 의식구조"『한국서학사상사 연구』, 국학자료원, 1998.
배요한, "유교와 기독교의 만남–이벽의『성교요지』를 중심으로–,"『장신논단』제42집.

배요한, "유교의 조상제사관에 관한 교찰," 『장신논단』 Vol.45, No.4.
배요한, "정약종의 『주교요지』에 관한 연구," 『장신논단』 Vol.44, No. 4.
배요한, "정하상의 『상재상서』에 관한 연구," 『장신논단』 Vol.46, No.1.
부남철, "조선 유학자가 불교와 천주교를 배척한 정치적 이유-정도전과 이항로의 사례를 중심 으로-," 『한국정치학회보』 30집, 1호.
정약종, 서종태 역, 『주교요지』 상·하, 서강대 조선시대사연구회 한국천주교사자료총서1, 국학자료원, 2003.
조재국, "중세일본의 천주교 선교와 신개념의 수용에 관한 연구" 『신학논단』 Vol.68, 연세대학교 신과대학 연합신학대학원, 2012.
최우영, "신의 의지와 인간의 기억: 유교와 기독교의 '죽음론' 소고-," 『동양사회사상』, 제20집, 2008.

〈기독교 수용과 유교와의 충돌〉 토론문

가나즈히데미(고려대)

본 발표는 조선시대에 수용된 기독교(천주교)가 '국교' 위치에 있었던 유교와의 갈등 양상에 주목함으로써 종교적 성격을 살펴본 논문이다. 최근 역사학이나 사상사연구학에서는 개별 대상을 분석하면서도 개별 사상을 일국(一國)의 틀로 분석하지 않고, '세계사'까지는 미치지 않지만, 동아시아에서의 동시대적인 동향과의 연관 속에서 이것을 파악하는 방법론이 주목을 받고 있다. 특히 본 심포지엄의 주제와 관련되어 한일뿐만 아니라 중국 상황까지도 시야에 넣고 있으며, 서양과의 만남뿐만 아니라 동아시아 시공간(時空間) 속 기독교 수용이라는 아주 흥미로운 발표였기 때문에 많은 공부가 되었다. 아쉬운 것은 토론자가 조선 기독교의 역사에 대해 아는 바가 거의 없어 본 발표의 의도를 충분히 이해하지 못한 점으로, 앞서 지적한 연구동향에 입각하여 특히 일본의 기독교 수용양상과의 관련이라는 측면에서 세 가지 정도 코멘트와 질문을 하고자 한다.

첫째, 예수회가 수행했던 동아시아 선교 속에서 조선의 위치에 관련된 점이다. 예수회의 선교사 일본 파견은 말라카(Malacca)에서 야지로(안지로)와의 만남이라는 다분히 '우연'적인 요소에 의해 좌우되어 있다고 할 수 있는데, 야지로 자체가 남규슈(南九州)에 내항했던 포르투갈선을 타고 동남아시아로 이동했던 사람이었으며, 이러한 점은 바다를 매개로 한 사람들의 이동의 산물이라고도 할 수 있다. 한편, 조선의 경우 직접적인 선교사파견이 아니라 간접적 수용으로부터 시작되었지만 그 수용에는 연경사(燕京使)파견에 보이는 중국과의 직접적 접촉뿐 아니라 일본 통신사의 왕래에 의한 서적 수입과 임진왜란 시의 포로 왕환이라는 동아시아의 외교, 그리고 전란(전쟁)이 크게 기여한 점은 흥미로웠다. 이러한 양상을 일시적 · 일회적 · 우연적인 것으로 파악하는 것이 아니라 당시 사람과 · 물건의 이동과 기독교와의 만남/접속이라는 틀로 생각해야 할 필요성을 새삼스럽게 느끼게 되었다. 실제로 도쿠가와막부의 금교령 이후 일어난 원화대순교(元和大殉教, 1622)에서도 화형에 처해진 사람들 중에 조선인 남성인 안토니오(Antonio)와 처 마리아(Maria), 자식인 베드로(Petros)도 포함되어 있었으며, 그들이 임진왜란 때 연행된 포로였을 가능성도 높다. 아무튼 어떠한 사정이건 규슈(九州)에 건너오고 정착한 조선인이었던 것은 틀림없다. 이와 같은 사상들을 하나하나 발굴하는 것은 힘이 들겠지만 현재 국경역(國境域)을 넘은 역사 사상에 더욱 주목을 해도 좋을 것 같다.

둘째, 수용된 기독교의 성격에 관한 것이다. 최근의 일본 기독교 수용에 관한 연구에 의하면[1] 일본사상, 특히 불교와 기독교의 유사성이 주목을 받고 있는 모양이다. 예를 들면 안드레스 페레스 리오보(Andres Perez Riobo, 2010)는 16세기말부터 17세기 초반 일본에서 쓰인 기독교 서적에는 일본 종교적 풍습(신도, 불교, 무속, 음양사, 야마부시山伏 등)과 기도교와의 접점 사례가 소개되어 있으며, 이러한 것을 당시 파견된 선교사들도 어느 정도는 용인했던 모양이다. 따라서 일본선교의 커다란 성과라는 것은 물론 영주(다이묘,大名)들이 선교를 보호를 주었다고는 하더라도 이러한 민간신앙이나 종교적 풍습과의 공존에 대한 큰 기여도는 부정할 수 없을 것이다. 그렇다고 하면, 앞

1) Higashiba Ikuo, *"Christianity in Early Modern Japan Kirishitan Belief and Practice" Brill, 2001, Kiri Paramore, "Ideology and Chritianity in Japan"* Routledge, 2009, アンドレス·ペレス·リオボ「「キリシタン世紀」—異文化との接点とその姿勢」『日本思想史研究會會報』27号, 2010 등 참조.

에서 지적한 조선 선교에 미친 일본의 영향이란 점도 재검토할 여지가 있지 않을까 싶다. 즉, 유교적 입장에서 본 기독교 비판, 특히 조상제사라는 습속의 '부인'이라는 점은 '정사(正祀)/음사(淫祀)·사사(邪祀)'라는 유교의 교화(敎化)론적 시각으로 천주교만이 아니라 다른 민간신앙에 대한 교화론과도 연관되어 논의할 수 있는지 고견을 듣고 싶다.

셋째, 조선사회에서는 유교가 '국교'적 위상을 차지했으므로 기독교 신앙은 양반 등 상층계급에게는 수용이 어려운 상황으로, 중인 이하 중·하층계급으로만 확산되었다는 신분제 사회에서의 기독교 수용에 관한 문제이다. 주지하는 바와 같이 도요토미 히데요시의 "선교사 추방령"에 이어서 도쿠가와 막부가 낸 금교령에 의하여 기독교 유입 당시 규슈를 비롯한 서일본 각지로 확산된 천주교는 커다란 탄압을 당했다. 그 후 당시에 실시되었던 공개처형 형식인 탄압은 서서히 줄었으나, 후미에(踏繪)나 슈몬아라카메(宗門改)·데라우케(寺請)제도를 수단으로 1873년 금교 해제까지 기독교에 대한 탄압은 엄한 단속 속에서 계속된 것도 이미 알려져 있는 사실이다. 따라서 개종(改宗)을 거절한 신자들은 '가쿠레 기리시탄(숨은 기독교 신자)'이라는 형태로 신앙을 계속할 수밖에 없었다. 막번(幕藩)권력의 단속에 의해 잡힌 경우, 각지에 설치된 기리시탄 집이나 오두막에 수용·격리되어 기교(棄教)를 강요당하게 되었다. 최근의 연구에 따르자면, 이러한 기리시탄 오두막의 단속과 감시 역할은 '히닌(非人)'이라는 천민계층이 맡게 된 점, 에도시대 '히닌야도(非人宿: 천민계층 강제 집중 지역)'의 성립에 박해를 당한 가난한 신자들이 이동했었다는 사례가 있으며, 에도시대 차별사 연구와 기독교 연구의 접점이 주목을 받고 있다.[2] 예를

2) 峯岸健太郎, 『近世被差別民史の研究』, 校倉書房, 1996; 山本薫, 「泉州の堺「四ヶ所」長吏と郷中非人番」 『部落問題研究』 159号, 2002; 藤原有和, 「攝州東成郡天王寺村轉切支丹類族生死改帳の研究(2)」『關西大學人權問

들면 추방당하기 전의 선교사들은 '히닌야도'나 '히닌 마을' 혹은 '나병(한센병)'시설을 '병원'이라고 부르고 거기서 치료를 선교와 함께 수행했으며 또 '병원'에 있는 사람들 모두가 기독교 신자로 기술되어 있었던 것이나, 에도로 소환되었을 때도 이러한 '병원'에 숙박했다는 연구 성과가 있다.[3] 조선사회에서도 '백정' 등 피 차별민이 있었는데, 이러한 피 차별민과 기독교 신앙과의 접점 사례가 있는지, 그리고 신분/차별과 기독교 수용과의 관련성에 대해서 고견을 듣고 싶다.

題研究室紀要』50号, 2005; アンドレス·ペレス·リオボ,「一六三二年におけるヒニンの國外追放について」『立命館史學』33号, 2012; Andres Perez Riobo,「近世非人垣外形成とキリシタンとの關わり」『東アジアの思想と文化』4号, 2012 등이 있다.

3) Andres Perez Riobo 앞의 논문「近世非人垣外形成とキリシタンとの關わり」를 참조.

근현대 일본의 장례문화

-전쟁희생자와 전사자의 개인성-

이와타 시게노리(岩田重則)

1. 머리말

본고의 목적은 근현대 일본의 장례문화를 심포지엄의 취지에 따라 사생관을 통해서 파악하는 것이다. 사생관이라는 것은 막연한 개념이라서 무엇을 가지고 사생관이라 하는가에 대해서는 사람에 따라 다르며 또 연구 분야에 따라 구체적 내용이 달라진다. 사생관은 애매한 관념이다.

본고에서 사생관을 다루는데 있어서 근현대 일본에서 '사자'(死者)를 '개인'(個人)으로 기억하고 또 '사자'를 '개인'으로 상기하는 그러한 '사자'의 퍼스낼리티를 중시하는 지향, '사자'를 존중하는 지향이 어떻게 존재하는가를 분석의 기준으로 삼고자 한다. '사자'를 '사자' 일반으로 해석하지 않고 '개인'으로서 존재시키려는 지향, 그것은 휴머니즘에 입각한 개인의 존중임에 틀림없다. 개인을 존중하는 의식이 근현대 사회의 기본적 이념이라고 한다면 그것이 사생관속에 어떻게 나타나 있는가를 고찰하는 것도 중요할 것이다.

죽음 및 '사자'에 대한 최대의 모독은 인간의 개인으로서의 존엄을 빼앗는 것에 있다. 이러한 의미에서 근현대 일본에서 '사자'의 개인성의 존중이 어떻게 이루어져 왔는가를 확인하는 것은 사생관 연구에서도 하나의 테마가 될 수 있다. 그러나 이러한 시점에서 근현대 일본의 사생관을 분석한 연구는 의외로 적다. 너무나 당연한 것이지만 이러한 분석 시점을 설정하는 것은 무의미하다고 생각해왔기 때문일지도 모른다.

내가 알고 있는 범위에서는 이러한 시점에서의 연구는 야스쿠니신사가 전사자 한 사람 한 사람을 제사하면서 실제는 전사자(戰死者)를 집합체로 간주하고 있는 현실속에서 유족 개인의 수준에서는 '사자' 개인에의 존중이 있는 것은 아닌가하고 지적한 이케가미 요시마사(池上良正)의 연구가 있는 정도이다(池上良正, 2006). 또 도쿄대공습(東京大空襲) 희생자의 가매장(仮埋葬)을 다루면서 희생자가 가매장된 땅을 촬영한 한 사람의 사진가의 실천을 통해 그것을 국가 주도가 아닌 '사자' 존중이라고 지적한 기무라 유타카(木村豊)의 연구도 중요할 것이다(木村豊, 2012). 기무라의 경우는 야스쿠니신사와 같은 국가주도가 아닌 전쟁 희생자에 대한 추도와 상기하는 것을 보여준 것이며, 이케가미와 같은 개인이 아닌 집합표상을 다루고 있는데 '사자'의 존중을 기준으로 한 분석을 하고 있다. 나도 일반의 '사자'뿐만이 아니라 재해, 전쟁에 의한 대량사(大量死) 등도 언급하고 있으며 '사자'의 개인성의 존중에 대해 언급한 적이 있다(岩田重則. 2014).

일반적인 "사자'는 개인을 특정할 수 있다. 그러나 전쟁이나 재해 등에서는 단기간에 일상 생활을 파괴하고 많은 인간을 죽음으로 내몬다. 물론 이러한 대량사에서 전쟁처럼 정치적 권력의 폭력이 가져다주는 그것과 재해에서의 그것과는 죽음의 원인이 다르다. 그러나 개인을 특정할 수 없는 대량사라는 물리적 상황은 거의 같다. 그러한 대량사의 경우 근현대 일본에서는 개인을 어떻게 존중해 왔는가, 혹은 존중하지 않았는가, 그러한 분석 시점을 설정하고 싶은 것이다.

여기서 다루는 대상은 전쟁에서의 '사자'이다. 일상생활의 '사자'는 개인을 특정할 수 있다. 그러나 전쟁에서 죽은 사람들의 대부분은 단기간의 대량사가 되고 그 유체에 대한 개인을 특정할 수 없게 된다. 또 유체조차도 불분명하다. 이처럼 '사자' 개인성을 박탈당한 전쟁의 죽음에 대해 근현대 일본은 개인성을 어떻게 확보하려고 했을까? 그 해명을 통해 근현대 일본의 사생관의 한 단면을 밝히고 싶은 것이다.

전쟁에서 '사자'라고 해도 비전투원, 보통의 민간인이 전쟁 희생자가 되는 경우의 대량사와, 전투원 즉 종군한 병사가 전사하는 경우와는 그 의미가 다르다. 이 둘 모두 같은 전쟁에 의한 대량사이지만 그 개인성의 기억과 상기의 방법을 보면 다른 점이 있다. 그 차이에도 유의하면서 인간의 존엄을 파괴하는 폭력적인 대량사의 현실속에서 개인성이 어떻게 확보되려 했는가를 확인하고 싶은 것이다.

2. 전쟁 희생자에 있어서의 개인

1) 도쿄도 위령당(東京都 慰靈堂)

먼저는 민간인의 전쟁 희생자, 그 대량사이다.

1945년(昭和20) 3월10일의 도쿄대공습은 미군기가 도쿄의 시타마치(下町)를 폭격하여 하루 밤 사이에 10만 명 정도의 희생자를 냈다.

도쿄도 스미타구(墨田區) 요코아미쵸(橫網町), 도립 요코아미쵸(橫網町) 도쿄도 위령당이라는 1923년(大正12) 간토대지진(關東大震災) 희생자와, 1945년(昭和20) 도쿄대공습 등의 희생자를 위령하기 위한 시설이 있다. 오즈모양국국기관(大相撲兩國國技館)·에도도쿄박물관(江戸東京博物館)의 인접지이기도 하다. 이 도립 요코아미쵸 공원이란 간토대지진 당시 '비복창적(被服廠跡)'이라 불린 공터였다. 간토대지진의 피해자 대부분이 이 공터로 피난했는데 거기에 화재가 발생하여 많은 사람이 죽었다. 1930년(昭和 5) 간토대지진에서 사망한 58,000명의 희생자의 유골을 안치하고 추도하는 시설로 설립되었는데 처음 그 명칭은 〈진재기념당(震災記念堂)〉이라 했다(東京都慰靈堂 홈페이지).

그러나 도쿄대공습 등의 미군기에 의한 도쿄 폭격의 희생자 약 105,000명의 유골을 아시아 태평양 전쟁 후 여기에 안치하게 되어 1951년(昭和26) 9월 도쿄도 위령당으로 개칭하여 현재에 이르고 있다. 현재 도쿄도 위령당내에는 간토대지진의 희생자, 도쿄대공습 등 전쟁 희생자, 모두 합하여 16만 명 정도의 유골이 안치되어 있다. 현재 간토대지진이 일어난 9월1일을 추기위령제, 도쿄 대공습이 일어난 3월 10일을 춘기 위령제로 하여 매년 2회의 위령제를 실시하고 있다. 〈사진1〉은 이러한 위령제 중에서 9월1일 추기위령제 당시의 도쿄도 위령당 앞의 모습이다. 간토대지진으로부터 90여년이 경과하여 그 기억도 사라져 가고 있는데 희생자의 자손이라 생각되는 사람들이 방문하여 지진 발생 당시인 11시58분에는 위령당내에서 묵도가 실시된다.

2) 「이재사체처리요강(罹災死體處理要綱)」 −도쿄도 대공습 전의 계획

그러면 원래 간토대지진의 희생자를 위령하기 위한 〈진재기념당〉이 전쟁 희생자를 병설하여 도쿄도 위령당이 되는 경위는 어떠한 것이었을까?

아시아 태평양 전쟁 패전으로부터 8년 후 편찬된 도쿄도의 공적 기록인 『도쿄도전재지(東京都戰災誌)』(1953)에서 살펴보자.

아시아 태평양 전쟁 말기 1944년(昭和19) 5월, 도쿄도는 미군기에 의한 폭격을 상정하여 그 희생자의 유체 처리에 대해 〈이재유체처리요강(罹災遺体處理要綱)〉이라는 계획을 결정한다. 공원 녹지과가 중심이 되고 도쿄 불교단과의 연계로 입안된 계획이었다(東京都 1953 : p.487). 공원 녹지과란 "공원 및 녹지, 묘지 및 장제 시설의 관리 경영에 관한 사항"을 관할하는 부서였다(東京都 1953 : p.85). 사이판도의 일본군 전멸이 2개월 후인 동년 7월이었기 때문에 미국 전투기에 의한 본격적인 폭격을 예상하고 있었다. 이 계획을 보면 아직 폭격이 본격화되기 이전이었기 때문이었을까, 실제의 도쿄대공습에서의 현실에 입각한 유체 처리와는 달리 계획만 세웠지 실제로 실시되지는 않았다고 할 수 있는데 희생자의 유체 처리 방법을 면밀히 계획하고 있었다.

〈이재사체처리요강〉이란 [사체 처리 수속에 관한 사항] 에서 먼저 개인을 특정할 수 있는 희생자에 대해 다음과 같이 말한다.

> 사자에 대하여는 경찰관의 검사(檢死)를 요구함과 동시에 사자의 씨명 및 관계 기록, 유류품 등의 조사표(중략)를 작성하고 또 매장 인허증(구장발행)을 발행하여 화장할 것, 단 화장 전 가족 이외 사체 인도를 희망하는 자가 있는 경우는 처리표에 의거 정리한 후에 인도할 것.

개인을 특정할 수 있는 희생자는 그 유체를 될 수 있는 한 가족에게 돌려보내라고 하고 있다.

한편 개인을 특정할 수 없는 신분 불명의 희생자에 대해서는 다음과 같이 정하고 있다.

> 씨명을 판명할 수 없는 자는 성별, 신장, 용모 등 외에 착의, 휴대품 등을 상세히 기록하고 착의 등은 유류품으로 하여 별도 보관하고 장래의 인식 자료로 삼을 것, 관에는 소정의 지명표를 첨부하고 이외에 표면에는 처리 번호 및 씨명을 묵서할 것, 화장할 때는

사체 송부표(중략)를 제작하고 가장 가까운 화장장과 연락하여 송부할 것.

개인을 특정할 수 없는 희생자에 대해서는 그 유체에서 특징을 기록하고 또 유류품의 보존에 다할 것을 말하고 있다. 또 이러한 신분불명의 희생자에 대해서는 1년이 경과해도 불명인 경우에는 도영 묘지 납골당(都營墓地納骨堂)에 이관하는 것이 정해져 있다(東京都 1953: p.488). 이렇게 미군기에 의한 희생자를 상정하여 도쿄도가 작성한 〈이재사체처리요강〉은 기 입안에 한하여 말한다면 희생자 개인을 될 수 있는 한 특정하여 개인성을 중시하려고 하는 방향이었다.

〈이재사체처리요강〉은 도쿄도 및 이웃한 사이타마현(埼玉縣)에 있는 화장장 가동 능력을 조사하여 합계12개소의 화장장이 하루에 합계 1,518체의 유체 화장 능력을 갖고 있다는 것을 확인한다. 또 화장 불가능한 사태를 상정하여 도영묘지 7개소, 도 녹지 3개소, 도영공원 5개소의 공지 면적과 유체 가매장 가능성을 조사했다. 나아가 이러한 시설이 폭격 등으로 사용불가능하게 되는 경우도 상정하여 가매장이 가능한 도내 사원 37개소의 협력 의뢰도 확인하고 있다(東京都 1953: pp.488-489).

3) 도쿄대공습－대량사의 현실

이러한 입안 〈이재사체처리요강〉은 그것이 계획대로 실행되었다면 대량사에 대한 행정측의 적절한 대응이었다. 전시하이지만 적어도 문서상에서는 '사자'의 개인성도 고려하고 있다. 그러나 미군기에 의한 현실의 폭격은 이러한 계획을 뒤엎어버렸다. 정확한 희생자 수를 파악할 수 없을 정도의 대규모에 처참한 대량사였다. 이에 대해서는 개설서 사오토메 가츠모토(早乙女勝元)의 『東京大空襲－昭和20年3月

10日의 記録』(1971), 도쿄대공습을 기록한『東京大空襲·戰災誌 第1巻』(1973)의 체험담, 회상 등에 의해서도 알 수 있다.

도쿄도의 공적 기록『도쿄도전재지』에서도 다음과 같이 기록하고 있다.

> 코토지구(江東地區)에서 아사쿠사(淺草), 니혼바시(日本橋)의 스미타가와(隅田川) 가까운 일대에서 죽은 사람은 놀랄 정도의 숫자가 넘어 그 정확한 추정은 곤란할 정도이다. (中略)세속에서 말하는 융단폭격이 이 시대에 행해진 스미타가와를 낀 시타마치 일대는 완전히 불바다로 변하여 마지막까지 방화를 입은 사람들은 대부분이 연기에 둘러싸여 도망갈 곳을 잃었기 때문에 불에 타 죽은 사람들이 특히 많았다. 시라히게바시(白髭橋)에서 오즈마바시(吾妻橋)에 걸쳐 도로나 강변을 막론하고 사체가 넘쳐 스미타공원 쪽이나 메이지좌 등은 완전히 사체가 굴러다니고 있었다(東京都 1953 : p.492)

단기간에 일어난 대량사가 개인을 특정할 수 없는 사체를 범람시켰다. 희생자의 실제 수를 정확히 파악하는 것 조차도 곤란했다. 그 정도만의 사실로도 미군기의 폭격이 인간의 존엄을 범하는 행위였다는 것을 보여준다.

더욱이 미군기에 의한 도쿄 폭격은 3월10일의 도쿄대공습이 잘 알려져 있는데 도쿄시가지만을 봐도 그 이후 수차례나 행해졌다. 4월13일, 14일의 시가지 북부의 폭격으로 2,420명, 15일·16일 시가지 남부의 폭격으로 846명, 5월23일·24일의 도심 폭격으로 7,670명, 25일·26일의 도심폭격으로 3,250명의 희생자를 냈다. 3월10일의 도쿄대공습의 피해가 엄밀한 실제 집계조차 불가능할 정도로 거대했기 때문에 이러한 것은 누락되기 쉽상인데 이 사망자 수를 보는 것만으로도 미군기에 의한 폭격이 처참한 것이었다는 것을 볼 수 있을 것이다.

그러면 이러한 대량사에 대해 어떻게 유체 처리가 행해진 것일까. 먼저는 유체의 수용이었다.

> 이 사체의 수용, 가매장에 있어서는 당시의 경방단원(警防團員)이 각 구에서 사람 수를 나누어 출동을 명하여 그러한 사람들의 손에 의해 먼저 트럭에 수용되고 그것을 일단 사루에공원(猿江公園)이나 스미타공원 아사쿠사구(淺草區) 측 및 혼죠구(本所區) 쪽이나 킨시(錦糸)공원에 집합시켰다. 인명, 주소 등을 알 수 있는 자는 일단 그것을 남기고 전혀 알 수 없는 사람과 구별하여 2~3일 근친(近親)의 수색에 응한 후 가매장을 실시했다. 가매장 수는 어느 곳에 몇 구를 수용했는지가 대략적으로 밖에는 판명되지 않고 자료가 없어졌기 때문에 명확하지 않은 점이 적지 않다(東京都 1953 : p.492)

〈이재사체처리요강〉에서 입안 된 화장은 불가능하여 유체의 가매장이 실시되었다. 그러나 그 가매장의 정확한 자료는 남아있지 않아 가매장 장소, 가매장 인수조차 명확하지 않은 채로 되었다고 말한다. 처참한 대량사는 '상정외'의 상황을 만들어 냈다. 또 스미타가와에 있던 유체의 상당수는 도쿄만에 그대로 쓸려 떠내려간 자도 많을 것으로 추측된다(東京都 1953 : p.526).

이러한 상황아래서 도쿄도가 추정수라 말하면서 당시의 자료에 기초하여 이 가매장의 장소와 추정 유체수를 정리한 통계가 있다. 그것에 따르면 도영 공원 등 도유지에 가매장된 것이 합계 33개소, 유체 1구씩의 매장이 7, 113기, 합장이 28, 150기이며 합계 35,263기이다. 사원 경내 등의 가매장이 합계 33개소, 유체 1구씩의 매장이 330기, 합장이 13,895기이다. 통계를 내면 49, 158기이다(東京都 1953 : pp.492-493).

도쿄대공습을 시작으로 도쿄 폭격의 희생자 수는 10만 명을 넘는다고 하기 때문에 도쿄대공습 이외의 희생자 수를 빼어도 도쿄대공습 직후에 파악된 그 희생자 수는 실제 수보다도 훨씬 적다.

또한 1구씩 매장한 것은 유류품, 복장 등에서 이름이 판명되는 자, 합장은 불에 탄 유체 등에 의해 개인을 전혀 특정할 수 없는 자였다. 합장이 압도적으로 많았기 때문에 그 사실에서도 폭격의 희생자가 처한 처참한 상황이 추정될 수 있다.

이렇게 도쿄대공습을 시작으로 도쿄 폭격의 희생자는 개인의 존엄을 범하고 개인성을 박탈당했다. 물론 민간인을 표적으로 한 폭격 그 자체가 비인도적이라는 것은 말할 필요도 없다.

4) 가매장에서의 개장(改葬), 화장(火葬)

이렇게 도쿄 폭격의 희생자는 가매장되었다.

그러나 아시아 태평양 전쟁 패전에서 3년 후인 1948년(昭和23)부터 도쿄도는 각 지에 가매장된 유체를 3년 계획으로 개장, 화장하는 계획을 세웠다. 계획대로 실행되어 1951년(昭和26) 3월에 이 작업은 완료된다. 〈그림〉은 『도쿄도전재지』 권두에 있는 사진에 나온 가매장지와 개장 작업 풍경이다. 희생자의 가매장 당시는 그 가매장 지와 희생자 수조차 확정할 수 없었는데 권두 사진을 보는 한에서는 그 가매장은 마구잡이로 끌어 묻은 것이 아니라 질서있는 작업이었다는 것을 알 수 있다. 개장, 화장 방법은 가매장이 유체를 관에 넣은 것이 아니라 땅속에 매장했기 때문에 개인을 특정할 수 있는 유체 1구씩 매장된 것은 1구씩을 관에 넣고, 합장된 것은 여러 구의 유체를 한꺼번에 관에 넣고 그것을 도내 화장장에 보내 화장을 했다. 〈그림〉중에 맨 아래의 사진이 발굴한 유체를 관에 넣는 장면이다. 가능한 한 개인성을 확보하려고 했다고 해도 좋을지도 모른다.

이 개장, 화장에 의해 가매장 수가 재확인되고 희생자 수의 전부는 아닐지라도 수용된 유체 수에 대해서는 실제 수를 확인할 수 있게 되었다.

1948년도(昭和23년도)는 도영 공원, 사원을 시작으로 합계 33개서의 개장, 화장이 실시되었다. 개인을 특정할 수 있는 유체 317기, 합장 유체 13,908기 도합 14,225기였다.

1949년도(昭和24년도)는 각 지의 공원을 중심으로 합계 32개소에서의 개장, 화장이 이루어 졌다. 개인을 특정할 수 있는 유체7,053기, 합장 유체30,200기, 합계37,253기였다.

1950년도(昭和25년도)도 도영 공원을 시작으로 각 지의 공원을 중심으로 69개소에서의 개장, 화장이 실시 되었다. 개인을 특정할 수 있는 유체8기, 합장 유체 28,763기 였다(東京都 1953 : pp.527-528).

이것을 합계하면 실로 134개소, 총계 80,241기의 가매장된 유체를 개장, 화장한 것이다. 그리고 도쿄도는 "이 개장, 화장에 따라 1949년(昭和24)부터 도쿄 폭격의 희생자 유골에 대해 최종적인 처리를 실시하게 된다. 개인을 특정할 수 있는 유골에 대해서는 인도를 하고(인수자가 없는 유골도 많았다) '이름이 판명안되는 자는 가매장의 매장지 별로 450개의 큰 유골함에 넣어 진재기념당(震災記念堂)에 수용하는 것으로 했다". 또 유골의 이름을 특정할 수 없다고 하지만 합장한 유골에서 분골을 희망하는 유족도 있었다(東京都 1953 : p.528). 그리고 그때까지 간토대진재의 희생자 유골을 안치하고 있던 〈진재기념당〉에 도쿄 폭격의 희생자 유골도 안치하게 하여 1951(昭和26)년 9월 도쿄도 위령당으로 개칭했다.

이것이 처음에 기술한 〈진재기념당〉이 현재의 도쿄도 위령당으로 이행한 경위이다.

그런데 『도쿄도전재지』는 가매장의 개장, 화장에서 총계 80,241기의 유체를 계산했다. 하지만 같은 『도쿄도전재지』는 최종적으로 "전재자 중에 가매장된 전재순난자 수"라는 다음과 같은 통계표를 작성했다(東京都 1953 : p.528).

	이름 판명자	이름 불판명자	계
개장자수	7,386기	83,572기	90,958기
유체인도수	2,619기	3,766기	6,385기
미인도자수	4,767기	79,806기	84,073기

여기에서도 신분 불명자가 압도적으로 많은데 여기에서의 최종적인 유체 통계는 90,958기였다. 개장, 화장당시의 집계가 80,241기였으니까 통계에서 웬일인지 약 10,000기의 차이가 난다. 이러한 집계상의 차이가 발생한 것 자체가 대량사가 개인성을 특정할 수 없는 죽음의 형태라는 것을 보여준다. 또 도쿄도가 가매장된 유체를 개장, 화장한 후 도쿄도 위령당에 안치할 때에 신분 불명자에 대해서는 합계 450개의 큰 유골함에 화장한 유골을 합치하지 않을 수 없었던 것도 대량사가 개인성을 박탈하고 있는 증거일 것이다.

또한 현재의 도쿄도 위령당의 홈페이지에는 도쿄 폭격의 희생자 수를 105,000명이라 하고 있다. 이에 대해서는 앞에서 기술한 것처럼 스미타가와에서 도쿄만으로 떠내려가 유체 수습이 불가능했던 사람, 도쿄대공습 이외의 도쿄 폭격의 희생자도 포함되어 있기 때문에 이러한 숫자가 산출된 것이라 생각된다. 아무튼 이러한 정확하지 않은 수치가 산출되고 차이가 발생하고 또 최종적인 숫자도 대체적인 숫자에 머무른 사정도 대량사가 개인성을 파괴시키는 현실이었다는 것을 보여준다.

5) 도쿄도 공습 희생자 명부

그리고 도쿄도 위령당의 발족과 함께 그 관리, 운영은 도쿄도가 아닌 공익 단체 도쿄도 위령협회가 맡았다. 이 발족 당시에 도쿄도 위령협회는 도쿄도 위령당에 대한 유골 안치의 개요를 설명한 〈도쿄도내 전재순난자의 유골 안치에 대하여〉를 작성하고 마지막에 다음과 같은 문장을 첨부했다.

> 이 위령당에 봉사되어 있는 전재순난자 영들의 이름은 유족 관계자가 정확한 신고를 원하여 위령 명부를 작성하게 되었기 때문에 아직 신청이 없는 분은 서둘러 신고해 주시기를 부탁합니다. [東京都 1953 : p.528]

도쿄 폭격의 희생자는 대부분이 개인과 유체를 확정할 수 없었다. 이 때문에 도쿄도는 처음에는 가매장, 그리고 개장, 화장에 의해 유골로 삼아 그 대부분을 도쿄도 위령당에 합사하는 형태를 취했다. 그 대부분을 차지하고 있는 것이 450개의 대유골함에 들어 있는 합장 유골이다. 이러한 가운데 도쿄도 위령당을 관리하는 도쿄도 위령협회는 희생자 명부 작성을 그 당초부터 실행하려고 했었다.

도쿄도 위령당과 같은 부지 내에 2001년에 완성한 〈도쿄 공습 희생자를 추도하고 평화를 기원하는 비석〉이 있는데 현재 희생자 명부는 이 안에 들어 있다. 〈사진2〉가 그 내부의 모습이다. 미군기에 의한 폭격 희생자는 이 대량사 때문에 그 개인성을 박탈당했다. 신분불명의 유체가 대다수이고 그것을 450개 대유골함에 합장할 수 밖에 없었다. 이 도쿄도 위령당은 도쿄 폭격의 희생자의 묘지이기도 하다. 그러나 이 묘지에서는 그 유골의 대부분이 개인이 특정되어 있지 않다. 희생자를 개인으로 확정하여 그것을 기억속에 머물게 하며 그 때문에 유일하게 계속해서 해온 작업이 이 희생자 명부의 작성과 안치였다.

이것은 히로시마(廣島)의 원폭 희생자에서도 동일하다. 도쿄 폭격의 희생자는 기본적으로는 과거 완료인데 히로시마의 피해자는 현재도 죽는 사람이 있기 때문에 진행중이다. 히로시마시에서는 1952년(昭和27) 이래 원폭에 의해 사망한 사람을 원폭자 사몰자 명부에 등록하고 그것을 히로시마 평화도시 기념탑(原爆死沒者慰靈碑)에 넣었다.

2014년(平成26) 8월6일 현재로 292,325명이 명부에 등재되어 있다. 작년 2013년(平成25) 8월6일 현재의 등록자 수는 286,818명이었는데 이 1년간에 5,507명이 새롭게 첨가 되었다(히로시마시 홈페이지).

3. 전사자의 개인성

1) 히메유리(ひめゆり) 평화기념자료관

비전투원, 민간인의 전쟁 희생자 개인성의 확보 예를 도쿄 폭격의 희생자로 살펴봤다. 동일한 예는 타 지역에도 있는데 양적 규모가 도쿄나 히로시마 정도의 규모에 의한 대량사는 아니기 때문인지 개인성의 확보는 위령비등에 이름을 새겨넣는 경우가 많은 듯 하다. 아무튼 이름에 의해 개인의 존재를 남기려고 하는 방법을 취한 것이다.

이에 대해 전투원, 병사의 전사자라도 위령비에 부대명, 이름을 새겨 개인성을 확보하려는 경우가 많다. 그러나 전사자의 경우에는 민간인의 전쟁 희생자와는 다른 점이 있다. 그러한 사례를 살펴보자.

우선은 민간인의 전쟁 희생자라고 해야할지 전사자라 해야할지 경계 영역에 있는 오키나와 전투의 히메유리 부대에 대해서이다. 히메유리 부대는 여학생이면서 보조 간호사로서 종군했기 때문에 제도적으로는 광의의 전사자에 들어가는데 실태적으로는 민간인의 희생자였다.

아시아 태평양 전쟁말기인 1945년(昭和20) 4월부터 6월에 걸쳐 민간인이 포함된 지상전, 오키나와전의 처참함은 잘 알려져 있다. 군민 모두는 미군에 의해 오키나와 본도 남단에 내몰렸다. 그 오키나와 본도 남단, 오키나와전 종결의 땅, 현재의 이토만시(糸満市) 마부니(摩文仁)의 언덕에는 개인명을 새긴 위령비가 나란히 서 있다. 오키나와

전 종결일인 6월23일에는 매년 위령제가 실시된다.

이 마부니의 언덕에는 히메유리 평화기념자료관이라는 히메유리 부대를 기억하고 상기하기 위한 자료관이 있다. 히메유리 부대는 1954년(昭和29) 이마이 타다시(今井正) 영화 감독에 이해 〈히메유리의 탑〉(東映)으로 영화화 되어(1982년 동감독에 이해 캐스팅을 바꿔 다시 제작된다) 그 비극이 전국적으로 잘 알려지게 되었다. 현재의 젊은 세대에는 거의 사라져가고 있는데 오키나와전의 비극의 하나이다.

이 히메유리 평화기념 자료관에 가서 제4전시실을 방문하면 희생이 된 히메유리 부대의 여학생 한 사람 한 사람의 얼굴 사진이 이름, 사망 년 월일, 사망 장소와 함께 나란히 서있다. 얼굴 사진이 없는 자도 있고 사망 년 월일, 이름, 사망 장소가 명확하지 않은 자도 많다. 오키나와전 말기 전선이 무너지면서 생명을 잃었을 것이다. 그러나 개인이 히메유리 평화 기념 자료관 제4전시실에 사진과 함께 소개되어 있어도 유체, 유골의 특정이 된 것은 거의 없다. 원래 이것은 히메유리 부대만이 아니라 오키나와전의 민간인 희생자, 전사자 전체에 해당될 것이지만.

영화화되어 그 비극이 알려지게 되었기 때문에 히메유리 평화 기념 자료관이 만들어졌다고도 할 수 있는데 이 전시에는 한 사람 한 사람을 얼굴 사진과 함께 개인으로 다시 돌아오게 하여 그것으로 보는 자의 감성에 호소하여 평화를 기념하는 방법을 취했다. 도쿄 폭격의 희생자와 같은 이름뿐만이 아니라 얼굴 사진을 거는 것으로 살았었던 한 사람의 인간이었다는 것을 강하게 호소한다. 도쿄 폭격의 희생자처럼 오키나와전에서 민간인 전쟁 희생자도 대량사였는데 히메유리 부대에 대해서는 그것이 잘 알려진 것도 있어서 그 개인성을 돌출하여 표현하고 있다.

2) 쓰키가오카 군인 묘지(月ケ丘軍人墓地)

전사자의 경우에는 민간레벨에서도 이러한 개인성을 상징적으로 표현하려고 하는 경우가 있다. 압도적인 전사자 수에서 보면 소수이지만 군부나 정부가 추장한 것도 아니고 민간 수준에서 전사자상을 제작하고 그것을 세상에 표출하고 있다. 예를 들어 나는 아시아 태평양전쟁 패전전의 제작 예로 1944년(昭和19) 10월 필리핀 전선에서의 특공대로 전사한 전사자상(岩田 2006 : pp.188-192)과, 아시아 태평양전쟁 패전 후의 제작 예로 야마나시현(山梨縣)에 있는 산촌 사원에 설치된 전사자상을 소개한 적이 있다(岩田 2003 : pp.27-30). 이 둘 모두 군부나 정부가 지도한 것은 아니었다. 지역 사회가 그것을 실천했다. 민간 차원에서의 전사자의 기억 및 상기라 할 수 있는데 전사자의 현창의 의미가 있다고 생각되기 때문에 전쟁 긍정의 사상이 민간 차원에서 침투해 있었다고 생각하는 것도 가능하다.

그러나 야스쿠니신사는 전사자 한 사람 한 사람을 제사한다고 노래하면서도 실질적으로는 그 사전(社殿)에서 전사자가 일반화되고 집합표상으로 되어 있다. 이에 대해 이러한 전사자의 개인상을 제작했다는 것은 그 전사자의 기억과 상기에 있어서 개인성을 전면에 표출하고 야스쿠니신사와는 다른 지향을 갖고 있었다고도 할 수 있다.

여기에서는 이러한 예로서 1995년(平成 7)까지 아이치현(愛知県) 나고야시(名古屋市) 키구사구(千種區)에 있는 쓰키가오카(月ケ丘)에 있는 통칭 쓰키가오카 군인묘지(月ケ丘軍人墓地)를 들어보자. 쓰키가오카 군인묘지라는 것은 통칭이며 정식 명칭은 특히 알려져 있지 않다(洲之内 1982 : p.66). 〈사진3〉은 1992년(平成 4)의 이 쓰키가오카 군인 묘지이다. 주택가의 한 면에 영원묘지가 펼쳐져 있고 거기에 이어서 이 쓰키가오카 묘지가 있는데 1992년(平成 4) 시점에서 합계 89기의 군인상을 셀 수 있다. 1기의 자리에 두 구가 나란히 있는 상도 있는데 이것은 형제 전사자라고 추측된다. 또 전사자상과 전사자상 사이에 공간이 있는데 자리에서 떨어져 나간 흔적이 보여서 떨어져 나간 전사자상이 있다고 생각된다. 비문의 정면에는 성명을 기록하고 말미에는 '상(像)'으로 하는 것이 대부분이다.

따라서 통칭 쓰키가오카 군인묘지라 했는데 정확히는 묘지가 아니라 전사자상의 안치 공간이었다.

이 쓰키가오카 군인묘지의 전사자상은 중·일 전쟁아래 주로 1937년(昭和12)부터 1941년(昭和16)까지 전사한 해당 마을 출신의 전사자상이다. 뒤에 소개하는 1937년(昭和12)의 상해 전선에서의 전사자가 훨씬 많다. 건립연월은 그 대부분이 1938년(昭和13)에서 1941년(昭和16)까지로 1943년(昭和18) 건립한 전사자상도 있다.

이 쓰키가오카 군인묘지의 전사자상은 1995년(平成7) 아이치현 지타군(知多郡) 미나미지타쵸(南知多町)에 있는 어느 사원으로 이전되어 현재는 존재하지 않는다.

3) 쓰키가오카 군인 묘지의 전사자상

이 군인상의 구체 예를 2기 정도 소개해두자. 고유명사는 전부 이니셜로 했다.

예를 들어 쓰키가오카 군인 묘지의 정면에서 3열째, 오른쪽엣 5기째에 있던 군인상의 명문은 다음과 같았다.

전면「고 육군보병 조장 훈7등공7급 MG의 상」

좌측면에 다음과 같이 기록되어 있다.

쇼와 6년 현역 지원병으로 보병6연대에 입영하여 豊橋教□ 학교를 졸업 후 만주파견을 명받았다. 공에 의해 훈7등을 받았다. 지나 사변이 발발하자 □□ 야스다(安田) 중대에 속하여 상해 상륙을 감행한 이래 각 지의 격전에 참가하여 쇼12년 9월 20일 상해 공묘(公墓) 부근 당가택(唐家宅) 전투에서 전사.

향년 24세
쇼와 14년 4월 11일
母 MF 建之

전사자의 전력을 기록하고 사망 연령과 건립 연월일, 그리고 건립자를 기록하고 있다. 이 인물은 1937년(昭和12) 7월의 노구교(盧溝橋) 사건으로 시작되는 중일전쟁 개전으로부터 약 2개월 후 상해 전선에서 전사했다.

또 하나를 보자.

정면에서 9열째, 오른쪽에서 4기째의 군인상의 명문은 다음과 같았다.

전면「고 육군 보병 상등병 훈7등SM의 상」

오른쪽에 다음과 같이 전력을 기록하고 있다.

쇼와 9년 12월 보병 제6연대에 입대하여 만주사변에 출정 훈8등을 받았다. 쇼와11년 5월8일 제대하고 동년 6월 천도(天島) 공업주식회사에 입사하여 근무. 중일사변이 발발하자 쇼와 12년 8월17일 소집령에 응하여 상해 오송(吳淞) 상륙을 감행 후 각지에서 싸우고 소주하(蘇洲河) 전투에서 11월3일 전사.

그리고 뒷 면에 건립년월일과 건립자를 다음과 같이 기록하고 있다.

「昭和十三年十一月建
名古屋市熱田區澤下町 父 SJ.

이 인물도 중일 전쟁 개전에서 4개월 후인 11월에 상해 전선에서 전사했다.

여기서 소개한 두 예는 모두가 1937년(昭和12)의 상해 전선에서의 전사자상으로 그 건립자가 부모인 경우이다. 이 두 예에 그치지 않고 쓰키가오카 군인 묘지의 전사자상의 대부분이 전사자상 본인의 전력을 기록하고 있다. 건립자로서는 부인이 기록되어 있는 경우도 있는데 부모 특히 아버지의 씨명이 기록되어 있는 경우가 많다. 이에 대해서는 현재 각 지에서 보이는 아시아 태평양 전쟁 패전 후에 건립된 전사자 묘지의 묘지명의 기록 방법과 유사하다. 그러나 이 전사자는 묘비나 묘비명에 의해서가 아니라 한 사람 한 사람의 전사자상에 의해 표상되었다.

원래 이 전사자상은 모두가 군복을 착용하고 있어서 이 전사자가 일상생활을 보내고 있던 당시의 스타일은 아니다. 이 쓰키가오카 군인 묘지는 전사사를 한 사람의 사인(私人)으로서가 아니라 한 사람의 병사로서 특화시켜 표출하는 공간이었다. 전사자 한 사람 한 사람에게 있어서는 군대 입대 이전의 일생생활 쪽이 압도적으로 길었음에도 불구하고 그것에 대해서는 명문에서는 언급하지 않고 전력만을 기록하여 그의 인생 전부가 이 전사자상에 또 그것으로 인해 병사였다는 것에 집약되어 버렸다.

이에 대해서는 전사자상의 군복을 입은 모습을 보는 것만으로도 그 상징적 의미를 파악하기 쉬울지 모른다. 기록된 전력만이 아니라 군복을 입은 모습이라는 것에서 일상생활을 보내던 때의 평복을 입은 개인으로서가 아닌 인간의 개인성이 병사로서의 의미로만 존재해 버렸다.

4) 전사자상 제작의 경위

현재로서는 쓰키가오카 군인 묘지가 조성된 경위에 대해서는 불분명한 점도 많다. 다만 1980년대 미술 엣세이 작가 스노우치 토오루(洲之内徹)가 이 쓰키가오카 군인 묘지에 주목하여 현재로서는 아마 알 수 없었던 정보를 가르쳐 주었다. 이 쓰기가오카 군인묘지의 유지에 관계하고 있던 K씨라는 사람에게 들은 이야기라는 것이 그것이다. K씨는 전사자상의 유족은 아니었다.

> 묘지를 만든 것은 N이라는 사람이다. 말할 것도 없지만 K씨도 다른 사람에게 들은 이야기인데 쇼와12년의 여름, 상해의 상륙 작전으로 많은 전사자가 발생하자 N이라는 사람이 여기 땅을 사서 유족들에게 제안하고 조카가 전몰자의 일시금(150엔에서 2백엔 정도)을 조상비(造像費)에 충당하고 사진을 바탕으로 개인의 군복을 입은 모습의 상을 만들어 세우려고 했다. 사진으로 만들었다고 하는 것은 잘 알겠다. 군복을 입은 모습이라 해도 총을 지닌 장식구를 붙인 것은 적고 전투모가 아닌 정식의 군모를 씌우고 양손을 등 뒤로 돌려 뒷짐을 진 자세를 취하고 각반을 하지 않은 두 다리를 약간 좌우로 벌리고 서 있는 자세가 많은 것은 외출하는 날 등에 사진관에서 찍은 병사의 기념 사진이 대체적으로 이러했기 때문일 것이다. [洲之内 1982 : p.67] (이름은 이니셜로 했다).

중일 전쟁의 초기에 나고야 사단이 상해 전선에서 종군하여 많은 전사자가 발생했다. 그 중에 제안한 사람이 있어서 전사자의 유족이 일시금을 바탕으로 이 전사자상을 만들었다고 한다. 또 전사자상에 서 있는 모습에 뒷짐을 진 모습이 많은 것은 휴일의 외출하는 날에 사진관에서 촬영한 사진을 바탕으로 이것을 만들었기 때문이라고 한다. 사진3의 오른쪽 열에는 이러한 뒷짐을 지고 서 있는 전사자상이 많다.

쓰기가오카 군인 묘지의 전사자상은 군복이면서도 전투를 하지 않을 때의 휴일의 병사들이었다. 〈사진4〉는 전사자상을 확대한 것이다. 흉폭성이나 악의는 조금도 없고 오히려 슬픔을 느끼게 한다.

이러한 감각은 일찍이 존재하던 쓰키가오카 군인묘지를 방문한 누구라도 느끼는 것일 것이다. 스노우치도 다음과 같은 감상을 기술하고 있다.

> 하나 하나의 상에 살아있는 모습을 목표로 한, 돈이 아니라 그들(석공-인용자)의 열의가 생생하게 들어온다. 다만 살아 있는 모습은 석공들보다도 더한층 유족들의 바램이었을 것이다. 각오는 하고 있었다고는 해도 그래도 믿을 수 없이 죽은 아들이나 남편에 대한 참을 수 없는 그리운 생각은 살아 있을 때의 모습을 눈앞에서 보고싶다는 소원이 되고 그것이 상을 만드는 동기도 되었을 것인데 그 생각은 지금 묘지 전체에 감돌고 있다(洲之內 1982 : p.67).

또 그는 이어서 다음과 같이 말한다.

> 이 군인 상에는 이상화의 흔적이 그다지 없다. 석공들은 전전의 일본인의 멋없는 남자를 멋있게 만들지 않았다. 나라를 위해 죽은 인간들이라 해서 좋은 남자로는 만들지 않았다. 전쟁을 이상화하거나 미화하거나 하지 않았다는 것이 된다. 영광이나 용맹이라는 것은 그들의 관심사가 아니라 앞에서 말한 것처럼 살아 있는 모습이 중요했기 때문일지도 모른다(洲之內 1982 : p.68).

역사적으로 보면 그들은 침략전쟁의 병사였다. 이 전사자상의 제작에 현창의 의미를 넣은 유족도 있었을 것이다. 그러나 이 쓰키가오카 군인묘지의 전사자상만을 취하여 그것을 표상으로 읽으면 스노우치가 말하는 것처럼 '살아 있는 모습'에 의해 전사자를 되살리려는 유족의 어찌할 수 없는 슬픔이 다가온다.

그리고 이 '살아 있는 모습'의 전사자상이 군복의 모습이라는 것은 전사라는 죽음의 형태가 얼마나 특이한가를 말해준다. 전사자상이 군복 모습이라는 것은 이미 소개한 필리핀 전선의 특공대 전사자상, 야마나시현의 어느 사원에 있는 전사자상에서도 마찬가지였다. 전사자니까 군복의 모습이라는 것은 당연하다고 하면 당연한 것이기도 하지만 그들의 인생은 병사이기 이전에 한 사람의 '사인(私人)'으로서 일상생활을 보내던 시간 쪽이 압도적으로 길었음에 틀림없다. 그러나 전사자는 짧은 시간 착용했음에 분명한 군복의 모습으로 그 개인을 표현하게 되었다.

재해 희생자의 대량사, 또 앞에서 기술한 도쿄 대공습 등의 전쟁 희생자의 대량사 등 이러한 대량사에서 개인성의 확보와 비교했을 때 전사자의 경우만이 달랐다. 전사자만이 여타 모든 인생이 아니라 병사로서만 개인성을 확보하여 그것에 따라 사후도 존재하게 되었다. 이러한 형태가 되는 것, 그리고 그것이 야스쿠니신사처럼 국가주도의 전사자 제사가 아니라 민간 차원에서의 이러한 형태였다는 것, 거기에 전사자의 개인성 확보의 특징이 있는 것이라 생각된다.

전사자 개인성은 병사로서만 존재했다. 전사자가 그 살아온 축적이 아니라 군복의 모습으로 그 개인성을 확보된 점, 거기에 전쟁이 가져다준 인간성의 박탈을 볼 수 있을지도 모른다.

5) 전사자 묘지

마지막으로 지역 사회에서 만든 전사자 묘지를 하나 소개하고 싶다. 각 지의 전사자 묘지를 보면 각 집안의 묘역에 전사자의 석탑을 건립한 경우도 있는데 전사자만의 묘역을 각 지역 사회에서 만든 경우도 많다. 그러한 지역 사회의 전사자 묘지의 한 예이다.

미에현(三重縣) 쓰지(津市) 미스기쵸(美杉町) 시모노가와(下之川)라는 산촌의 간선 도로 옆에 〈사진5〉와 같은 전사자 묘지가 있다. 아시아 태평양 전쟁 패전 후 1953년(昭和28) 조성되었다. 그러나 이 간선도로 옆에 있는 것은 이 전사자 묘지뿐이며 시모노가와의 집락 묘역은 여기에는 없다. 〈사진6〉처럼 집락 배후의 삼나무군락 사이에 있다. 이 시모노가와의 묘역은 산마이(三昧)라 불려 현재에는 화장의 보급과 함께 새로운 석탑을 건립하게 되었는데 원래는 유체를 매장하고 석탑의 건립은 없었다. 그리고 석탑은 집락내에 있는 사원 경내의 배후에 있다. 일찍이 민속학이 사용하던 용어로 말한다면 '양묘제'였다. 나는 '단묘제'도 '양묘제'도 본질적인 차이는 없다고 생각하는데 이 용어 사용에 의문을 갖고 있다(岩田 2006 : pp.98-102). 이 시모노가와 묘제는 이른바 '양묘제'의 전형적인 사례였다. 유체 매장 지점을 집락에서 떨어진 곳에 만들고 석탑 건립 지점을 집락 안의 사원 경내 배후에 만든다. 그런데 전사자 묘지는 그 어느 쪽도 아니고 집락내의 간선 도로 옆에 있다. 즉 전사자 묘지만이 일상의 '사자'의 유체 매장 지점 산마이 및 석탑 묘지와는 다른 지점에 그것도 사람의 눈에 띄는 장소에 조성되어 있다.

전사자만이 다른 '사자'와 분리되어 있다. 이 미에현 쓰지 미스기쵸에서는 이러한 예 외에 전사자 묘지는 사원 경내에 있는 경우가 많다. 그렇다고 해도 일상의 석탑 묘지가 사원 경내의 배우나 옆에 위치하는 것에 비해 전사자 묘지만은 사원 경내의 전면, 경내의 정면 입구 가까운 곳에 석탑의 규모도 훨씬 크게, 누구의 눈에도 그것이라고 알 수 있도록 늘어져 있다. 전사자의 묘역만이 돌출한 것이다. 이러한 점에서 전사자는 그 집락의 '사자'이면서 전사자라는 것을 주장하는 듯 보인다.

맺음말

근현대 일본의 사생관에 대해 그 분석 시점의 중심에 개인성의 확보를 두고 구체 예로 전쟁 희생자와 전사자를 통해 생각해 봤다. 주로 다루었던 것은 전쟁 희생자의 예로서 도쿄 대공습, 전사자의 예로는 쓰기가오카 군인묘지이다. 그러한 것을 통해 확인된 것은 전사자만은 그들이 병사이며 전사자라는 것을 표상하는 형태로 개인성이 확보되었다는 것이다. 전사자에 대해서는 그 인생의 전부가 병사였던 것처럼 표상이 행해졌다. 전사자라 해도 개인성을 확보하려고 하고 있다. 그러나 거기서 표상된 전사자의 개인성은 전사라는 한 점에 집중되며 다른 것은 탈락되어 있다. 전쟁의 비인간성이란 인간의 죽음에서, 개인성의 확보에서도 전사자를 병사였다는 것만으로 돌출시켜 표현한 것에 있는 것은 아닌가, 그러한 것을 지적하면서 마치고자 한다.

[寫眞1] 東京都慰靈堂秋季慰靈祭

[寫眞2] 東京空襲犧牲者名簿

[寫眞3] 月ヶ丘軍人墓地

[寫眞4] 移轉された現在の軍人像

[寫眞5] 月ヶ丘軍人墓地戰死者像

[寫眞6] 戰死者墓地(三重縣津市美杉町下之川)

[寫眞7] サンマイ(三重縣津市美杉町下之川)

참고문헌

池上良正(2006), 「靖國信仰の個人性」, 駒澤大學文學部文化學教室, 『文化』 第24号.

岩田重則(2003), 『戰死者靈魂のゆくえ－戰争と民俗』, 吉川弘文館.

岩田重則(2006), 『「お墓」の誕生－死者祭祀の民俗誌』, 岩波書店.

岩田重則(2014), 「甦る死者」, 末木文美士他編『岩波講座 日本の思想』 第8卷, 岩波書店.

木村豊(2012), 「東京大空襲死者の記憶と場所」, 三田哲學會, 『哲學』 第128集.

早乙女勝元(1971), 『東京大空襲－昭和20年3月10日の記錄』, 岩波書店.

洲之內徹(1982), 「きまぐれ美術館104 月ヶ丘軍人墓地㈠」 『芸術新潮』, 新潮社, 第33卷8月.

東京空襲を記錄する會(1973), 『東京大空襲·戰災誌 第1卷』, 講談社.

東京都(1953), 『東京都戰災誌』, 東京都.

【ホームページ】

東京都慰靈堂http://tokyoireikyoukai.or.jp/park最終閲覽：2014年9月23

廣島市 http://www.city.hiroshima.lg.jp最終閲覽：2014年9月23日

近現代日本の葬禮文化

－戦争犧牲者と戰死者における個人性－

岩田重則

はじめに

本稿の目的は、近現代日本の葬祀文化を、今回のシンポジウムの趣旨にそって、死生観を通してとらえることである。といっても、死生観というのはばくぜんとした観念であって、何をもって死生観とするのかについては、人によって異なることも多く、また、研究分野によってもその内容が異なるように思われる。死生観とはあいまいな観念である。

そこで、ここで死生観をとらえるにあたっては、近現代日本において、死者を個人として記憶する、また、死者を個人として想起する、そうした死者の個人性を重視する志向、死者を尊重する志向が、どのように存在するのかを分析の基準としたい。死者を、死者一般に解消せずに、個人として存在させようとする志向、それはヒューマニスティックな個人の尊重であるはずである。個人を尊重する意識が、近現代社会の基本的理念であるとすれば、それが死生観のなかに、どのようにあらわれているのかを考察することも重要であろう。

死および死者への最大の冒涜は、人間の個人としての尊厳を奪いとることにある。そのような意味で、近現代日本において、死者の個人性の尊重がどのように行なわれてきたのかを確認することは、死生観研究においてひとつのテーマになり得ると思う。しかし、このような視点から近現代日本の死生観を分析した研究は、少ないように思われる。あたりまえすぎて、こうした分析視点を設定することは無意味と考えられてきたのかもしれない。

わたしの知る範囲では、こうした視点からの研究は、靖国神社が戦死者ひとりひとりを祀るとうたいながら、実際は戦死者を集合体としている現実のなかで、遺族の個人レベルでは死者個人への尊重があるのではないかと指摘した池上良正の研究があるくらいであろう［池上 2006］。また、東京大空襲の犠牲者の仮埋葬を扱い、犠牲者が仮埋葬された土地を撮影するひとりの写真家の実践を通じて、それを国家主導ではない、死者の尊重であると指摘した木村豊の研究も重要であろう［木村　2012］。木村のばあいは、靖国神社のような国家主導ではない、戦争犠牲者に対する追悼と想起のありようの一例を示したものであり、池上のような個人ではなく、集合表象を扱っているが、死者の尊重を基準とした分析を行なっている。わたしも、ふつうの死者だけではなく災害·戦争による大量死などにも言及し、死者の個人性の尊重についてふれたことがある［岩田 2014］。

ふつうの死者は個人を特定できる。しかし、戦争や災害などは、短時間に日常生活を破壊し多くの人間を死にいたらしめる。もちろん、このような大量死において、戦争のような政治権力の暴力がもたらすそれと、災害におけるそれとは、死の原因が異なる。しかし、個人の特定を不可能にするばあいの多い大量死という物理的状況は同じである。そのような大量死のときに、近現代日本では、個人をどのように尊重してきたのか、あるいは、してこなかったのか、そのような分析視点を設定してみたいと思うのである。

ここで扱う対象は、戦争における死者である。日常生活の死者は個人を特定できる。しかし、戦争における死者の多くは、短時間の大量死となり、その遺体に対して個人を特定できなくする。また、遺体すら不明になる。このように、死者の個人性を剥奪する戦争の死に際して、近現代日本は、個人性をどのように保存しようとしてきたのだろう。その解明を通して、近現代日本の死生観の一端を明らかにしてみよう。

もっとも、戦争における死者といっても、非戦闘員、ふつうの民間人が戦争犠牲者となったばあいの大量死と、戦闘員、つまりは従軍した兵士の戦死のばあいでは、その意味が異なる。両者とも、同じく戦争による大量死ではあるが、その個人性の記憶と想起の方法をみてみると、異なる点もある。その違いにも留意しながら、人間の尊厳を破壊する暴力的な大量死の現実のなかで、個人性がどのように保存されようとしたのかを確認していきたい。

1. 戰爭犧牲者における個人

1) 東京都慰靈堂

まずは、民間人の戦争犠牲者、その大量死である。

1945年(昭和20)3月10日の東京大空襲は、アメリカ軍機が東京下町を爆撃し、一夜のうちに約10万人余の犠牲者を出した。

東京都墨田区横網町、都立横網町公園内に、東京都慰霊堂という、1923年(大正12)関東大震災犠牲者と、1945年(昭和20)東京大空襲などの犠牲者を慰霊するため施設がある。大相撲両国国技館・江戸東京博物館の隣接地でもある。この都立横網町公園とは、関東大震災時「被服廠跡」と呼ばれた空き地であった。関東大震災の被災者の多くがこの空き地に避難したが、そこに火災がふりかかり、多くの死者を出した。1930年(昭和５)、関東大震災における約58,000人の犠牲者の遺骨をおさめ、追悼する施設として作られ、最初、その名称は「震災記念堂」と名づけられた(東京都慰霊堂ホームページ)。

しかし、東京大空襲などのアメリカ軍機による東京爆撃の犠牲者約105,000人の遺骨を、アジア太平洋戦争敗戦後、ここにおさめることになり、1951年(昭和26)9月東京都慰霊堂と改称し、現在に至っている。したがって、現在、東京都慰霊堂内には、関東大震災の犠牲者、東京大空襲など戦争犠牲者、合わせて16万人余の遺骨がおさめられている。現在では、関東大震災の9月1日を秋季慰霊祭、東京大空襲の3月10日を春季慰霊祭として、毎年2回の慰霊祭を行なっている。写真1は、これらのうち、9月1日の秋季慰霊祭のときの東京都慰霊堂前の様子である。関東大震災から90年余が経過し、その記憶も風化しつつあるが、犠牲者の子孫と思われる人たちがおとずれ、地震発生時の11時58分には慰霊堂内で黙とうが行なわれている。

2)「罹災死體處理要綱」－東京大空襲前の計画

それでは、関東大震災の犠牲者を慰霊するための「震災記念堂」が、戦争犠牲者を併設し、東京都慰霊堂となっていく経緯はどのようなものであったのだろう。

アジア太平洋戦争敗戦から8年後に編纂された、東京都の公的記録、東京都『東京都戦災誌』(1953)によってみていきたいと思う。

アジア太平洋戦争末期、1944年(昭和19)5月、東京都はアメリカ軍機による爆撃を想定して、その犠牲者の遺体処理について、「罹災死体処理要綱」という計画を決定する。公園緑地課が中心となり、東京仏教団との連携の上で立案した計画であった［東京都　1953：p.487］。公園緑地課とは、「公園及緑地、墓地及葬祭施設の管理経営に関する事項」を管轄する課であった［東京都　1953：p.85］。サイパン島の日本軍の全滅が、2ヶ月後の同年7月であり、アメリカ軍機による本格的な爆撃を予想していた。この計画をみると、いまだ爆撃が本格化する前であるためであろう、実際の東京大空襲での現実に際して実行された遺体処理とは異なり、計画倒れであったが、犠牲者の遺体処理方法を綿密に計画している。

「罹災死体処理要綱」は、「死体処理手続ニ関スル事項」のなかで、個人を特定できる犠牲者について、次のようにいう。

「死者ニ就テハ警察官ノ検死ヲ求メルト共ニ死者氏名並関係記録及遺留品等ノ調査表(中略)ヲ作成シ且埋葬認許証(区長発行)ヲ発行シ火葬ニ附スルコト、但シ火葬前家族其他ヨリ死体引取ヲ希望スル者アルトキハ処理標(処理票)ニ依リ整理ノ上引渡スコト」[東京都 1953：p.487]。

個人を特定できる犠牲者はその遺体をできるだけ家族のもとへと戻そうとしている。

いっぽうで、個人を特定できない、身元不明の犠牲者については、次のように取り決めている。

「氏名判明セザルモノハ性別、身長、容貌等ノ他着衣携帯品等詳細記録シ着衣等ハ遺留品トシテ別途保管シ将来ノ認識資料トナスコト、棺ニハ所定ノ指名標(氏名票)ヲ添付スル他棺表面ニ処理番号及氏名ヲ墨書スルコト、火葬ニ附スル場合ハ死体送付票(中略)ヲ作製シ最寄ノ火葬場ト連絡ノ上送附スルコト」[東京都 1953：p.487]。

個人を特定できない犠牲者については、その遺体から特徴を記録し、また、遺留品の保存につとめようとしている。また、このような身元不明の犠牲者については、1年間経過しても不明であるばあいは、都営墓地納骨堂に移管することが決められている[東京都 1953：p.488]。

このように、アメリカ軍機の爆撃による犠牲者を想定して、東京都が作成したこの「罹災死体処理要綱」は、その立案に限っていえば、犠牲者個人をできるだけ特定し、個人性を重視しようとする方向であった。その上で、「罹災死体処理要綱」は、東京都および近隣埼玉県下の火葬場稼働能力を調べ、合計12ヶ所の火葬場が1日で合計1518体の遺体火葬能力を持つことを確認している。また、火葬不可能な事態を想定して、都営墓地7ヶ所・都緑地3ヶ所・都営公園5ヶ所の空地面積と遺体仮埋葬可能数を調べあげている。さらには、これらの施設が爆撃などで使用不可能になることも想定して、仮埋葬が可能な都内寺院37ヶ寺の協力も確認している［東京都 1953：pp.488-489］。

3) 東京大空襲－大量死の現實

このような立案「罹災死体処理要綱」は、それが計画通りに実行されたならば、大量死に対する行政サイドの対応として適切であった。戦時下といいながら、すくなくとも、文書上では、死者の個人性が配慮されている。しかし、アメリカ軍機による現実の爆撃はこのような計画をくつがえしてしまった。正確な犠牲者数を把握できないほどの大規模かつ凄惨な大量死であった。それについては、概説書の早乙女勝元『東京大空襲－昭和20年3月10日の記録』(1971)、東京空襲を記録する会『東京大空襲・戦災誌　第1巻』(1973)の体験談・回想などによっても知ることができる。

東京都の公的記録、『東京都戦災誌』でも次のように記す。

> 「江東地区から浅草、日本橋の隅田川近くの一帯の死者は夥しい数字にのぼり、その正確なる推定は困難なほどであると云つてよい。(中略)俗に云うじゆうたん爆撃がこの時行われて隅田川をはさんだ下町一帯は全く火の海を化し、最後まで防火に当つていた人々は殆ど煙にまかれて逃げ途を失つた為焼死する人々が特に多かつた次第である。白髭橋から吾妻橋にかけて道路と云わず川のふちと云わず死体があふれ、両隅田公園側や明治座などは全く死体がゴロゴロしていたのであつた」［東京都 1953：p.492］。

短時間に起こった大量死が、個人を特定できない死体を氾濫させていた。犠牲者の実数を正確に把握させることさえも困難にしていた。それだけの事実をもってしても、アメリカ軍機の爆撃が人間の尊厳を犯す行為であったことを示している。

なお、アメリカ軍機による東京爆撃は3月10日の東京大空襲がよく知られているが、東京市街地だけをとってみても、それ以後、複数回行なわれている。4月13日・14日の市街地北部への爆撃で2,420人、15日・16日市街地南部への爆撃で846人、5月23日・24日の都心への爆撃で7,670人、25日・26日の都心への爆撃で3,250人の犠牲者を出している。3月10日の東京大空襲の被害が厳密な実数すら把握できないほど巨大であったために、これらは見落とされがちであるが、この死者数をみるだけでも、各回のアメリカ軍機による爆撃被害が甚大であったことがうかがわれる。

それでは、このような大量死に対して、どのような遺体処理が行なわれたのであろう。まずは、遺体の収容であった。

> 「この死体の収容仮埋葬に当つては、当時の警防団員が各区より人数割りで出動を命ぜられ、それらの人々の手によつて先ずトラックに収容し、それを一応猿江公園や隅田公園浅草区側及本所区側や錦糸公園にあつめ、人名住所等のわかる者は一応それをひかえ、全く不明のものと区別して、2、3日近親の捜索に応じた後仮埋葬を行つたが、その仮埋葬の数はどこえ(ﾍ)何体の収容をしたかが大体しか判明せず資料を欠く為不明な点が少くない」[東京都 1953：p.492]。

「罹災死体処理要綱」で立案された火葬は不可能で、遺体の仮埋葬が行なわれた。しかし、その仮埋葬の正確な資料は残らず、仮埋葬場所・埋葬人数すら不明確なままになったというのである。凄惨な大量死は、「想定外」の状況を生み出していた。また、隅田川にあった遺体の相当数は、東京湾にそのまま流れ出たものも多いと推測されている[東京都 1953：p.526]。

それでも、東京都が推定数といいつつ、当時の資料に基づき、この仮埋葬の場所と推定遺体数を整理した統計がある。それによると、都営公園など都有地への仮埋葬が、合計33ヶ所、遺体1体ずつの埋葬が7,113体、合葬が28,150体であり、合計35,263体である。寺院境内などへの仮埋葬が、合計33ヶ所、遺体1体ずつの埋葬が330体、合葬が13,895体である。総計すると49,158体である［東京都 1953：pp.492-493］。

東京大空襲をはじめ、東京爆撃の犠牲者数は10万人を超えると考えられているので、東京大空襲以外の犠牲者数を差し引いても、東京大空襲直後に把握されたその犠牲者数は、実数よりもはるかに少なかった。

なお、1体ずつの埋葬は遺留品·服装などから氏名が判明する者、合葬は焼死などにより個人を特定できない者であった。合葬が圧倒的に多いので、その事実からも、爆撃の犠牲者のおかれた凄惨な状況を推測できる。

このように、東京大空襲をはじめ東京爆撃の犠牲者は、個人の尊厳を犯され個人性を剥奪されていた。もちろん、民間人を標的とした爆撃そのものが、非人道的であることはいうまでもないが。

4) 假埋葬からの改葬·火葬

このように、東京爆撃の犠牲者は、仮埋葬された。

しかし、アジア太平洋戦争敗戦から3年後の1948年(昭和23)から、東京都は各地に仮埋葬された遺体を、3年計画で改葬·火葬する計画を立てる。計画通り実行され、1951年(昭和26)3月にこの作業は完了する。仮埋葬が遺体を棺におさめていたのではなくじかに土中に埋葬していたために、改葬·火葬方法は、個人を特定できる遺体1体ずつの埋葬については1体ずつを棺におさめ、合葬については複数体を棺におさめ、それを都内火葬場に輸送し火葬を行なった。可能な限り、個人性を保存しようとしているといってよいかもしれない。

この改葬·火葬であるが、それにより、仮埋葬数が再把握され、収容された遺体数については実数を確認できることになった。

1948年度(昭和23年度)は、都営公園·寺院をはじめ合計33ヶ所からの改葬·火葬が行なわれた。個人を特定できる遺体317体、合葬遺体13,908体、合計14,225体であった。

1949年度(昭和24年度)は、各地の公園を中心に合計32ヶ所からの改葬・火葬が行なわれた。個人を特定できる遺体7,053体、合葬遺体30,200体、合計37,253体であった。

1950年度(昭和25年度)も、都営公園をはじめ各地の公園を中心に合計69ヶ所からの改葬・火葬が行なわれた。個人を特定できる遺体8体、合葬遺体28,763体である［東京都 1953：pp.527-528］。

これらを合計すると、実に、134ヶ所、総計80,241体の仮埋葬された遺体を改葬・火葬している。

そして、東京都では、この改葬・火葬にともない、1949年(昭和24)から、東京爆撃の犠牲者の遺骨について、最終的な処理を行なう。個人を特定できる遺骨については、引き渡しを行ない(引取者のない遺骨も多かった)、「氏名の判明しないものは仮埋葬の埋葬地別に450箇の大骨壷に入れて震災記念堂に収めることとした」。また、遺骨の氏名を特定できなくても、合葬した遺骨から分骨を希望する遺族もあった［東京都　1953：p.528］。そしてそれまで、関東大震災の犠牲者の遺骨をおさめていた「震災記念堂」に、東京爆撃の犠牲者の遺骨もおさめることとし、1951年(昭和26) 9 月東京都慰霊堂と改称した。

これが最初に述べた、「震災記念堂」が現在の東京都慰霊堂に移行した経緯である。

さて、『東京都戦災誌』は仮埋葬の改葬・火葬から、総計80,241体の遺体を計算した。ところが、同じ『東京都戦災誌』は、最終的に、「戦災者の内仮埋葬された戦災殉難者数」という次のような統計表を作成している［東京都 1953：p.528］。

	氏名判明者	氏名不判明者	計
改葬者数	7,386体	83,572体	90,958体
遺体引渡数	2,619体	3,766体	6,385体
未引取者数	4,767体	79,806体	84,073体

ここでも身元不明者が圧倒的に多いが、ここでの最終的な遺体総計は90,958体であった。改葬・火葬時の集計が80,241体であったから、総計でなぜか約10,000万体のずれが出ている。このような集計上の違いが出てしまっていることじたいが、大量死が個人性を特定できない死の形態であることを示している。また、東京都が仮埋葬の遺体を改葬・火葬し、東京都慰霊堂におさめる際に、身元不明者については、合計450個の大骨壷に火葬骨を合葬せざるを得なかったことも、大量死が個人性を剥奪している証拠であろう。

なお、現在の、東京都慰霊堂のホームページでは、東京爆撃の犠牲者数を105,000人としている。これについては、先に述べたように、隅田川から東京湾に流れ出て遺体収容が不可能だった者、東京大空襲以外の東京爆撃の犠牲者も含まれているので、こうした数字が算出されているものと思われる。いずれにせよ、このような正確さを欠く数値が算出されざるを得ず、食い違いが生じ、また、最終的数字も概数にとどまることじたいも、大量死が個人性を破壊させる現実であったことを示している。

5) 東京都空襲犠牲者名簿

そして、東京都慰霊堂の発足とともに、その管理・運営は東京都ではなく、公益財団法人東京都慰霊協会となった。その発足時に、この東京都慰霊協会は、この東京都慰霊堂への遺骨安置の概要を説明した「東京都内戦災殉難者の御遺骨安置について」を作成し、最後に、次のような文章を付け加えている。

「この慰霊堂に奉祀してある戦災殉難者諸霊の御氏名は、御遺族関係者から正確な申告を願つて霊名簿を作ることになつて居りますので未だ御申出のない方は至急申告をお願いします」［東京都 1953：p.528］。

東京爆撃の犠牲者は、そのほとんどが個人と遺体とを確定できなかった。そのために、東京都は、最初は仮埋葬、そして改葬・火葬によって遺骨とし、その大部分を東京都慰霊堂に合葬する形態をとった。その多くを占めるのが450個の大骨壷におさめられた合葬遺骨である。そうしたなかで、東京都慰霊堂を管理する東京都慰霊協会は、犠牲者名簿の作成をその当初から実行しようとしていた。

東京都慰霊堂と同じ敷地内に、2001年(平成13)に完成した「東京空襲犠牲者を追悼し平和を祈念する碑」があり、現在、犠牲者名簿はこのなかにおさめられている。写真2がその内部の様子である。アメリカ軍機による東京爆撃の犠牲者は、その大量死のために、その個人性を剥奪された。身元不明の遺体が大多数であり、それを450個の大骨壷に合葬せざるを得なかった。あえていえば、この東京都慰霊堂は東京爆撃の犠牲者の墓でもある。この墓では、その遺骨のほとんどは個人を特定されていない。そうしたなかで、犠牲者を個人として確定し、それを記憶にとどめる、そのために唯一連続してきた作業が、この犠牲者名簿の作成と安置であった。

これは、広島の原爆犠牲者でも同様である。東京爆撃の犠牲者は過去完了だが、広島の被爆者は現在でも亡くなる方がいるので継続中である。広島市では1952年(昭和27)以来、原爆によって死亡した人を原爆者死没者名簿に登録し、それを広島平和都市記念碑(原爆死没者慰霊碑)におさめている。今年2014年(平成26) 8 月 6 日現在で、292,325人が名簿に登録されている。前年2013年(平成25) 8 月 6 日現在の登録者数は286,818人だったので、この1年間に5,507人が新たに付け加わった(広島市ホームページ)。

2. 戰死者における個人性

1) ひめゆり平和祈念資料館

非戦闘員、民間人における戦争犠牲者の個人性の保存の例を、東京爆撃の犠牲者でみてきた。同様の例は他地域でもあるが、量的規模が東京や広島ほどの規模の大量死ではないからであろうか、個人性の保存は、慰霊碑などへ氏名を刻むばあいが多いように思われる。いずれにせよ、氏名によって、個人の存在を残そうとする方法がとられている。

これに対して、戦闘員、兵士の戦死者でも、慰霊碑に部隊名・氏名を刻み個人性を保存しようとするばあいが多い。しかし、戦死者のばあいには、民間人の戦争犠牲者とは異なる点もある。

そのような事例をみていってみよう。

まずは、民間人の戦争犠牲者というべきか、戦死者というべきか、境界領域にある沖縄戦のひめゆり部隊についてである。ひめゆり部隊は、女学生でありながら、補助看護婦として従軍したから、制度的には広義における戦死者に入るのであろうが、民間人の犠牲者ともいえる。

アジア太平洋戦争末期、1945年(昭和20) 4 月から 6 月にかけて、民間人を巻き込んだ地上戦、沖縄戦の凄惨さはよく知られている。軍民ともに、アメリカ軍によって、沖縄本島南端に追いつめられた。その沖縄本島南端、沖縄戦終結の土地、現在の糸満市摩文仁の丘には、個人名を刻む慰霊碑が並ぶ。沖縄戦終結の 6 月23日には毎年慰霊祭が行なわれている。

この摩文仁の丘に、ひめゆり平和祈念資料館という、ひめゆり部隊を記憶し想起するための資料館がある。ひめゆり部隊は、1954年(昭和29)今井正監督により「ひめゆりの塔」(東映)として映画化され(1982年同監督によりキャストをかえて再び製作される)、その悲劇が全国的によく知られるようになった。現在の若い世代にはやや風化しつつあるが、沖縄戦の悲劇のひとつである。

このひめゆり平和祈念資料館に行き、第 4 展示室をおとずれると、犠牲になったひめゆり部隊の氏名・死亡年月日・死亡場所を記した女学生ひとりひとりの顔写真が並んでいる。顔写真のない者もあり、死亡年月日・死亡場所が不明の者も多い。沖縄戦末期、戦線が崩壊するなかで生命を落としたのであろう。しかし、ひめゆり平和祈念資料館第 4 展示室に、写真とともに紹介されていても、遺体・遺骨の特定ができたものはほとんどないと思われる。もっとも、これはひめゆり部隊だけではなく、沖縄戦の民間人犠牲者、戦死者全体にあてはまることであろうが。

映画化され、その悲劇がよく知られるようになったために、ひめゆり平和祈念資料館が作られたともいえるが、その展示は、ひとりひとりを顔写真とともに個人としてよみがえらせ、それによって観る者の感性に訴えかけ、平和を祈念する方法であった。東京爆撃の犠牲者のような氏名だけではない。顔写真をかかげることにより、ひとりの生きた人間であったことを、強く訴えかけている。

2) 月ケ丘軍人墓地

戦死者のばあいには、民間レベルでも、このような個人性を象徴的に表現しようとするばあいがある。圧倒的な戦死者数からみれば少数であるが、軍部や政府が推奨したわけでもなく、民間レベルで戦死者像を製作し、それを世間に表出しているのである。たとえば、わたしは、アジア太平洋戦争敗戦前の製作例として、1944年(昭和19)10月フィリピン戦線での特攻隊で戦死した戦死者像と［岩田　2006：pp.188-192］、アジア太平洋戦争敗戦後の製作例として、山梨県のある山村の寺院に置かれた戦死者像を紹介したことがある［岩田　2003：pp.27-30］。両者ともに、軍部や政府が指導したわけではなかった。地域社会がそれを実践していた。民間レベルでの戦死者の記憶および想起といえるが、戦死者の顕彰の意味合いもあると思われるので、戦争肯定の思想が民間レベルに浸透していたと考えることも可能である。

しかし、靖国神社は戦死者ひとりひとりを祀るとうたいながらも、実質的にはその社殿において戦死者が一般化し集合表象となっている。それに対して、地域社会が、このような戦死者の個人像を製作していたことは、その戦死者の記憶と想起において、個人性を前面に表出させ、靖国神社とは異なる志向を持っていたと考えることができる。

ここでは、このような例として、1995年(平成７)まで、愛知県名古屋市千種区月ヶ丘にあった、月ヶ丘軍人墓地をとりあげてみよう。月ヶ丘軍人墓地というのは通称であって、正式名称は知られていない［洲之内 1982：p.66］。写真3は、1992年(平成４)のこの月ヶ丘軍人墓地である。住宅街の一画に霊園墓地が広がり、その地続きにこの月ヶ丘軍人墓地はあった。1992年(平成４)時点で合計89基の軍人像を数えることができた。1基の台座に2体並列してある像もあり、これは兄弟の戦死者であると推測された。また、戦死者像と戦死者像とのあいだに空間があり、台座から取り外した痕跡がみられたので、取り外された戦死者像があると考えられた。碑文の正面には姓名を記し、末尾に「像」とするものがほとんどである。

したがって、通称、月ヶ丘軍人墓地といわれたが、正確には、墓地ではなく戦死者像の安置空間であった。

この月ヶ丘軍人墓地の戦死者像は、日中戦争下、主に1937年(昭和12)から1941年(昭和16)までに戦死した地元名古屋市出身の戦死者像である。なかでも、このあとでも紹介する、1937年(昭和12)の上海戦線での戦死者がもっとも多い。建立年月は、そのほとんどが1938年(昭和13)から1941年(昭和16)までで、1943年(昭和18)建立の戦死者像もあった。

この月ヶ丘軍人墓地の戦死者像は、1995年(平成７)、愛知県知多郡南知多町のある寺院に移転され、現在では存在しない。写真４は、移転された軍人像の現況である。

3) 月ケ丘軍人墓地の戰死者像

この軍人像の具体例を2基ほど紹介しておこう。固有名詞はすべてイニシャル(大文字アルファベット)にしてある。

たとえば、月ヶ丘軍人墓地の正面から3列目、右から５基めにあった軍人像の銘文は次の通りである。

前面「故陸軍歩兵曹長勲七等功七級MG之像」。

左側面に次のように記す。

「昭和六年現役志願兵トシテ歩兵六聯隊ニ入営豊橋教□学校卒業後満洲派遣ヲ命ゼラル功ニ依リ勲七等ヲ賜ル支那事変勃発スルヤ□□安田中隊ニ属シ上海敵前上陸ヲ敢行以来各地ノ激戦ニ参加シ昭和十二年九月二十日上海公墓附近唐家宅ノ戦闘ニ於テ戦死ス

享年二十四才

昭和十四年四月十一日

母ＭＦ建之」

戦死者の戦歴を記し、死亡年齢と建立年月日、そして、建立者を記している。この人物は、1937年(昭和12) 7 月の盧溝橋事件にはじまる日中戦争開戦からわずか2ヶ月後、上海戦線で戦死している。

もうひとつみてみよう。

正面から9列目、右から４基めの軍人像の銘文は次の通りである。

前面「故陸軍歩兵上等兵勲七等ＳＭ之像」。

右側面に次のように戦歴を記す。

「昭和九年十二月歩兵第六聯隊ニ入隊満洲事変ニ出征勲八等ヲ下賜セラル昭和十一年五月八日除隊シ同年六月天島工業株式会社ニ入リ勤務中日支事変勃発スルヤ昭和十二年八月十七日応召下命ニ服シ上海呉淞敵前上陸敢行後各地転戦蘇洲河ノ戦闘ニ於テ十一月三日戦死ス」。

そして裏面に建立年月日と建立者を次のように記している。

「昭和十三年十一月建

名古屋市熱田区沢下町父ＳＪ」。

この人物も日中戦争開戦から４ヶ月後の11月に上海戦線で戦死している。

ここで紹介した2例は、いずれも1937年(昭和12)の上海戦線における戦死者像であり、その建立者が父母であったばあいである。この2例にとどまらず、月ヶ丘軍人墓地の戦死者像の多くが戦死者像本人の戦歴を記している。建立者としては妻が記されているばあいもあるが、父母特に父の氏名が記されているばあいが多い。これについては、現在、各地にみられるアジア太平洋戦争敗戦後に建立された戦死者墓地における墓碑銘の記し方と類似する。そして、この戦死者は、墓碑や墓碑銘によってではなく、1体1体の戦死者像によって表象された。

もっとも、この戦死者像はいずれも軍服を着用し、この戦死者が日常生活をおくっていたときのスタイルではない。この月ヶ丘軍人墓地は、戦死者をひとりの私人としてではなく、ひとりの兵士として特化させ表出する空間であった。戦死者ひとりひとりにとっては、軍隊入隊以前の日常生活の方が圧倒的に長かったにもかかわらず、それについては、銘文では言及されず、戦歴だけが記され、彼の人生すべてがこの戦死者像に、またそれにより兵士であったことに集約されてしまっている。

これについては、戦死者像の軍服姿をみるだけでも、その象徴的意味をくみとりやすいかもしれない。記された戦歴だけではなく、軍服姿であることにより、日常生活をおくっていたときの平服の私人としてではなく、兵士としての意味だけで存在させられている。

4) 戰死者像製作の經緯

現在では、月ヶ丘軍人墓地が造成された経緯については、不明な点も多くなっている。ただ、1980年代に美術エッセイストの洲之内徹がこの月ヶ丘軍人墓地に注目し、現在では、おそらくは知ることのできない情報をおしえてくれる。この月ヶ丘軍人墓地の維持にかかわっていたＫさんという人から聞いた話というのがそれである。Ｋさんは戦死者像の遺族ではなかった。

「墓地を作ったのはＮという人である。いうまでもなく、Ｋさんも人から聞いた話だが、昭和十二年の夏、上海の上陸作戦で大勢の戦死者が出ると、Nという人がここへ地所を買い、遺族たちに呼びかけて、めいめいが戦没者の一時金(百五十円から二百円くらい)を造像費に充て、写真を基に個人の軍服姿の像を作って立てるようにした。写真で作ったというのはよくわかる。軍服姿とはいっても、銃を持ち装具を着けたのは少くて、戦闘帽ではなく正式の軍帽を被り、両手を背に廻して組み、巻脚絆をつけない両脚をすこし左右に開いて立つ姿が多いのは、外出日などに写真屋で写す兵隊の記念写真がだいたいこれだったからだろう」［洲之内 1982：p.67］（氏名はイニシャルにした)。

日中戦争の緒戦、名古屋師団が上海戦線に従軍し多くの戦死者を出した。そのなかで、呼びかけ人がいて、戦死者の遺族が一時金をもとにこの戦死者像を作ったという。また、戦死者像に立ち姿で後ろ手の姿勢が多いのは、休日の外出日に写真館で撮影した写真をもとに、これを作ったからであるという。写真3の右側の列にはこうした後ろ手・立ち姿の戦死者像が多い。

月ヶ丘軍人墓地の戦死者像は、軍服姿でありながら、戦闘をしていないとき、休日の兵士たちであった。写真5は、ひとつの戦死者像のアップである。凶暴性や悪辣さはかけらもない。むしろかなしさを感じさせる。

こうした感覚は、かつて存在した月ヶ丘軍人墓地をおとずれた誰もが感じたことであろう。洲之内も次のような感想を記している。

「一つ一つの像に「生き写し」を志した、銭金ずくではない彼等(石工たち－引用者)の熱意がありありと見て取れるのだ。だが、「生き写し」は石工たちよりも、より一層遺族たちの願いだったろう。覚悟はしていたというものの、それにしてもあまりにも呆っ気なく死んだ息子や夫への諦めきれぬ想いは、在りし日の面影を眼の前に見たい願いになって、それが像を作る動機にもなったのだろうが、その想いは今に、墓地全体に籠っている」［洲之内 1982：p.67］。

洲之内は次のようにもいう。

>「ここの軍人像には、理想化の跡があまりないのだ。石工たちは戦前の日本人のカッコよくない男をカッコよくなく作った。お国のために死んだ人間だからといって、いい男には作っていない。ということは、戦争を理想化したり美化したりもしなかったということである。栄光とか勇壮とかは彼等の関心事ではなく、先程も言ったように、「生き写し」がだいじだったからかもしれない」［洲之内 1982：p.68］。

歴史的にみれば、彼らは侵略戦争の兵士であった。この戦死者像の製作に顕彰の意味合いを込めた遺族もあっただろう。しかし、この月ヶ丘軍人墓地の戦死者像だけをとりだして、それを表象として読みとると、洲之内のいうように、「生き写し」によって戦死者を甦らせようとした遺族のやりばのないかなしみが迫ってくる。

もっとも、その「生き写し」の戦死者像が軍服姿であることは、戦死という死の形態が、いかに特異であるかを物語っている。戦死者像が軍服姿であるのは、すでに紹介したフィリピン戦線の特攻機の戦死者像、山梨県のある寺院の戦死者像でも同じであった。戦死者だから軍服姿というのは当然といえば当然なことでもあるが、彼らの人生は兵士であることよりも、私人として日常生活をおくっていた時間の方が圧倒的に長かったはずである。しかし、戦死者は、短い時間着用したにすぎない軍服姿によって、みずからを表現することになっていた。

災害犠牲者の大量死、また、さきにみた東京大空襲などの戦争犠牲者の大量死など、こうした大量死における個人性の表象と比べたとき、戦死者のばあいだけが異なっていた。戦死者だけが、兵士としてのみ個人性を獲得し、それにより死後も存在し続けることになっていた。このような形態になること、そして、それが靖国神社のような国家主導の戦死者祭祀ではなく、民間レベルでこのような形態であったこと、そこに戦死者における個人性保存の特徴があった。

戦死者の個人性は兵士としてのみ表象されていた。戦死者がその生きてきた蓄積ではなく、軍服姿でその個人性を保存されること、そこに、戦争がもたらす人間性の剥奪をみることができるかもしれない。

5) 戦死者墓地

最後に、地域社会で作られてきた戦死者墓地をひとつだけ紹介しておきたい。各地の戦死者墓地をみると、各家の墓域に戦死者の石塔を建立しているばあいもあるが、戦死者だけの墓域をそれぞれの地域社会で設けているばあいも多い。そうした、地域社会の戦死者墓地の一例である。

三重県津市美杉町下之川という山村の幹線道路の脇に、写真６のような戦死者墓地がある。アジア太平洋戦争敗戦後1953年(昭和28)の造成である。しかし、この幹線道路脇にあるのはこの戦死者墓地だけで、下之川の集落の墓地はここにはない。写真７のように、集落背後の杉林の間にある。この下之川の墓域はサンマイ(三昧)と呼ばれ、現在では、火葬の普及とともに、新しく石塔を建立するようになっているが、もともとはここに遺体を埋葬し、石塔の建立はなかった。石塔は集落内にある寺院境内の背後に立ててきた。かつて民俗学が使っていた用語でいえば「両墓制」である。わたしは「単墓制」も「両墓制」も本質的な違いはないと考えており、この用語使用に疑問を持っているが［岩田 2006：pp.98-102］、この下之川の墓制は、いわゆる「両墓制」の典型的な事例であった。遺体埋葬地点は集落はずれに、石塔建立地点は集落内の寺院境内背後にある。ところが、戦死者墓地は、そのどちらでもなく、集落内の幹線道路脇にある。つまり、戦死者墓地だけは、日常の死者の遺体埋葬地点サンマイおよび石塔墓地とは異なる地点に、しかも人目に露出する場所に建立されている。

戦死者だけが他の死者と分離している。この三重県津市美杉町では、こうした例のほかに、戦死者墓地は寺院境内にあるばあいが多い。といっても、日常の石塔墓地が寺院境内の背後や横に位置するのに対して、戦死者墓地だけは寺院境内の前面、境内の正面入口近くに、石塔の規模もやや大きく、誰もがひと目でそれとわかるように並列されている。戦死者の墓域だけが突出している。それによって、戦死者はその集落の死者であるだけではなく、戦死者であることを主張しているかのようである。

むすび

近現代日本の死生観について、その分析視点の中心に、個人性の保存をおき、戦争犠牲者と戦死者を通して、その具体的内容を考えてみた。主にとりあげたのは、戦争犠牲者の例として東京大空襲、戦死者の例として月ヶ丘軍人墓地である。それらにより確認できたのは、戦死者だけは彼らが兵士であり戦死者であることを表象する形態での個人性の保存であったことである。戦死者に対しては、その人生のすべてが兵士であったかのような表象が行なわれていた。戦死者といえども、個人性を保存しようとしている。しかし、そこで表象された戦死者の個人性は、戦死の一点に集中されるものであり、他は脱落していた。戦争の非人間性とは、人間の死における個人性の保存においても、戦死者を、兵士であったことだけに突出させて表現していたところにあるのではないか、そのようなことを指摘して終わりにしたいと思う。

[写真1] 東京都慰霊堂秋季慰霊祭

[写真2] 東京空襲犠牲者名簿

[写真3] 月ヶ丘軍人墓地

[写真4] 移転された現在の軍人像

[写真5] 月ヶ丘軍人墓地戦死者像

[写真6] 戦死者墓地(三重県津市美杉町下之川)

[写真7] サンマイ(三重県津市美杉町下之川)

【参考文献】

池上良正2006「靖国信仰の個人性」、駒沢大学文学部文化学教室『文化』第24号pp.25-55。

岩田重則2003『戦死者霊魂のゆくえ－戦争と民俗』吉川弘文館。

岩田重則2006『「お墓」の誕生－死者祭祀の民俗誌』岩波書店。

岩田重則2014「甦る死者」、末木文美士他編『岩波講座　日本の思想　第8巻』岩波書店、pp.135-163。

木村豊2012「東京大空襲死者の記憶と場所」、三田哲学会『哲学』第128集pp.109-143。

早乙女勝元1971『東京大空襲－昭和20年3月10日の記録』岩波書店。

洲之内徹1982「きまぐれ美術館104　月ヶ丘軍人墓地㈠」『芸術新潮』新潮社、第33巻8月pp.66-70。

東京空襲を記録する会1973『東京大空襲・戦災誌 第1巻』講談社。

東京都1953『東京都戦災誌』東京都。

【ホームページ】

東京都慰霊堂 http://tokyoireikyoukai.or.jp/park最終閲覧：2014年9月23日

広島市 http://www.city.hiroshima.lg.jp最終閲覧：2014年9月23日

〈近現代日本の葬禮文化〉 토론문

노성환(울산대)

1.장례문화 중 전사자의 영혼을 어떻게 처리해야 하는가 하는 문제는 민속학, 인류학에서 매우 중요한 테마라고 생각합니다. 선생님의 글을 통해 제가 느낀 점은 사자의 영혼은 고향(유족)의 품으로 돌아가야 한다는 것입니다. 柳田國男의 민속학에서 보이는 영혼관에서 크게 벗어나 있지 않은 것 같습니다. 다시 말하여 국가의 관여는 필요 없으며, 따라서 야스구니 신사도 정상적이지 않다는 주장으로도 받아들여집니다. 죽음의 개별화가 이루어져야 한다는 점에 있어서는 저도 전적으로 동감하는 바입니다. 그러나 근대국가이후 국가가 전사자의 영혼들을 완전히 무시할 수 없는 시대에 살고 있는 것도 사실입니다.

2.이것과 관련하여 다음과 같은 세 가지 점을 질문을 드리려고 합니다.

(1)국가가 전사자 혹은 국가적 재난으로 인한 희생자의 죽음을 어디까지 관여하는 것이 좋다고 생각하십니까? 특히 최근 한국에서는 세월호 사건으로 큰 충격에 휩싸여 있습니다. 한국의 경우 이 사건은 비록 전사자가 아니지만 국가적 재난으로 생각하고 있습니다. 만일 이러한 사건이 일본에서 일어났다면 일본정부는 그들이 죽음에 대해서 어디까지 관여했을 것으로 예상되는지요?

(2)선생님이 드신 예의 대부분이 2차 세계대전까지 인데, 그 이후

가령 현대에 접어들어 해외파병으로 인해 전사한 일본군 병사들의 죽음은 어떻게 처리되는지 알고 싶습니다. 이 사람들은 야스구니 혹은 千鳥ケ淵戰沒者墓苑에 들어가는지요? 아니면 어디까지나 유족의 품으로 돌아가야하는 개별화된 영혼으로 취급하는지요? 또 참고삼아 國立千鳥ケ淵戰沒者墓苑과 야스구니와의 차이가 있다면 어떤 것이 있는지요?

(3)야스구니의 遊就館에는 전사자 사진이 있고, 그곳에는 또 신부 인형이 봉납되어 마치 우리에게는 사후결혼을 연상시키기도 합니다. 어쩌면 이것도 개별화된 영혼이라고 볼 수 있을 것 같습니다. 이처럼 명패와 사진이 아닌 것으로 집단 속에서도 개별화된 것들이 있다면 구체적으로 어떠한 사례들이 있는지를 알고 싶습니다.

종합토론

손승철: 시간이 다소 지연이 됐습니다만 지금부터 종합토론을 시작하도록 하겠습니다. 저는 종합토론의 사회를 맡은 강원대학교의 손승철입니다. 오늘 아침 이른 시간부터 9시 반부터 시작을 해서 기조강연과 그리고 7개의 주제에 관해서 주제발표를 했습니다. 사실 이 전체 테마 자체가 엄청난 큰 광범위한 문제였고 주제 하나하나도 사실은 학위내용을 포괄하고 있기 때문에 그렇게 간단한 내용이 아니였습니다만 여하튼 하루 종일 진행을 해서 기조강연과 7개의 논문발표를 하였습니다. 그래서 어떤 형태로든지 종합을 해야 될 시점에 왔습니다. 아침에 개회사에서 이사장님도 말씀을 하셨습니다만 월요일부터 한 4,5년에 걸쳐서 한국인과 일본인의 의식구조와 문화에 관해서 한번 심층적으로 다뤄보겠다 그런 말씀을 해주셨고 그 첫 번째 테마로써 삶과 죽음의 문제, 한국인과 일본인의 삶과 죽음의 문제 어떻게 보면 현세관과 내세관이라 그럴까요? 이런 것들을 한번 다뤄보겠다 시작을 했습니다. 그래서 시대적으로 보면 고대부터 중세 근세 근·현대에 이르기까지 그리고 또 분야별로 보면 무가, 샤머니즘, 신도, 불교, 유교, 기독교 등을 통해서 삶과 죽음의 그 기층의 어떤 사고를 가지고 있나 하는 것에 대해서 살펴 보았습니다. 그래서 우선 그 종합토론의 진행방식은 먼저 각 주제마다 발표자가 있고 약정토론이 되어 있는데 먼저 약정토론자들의 약정토론의 질의응답을 진행하도록 하겠습니다. 아 그런데 첫 번째 무가를 통해서 본 한국인들의 사생관은 발표하신 최교수님께서 오후에 학교에 수업이 있으셔서 발표를 하고 바로 그때 토론을 하였습니다. 그래서 두 번째 주제부터 약정토론을 하도록 하겠습니다. 토론 진행방식은 지금 우리가 5시 반까지 장소가 예약이 되어 있기 때문에 시간적으로 보면 한 90정도 밖에 남아있지 않습니다. 그래서 7개 주제이기 때문에 한 주제 당 10분 이

내에 질의응답을 마쳐야 합니다. 그래서 5분 이내 질문을 해주시고 5분 이내에 답변을 해주시는 것으로 그렇기 때문에 준비해 오신 토론문을 전부 다 말씀하시기는 어려울 겁니다. 그래서 주요한 것 두 개 정도만 해주시고 또 답변도 그것을 중심으로 답변을 해주시되 종합토론인 만큼 주제에 관한 어떤 심층적인 질의응답도 필요하지만 우리가 하루 종일 세미나를 했기 때문에 무언가 좀 종합적이고 일반적인 사항도 좀 이야기가 되어야하지 않겠나? 일반적이라 사항이라 한다면 한국과 일본의 비교, 차이점 뭐 이런 것들 그래서 주제에 대해서 의식구조상 어떤 점이 비슷하고 어떤 점이 차이가 있고 뭐 이런 것들을 하나씩 좀 같이 곁들어서 질문을 해주시고 답변을 해주시면 상당히 성공적인 종합토론이 되지 않을까 생각이 됩니다. 저는 이 학술대회를 주최한 한일문화교류기금과 동북아역사재단이 저는 두 가지 기능을 가지고 있다고 생각합니다. 하나는 학문적으로 전문성을 심화시키는 역할도 하지만 그것을 일반인들에게 대중화하고 일반화할 수 있는 다시 말해서 전문성을 심화시키고 또 일반화 대중화를 해가야 하는 그런 책임을 가지고 있는 재단들이기 때문에 더 더욱이나 오늘 종합토론은 그 점을 꼭 사전에 염두 해주셔 가지고 질의응답을 해주시면 굉장히 도움이 되지 않을까 이렇게 생각이 됩니다. 그리고 나중에 또 말씀드리겠습니다만 우리가 발표를 하고 토론을 하고 또 종합토론을 하고 한 내용들을 전부 녹취를 해서 나중에 단행본으로 발간을 하게 되어있습니다. 그래서 그 점을 좀 염두 해 두시고 그래서 우리가 아까 전문가 집단만 모여서 하지만 그것을 일반화 대중화하고 다른 분들에게 알리기 위해서 단행본으로 꼭 출간을 합니다. 그래서 그 점을 염두해 두시고 질의응답을 진행해주시면 감사하겠습니다. 그래서 주제별 약정토론자 먼저 하고 그리고 객석에 계신 두 세 분 하고 그 다음에 마지막으로 이사장님 마무리 말씀 듣고 그렇게 해서 가능하면 5시 반에 끝내도록 그렇게 좀 협조해주시기를 간곡하게 부탁 말씀드리겠습니다. 첫 번째 토론은 최준식 교수님의 발표에 대하여 세키네 히데유키 선생님께서 해주시겠습니다. 부탁드립니다.

세키네 히데유키: 안녕하십니까 세키네 히데유키라고 합니다. 저는 72쪽에 나와있는 토론문의 번역본을 읽는 방식으로 진행하겠습니다.

최준식 교수님의 논문은 제목에 단적으로 나타나 있듯이 한국인의 생사관을 바리공주 무가를 중심으로 고찰한 것이며 다음과 같이 요약할 수 있을 것입니다.

①한국인은 현세지향적인 태도를 지니고 있는데 그것은 한국인에게 가장 영향을 많이 미친 '무교(巫敎)'에서 헤아릴 수 있다. ②한국인의 생사관은 무교 바리공주 무가에 잘 나타나 있다. ③거기에 나타나 있는 영혼과 육신은 대등한 이원론적 관계가 아니라 전자가 후자의 부차적인 존재로 간주되어 있다. ④이러한 경향은 한국의 죽음의례에도 나타나 있으며 묘제(墓祭)가 중시되는 이유는 묘를 망자의 집으로 생각하는 관념이 반영되어 있기 때문이다. ⑤상엿소리, 저승사자, 사잣밥과 같은 민간신앙에는 전통적인 한국인의 내세관이 잘 나타나 있으며 그 특징은 저승을 꺼리고 이승을 선호하는 현세주의라 할 수 있다. ⑥이러한 경향은 무가에도 나타나 있으며 저승에 대한 관념이 희박하거나 이승과 저승의 관계가 애매모호하다고 볼 수 있다. ⑦원래 이승에 대한 관념밖에 없었던 한국인에게 저승에 관한 관념이 생긴 계기는 불교와의 만남에 있다.

이와 같이 이 논문은 한국의 생사관을 무교를 중심으로 조명한 것입니다. 지금까지 한국 종교문화를 무교에서 찾는 시도는 몇몇 논자들에 의해 시도된 바 있었지만 이 논문의 가치는 그것을 무가의 상세한 분석을 통해서 설득력 있게 실증했다는 데 있는 것 같습니다. 토론자는 종교학 전공자도 아니라 무가에 대해서도 아는 바가 없지만 예전에 한국과 일본의 죽음의례를 동아시아 차원에서 조명하여 공통된 구조를 탐구한 바 있습니다. 여기서는 그 연구의 시각에 입각하여 몇 가지 논점을 제시하며 최교수님께 질문을 드리고자 합니다.

첫째, 한국문화를 무교(무속)로 조명한 연구자들의 시각 차이에 대해서 알고 싶습니다. 토론자는 무교 연구자라고 하면, 유동식 교수, 김태곤 교수, 최길성 교수와 같은 70~80년대 연구자들의 이름이 떠오릅니다. 특히 유동식 교수는 무속 대신 '무교'라는 용어에 고집한 연구자로 알고 있습니다. 그러나 각 논자들의 시각 차이가 어디에 있는지 잘 모릅니다. 최교수님을 포함하여 기존의 무교 연구자들의 시각 차이에 대해서 알려주시면 감사하겠습다.

둘째, 최교수님은 무교를 한국의 고유한 종교로 파악하고 계시는데, 무교를 전 세계에 널리 분포되어 있는 샤머니즘의 하나로 보는 시각도 있습니다. 예컨대 에리아데(Eliade, Mircea)는 『샤머니즘(Shamanism)』(1964)에서 한국 샤머니즘이 터키와 연결되는 남성적 북방계 샤머니즘의 토대 위에 동남아시아와 연결되는 여성적 남방계 샤머니즘이 융합된 것으로 파악한 바 있습니다. 오늘날 문화현상을 전파주의(diffusionism)적 시각으로 해석하는 시도는 부진한 것으로 알고 있습니다만 최교수님은 이러한 과거 유행했던 시각으로 무교를 해석하는 것에 대해 어떻게 생각하시는지요?

셋째, 기타 많은 연구에서도 볼 수 있듯이 이 논문의 목적 역시 한국문화의 고유성이나 특수성 규명에 초점이 맞추어져 있습니다. 그런데 고유성이나 특수성의 규명에는 이에 앞서 동아시아의 생사관의 공통점에 대한 이해가 있어야 한다고 생각합니다. 그렇지 않으면 동아시아의 공통성을 한국의 고유성으로 오인할 우려가 있습니다. 한일 생사관의 비교를 주제로 한 이 학술심포지엄의 성격상, 서구나 인도와 구별되는 동아사아 생사관의 공통성에 대한 이해가 선행되어야 할 것 같습니다. 최교수님은 동아시아인의 생사관의 공통성에 대해서 어떤 견해를 가지고 계시는지 여쭙고 싶습니다.

넷째, 위와 관련해서 중국 도교 및 일본 신도의 생사관에 대한 견해도 여쭙고자 합니다. 최교수님은 무교와 대조되는 종교로서 도교, 신도 그리고 불교를 드셨습니다. 그런데 한국에서 수용된 불교의 생사관에 대해서 언급을 하셨지만 도교와 신도의 생사관에 대해서는 별 언급이 없으셨습니다. 무교와 대조되는, 도교나 신도의 생사관의 특징에 대해서 아시는 범위 내에서 설명해주시면 감사하겠습니다.

다섯째, 다시 위와 관련해서 무교의 대조 대상으로서의 도교와 신도에 대해 의견이 있습니다. 최교수님이 도교와 신도를 무교와 상응하는 종교로 파악하고 계시지만 대조의 위상에 문제가 있는 듯합니다. 민간신앙으로서 사적 성격이 농후한 무교에 비해 도교나 신도는 조직이나 교리가 정비된 공적 성격이 강합니다. 무당에 상응하는 민간 샤먼으로서 중국에는 '땅끼(童乩)', 일본에는 '민간무자(民間巫者)'가 있습니다. 땅끼가 관여된 종교를 '신교(神教)'로 총칭하고 있으며 아마도 이것이 무교와 비슷한 위상이 아닌가 생각합니다.

여섯째, "불교는 내세와 영혼을 인정하는 종교이다"라는 언급이 있는데 여기서 말하는 불교는 아마도 삼국시대에 한국에 전파되었을 당시의 불교를 가리키는 것으로 생각됩니다. 그런데 불교는 원시불교, 소승불교, 대승불교 등 종파에 따라 생사관이 한결같지가 않습니다. 여기서 언급되어 있는 영혼관이나 내세관이 뚜렷한 불교가 어떤 배경과 속성을 지니는 불교인지 설명해주셨으면 합니다.

일곱째, 최교수님이 한국인의 생사관이 현세주의적이라는 견해를 피력하셨는데 이것만으로는 일본인의 생사관적 특징과 별반 차이가 없을 것 같습니다. 일본의 생사관도 신화나 민간신앙을 통해 현세주의적임을 밝혀졌기 때문입니다. 뿐만 아니라 한중일을 포함한 동아시아의 샤머니즘 문화권도 현세주의적이라는 견해가 있습니다. 한중일 생사관의 차이를 명확히 하기 위해 단순히 현세주의임을 지적하는 것만으로는 부족한 것 같고, 예를 들어 유교문화 영향의 강도와 같은 각 지역마다의 차이를 세밀하게 분석할 필요가 있지 않을까 생각합니다.

여덟째, 만일 한국과 일본의 생사관에서 공통점이 많다고 한다면, 그 계기를 어디에서 찾을 수 있는지가 중요한 안건이 될 수 있습니다. 지리적 인접성을 고려하면, 고대 한반도 일본열도 간의 대량 민족이동이나 한반도와 일본열도 간의 자연적, 생태적 유사성 등을 고려해 볼 수 있습니다. 이에 관해서 최교수님께서는 어떻게 생각하시는지요?

최준식: (앞부분 녹취가 안 됨) 샤머니즘은 하나의 종교라고 봅니다. 혹은 무라고 쓰는 경우가 있어요. 두 번째는 지금까지 연구를 보면 우리나라 샤머니즘은 몽골지방 쪽에서 온 것으로 이렇게 이야기를 많이 하죠. 여러 가지 증거가 있는데 몽골말로 박시라는 것이 거기서 무당이라고 부르는데 우리도 박수무당이라고 부르는 경우가 사실 있습니다. 이제는 동아시아 삼국인의 형성하는 공통성 그것은 뭐 현세중심적이라고. 맞습니다. 저도 그렇게 생각하고요. 다 비슷한 것 같아요. 이 현실중심적인 이란 크게는 같은데 이게 다른 문이라 그럴까요? 다른 신을 믿는다거나 신의이름이 달라요 신도나 도교에서는 샤머니즘하고 의례가 좀 다르다던가 그런 부차적인 것이 다르지 기본적으로 같지 않겠나. 동북아시아 사람들은 불교가 들어오기 전까지는 전혀 피안에 대한 저승에 대한, 영혼에 대한 생각이 전혀 없었다고 저는 보고 있습니다.

도교, 신도의 신성한 특징이 너무나도 큰 주제인데. 도교는 그거죠. 이 중국 사람들은 어떻게 대단한 현세중심적인데 신선이 되는 거 아닙니까. 신선이라는 것이라는 것은 육체를 가지고 죽지 않고 영원히 사는 그런 존재인데. 얼마나 육신을 중시하였으면 아마 세계민족 가운데 육신을 가지고 영원히 산다고 야무진 꿈을 가진 나라는 중국밖에 없지 않았나 그런 면에서 육신 중심적이라 생각이 됩니다.

그리고 다섯 번째 질문에 대중의 위상이 문제가 있다고 그런데 동상이라든가 사실은 이것을 잘 모르겠어요. 이거를요. 중간의 민간문제라던가 또 중국의 신교라는 말은 오늘 처음 들어봤습니다. 좀 가르쳐주십시오. 이게 어디서 나온 것인지? 그 다음에 불교에도 여러 가지 생사가 있다고 하시는데 전 근데 현대한국인이 읽고 있는 알고 있는 불교의 생사관 윤회라는 가 환생 영원을 인정하는 그것만 했습니다.

일곱 번째는 아우 이거는 뭐 지역마다 세밀하게 분석해달라고 하셨는데 앞으로는 시간이 되면 하겠습니다. 한국 일본의 생사관 공통점 그 계기가 뭐냐? 제가 정확이 알고 있는지 모르겠는데 포항 쪽에서 그 7세기입니까? 8세기입니까? 포항 쪽에서 일단의 한 이승으로 가서 일본 신도가 시작되었다고 제가 그렇게 알고 있는데 만약 그렇게 시작되었다고 하면 유사성이 있는게 당연한 것이 아니겠는가? 맞습니다. 제가 이즈모도 갔다 왔는데 비슷하게 맞더라구요.

손승철: 아 좀 간단명료하게 답변을 요령있게 잘 하셨습니다. 혹시 더 질문하실 하실 분 있으면 한분만 더 해주시길 바랍니다.

최종성: 네 서울대학교 종교학과에 있는 최종성이라고 합니다. 발표 잘 들었구요. 우리 최준식 선생님께서 한국종교 전공이시고 역사에 대해서도 이해가 깊으시고 또한 한국 종교사에 대해서 여러 번 책도 내신 것으로 알고 있습니다. 또 오늘 발표에서 나온 내용 중에 그 불교 이전에 뚜렷이 얘기 할 수 있는 저승관에 대해 이게 분명하지 않다고 이런 말씀을 하셨는데 제가 보기에는 그 분명한 사료라던지 문헌자료가 많지는 않지만 불교가 우리가 전래됐을 때 충격이라는게 기독교가 전래됐을 때의 충격이랑 굉장히 유사하게 세계관이나 관념을 굉장히 많이 바꿔 놨을텐데 불교자들의 이전의 순장을 하거나 후장을 하거나 하던 게 화장으로 바뀌었다면 이것을 굉장한 영혼의 관

념상의 변화가 아닐까? 예를 들어서 영혼이라는 것도 후장, 순장할 때는 굉장히 영혼이 육신 근처에 소울이라고 하더라도 바디 소울적인 그런 개념이였다면 불교자들이 들어와서 육신 이런 것 다 자유롭게 화장도 할 수 있다면 이건 굉장히 프리소울이라는 건데 영혼이 좀 굉장히 크게 바뀌는 것 아닐까? 그리고 거기 무덤 쓸 때 중국 기자들도 그렇게 썼지만 무덤에 큰 깃털을 넣는다던지 이런 것 할 때는 굉장히 사자가 어떤 이동, 샤먼적인 초월과 이동 같은 것이 있어서, 천상으로의 이동 이런 것들이 가정된 것이 아닌가. 그리고 굉장히 삼국유사라던지 이런 이야기들이 사자에 대해서 비슷비슷한 이야기지만 실제로 영혼의 대해서 그것을 의례적으로 처리할 때, 특히 무당들이 할 때는 굉장히 영혼의 빌미 그러니깐 타타비 같은 뭐 그런 원한이 빌미가 돼서 시작이 돼서 의례가 되고, 그것을 해결하기 위한 것이라면 불교가 전래됐을 때는 공양, 생자비, 그러니깐 사자가 요구해서 되는 것이 아니라 생자가 공덕을 베풀어서 성불하게 되는 그런 스타일로 의례의 처리라던지 방법이 바뀌는 것이 아닌가? 그래서 자료가 없다든지 아니면 불교 전래 이전의 저승관에 대한 그런 관념이 좀 없다라던지 이런 말씀은 아마도 우리가 눈여겨, 적어도 불교가 임팩트가 있었다면 그 임팩트 이전과 이후에 알려진 것들을 조금 삼국유사와 같은 설화라든지 고고학적인 자료를 통해서 가늠할 수 있지 않을까 이런 생각을 했습니다. 네 감사합니다.

최준식: 네 고맙습니다. 다 동의합니다. 제가 말씀드리고 싶은 것은 희박하다는 거죠. 저승이라든가 영혼에 대한 생각들이 희박 하고. 그 다음에 부차적으로 본다는 거죠. 이승이 중요하고 저승은 하위적인 개념으로 보지 않았나 그런 생각이 듭니다. 다음에 중국 경우를 보면요. 불교가 처음 들어왔을 때 중국에 지도자 지식인과 불교승려들하고 토론하는 것이, 서로 교리 싸움하는 것이 나오는데요. 홍명집

같은 책에 자세히 나와있는 그 중에 반드시 들어가는 문제가 영혼문제가 들어갑니다. 이 불교에서는 영혼이 있다고 이야기하고 중국에서는 없다고 부딪치는 문제가 나오는데 그런 것을 보면 영혼개념이 희박한 것 아닌가 그런 생각을 해보았습니다.

손승철: 네 첫 번째 발표는 이것으로 마치겠습니다. 감사합니다. 수고하셨습니다. 시간이 많이 지체되었습니다. 그러면 두 번째 토론으로 고바야시 나오키선생님의 발표에 대해서 이세연 한양대학교 교수님께서 해주시겠습니다. 부탁드립니다.

이세연: 예 안녕하십니까. 이세연입니다. 일단 굉장히 흥미로운 발표 잘 들었습니다. 120페이지에 있는 발표문을 중심으로 해서 말씀을 드리고자 합니다. 일단 고바야시 선생님의 논문은 왕생 공양 등을 둘러싼 중세적인 인식을 면밀하게 추적함으로써 중세 일본인들의 사생관들 한 측면을 제시한 한 논고라고 할 수가 있겠습니다. 사실은 여러 선생님들이 잘 아시겠지만 일본 중세의 불교계를 얘기를 할 때 현밀 불교 또 그에 따른 대한 가마쿠라 신불교라는 표현을 나눠서 이분화해서 구도를 잡아서 얘기를 합니다만 사실은 그것만으론 부족하다 해서 최근에 다른 측면 지금 오늘 마침 고바야시 선생님께서 들으셨던 둔세승 이런 쪽이 최근에 굉장히 많은 관심을 가지고 있는 것 같습니다. 저는 사실 일본사를 전공합니다만 역사 쪽에서도 그렇고 오늘 하시는 고전문학 쪽에서도 아마 둔세승 그런 동향 속에서 연구가 진행되어 있는 것이지 아닌가 싶은 생각이 들고 그런 맥락에서 고바야시 선생님께서 굉장히 흥미로운 발표를 해주셔서 이런 연구동향에 한층 더 힘을 실어주는 그런 논고가 아닌가하는 생각을 개인적으로 해 보았습니다.

전반적으로 큰 문제점이라고 할 만한 것은 눈에 띄지 않았습니다만 다만 제가 배우는 입장에서, 문외한 입장에서 두 가지 정도만 여쭙고자 합니다. 하나는 약간 구체적인 질문인데요. 우선 왕생을 둘러싼 병자와 간병인의 협동이라는 점을 드셨습니다. 지적해신 바와 같이 겐신의 오조요슈 『왕생요집』의 영향은 부정할 수 없습니다만 왕생을 확인하고자 하는 모든 행위를 왕생요집에 수렴시킬 필요가 있을지 다소 의문이 남습니다. 이것은 두 가지 의미로서도 이야기 할 수 있지 않을까싶은데요 하나는 선생님께서 인용하셨듯이 겐신의 『왕생요집』 오조요슈도 결국의 젠도라는 그 승려의 이야기를 갖다가 쓴 것이고 젠도의 문구라는 것은 그 밖의 왕생요집 뿐만 아니라 여러 가지 불교의 전적 다른 형태의 전적 아니면 유쇼라고 하죠 유서 같은 것을 통해서 유통이 될 수 있는 가능성이 있기 때문에 여러 가지 가능성을 열어둬야 되지 않겠는가? 그리고 또 하나는 제가 결연이고 하는 표현을 썼습니다만 현존하는 각종 왕성전을 일별해 보면 왕성의 확인을 혈안에 되어 움직이는 사람들의 모습을 어렵지않게 사실 발견할 수 있습니다. 이러한 움직임은 큰 맥락에서 본다면 역시 계치안 결연이라는 맥락에서 파악할 수 있지 않을까 그리고 선생님께서 말하신 왕생을 둘러싼 병자와 간병인의 협동이라는 것도 같은 결연의 맥락에서 파악할 수 있지 않을까 하는 생각이 듭니다. 그리고 다음으로는 종교행위를 둘러싼 중세인의 심성의 자리매김에 대해 여쭙고 싶습니다. 구체적으로 말씀을 드리자면 마도라고 하는 탱구도 마도에 빠진 승려들에게 부과된 고난이 비교적 간소화되고 수치화되고 있습니다. 2년에서 3년 5년에서 6년 하는 이런 수치들이 구체적으로 나왔습니다만 이러한 담론들을 어떻게 자리매김 할 수 있는지라는 부분인데요. 그래서 거시적으로 보자면 아까 최종성 선생님께서 이케다 요시마타 선생의 의례 생저의 관점에서 보느냐 사자를 중심으로 하는 의례냐 이런 말씀을 하셨습니다만 생자 사자의 역학관계 송석를 둘러싼 인식 어쩌면 나아가 세계관의 변화 이런 점과 맥이 닿는 부분이 있는 것은 아닌지 이점에 대해서 선생님께서 견해가 있으시면 말씀해 주시면 감사하겠습니다. 그리고 시간을 절약하기 위해서 세 번째 네 번째 질문을 넘기고 마지막 질문으로 가도록 하겠습니다. 이것은 글쎄요 약간 무책임한 발언이 될 수 도 모르겠습니다만 선생님께서 논문 중에 일본 독특, 중세 일본의 독특한 이런 표현을 많이 쓰셨습니다. 물론 근거를 전혀 안 대신 것도 아니고 선행연구도 근거를 대고 계십니다만 의식적으로 열린 가능성을 조금 말씀을 해주셔도 좋지 않을까 싶은 생각이 듭니다. 예를 들어서 저는 사실 개인적으로 둔세승이라는 정의, 여러 가지 겸학이라든지 이러한 표현을 쓰셨습니다만 그 정도의 개념이라면 일본이나 중국이나 다른 문화권 동아시아, 적어도 동아시아 불교 문화권에서는 통용되었던 어떤 존재가 있지 않았을까 그러한 개념의 존재가 있지 않았을까하는 생각을 갖기도 합니다.

그리고 본론에서 좀 벗어난 이야기지만 이해를 돕기 위해 말씀을 드립니다만 예컨대 일본에서 독특한 신앙이라고 일컬어지는 어령신앙, 월령신앙 뭐 이런 표현이 있습니다만 사실은 이런 비슷한 예는 한국 중국 할 것 없이 굉장히 많은 것 같습니다. 제가 보기에는 그래서 요컨대 독특하다고 일반적으로 일컬어지는 것들이 현재까지 어느 정도 검증이 된 상태인지 조금 불안하다는 그런 느낌이라는 것이지요. 그래서 이러한 비교에 관해서는 대해서 선생님께서 어떻게 생각하시는지 혹은 또는 심포지움 주제도 그런 바도 있습니다만 이상으로 여러 가지 오독이 있다고 생각합니다만 한 세 가지 정도 점에 대해서 선생님의 말씀을 들을 수 있었으면 좋겠습니다. 감사합니다.

손승철: 예. 바로 답변해주시지요.

고바야시 나오키: 네. 지적해주셔서 감사드립니다. 우선 첫 번째 질문주신거요. 젠도의 문헌이 그 오조요슈에 어느 정도 유포되었는지

그런 조건에 대해서도 좀 배려를 해야 하는 것이 아닌가에 대해 지적을 해주셨는데요. 예, 그렇습니다. 확인할 필요가 있을 것이라고 생각되는데 오조요슈에 의견이 강하다 것도 틀림없는 사실이긴 하거든요. 그래서 그렇지만 제가 여기에서 특히 오조요슈에 영향을 강조하려고 하는 것에 대해 그렇게 꼭 하려는 취지는 없었다. 그렇게 이해해주셨으면 합니다. 그 다음에 결연이라는 문제를 말씀주셨습니다. 결연이라는 것을 맥락을 여기서 상정할 수가 없는가? 그렇게 질문을 해주셨는데 예 당연히 존재할 것 같습니다. 원래 이 왕생전 같은 것이 편찬이 되거나 혹은 또 이것이 서사되거나 베껴지거나 할 적에 첫 번째 목적은 뭐냐. 이 사자에게 왕생자에게 결연을 하겠다는 것에 있었다고 생각하거든요. 당연히 그랬을테니까 간병인이 보고 있는 것을 확인하는 것 이것도 병자가 왕생을 하고 왕생자에게 스스로도 그 사람이 결연을 하고 싶어서 그런 의식이 있었기 때문에 그런 행위를 했다라는 것은 틀림이 없었을 것입니다. 그런데 병자와 간병인, 주변의 있는 사람들 이런 사람들의 대화 주고 받는 것, 헤이안기의 왕생전에도 나와있지 않지는 않지만은 주변사람들의 모습 이런 것들이 배경에 부합되어 있어야지고요. 상당히 그래서 눈에 띄지 않습니다. 완전히 안 나오는경우도 적지 않습니다. 나오더라도 그런 존재가 조금 있기는 하지만 신경 써서 읽지 않으면 그대로 그냥 읽어버리고 마는 경우로 기술되는 경우가 대부분이거든요. 거기에 대해서 염불왕생전 이것을 제가 잠깐 잠시 소개해드렸는데 거기에 보면 간병인과 병자 거기에 왕생에 다가가고자 하는 도달하고자 하는 대화, 이런 것들이 굉장히 리얼하게 그려져 있습니다. 그래서 왕생현장의 분위기를 아주 생생하게 전달하고자 하는 그런 느낌이 보입니다. 애석하게도 염불왕생전이라는 것은 일부밖에 지금 남겨져 있지 않기 때문에 그것이 인제 그 이름조차도 발견한 사람이 그냥 임시로 정한 이름이다 보니깐 몇십 개 정도의 일화밖에 남아 있지 않지만 그것이 좀 더 남아 있었더라면 훨씬 얼마나 재밌는 왕생자료가 되었을까 하는 생각을 할 정도입니다. 그런 것들이 참 안타깝기는 합니다. 하여튼 그런 성격을 가지고 있다 보니까 저는 여기에서 양자의 대화 주고받는 그런 것들 거기에 주목을 했다. 확인 행위에 대해서 제가 주목을 했고 왕생이라는 행위가 양자에게 보고 있는 사람하고 봄을 당하는 사람의 협동자행이었다라는 것에 충실해서 주목해서 보고 싶었다는 생각이고요.

두 번째 지적해주신 것은 마도에 대한 얘기 해주셨습니다. 마도라는 것이 원래 승려들이 빠지는 악도다 라고 상정이 되고 있습니다. 승려이다 보니까 어떠한 선행은 일단 어느 정도 했을 것이다 라는 전제입니다. 그래서 지옥에는 떨어질 것이다 라는 거죠 그래서 마도에 빠질 것이다. 지옥에 비하면 약간 고난의 정도가 가벼운 고행의 정도가 가벼운 것에 설정이 되었다고 생각이 됩니다. 이것도 그런데요. 마도에 관한 전승에 같은 것을 계속 읽어 가다보면 발생 시기에서 받아들이는 고난의 내용 이런 것들도 상당히 지옥에 필적할 정도로 무거운 것에서부터 또 오늘은 제가 이야기에선 그런 쪽을 더 강조를 했지만 약한 쪽을 강조했지만 뭐 그야말로 몇 년 동안만 이렇게 할 수 있는 그런 것까지 점차적으로 경감되어가는 경향이 있는 것 같습니다. 그래서 어느 정도 거기에서 머물러야 하는가. 체류시간 이런 것도 지옥과 똑같이 있어야 한다고 강조되는 것도 있고 몇 년 동안 만 있어도 되는 것도 있고 전체적으로 단축되어 가는 방향이 보여 집니다. 이러한 변화가 보여 지는 부분이 있습니다. 왜 그런가? 배경에는 그런 얘기를 말하는 둔세승의 의식변화, 이런 것들이 확실하게 있는 것 같습니다. 그러니까 어떤 업의 의식 하고 관련이 될 텐데요. 중요한 문제는 이것은 고찰해야 될 과제가 아닐까? 앞으로 더 고찰해야할 과제라고 생각이 됩니다.

마지막으로 지적해주신 것이 독특한 얘기. 예 그렇습니다. 말씀해주신 것처럼 정말 그런 것이 많은데요. 중세 일본 불교사생관과 진혼이라는 타이틀을 저한테 주셔서 중세 일본 불교의 어떤 특징을 이야기해야하는 것이 아닌가 하는 그런 의식이 저한테 있었던 것 같습니다. 아무래도 그러다보니 이런 것들을 반복하게 되는 경향을 낳고 말았던 것 같은데요. 지적해주신 것처럼 안일하게 일본의 독특하다 던지 중세 일본의 독특한 것이다 라고 말하는 것이 좀 신중해야할 필요가 있었다고 생각합니다. 어찌 되었던 오늘 이야기에도 나왔습니다만 기독교에 있어서의 지옥과 연옥, 연옥과 같은 비슷한 것이다 라고 생각을 해주시면 그런 발상으로 볼 때는 상당히 보편성을 가지고 있다고 생각이 됩니다. 그런 면이 다분히 있어서 그렇습니다. 여기서는 선생님 지적해주신 것처럼 비교 가능성에 대해서 항상 열린 태도를 가지고 고찰을 해야 되지 않을까 생각을 합니다. 그리고 또 안일하게 제가 '일본 독특하다' 라고 이런 표현을 써버린 것이 표현을 하는 것을 좀 신중하게 해야 하겠다고 생각이 들고요. 중요한 지적으로써 제가 받아들이고 그렇게 하겠습니다.

손승철: 가마쿠라 시기면 한국에서는 고려시대에 해당되고 고려시대 역시 불교가 지배적인 종교였는데 한국불교가 지금 전혀 언급이 안 되지만 혹시 한국 불교, 고려 불교에는 이런 비슷한 어떤 것들이 없습니까? 비교할 수 있는 뭐가 없나요? 물론 인제 우리가 아까 최종성 교수님도 그러셨지만 고대 중세 이렇게 시기구분을 하기는 어렵지만 예를 들어서 불교라고 할 경우에 지금 말씀하신 일본 불교와 한국 불교가 문제에 대해 차이점에 대해서는 뭐 없을까요.

이세연: 글쎄요. 제가 이쪽은 사실 전문이 아니라서 뭐라 말씀을 드리기가 어려운데 다만 뒷부분에 제가 어령신화, 월령신화 따른 이야기가 될지 모르겠습니다만 이것을 말씀을 드리는 이유는 사실 이런 사례가 실제로 많이 나오기 때문에 그런 말씀을 드린 것뿐입니다.

불교 쪽은 모르겠습니다. 전문적으로 더 알고 계신 선생님이 계시면 말씀해주시면 좋겠습니다.

손승철: 혹시 어느 선생님 지금 이 주제에 관해서 한국 불교하고의 공통점이나 차이점에 대해서 한 두 마디로 간단하게 말씀해주실 분 안계십니까? 아 안계시군요. 네 정리가 거기까지가 어려운 모양입니다. 일단 그러면 주어진 주제에 대해서 일단 토론을 여기서 마치고요 그 다음 조 주제는 제사문제입니다. 서울대학교의 최종성 교수님 발표에 대해서 경희대학의 마쓰모토 신스케 선생님이 토론을 해주시겠습니다.

마쓰모토 신스케: 안녕하세요. 저는 경희대학교 마쓰모토라고 합니다. 또 오늘 이런 자리에서 토론하게 돼서 너무 감사해드리고 발표해주신 최종성 선생님께서 너무 도움이 되는 발표만 이야기를 해주셔서 너무 감사를 합니다. 그리고 저는 아까 사회자께서 두 가지 질문을 정리를 해달라고 하셨는데 제가 사실 두 가지만 토론문에 있어서 두 가지만 질문을 드리겠습니다.

일단 발표자료집 151페이지 입니다. 이 페이지부터 제 토론문 번역본인데 이것을 읽도록 하겠습니다. 최종성 선생님의 발표는 한국의 장례의례 혹은 사자공양의 문제에 대해 사자를 직접 대상화하는 의례와 사자의 구제를 위한 초월적인 신을 상정하는 의례라는 틀을 이용하면서 해명하고 있으며 또는 잘못된 죽음이라고 선생님의 발표에 있는데 잘못된 죽음에 대한 의례 문화에 대해 논하고 있습니다. 한국의 사자의례에 대한 넓은 시야에서 고찰하고 있어서 상당히 많은 것을 배웠습니다. 토론자는 일본의 고전문학을 전공자로 이하는 한국과 비교를 염두 해두면서 일본의 문제에서 약간의 논점을 제시하고 싶습니다.

첫 번째는 기독교에 관한 문제입니다. 최종성 선생님의 논고의 서두에서 기술되어 있는데 동양의 종교사상과 크리스트교(크리스트교는 일본에서는 천주교나 기독교를 다 합쳐서 크리스트교라 하는데 제가 일본에서 썼을 때는 합쳐서 생각하는 겁니다)가 접촉할 때는 커다란 문제가 된 것이 선조가 조상에 대한 공양이라고 하셨는데 그건 저도 공감합니다. 여기에서는 일본 사람을 소개하고 싶은데 1594년부터 1551년까지 일본의 체재했던 예수회 선교사인 프란시스 사비에르란 사람인데 그 사람이 서간에서 일본인의 죽음에 대한 생각을 확인해보고자 합니다. 기사가 여러 가지 인용되어 있는데 그건 사비에르가 서간집에서 일본 야마구지 현에서 복역을 했었을 때 여러 가지 내용이 담아있는 부분에서 몇 가지만 발췌한 부분이기 때문에 숫자가 8에서 23까지 되어 있는데 1번부터 계속 있는 중에서 일본인의 죽음에 관한 이야기 특히 오늘 약간 문제가 되고 싶은 것은 지옥에 관한 이야기가 나타난 부문만 발췌해야지고 여기다가 써 봤습니다. 밑줄 그은 부분을 읽어보겠습니다.

> 8. 이러한 종파가 말하고 있는 주된 내용은 자신의 죄에 대해 '자기 자신이 속죄하는' 고행을 하지 않은 사람이라도 만약 그 종파의 창시자의 이름을 외운다면 모든 고통에서 구제받는다는 것입니다. 그리고 만약 이것을 깊이 믿고 조금이라도 의심하지 않고 자신의 모든 희망과 신뢰를 걸고 창시자의 이름을 외운다면 가령 지옥에 떨어진 자라도 구제된다고 약속 합니다.(p.173)

> 23. 야마구치(山口)의 이 사람들은 우리들이 일본에 가기까지 일본인에게 신을 보여주지 않았기 때문에 신은 자비하심이 깊지 않다고 하여 세례를 받지 않고 신의 완전한 선에 대해 크게 의심을 품고 있었습니다. 만약 우리들이 말하는 것처럼 신을 예배하지 않는 사

람이 모두 지옥에 간다는 것이 사실이라면 신은 일본인의 선조들에게 자애심을 갖고 있지 않았다는 것이 됩니다. 선조들에게 신에 대한 지식을 주지 않아 그들이 지옥에 가게된 것입니다.(p.187)

24. 이것은 신을 예배하지 않게 되는 위험을 안은 커다란 의심이었습니다. 주되신 신은 그들이 진리를 받아들이도록 하고 또 그들이 괴로워하고 있는 의심에서 해방되는 것을 바랬습니다. 우리들은 이유를 들어 모든 종파중에 신의 가르침이 제일 처음에 사람들에게 각인된 것을 증명했습니다. 즉 중국에서 일본으로 종파들이 도래하기 이전부터 일본인은 살인, 도적질, 거짓 증언하는 것, 그 외에 십계명을 어기는 것이 나쁘다는 것을 알고 있었으며 행위가 나쁘다는 증거로서 양심의 가책을 느끼고 있었습니다. 왜냐하면 악을 피하고 선을 행하는 것이 '원래' 사람의 마음에 새겨져 있었기 때문입니다. 전 인류의 창조주 '되시는 분이 모든 사람의 마음속에 새긴' 신의 율법을 다른 누군가로부터 가르침을 받지 않고 '태어나면서' 사람들은 알고 있었다고 설명했습니다.(p.188)

48. 일본의 신자들은 하나의 슬픔이 있습니다. 우리들이 지옥에 떨어진 사람은 구원할 수 없다고 하자 그들은 너무나 깊이 슬퍼합니다. 돌아가신 아버지와 어머니, 처, 자식, 그리고 다른 사람들에 대한 애정 때문에 그들에 대한 경도된 심정에서 깊은 슬픔을 느낍니다. 많은 사람은 죽은 사람을 위해 눈물을 흘리고 보시나 기도 등으로 구원할 수 없는가하고 나에게 물어옵니다. 나는 그들을 도울 방법은 아무것도 없다고 대답합니다.(p.201)

49. 그들은 이러한 일에 대해 비탄에 빠집니다만 나는 그것을 슬퍼하고 있다기 보다는 오히려 그들이 자기 자신'의 내심의 생활'

> 에 게으르지 않고 신경을 써서 선조들과 함께 고통의 죄를 받지 않도록 해야한다고 생각합니다. 우리들은 신은 왜 지옥에 있는 사람들을 구원할 수 없는가, 그리고 왜 지옥에 언제까지나 있지 않으면 안되는가 하고 나에게 묻습니다. 나는 이러한 모든 '질문에' 충분히 대답합니다. 그들은 자신들의 선조가 구원받을 수 없다는 것을 알게 되자 우는 것을 멈추지 않습니다. 나도 또 '지옥에 떨어지 사람들에게' 구원이 없다는 것으로 눈물을 흘리고 잇는 친애하는 친구를 보니까 슬픔의 정을 자애냅니다.(p.202)

라고 그렇게 지옥에 관한 이야기를 많이 하고 있습니다. 유명한 자료이지만 중세의 일본인이 사자를 어떻게 생각하고 있었는지를 아는데 참고가 될 겁니다. 내용을 상세히 본다면 여러 가지 문제가 부상하겠지만 여기에서는 일본인이 '지옥'에 강한 집착을 보여주고 있다는 점을 주의하고 싶습니다. 선조제사에 대해서는 유교문화의 침투도에 의해 상당한 온도차가 있다고 생각하며 일본에서는 압도적으로 불교의 영향이 강했다고 볼 수가 있습니다. 사후에 정토에 갈지 지옥에 떨어질지 또는 윤회를 반복할지와 같은 논의는 있지만은 사후의 세계 그 자체가 부정되는 것은 없고 또 사자의 사후의 지위는 살아있는 자의 행위 곧 불교의례에 의해 변경된다고 생각하는 듯합니다. 그것은 8번에 나와 있는 자료에서 그런 것 같기도 하는데 그렇다고 한다면 여기에서 궁금한 것은 한국의 크리스트교, 기독교가 수용되면서 지옥에 떨어진 인간의 구제는 어떻게 논의되고 있는지 혹은 선조, 조상들이 지옥에 있다고 하는 문제 설정 자체가 존재하지 않았는지 그런 부분에 대해서 약간 여쭤보고 싶습니다. 제가 이 질문을 한 이유는 일본에서 그 지옥에 떨어지는 것은 오늘 고바야시 선생님이 발표하신 것도 마찬가진데 불교수행해도 지옥에 간단하게 떨어지는 것입니다. 마지막에 죽을 때 나쁜 행위를 하거나 잘 못하면 간단하게 지옥에 떨어지거나 마도에 떨어지거나 하고 일반인도 지옥에 많이 떨어집니다. 그러한 문제가 사실은 조상들의 효도라던가 그러한 문제라고 생각할 때 과연 어떤 식으로 통제를 잘할 수 있는지 없는지 그런 문제인지 그런 것을 여쭤보고 싶습니다.

그다음에 2번, 불우(不遇) 잘못된 죽음에 대한 내용입니다. 잘못된 죽음과 사자공양에 대해서는 일본에도 유형적인 이야기는 많이 있는데 최종성 선생님이 소개해주신 사례와 크게 차이가 나는 것은 사자의 영을 달래는 자가 많은 경우 승려였다는 점입니다. 그건 일본경우입니다. 예를 들어 일본의 대표적인 무대 예능에 노[能]가 있는데 그 대본의 유형에는 생전의 고뇌를 안고 왕생할 수 없는 사람을 각 지역을 순례하는 승려가 구제 한다는 것이 있습니다. 그 유형이 하나 있는데 한국의 사례에서는 유생이 구제자로서 등장하는 경우도 있는 것 같은데 일본의 경우 그것은 기본적으로 승려의 역할이라고 할 수가 있습니다. 이 점에서도 역시 일본에서는 불교의 영향이 강하다고 할 수가 있는 것 같습니다.

또한 일본의 경우 잘못된 죽음, 불우의 죽음은 혼령이라는 문제가 결합되기도 쉽습니다. 나쁜 일이 발생하면 사자 공양을 충분히 하지 않았기 때문이라고 생각하기도 합니다. 조상들에 대해서 나쁜 일을 하거나 그런 것도 있고 주변사람이 후손들에게 나쁜 짓을 한다고 그렇게 하기도 하고요 혼령사상은 일본의 사생관을 생각 할 때 빼놓을 수 없는 문제로 이미 많은 논고가 있는데 한국의 사례와 비교해서 생각하면 한 가지 궁금한 것은 혼령이 된 자의 성별이나 사회적 지위라고 할 수가 있습니다. 일본의 영혼으로 유명한 인물중에는 早良親王(光仁天皇의 아들), 菅原道眞(右大臣), 平將門(桓武天皇의 자손), 崇德天皇(鳥羽天皇의 아들) 등 높은 지위에 있던 남성이나 그 자손이 포함되어 있으며 스가노하라가처럼 자손이 계속해서 조정에 있었던 경우도 있습니다. 에도시대가 되면 〈累〉, 〈岩〉, 〈菊〉와 같은 여성에게도 주목이 집중되지만 남자들도 그렇게 있습니다. 한편 한국에서는 정쟁에 대한 잘못한 죽음, 이런 왕이나 귀족은 많은데 이를 여러 가지 이름을 할 수가 있고 아마 여러 가지 할 수가 있을 겁니다. 유교적인 문맥에서 그러니깐 효도나 그런 문제에 관해서 선조 조상 제사라는 관점에서 생각하면은 조상의 혼령화라는 것은 원리적으로 어렵다고 생각됩니다.

최영장군의 이야기가 있는데 아까 이세연 선생님이 월령사상 여러 가지 있다고 했는데 사실은 최영장군에 대해서는 '한국의 월령사상의 사례'라는 논문에서 그것에 관해서는 반대로 일반적인 시각으로 월령으로 보면 안된다는 비판도 있기 때문에 보편적이라는 것은 반대적 시각으로 하면은 일본적인 시각으로 한국인의 현상을 해석하게 되기 때문에 어느 정도 그것을 헤아려야하는지 문제가 있지만 그러한 설도 있어서 약간 어려운 점이 있습니다. 마지막으로 질문인데 유생이 사자 공양을 행한다는 이야기가 있다는 것은 유교적인 문맥에서 잘못된 죽음 해방시킬 수 있다고 즉, 유생이 그 잘못된 죽음을 해방할 수 있다 라고 생각하는 것이 되는지 그것을 유교와 사자공양에 대해서 어떤 식으로 해석해야하는지 그런 부분을 조금 여쭤보고 싶습니다.

손승철: 두 가지는 맞는데 시간을 많이 쓰셨습니다. 예. 답변 듣겠습니다.

최종성: 두 가지 질문 하셨고 그 두 가지 내용은 기독교문제하고 결국 유교문제인데 사실 제가 논문을 작성을 하면서 보통 일본학자들이나 우리 국내에 나왔던 이야기하고 다른 소재나 주제를 활용하고 싶었던 내용들이 바로 이 두 가지입니다. 그래서 유교라고 하는 것은 그렇게 여기 죽음을 처리하는 데 그렇게 역할을 하는데 조금 미

온적이었다. 조금 약했다 라고 하는 부분이고, 사실은 그것보다는 기초적인 의례화를 시도하는데 하나의 중추 역할도 있었다하는 것을 밝히려고 했던 것이고요. 또한 기독교 같은 경우 비정상적인 죽음 이런 것들에 대해서 기독교는 굉장히 벗어나 있는 것처럼 이야기 됐지만 기독교에서도 뭔가 찜찜하고 깨림찍한 그래서 뭔가를 처리를 해야 하는 죽음의 문제 이런 것이 있지 않을까? 그게 원혼이나 이런 것은 아니지만 완전하지, 특히 가족 중에 완전하지 못한 구원에 대한 미련이 남아 있을 때는 이것은 여전히 찜찜하고 그래서 뭔가를 해결해야 되는 불안전한 그런 죽음 그래서 비정상적인 죽음으로 간주할 수 있다. 그래서 특히 사랑하는 가족인데 뭔가 자기네가 누리는 것처럼 구원을 누릴 수 없다면 이것 역시도 굉장히 큰 슬픔이고 처리해야 할 문제, 안건이라고 생각합니다. 그래서 그런 비정상적인 문제에 있어서 기독교도 예외일 수도 없다라고 하는게 제 문제였는데 그 두 가지를 질문 하신 것 같습니다.

첫 번째, 기독교하고 지옥 문제인데 적극적으로 기독교에서 지옥의 문제를 적극적으로 사고하지는 않은 것 같습니다. 그런데 이 불교에 목건련이 있죠. 어머니 죽음을 구제하기 위해서 자기가 지옥, 명계를 다녀오고 와서 그것을 다시 어머니를 구제하는 스토리가 있지 않습니까? 그런 네거티브를 초기 기독교인들도 예수가 십자가에서 죽고 나서 3일만 만에 부활할 때 사도신경에 있는 내용을 초기에 받아들일 때 예수가 죽고 나서 'he lose from the dad 지금은 죽은 자 가운데서 다시 살아나시고' 이렇게 되어 있지만 실은 초기에는 이게 '명계로 지옥에 예수가 삼일 간 다녀와서 다시 올라옴으로' 그래서 지옥생활을 경험해서 마치 바리공주나 뭐 목건련 같이 그렇게 명계에 있는 사자들을 구제할 수 있다는 쪽으로 까지 생각하려고 했던 것 같습니다. 그런데 기독교에서 적극적으로 대신 남을 이타적으로 기도를 통해서 구제해주는 것에 대해서는 굉장히 경계를 했기 때문에 그 후에는 그

부분들을 생략하거나 굉장히 약화시켜가지고 기도문구로 사용했던 것 같습니다. 어쨌든 기독교에서 적극적으로 지옥에 가있는 사람을 적극적으로 기도를 통해서 이렇게 하는 것이 강력하지 않았지만 가톨릭의 경우에는 연옥이라는 개념이 적어도 초기에는 쉽지 않았지만 19세기 18세기 지나면서 19세기에는 그게 일반에 노래가 될 정도로 굉장히 많이 수용이 되어서 뭐라 그럴까요? 자기만의 구원뿐만 아니라 가족의 구원에 대해서 충분히 기도할 수 있는 연도의식이 개발되었다 이렇게 생각할 수 있겠습니다. 물론 완전한 지옥은 아니지만 천국과 지옥 그 중간 단계에 있는 어떤 단계에서 구제가 가능하다는 것을 천주교는 어느 정도 교리적으로 승인한 셈이라고 볼 수 있습니다. 그런데 문제는 개신교죠. 개신교의 같은 경우에는 연옥 개념이라 던지 이런 것들을 적극적으로 공식화 할 수 없었고 그렇지만 여전히 초기 기독교가 들어오면서 추도예배라 던지 이런 것들이 활성화 될 수 있었던 것은 제일의 맞춰서 조상제사, 완전한 의미의 조상제사는 아니지만 그들을 기념하고 기도하는 의식은 여전히 가져서 남아있는 가족의 구원은 완전하려고 하는 그런 것이 남아 있지 않았나. 그래서 그게 모든 교단들이 이제는 추도예배를 공식화 하지 않았나? 이렇게 생각을 합니다. 그래서 일종의 유교는 살아서 효도하고 죽더라도 조상에게 계속 효도하라는 게 일반되게 윤리의식을 강조했지만 도덕적 윤리의식을 강조했지만 기독교는 살아서는 효도하지만 죽어서는 조상에게 효도할 수는 없죠, 그래서 조상을 위해 기도할 수 있다는 정도까지는 마련된 것 같습니다. 그러니까 생전의 윤리의식과 사후에는 구원의식으로 조금 전환을 해서 유교는 윤리의식 대 윤리의식을 지속했다면 기독교는 윤리의식이 사후에 구원의식으로 전환하면서 효도하지 않는 불효자들이라는 난감한 비판으로부터 조금 완충시키면서 긴장을 해소하지 않았나 싶습니다.

두 번째 유교가 그러면 적극적으로 사자를 처리하는데 나섰느냐

하는 지적이신데 저는 그게 사자의례는 두 가지가 있다고 봅니다. 하나는 기초적인 의례가 제대로 성사되지 않아서 이게 불행으로 남아있기 때문에 제대로 된 의례를 하는 것 자체가 하나의 사자의례입니다. 그러니깐 원혼들 시신이 방기되어있는 것들을 제대로 장사지내는 것 자체가 이번에 사자의례를 하는 중요한 요소고 그게 여제라는지 기타의례에서 나왔던 것 같고 장화홍련과 같은 아랑형 설화에서 강조되었던 것 같고 그것을 행하는 주체는 전문적인 부재를 요구하는 것이 아니기 때문에 유교 의례 전문가들 특히 유교 지식인들이 주인공으로 설정되지 않았나 생각합니다. 그리고 그런 사자의례 두 번째로는 완전한 구원에 이르도록 구제를 위한 의례들이 있겠죠. 그러니까 기독교라 던지 불교 같은 경우는 완전한 구제, 질적인 변형을 가져다주는 사자의례라면 유교는 질적인 변형은 아니지만 아직 완전하지 못한 의례를 완성시키는 정도 기초적인 상장례를 완성시키는 정도의 사자의례는 했고 그것의 주체는 충분히 유교 주체자들도 가능했다. 이렇게 생각을 합니다. 그래서 정리하면 제가 초기부터 이케가미 선생님의 논의를 끌어들여서 얘기도 많이 하고 그랬는데 주로 허남린 선생님도 발표하셨지만 주로 신도나 불교를 중심으로 해서 타타리 마츠리 시스템이나 공양조복 부여초 후부 시스템 이렇게 두가지 시스템이 잇어서 샤머니즘과 불교적인 것이 양대축을 이뤘다면 조선시대 제가하는 것에 있어서는 질문에도 나왔듯이 유교의 문제 그리고 기독교의 문제가 조금 더 거기에 첨가되지 않으면 일방적으로 이케가미 선생님의 시스템을 받아들이기에는 좀 부담이 있었다고 생각을 합니다. 물론 일본사에 특히 명치시대 이전에 유교가 나름대로 엘리트들과 메이지유신을 가져오게 하는데 유교교육과 유교 엘리트들이 나름대로 굉장히 성장해가지고 밑받침이 되었다고 보지만 이렇게 사자의례를 고민해야할 정도로까지는 일본사회는 아직 아니었던 것에 비해서 조선사회는 그것을 외면한 채 사자의례를 생각한다는 것이 조금은 어려웠던 것 같습니다. 그래서 이케가미 선생의 일본의 해설보다는 유교가 기독교가 조금 더 가미된 설명체계가 필요했다고 봅니다.

손승철: 아까 최준식 교수님 지금 안계시지만 제가 언뜻 생각이 나는데 아까 바리공주를 말씀하시면서 육신중시주의를 말씀하셨거든요? 그래서 제가 그 말씀을 들을 때 매장문화가 성행했던 이유를 알겠다 그랬는데 최근에 한국 사람들 장례풍습을 보면 지금 화장률에 거의 80~90퍼센트를 차지한다고 하는데 그러면 인식이 바뀌어 져가는 건가요? 한국 사람들도?

최종성: 상장례가 굉장히 보수적일 것 같은데 실은 생각보다는 변화에 대처하는 것이 굉장히 빠른 것 같습니다.

손승철: 그러면 거기에 따른 생각도 바뀌어야 될 것 아니에요? 방법만 바뀌어 지는 것이 아니라

최종성: 제가 현대인을 대표할 수가 없어가지고 알 수 없는데 1990년대 이후로 언론에서도 굉장히 많이 종교보다는 언론에서 굉장히 강조하면서 국토가 묘지화 된다. 여의도 크기만큼 계속 늘어난다 라는 게 현대에 들어서 환경이나 생태문제가 같이 이해되면서 죽음의 문제 시신, 인간이 예전에 고대로부터 내려져 오는 바디수호적인 그런 점보다는 생태문제나 환경문제 접근이 좀 더 강력하지 않았나 생각이 듭니다.

손승철: 그런데 일본은 화장을 쭉 해왔잖아요? 옛날부터요. 그러면 일본 사람들의 경우에는 좀 다릅니까? 어떻습니까?

허남린: 일본은 화장을 보편적으로 하게 된 것이 메이지 들어와서고요. 그 이전에는 저항감이 있었어요. 왜냐하면 다시 새 생명을 태어날 그것을 믿었는데 화장을 해서 다 태워버리면 씨까지 전부 다 버리기 때문에 안 된다고 그래서 특히 불우의 사고를 당해서 죽은 그런 몇 가지 예나 이런 경우에는 있었지만 보편적으로는 매장이 역시 세미테이션 토지문제 현실적인 거죠 그러니깐 살기 위해서 조상제를 지내는거지 현재사람들이 사자를 위해서 조상제를 지낸다고 생각하기 쉬운데 사실은 그렇지 않은 면이 큽니다.

손승철: 그렇군요 알겠습니다. 그러면 네 번째 토론입니다. 지금 캐나다 벤쿠버 UBC에서 일부러 발표하러 오셨습니다. 허교수님 발표에 대해서 단국대학의 김경희 선생님께서 토론해 주시겠습니다.

김경희; 네. 한국의 조선시대와 일본의 에도시대를 이렇게 보게 되면 오늘날의 한국과 오늘날의 일본의 정신문화를 살펴볼 수 있지 않은가 예전부터 생각하고 있었고요 그 말은 그 안의 특유의, 아까특유라는 말이 자꾸 나왔었는데 어떤 일본과 한국만의 사유구조가 형성된 시기가 아닌가 그런 생각을 했습니다. 제가 허남린 선생님의 논고를 읽으면서 근세 일본 서민들의 다양한 종교문화에 대해서 살펴볼 수 있었고요. 그것뿐만 아니라 조선의 종교문화와의 차이를 규정짓는 일본의 사유구조를 이해한다는 점에서 매우 흥미로운 시사점을 얻을 수가 있었습니다. 그러한 의미에서 허남린 선생님의 논문을 읽고 토론하게 된 것을 영광으로 생각합니다. 제 개인적으로 많은 공부가 되었구요. 또한 제가 종교 사상사 쪽으로 공부를 하면서 의문으로 생각했던 것들이 해소가 되는 그런 기분으로 흥미롭게 읽었습니다. 다시 한 번 감사를 드리면서 보다 깊은 이해를 하기 위해서 두 가지 점을 여쭙고 싶습니다.

첫 번째는 근세 일본인들의 종교문화는 불교가 중심을 되었다 그런 말씀을 하셨죠. 그리고 조선의 불교사원과는 달리 일본 불교 사원에 모셔져 있는 신들은 대부분이 개체화되고 기능적으로 개별화 되어 있다는 말씀을 하셨고 그 개별성이 불교 신들에 대한 신앙과 숭배의 모태가 되어 근세 서민들의 다양한 기도 문화 그 다음에 순례문화로 발전해서 급기야는 종교적 자유공간 속에서 피어난 놀이문화가 근세 일본을 신들의 나라로 만들었다 그런 말씀을 하셨습니다. 정말 일본 근세 종교 문화사에 대한 통찰과 해박한 지식이 돋보이는 명쾌한 논리라고 생각이 되었습니다. 그런데 저는 그러면 그럴수록 근세 일본인들의 종교 문화를 그렇게 만들어낸 사유구조는 어디에서 연유된 것인가 하는 의문이 점점 더 커집니다. 그것에 대해서 선생님께서 맺음말에서 성리학을 아까도 잠시 말씀하셨죠. 성리학이 성과 리의 궁극적인 원리를 기반해서 전개되는 사유구조라고 한다면 일본 신불의 세계는 고코로, 마음 심자를 써서 마음인데요. 고코로에 착지해서 전개되는 사유구조였다 라고 하시면서 조선의 사유구조와 대비하면서 답안을 내고 계십니다. 국학자들의 그런 생각을 인용하셔서 있는 그대로의 마음, 있는 그대로의 인간적인 욕망을 진지하게 추구하는 것이 신에게 가까이 가는 것이다 그렇게 일본인들이 사유했다는 것이죠. 거기에서 출발한 기도, 기도문화와 놀이 이런 것들이 인간의 고코로, 마음이라고 하는 것의 솔직한 추구이고 표현의 통로이며 그 도달점이라고 하셨습니다. 선생님의 논리나 주장에는 근본적으로 공감을 하고 이견이 없습니다만, 이 부분을 좀 더 제가 알고 싶은 것은 선생님이 왜 그럴까에 대한 것이 일본인들의 마음, 고코로라고 하는 것에서 기인한다 라고 하는 그 부분에 대해서입니다. 제가 생각하기는 이 고코로라고 하는 것은 근세 국학자들이 가라고코로라고 하는 것과 야마토고코로라고 해서 나눠서 파악을 하고 있죠. 그들이 중시하는 것이 야마토고코로라고 하는 것인데 그러면 선생님께서 말씀하신이 고코로라고 하는 것이 아까 오규 소라이의 예도 들으면서 국학자들이 고코로를 말씀하셨기 때문에 야마토고코로로 우리가 파악하면 되는 것인지, 아니면 나누기 이전에 시대적인 고코로를 말하는 것인지 그것에 대해서 좀 더 공부하는 마음으로 여쭙고 싶고요. 그렇게 생각했을 때 의문이 되는 것이 국학자들은 유교나 불교를 외래사상이라고 봐서 그것을 배척하고 배제하고 그것으로부터 해방해서 일본 고대의 자기들 고유의 것으로 이해하려고 했던 것이라는 거죠. 그렇다면 불교를 배제했다 라는 것인데 오늘 선생님 말씀에서는 불교문화의 가장 기본적인 것을 고코로로서 설명을 하셨기 때문에 이런 것들을 좀 더 어떻게 이해하면 좋을지에 대해서 여쭙고 싶습니다.

두 번째는요, 굉장히 재미난 말씀을 하셨었는데 근세 일본인들이 종교 행사를 통해서 비일상적인 자유공간을 확보하고 그것을 유지하고자 노력한다고 하셨습니다. 센쇼지를 예로 들어서 종교 의례가 거행이 될 때 경내에 성매매가 이루어지는 찻집 미츠차야가 산재해 있었다. 그 얘기는 가장 신성한 종교 공간에 가장 세속적인 행위가 이루어졌다라고 하는 의미로서 매우 흥미롭게 생각했습니다. 또한 신사나 절 주변에 형성된 이름난 몬젠마치라고 하는 곳에 매춘영업소가 우후죽순 들어서고 신사참배를 마치거나 절에서 불공을 드린 후에 남자들이 나가면서 사창가에 들러서 매춘을 하는 것을 마치 신을 참배하고 난 후에 환속한다 라는 의미로서 선생님만이 말씀하신 건 아니지만 선생님도 오늘 그것을 쇼진오토시로 말씀을 하셨죠. 가장 성스러울 장소여야 할 부분이 어쩌다가 매춘이 성행하는 유명한 장소가 되었는지 저는 아이러니라고 생각을 했고요. 예전에 제가 일본 유녀에 대한 책을 짤막한 글을 쓰기 위해서 읽었던 책 중에 일본의 유녀 연구가 중에 사에키 준코씨가 『유녀의 문화사』라는 것을 쓰셨는데 거기에서 보니까 고대 유녀는 신과 함께 노는 자로서, '성스러운 자'임과 동시에 '성적인 자'였다. 일본어도 똑같고 한국도 똑같은 거죠.

성 성에 せい せいいい니까요. 이렇게 지적하면서 유녀들은 원래 성스러운 존재였다 그렇게 기술하신 것이 있었는데요. 학술적으로도 성적인 것을 성스럽게 인정한다는 것인가 해서 저는 이것도 굉장히 재밌게 생각했습니다. 생각해보면 중생에게 불도를 권하여 공덕을 쌓게 한다는 권화라는 의미로서 매춘부들이 비구니의 모습을 하고서 길거리에 서 있으면 비구니의 모습을 한 여인을 사게 되면 마치 보살이라도 만난 듯이 참배라도 하는 그런 기분을 갖게 해서 남자에게 또 다른 충족을 준다는 이야기들이 있습니다. 고대 미코라고 하는 무녀가 유녀의 시초였다라고 하는 유녀기원설이나 원래 고대로부터 일본인이 매춘을 아주 관대하게 여겼다 라고 한다면 그것을 감안하더라도 앞선 주장들이 이것을 정말 종교적 놀이문화로 이해해야 되는가? 저는 개인적이겠습니다만, 미진함이 남습니다. 이러한 점들을 선생님께서는 근세 일본인들이 인간의 솔직한 욕망을 추구하여 신에게 가까이 가는 행위이자 종교적인 기도문화 이면에 종교적 자유공간 속에서 벌어지는 놀이문화로 설명하고 계시는데요. 일본인들의 종교놀이에 대한 사유구조가 어디에서 형성된 것인지 저는 우리랑 좀 많이 다르다 라고 생각을 했습니다. 그 부분이 매우 궁금해서 여쭙고 싶고요. 초점이 성문화쪽으로 치우친 것 같습니다만, 왠지 종교문화는 성문화가 너무나도 밀접한 관계가 있는 것 같습니다. 선생님의 고견을 듣고 싶습니다.

허남린: 네, 감사합니다. 가장 해결하기 힘든 문제점을 지적을 해주셨는데, 우선 첫 번째 질문하신 내용에 대해서 제 생각을 말씀드리겠습니다. 여기서 얘기하는 고코로는 어느 특정한 학파나 종교 아니면 특정한 전통에서의 주장하는 고코로가 아니고 일본인 대다수가 대체적으로 역사를 통해서 공유해온 역사 과정 속에서 진화되어 온 마음, 이때의 마음은 보통의 동양의 사유구조를 얘기할 때 심 · 성 · 정 세 가지의 주축을 가지고 설명을 하는데 거기에 빗대서 쓴 용어고요.

국학자들이 이야기하는 고코로는 아니고요. 이런 것들이 어떤 사유구조를 통해서 형성이 됐느냐 하는 사유구조의 성립 구조라 할까, 기반이라 할까 모태가 되는 것에 대한 해명이 없이는 설명이 상당히 힘들다고 생각을 합니다. 오늘 아침에도 최준식 교수님께서 서울의 모 유명한 교회의 모 유명한 목사님을 보면은, 목사님이라기 보다는 박수라고 이럴 때는 기독교는, 기독교로 읽혀지는 것이 아니라 무교로 읽혀지는 거죠. 제가 가까이 지내는 분 중에 저보다 연배가 높으신 중국분이 계신데, 한국에 처음 와가지고 중국인이니까 중국집에 상당히 흥미가 끌려서 가서 중국음식을 시켜놓고 중국음식을 먹는데 먹다 보니까 전혀 중국음식이 아니라는 거예요. 이 사람의 상식 속에 있는 중국음식하고 한국에서 상식적으로 존재하는 중국음식은 맛이 전혀 다른 거죠. 제가 먹어봐도 사천요리도 아니고 북경요리도 아니고 광동도 아니고 상해도 아니고 어딘지 모르겠어요. 마찬가지로 외부에서 문화나 사상이라든지 뭔가 들어오면은 그것이 그 나라의 이해과정, 소화과정을 거쳐가지고 시간이 지나면서 점점 나름대로 정착이 되어 가는 건데 일본의 모태가 되는 것은 제가 생각하기에는 일본의 이해구조 모태가 되는 것은 역시 신도라고 생각합니다. 불교가 일본에 들어왔을 때 신도적인 소화과정을 거쳐가지고 오랜 동안 일본식의 불교가 성립이 되고 그것이 근세에 들어와서 보통 이야기하는 민중 불교의 형식으로 개화가 되었다고 생각을 하는데 일본의 불교를 이해하는 것이 사실은 저도 맨 처음에 일본 불교를 공부할 때 아주 힘들었어요. 이것이 어떻게 불교인가, 이걸 우리가 불교라고 해야되는가 하는 제가 한국에서 갖고 있었던 불교에 대한 상식으로는 도저히 이해가 안되는 불교였거든요. 그런데 엄연히 불교에요. 그것도 한국보다는 더 불교적인 문화가 융성하게 발전되어 있는 불교거든요. 일본 불교 중에 가장 큰 종파가 지금도 가장 큰 세를 갖고 있는 것이 홍관지인데 홍관지는 저희가 생각하는 조선에 있어서의 불교는 계가 중심이 되는데 비구계, 비구니계 해가지고 엄청나게 많죠. 아무리 적어도 48개의 계까지 가는데 홍관지의 계는 무계의 계입니다. 계가 없는 것이 계입니다. 그렇기 때문에 소화과정이라 할지 이해구조의 과정이라는 것이 얼마나 중요한 역할을 하는가. 일본화된 일본식 불교, 그런 측면에서 본다면 일본의 사유구조, 종교를 이해하고 실행하고 실천하는 프로세스가 나타난다고 생각을 하는데, 그런 관점에서 근세시대의 종교를 읽다 보면 이미 불교는 가라고코로가 아니라 일본화된 일본의 고코로화된, 유교는 일본화가 되는데 실패한 외래종교였다고 저는 생각을 합니다. 그런면에서 이런 차이가 있지 않나 생각을 하고요.

두 번째 사유구조는 상당히 난관인데, 저는 기본적으로 무엇이든지 물적인 근본적인 이유가 있다고 생각을 하는 사람인데요. 인간의 삶이라는 것이 성립이 되는 것이 욕망에 의해 시작이 되거든요. 욕망이라고 하는 것이 의식주의 욕망이 있고, 성에 대한 욕망이 있고, 그런 것들이 없이는 삶이 성립이 안 되는 거죠. 그런 욕망들을 실현하기 위해서 사회생활도 하고 경제행위도 하고 정치활동도 하고. 그러면서 인간의 삶이 전개가 되면서 그것을 설명하는 하나의 정당화라 할까 합리화의 방향에서 가치관이라는 것이 만들어 지고 그것을 좀 더 이상화한 것이 이데올로기가 되고, 의식이 되는데. 중세하고 근세의 다른 점은 일본에 있어서는 욕망의 실현 공간을 실현의 스페이스죠. 실현공간이 상당히 확장이 됐다고 생각을 합니다. 이것이 상층 지배계층뿐만 아니라 일반 평민, 서민에 이르기까지 확장이 됐는데 욕망의 실현공간이 확장이 됐다는 것은 무엇을 뜻하냐면은 욕망을 실현하는 수단, 수단이 확장이 되고 수단이라는 것이 결국은 경제적인 수단이 될 수가 있고 권력적인 수단이 될 수도 있는데 근세라는 환경 내에서는 정치적인 파워에 일반 사람들은 접근이 불가능하니까. 수단을 행사하는 자율공간이 수단의 도구가 만들어지면 도구를 행사해야 되잖아요. 도구를 행사하는 그 자율이 많이 확장이 되었다. 그런데 조선하고 근본적으로 다른 것이 뭐냐면, 이러한 욕망을 실현하기 위한 수단, 도구를 확장하고 수단의 행사를 자유롭게 할 수 있는 자율공간을 확장해가는 것이 주어진 것이 아니라 엄청난 싸움을 통해서 쟁취하는 것이라는 거죠. 중세 때부터 엄청나게 벌어졌던 농민투쟁들 그렇게 해서 확보가 된 욕망구조, 욕망의 실현, 삶 그 다음에 가치관 이 전체를 연결해주는 것이 일종의 사유구조라고 생각을 하는데 그런면에서 본다면 가장 근본이 되는 의식주라할지, 성이라할지 그 뒤에 인간의 근본적인 욕망이라는 것이 타인의 외부적인 세력에 의해서 제한을 받거나 통제를 받는다면 전체가 멀어질 수 있는. 그래서 이것은 상당히 소중하게 생각을 하고 지키고 실현하고자 노력하는 그런 사유구조가 근세 때 와서 오랜 시간을 거쳤지만은 비교적 저 밑에까지 침투가 되고 확장이 되었다 이렇게 생각을 합니다. 그래서 아소비라는, 놀이라는 것이 행사를 못하게 된다는 그 자체는 사유구조 전체의 실천구조를 그대로 파괴시킬 수 있는 가능성을 잠재한 현상이 될 수 있기 때문에 그건 아마 철저하게 막았다고 생각을 하고 자기들이 가지고 있는 욕망을 어떻게든지 이기려고 좀 더 다듬고 순수화 시키고 숭고하게 실천을 하려고 하는 노력들이 이겨주지 않았나. 그래서 결국은 저는 종교라 할지 놀이라 할지 이런 것도 근본적으로는 가장 밑바닥에 있는 물적 구조라 할지 권력구조라 할지 이런 것에 대한 상관관계가 설득력 있게 연결이 되지 않는 한, 제대로 설명이 안된 다고 생각을 하는데 앞으로의 과정을 생각하면서 답변을 마치겠습니다.

손승철: 놀이문화하니까 또 간단하지 않은 것 같아요. 마쯔리하고도 연관이 되지 않을까 싶기도 하고. 자꾸 복잡해지네요. 다음으로 넘어가겠습니다. 강원대학교 이기원 선생님의 발표에 대해서 고려대학의 송완범 선생님께서 질의해 주시겠습니다.

송완범: 시간이 많지 않은 것 같으니까, 간략하게 말씀을 드리겠습니다. 이기원 선생님 발표는 발표자의 전문 영역인 일본사상사, 교육사의 가장 특장점을 보여주는 논문이 아닌가 이렇게 생각을 했습니다. 선생님께서 중심 소재로 잡고 계시는 회덕당에 관한 것은 잘 아시는 바와 같이 일본에서 경제생활이 가장 풍부했던 오사카의 초닌들이라고 하는 도시상인 계급이 만들고 세운 관리한 학교입니다. 그 학교가 다양하게 어떤 점을 주장했는가 하는 부분에 관한 언급을 하시면서 오사카를 중심으로 한 유교, 사회 속에서 어떻게 다양화 시킬 것인가, 유포화시킬 것인가에 대해서 회덕당을 중심 무대로 두고 효자현창운동이라든지 이단론, 무귀론, 제사 네 가지의 컨셉을 가지고 실제적 행위들의 사례를 제시한 논문이다 라고 이야기를 할 수 있겠습니다. 질문은 제가 이쪽 부분에 아주 밝지 못하다 보니 두세가지 정도 크게 질문을 드리겠습니다. 일본사상사 및 교육사에서 보면 근세 이전의 불교, 유교 관계에 대한 접근은 어떻게 하고 있는지 가장 기본적인 문제가 되겠습니다만은, 경쟁관계로 보는지 대립인지 대체인지 아니면 어떤식으로 보고 있는지 선생님께서 아시는 바대로 설명해주시면 좋겠습니다.

그 다음에 회덕당에 관한 이야기인데, 분명히 간사이 지방의 학교입니다. 그런데 간토 지방에 에도를 중심으로 한 학교구조도 있었을 건데 그러한 부분과 비교하면 회덕당의 위치를 어떻게 볼 것인가.

그 다음에 선조제사와 의례라는 측면에서 보면 주희가례든 뭐든지 간에 중국과 한국과의 관계에서도 대단히 유사한 그 다음에 다른 점이 돌출될 것인데 회덕당을 중심으로 한 근세 일본의 선조제사와 관한 부분은 어떤 점이 다르고 같은지 코멘트 해주시면 감사하겠습니다. 이상입니다.

손승철: 가장 모범적으로 시간을 아껴서 질문해 주셨습니다. 답변

해주시기 바랍니다.

이기원: 질문 감사합니다. 무귀론을 주장했던 야마가타 반토라고 하는 귀신은 없다라고 하면서 불교식의 제사가 문제가 있으니까 유교식의 제사를 지내야 된다 그런 주장을 하면서도 반토의 집안은 정토 진종이고요. 대대로 불교식의 제사를 지냅니다. 아마 반토라고 하는 유학자로서, 지식인으로서 불교가 문제가 있고 이단이라고 하면서도 생활은 그대로 불교식의 생활을 , 제사도 불교식의 제사를 지내는 반토 내부에서도 굉장히 갈등도 아마 있었을 것이고 학문으로서는 유교이지만 생활속에서는 불교. 이런 양상들이 에도시대 지식인들, 특히 지식인이라고 하면 유학자를 얘기하겠지만은 이런 사람들은 아마 대부분이 안고 있었던 문제가 아닐까 하는 생각이 듭니다. 오규 소라이라고 하는 사람도 불교를 너무나 싫어했지만은 불교가 이단이긴 하지만 불교도 배울 점이 있다라는 얘기도 하거든요. 그 사람들은 절에 묘가 있고 그 제자인 다자이 슌다이는 소라이보다도 더 철저하게 불교를 배격했던 사람인데도 절에 묘가 있고요. 대부분의 유학자들이 그런 식이다 보니까 아마 초기에 도쿠가와 이에야스가 불교를 수용하던 그 당시의 불교는 적어도 체제를 안정시키기 위한 일상 윤리, 오랜 질서를 확립하기 위한 의미에서 유교가 큰 의미를 가지고 있었겠지만 그 이외의 사람들에게는 물론 그렇다고 해서 후지와라 세이카나 라잔이 불교를 그렇게 배척하는 것도 아니고 그들도 역시 불교적인 것에서 자유롭지 못했으니까. 근세에 불교나 유교 이러한 관계는 저는 그래서 두 가지의 모습들이 학문에서는 유교이면서 생활 속에서는 불교, 이원화된 모습도 있지만 그 안에 중층화되어 있는 모습들 그런 쪽으로도 파악을 하려고 합니다.

두 번째 회덕당이라고 하는 것은 오사카에 다섯명이 모여서 서로 돈을 내가지고 학교를 만들었는데요. 학교를 만들고서 막부에게 관허를 받습니다. 막부로부터 돈을 받아서 운영을 합니다. 그러면서도 다섯 명의 동지들이 출자한 그 기금을 가지고서 운영을 하고요. 그러다 보니까 문제가 생기는 것이 막부의 간섭같은 것들이 생길 수 있어서 사적인 학문소로 출발을 했지만 막부로부터 돈을 받게 되면 그만큼 공적인 역할을 해야 되죠. 그렇게 되다 보면 학문에 대한 간섭까지도 받을 수 있는 (것이지요). 초기에는 그것을 굉장히 배제하기도 했지만 결국은 간사이 지방에 학교라고 하는 것을 만들어야 된다. 왜냐하면 당시에 에도에는 청평판 학문소라고 해서 쇼헤이코가 있었고요. 관학으로서. 거기에 필적할 만한 학교가 이 니시니혼에도 필요하다. 특히 4대 학주가 되는 나카이 치쿠자는 대학을 만들려고 합니다. 회덕당을. 쇼헤이코에 그 정도에 버금가는 어떤 의미에서는 그보다 더 좋은 대학으로서 만들자. 그래서 교토에는 관광원이라는 것을 만들고 오사카는 회덕당이 있으니까 회덕당을 대학으로 만들면 된다 라고 해서 마쯔타이라 사다노부라고 하는 로주가 왔을 때 그런 얘기를 꺼내기도 했는데 결국은 되지는 않았지만은. 그 정도의 의미를 갖고 있었던 회덕당이고요. 그 회덕당이 지금은 오사카대학의 연원을 따져 가면 이 회덕당이라고 자랑을 하는 것 같습니다. 오사카대가 그렇게 오래된 대학이다 라는 얘기도 하고. 그래서 회덕당의 모든 자료는 오사카대학에 있습니다.

세 번째 선조제사의례에서 중국 조선이나 일본하고의 이런 문제에서 아까 최준식선생님께서도 말씀하셨는데 저는 조금 저항감있는 말인데요. 굉장히 한국 사람들 어떤 육체적인 면이 좀 강하다 라는 말씀하셨는데 저는 좀 저항감 있습니다. 육체적인 면이라고 그 모습을 그대로 받아들인다면 굉장히 기 중심적인 인식이 될 것이고 그러면서 일본하고 굉장히 친근감이 없지 않아 있습니다. 에도시대 유학자들은 리에 대해서는 크게 받아들이고 싶지 않거나 아니면 인식을 안 하거나 오히려 기라고 하는 것이 더 실체적이다. 주자학자인 야마자키 안사이조차도 마음속에 나쁜 마음을 품고 있는 것은 문제가 안 된다. 그렇지만 조선시대 율곡이나 퇴계한테 그렇게 말했다가는 문제가 되겠죠. 이미 마음속에 나쁜 생각을 했으면 그건 나쁜 놈이니까. 그리고 또 하나는 리에 대한 인식들이 조선시대 지식인들은 리에서 후대로 내려오게 되면 기독교가 수용될 때 리=천주 이렇게 인식을 바꿔서 이해를 하니까 훨씬 더 쉽게 받아들일 수 있는 것들이 있고. 그래서 굉장히 영적인 면들이 있는 면이 있고요. 또 하나는 맹자의 위치를 좀 볼 필요도 있지 않나 라는 생각이 듭니다. 조선시대 때 맹자라고 하는 게 얼마나 많이 수용이 됐는가. 하지만 에도시대에 맹자라고 하는 것은 크게 읽혀지지 않는, 중요한 책이 아닌 그런 의미가 있고요. 사단칠정론이나 인물성동이논쟁 같은 것들 보면 조선시대 때 그것이 전부 마음에 관한 논쟁 나아가서 리에 관한 보이지 않는 것에 대한 논쟁이니까 그걸 또 한 두해 한 것도 아니고 오랜 시간동안 그 논쟁을 계속 해온 것을 보게 되면 육체중심적인 면이 있으면서 또 한편으로 굉장히 영적인 보이지 않는 세계에 대한 인식도 굉장히 강한 면이 있기 때문에 단정적으로 볼 수 없는 면이 있고 그런 면에서는 일본하고 어떤 차이점들을 볼 수 있을 것 같고요. 또 하나는 계속 얘기가 나온 것처럼 불교적인 면이 강하다면 일본은, 그렇다면 조선은 불교도 물론, 조선의 유학자들은 고민이 생기거나 그러면 대부분 아닐지라도 특히 정약용같은 사람은 늘 절에 가서 스님이랑 차 마시면서 얘기를 했거든요. 다산초당 뒤에 절이 있어서 스님이랑 같이 이야기하면서 집에 와가지고 책도 쓰기도 하고. 스님들하고 유학자들은 계속 친근감있게 잘 어울리고 했었으니까. 다만 생활 속에서 불교가 그렇게 큰 영향력을 미치지 못했지만 아녀자들에게는 불교가 조선시대 때는, 애기 못 낳는다 그러면 절에 가서 기도하고 그랬으니까요. 그래서 이런 면들을 어떻게 단정 지어서 보기는 어렵지 않을까 라는 생각을 합니다.

손승철: 예, 감사합니다. 지금 시간이 25분 정도밖에 안 남았습니다. 그런데 아직 두 분이 남았거든요. 특히 노성환 선생님은 울산에서 오셨는데 아침 9시 30분에 오셔가지고 아마 나중에 내가 5분밖에 안 하려고 왔으냐고 그런 말씀 하실 것 같은데 빨리 진행해야 되겠습니다. 연세대학에 조재국 교수님 발표에 대해서 가나즈 선생님께서 토론해 주시겠습니다.

가나즈 히데미: 예, 고려대학교 가나즈 히데미라고 합니다. 이렇게 흥미롭고 중요한 자리에 토론자로서 참석하게 되어서 너무나 영광스럽고 먼저 감사의 말씀을 드리겠습니다. 저는 종교학자도 아니고요. 조선시대 연구도 하지 않고 일본사, 특히 19세기 후반 이후에 사회나 문화를 중심으로 연구하고 있기 때문에 적당한 토론을 할 수 없는 것 같은데, 그것을 먼저 양해해 주시면 감사하겠습니다.

제가 쓴 토론문은 한국어판이 222페이지에 있고 일본어는 225페이지에 있어서 일부분을 생략하면서 원고 자체를 읽도록 하겠습니다.

본 발표는 조선시대에 수용된 기독교가 국교같은 위치에 있었던 유교와의 갈등 양상에 주목함으로써 종교적 성격을 살펴본 논문입니다. 최근 역사학이나 사상사 연구에서는 개별 대상을 분석하면서도 개별 사상이나 사건의 일국의 틀로 분석하지 않고 세계사까지는 미치지 않지만 동아시아에서 동시대적인 동향과의 연관 속에서 동시적인 시각으로 파악하는 방법론이 주목을 받고 있습니다. 특히 본 심포지움의 주제와 관련되어 한·일뿐만 아니라 중국 상황까지도 시야에 놓고 있으며 서양과의 만남뿐만 아니라 동아시아 시공간 속에 기독교 수용이라는 아주 흥미로운 발표였기 때문에 개인적으로 많은 공부가 되었습니다.

앞에서 지적한 연구동향에 입각하여 특히 일본의 기독교 수용 양상과의 관련이라는 측면에서 아까 하나는 코멘트고요 질문은 두 가지입니다.

첫째, 예수회가 수행했던 동아시아 선교 속에서 조선의 위치에 관련된 점입니다. 예수회의 선교사 일본 파견은 말라카에서 야지로, 안지로라고 부를 때도 있지만, 야지로와의 만남이라는 다분히 우연적인 요소에 의해 좌우되어있다고 할 수 있는데, 이 만남 자체가 바다를 매개로 한 사람들의 이동의 산물이라고도 할 수 있습니다. 한편, 조선의 경우 직접적인 선교사 파견이 아니라 간접적인 수용으로부터 시작되었지만 그 수용에는 연경사에 보낸 사절인데, 연경사 파견에 보이는 중국과의 직접 접촉뿐만 아니라 일본통신사, 임진왜란이라는 동아시아의 외교, 전란, 전쟁이 크게 기여한 점이 흥미로웠습니다. 이러한 양상은 일시적, 일회적, 우연적인 것으로 파악하는 것이 아니라 당시 사람과 물건의 이동과 기독교와의 만남, 접속이라는 틀로 생각해야 할 필요성을 새삼스럽게 느끼게 되었습니다. 실제로 1622년의 원화대순교에서도 화형에 처해진 사람들 중에 조선인 남성 안토니오와 처 마리아, 자식인 베드로도 포함되어 있으며, 그들이 임진왜란 때 연행된 포로였을 가능성도 높습니다. 아무튼 어떠한 사정이든 모르겠지만 규수에 건너오고 정착한 조선인이었던 것은 틀림없습니다. 이와 같은 사상들 하나하나를 발견하는 것은 힘이 들겠지만, 현재 국경역을 넘은 역사 사상에 더욱 주목을 해도 좋을 것 같습니다.

둘째, 수용된 기독교의 성격에 관한 것입니다. 최근의 일본 기독교 수용에 관한 연구에 의하면 일본 사상, 특히 불교와 기독교의 유사성이 주목을 받고 있다고 알고 있습니다. 넘어가도록 하겠습니다. 그렇다고 하면 앞에서 지적한 조선 선교에 미친 일본의 영향이라는 점도 재검토할 여지가 있지 않을까 싶습니다. 유교적인 입장에서 본 기독교 비판, 특히 조상 제사라는 습속의 부인이라는 점은 정사, 음사, 사사라는 유교의 교화론적 시각으로 천주교만 아니라 다른 민간신앙에 대한 교화론과도 연관되어 논의할 수 있는지 고견을 듣고 싶습니다.

셋째는 신분제 사회에서 기독교 수용에 관한 문제입니다. 주지하는 바와 같이 히데요시나 도쿠가와 막부가 낸 금교령에 의하여 천주교는 커다란 탄압을 당했습니다. 그 후에는 공개처형 형식이 탄압이 서서히 줄었으나 커다란 탄압이 있었던 것 같은데요. 개종을 거절한 신자들은 가쿠레 기리시탄이라는 형식으로 있었는데 그 숨은 형태에서는 히닌, 히닌야도라는 천민계층에 있었던 시설이라든가 집에 수용되어서 그런 기독교사나 차별사 연구라던가 접점이 최근의 기독교 연구에서 있는 것 같습니다. 조선 사회에서도 오늘 발표에서는 서인이라는 얘기를 하셨는데, 그 밑에 있는 백정이라든가 그런 계층이 있는 것으로 알고 있지만 차별이라든가 신분, 기독교 수용과의 관련성에 관한 고견을 듣고 싶습니다. 잘 부탁드립니다. 감사합니다.

조재국: 네, 감사합니다. 두 가지 질문 하셨는데요. 첫 번째는 기본적으로 한국, 조선 불교라고 하는 것은 샤머니즘이라던가 이런 쪽은 굉장히 배척을 했죠. 하여간 사대문 안에서 못 살게 하고 들어오지도 못하게 하고 잡아서 가두고 이런 일들을 계속한 것들이 여러 가지 유교문서에 나타나고 있기 때문에 그런 부분에 대해서는 분명하게 천주교 탄압의 이유도 천주교도 결국은 사교 내지는 샤머니즘하고 같은 내용이고 불교하고 같다 이렇게 배척을 하고 있고요. 왜정시대 때 여러분 다 아시겠습니다만, 무라야마 지쥰이 쓴 유사종교에 관한 여러 가지 책들도 이미 유사종교라고 하는 말 자체가 그것은 여기서 말씀하시는 정사, 음사라고 하는 구분에서 보면 정사가 아니고 음사에 속한다 라고 하는 부분에서 얘기하는 거고 이것은 또 총독부의 정책하고도 연관이 되어서 소위 얘기하는 심전 개발 운동 속에 가지고 있는 취지 가운데 하나가 샤머니즘이라던가 이런 것들을 다 말살시키겠다고 하는 거고 거기에 대한 기본적인 패턴은 유교적인 규범이라던가 물론 그것은 한국이 가지고 있는 것과 일본 안에서 명치 정부가

가지고 있던 것을 다 합쳐서 국민도덕이라고 하는 것을 정사로 보고 나머지를 음사로 보는 그런 입장에서 같다고 하는 것은 저희가 좀 더 깊이 연구를 해봐야 될 거라고 생각하고요.

두 번째 질문이 굉장히 중요한데, 한국은 일본하고 비교해서 볼 때 차별, 일본에서 말하는 소위 부락민이라고 하는 측면에서의 차별의 역사라고 하는 것이 극명하게 드러나지 않고 있습니다. 그러나 적어도 조선시대 이후에 소위 얘기하는 천민들이 어떤 취급을 당했느냐라고 하는 부분에 있어서는 아시는대로 조선시대에는 스님들을 천민 가운데 하나에 뒀죠. 그래서 팔천민 가운데 하나가 스님이었고, 그러면 기독교가 이 사람들을 어떻게 취급했느냐의 문제인데요. 1801년에 신유박해라고 하는 것이 일어나는데 신유박해 때 대개 592명이 검거되었다고 야마구치가 쓴 책에 기록이 되어 있고 이 분은 그 사람들의 자손들을 만난 사람이에요. 그래서 인터뷰를 해서 쓴 책인데. 거기에 보면 592명 가운데 천민이 6.9%에 들어가 있습니다. 그렇다면 그 시대에 천민들이 기독교, 천주교인이라고 해서 잡힌 거죠. 그 가운데 상당수가 순교의 자리에 들어갔다고 한다면 그 당시에 천주교가 가지고 있었던 평등사상이라고 하는 것이 상당히 컸었고 크게 말하자면 그때 당시에 농민들이라던가 이런 사람들도 굉장히 탄압을 받고 있었기 때문에, 가렴주구 안에서 어려움을 당하고 있었기 때문에 같은 생각을 가지고 있었지 않나 이렇게 생각하고. 한 가지 재밌는 것은요, 제가 연세대학교 교수인데 연세대학교 제1회 졸업생이 박서양이라고 하는 천민, 특정 출신의 사람입니다. 에비슨이라고 하는 의사 선교사가 1894년에 한국에 와서 세브란스의학교의 교장이 되면서 학생들을 7명을 모집해 가지고 의학공부를 시키는데 7년 동안 시켰어요. 그래서 1907년에 제1회 졸업생을 내는데 그 제1회 졸업생 가운데 하나가 박서양이라고 하는 천민 출신의 졸업생이고 그 아버지가 백정 박성춘이죠. 백정을 에비슨 의사가 고쳐주고 그 아들을 데려다가 병원에서 일을 시키다가 똑똑하니까 한글을 가르치고 영어를 가르치고. 박서양이 제1회 졸업생이 되는데 결국에는 의사 자격증을 이토 히로부미한테 받았는데 의사 자격증을 받는다고 하더라도 백정이니까 의사를 할 수 없으니까 그때 에비슨 선생님이 유길준이라고 하는 내무대신한테 부탁을 하고 고종한테 부탁을 해서 결국은 백정 신분을 해제시키죠. 결국은 이 사람이 평민이 되고 용정에 가서 학교도 짓고 독립운동을 하지요. 그리고 이 사람의 여동생들이 간호사가 돼요. 동생의 남편은 또 사대부 집안의 남편을 뒀어요. 그렇게 해서 기독교가 가지고 있는 특별한 역할이 있었고 그 부분에 대해서 제가 하나 더 말씀을 드리면 개신교는 1885년에 선교사가 들어왔는데 1901년에 신축박해라고 하는 게 제주도에서 있었거든요. 그때까지도 개신교 선교사가 들어왔을 때까지도 천주교 박해는 계속되고 있었기 때문에, 개신교 선교사들은 굉장히 전략적으로 들어왔기 때문에 바로 전도를 하지 않았습니다. 병원을 짓고, 학교를 짓고 그러면서 상당히 오랫동안 선교를 어떻게 할까 고민을 했는데 역시 한국의 천주교 신자들은 그런 전략적인 사고를 못하니까 더구나 천민들이고 평민들이니까 계속 문제를 일으키는 거죠. 그래서 탄압을 받은 게 아니냐 그게 제 생각이고요.

마지막으로 저는 종교학을 공해야 된다고 봐요. 유교는 분명히 엘리트층의 종교고 우리나라에 들어온 천주교나 불교같은 부하는 사람의 입장에서 볼 때 이런 걸 연구할 때 엘리트층하고 비엘리트층을 분명히 구분것은 비엘리트층의 종교인 거죠. 일본에서도 마찬가지입니다. 일본에서 유교라는 건 분명히 엘리트층의 종교이고 신도라던가 이런 것들은 다 비엘리트층의 종교라고 얘기할 수 있죠. 기독교가 일본에 들어가서 엘리트층의 종교가 됐다면, 기독교는 한국에 들어와서 비엘리트층의 종교가 되었습니다. 따라서 당연히 한국 기독교에 대해서 이거 무당 종교다 이렇게 얘기하면 맞아요. 왜냐하면 비엘리트층은 그런 방법으로 밖에는 종교를 가질 수가 없습니다. 이 부분에 대해서 정확하게 짚어주셨으면 좋겠습니다. 이상입니다.

손승철: 예, 감사합니다. 나중에 결론을 내시는 게 아니라 오히려 불을 지르시는 것 같은데. 이제 마지막 주제가 되겠습니다. 이와타 선생님 발표에 대해서 울산대학의 노성환 교수님께서 질의 응답해 주시겠습니다.

노성환: 울산대학의 노성환입니다. 장례문화 가운데 전사자 영혼을 어떻게 처리해야 하는가하는 문제는 제가 전공을 하고 있는 민속학, 인류학에서는 매우 중요한 테마라고 생각합니다. 이와타 선생님 발표를 통해서 제가 느낀 점은 사자의 영혼을 고향, 다시 말하자면 유족의 품에 돌아가야 한다라고 하는 것으로 받아들여집니다. 야나기다 구니오의 민속학에서 보이는 영혼관에서 크게 벗어나있지 않은 것 같습니다. 다시 말해서 국가의 관여는 필요없다는 말이죠. 따라서 야스쿠니 신사는 정상적이지도 않다라고 하는 주장으로도 받아들여집니다. 죽음의 개별화가 이루어져야한다는 점에 대해서는 저도 전적으로 동감하는 바입니다. 그러나 근대국가 이후에 국가가 전사자의 영혼들을 완전히 무시할 수 없는 시대에 저희들은 살고 있다고 생각됩니다. 이것과 관련해가지고 두 가지 점을 오늘 사회자께서 두 가지를 포인트를 둬서 질문하라고 했기 때문에 두 가지 점에 대해서 질문을 드리려고 합니다.

첫째는, 국가가 전사자 또는 국가적 재난으로 인해 가지고 희생된 사람들의 죽음을 어디까지 관여해야하는가 하는 점입니다. 특히, 우리나라는 세월호사건 때문에 큰 충격으로 휩싸여져 있습니다. 한국의 경우, 이 사건은 비록 전사자가 아니지만 국가적 재난으로 생각하고 있습니다. 만일 이런 사건이 일본에서 일어난다고 한다면 일본 정부는 그들의 죽음에 대해서 어디까지 관여했을까 라고 하는 예상이 되시면 예상되는 바를 좀 말씀을 해주시면 한국과 일본을 문화를 비교하는 사람으로서 매우 큰 도움이 될 거라고 생각됩니다.

두 번째는, 지금까지 선생님이 드신 예의 대부분이 2차 세계대전 이전의 죽음입니다. 가령 현대에 접어 들어가지고 일본도 해외파병을 하는 상태에 있기 때문에 해외파병으로 인해서 전사한 일본 병사들의 죽음은 어떻게 처리되고 있는지를 알고 싶습니다. 만일 이 사람들이 야스쿠니 아니면 국립 치도리가후치전몰자묘원에 들어가는지도 알고 싶습니다. 아니면 어디까지나 유족의 품에 돌아 가야하는 개별화된 영혼으로 취급하는지 알고 싶습니다. 또 참고삼아 국립 치도리가후치전몰자묘원하고 야스쿠니하고 차이가 있으면 어떤 차이가 있는지도 알고 싶습니다. 이상입니다.

이와타 시게노리: 네, 저의 두서없는 발표에 대해서 잘 정리해서 오히려 질문을 해주셔서 너무 감사합니다. 먼저 첫 번째, 대량 희생자에 대해서 국가가 어디까지 관여하는 것이 좋은지 이런 질문이셨습니다. 이거는 어디까지나 저의 사견입니다. 제 개인적으로 보고 왔던 범주에서 말씀드리자면 이번에 동일본 대지진에 대해서는 예를 들어 유해의 수습은 재해 파견의 자위대가 가장 중심적으로 활동하였습니다. 그런데 그 후에 유해의 관리는 국가가 아니라 기초자치단체, 지방정부쪽에 위임한 걸로 알고 있습니다. 이것은 현실적으로 거의 틀림없을 겁니다. 현보다 시·정·촌 기초단체자치입니다. 이시노마키시에 대한 예를 아까 말씀드렸는데 이시노마키시의 시영지에 유해를 가매장했습니다. 그리고 이시노마키시의 어느 과에서 시청 안에 담당 부서가 관리하는 식으로 했던 걸로 알고 있습니다. 저는 후쿠시마현에 대해서는 전혀 조사를 못했습니다. 한편, 이와테현 같은 경우는, 완전히 붕괴된 지역 니쿠젠타카타와 오오츠시가 그런데, 그 도시 자체가 전

멸했습니다. 이때는 시청도 똑같이 전멸했고. 시청기능 자체가 기능을 안했습니다. 그런 경우는 아까 보여드렸던 사원, 사찰이 그것을 맡아서 하게 됩니다. 그러니까 지역 공동체, 커뮤니티라고 표현해도 좋을지 모르겠지만 현재는 비교적 재해로 인한 대량사는 국가 차원이 아니라 시·정·촌이라는 행정단위, 혹은 지역공동체가 여기에 대해서 대응을 하고 있는 것으로 저는 받아들이고 있습니다. 첫 번째에 대한 대답 드렸고요.

두 번째 질문입니다. 자위대 해외 파병 앞으로 이게 중요한 부분이라 생각하는데요. 자위대같은 경우는 아직 전사자는 없는 걸로 알고 있습니다. 그런데 순직, 직무 중에 돌아가신 순직은 있습니다. 그런 경우에는 야스쿠니쪽에 합사되고 있는 것 같습니다. 정확하게 말씀을 드리자면 한국분들께서 잘 알고 계시는 A급 전범으로 사형당한 도조 히데키를 비롯한 A급 전범, B급 전범, 천 명 이상의 사람들이 B, C급 전범으로 합사되어 있습니다. 그 안에는 한국분들도 계십니다. 엄밀하게 얘기하자면 전사가 아닙니다. 전범이 가장 정치적인 이슈가 되고 있는데 엄밀하게 얘기하자면 전범은 전사자는 아닙니다. 그런 사람들이 역시 야스쿠니에 합사되어 있습니다. 이것과 자위대를 같은 동일선상으로 논의될지 모르겠지만 거의 확실하게 제가 확실하게 확인한 건 아니고요. 야스쿠니신사도 어느 정도 명확하게 얘기할 수 있을지 모르겠지만 자위대 순직자는 야스쿠니쪽에 합사되어 있는 것이 아닐까라고 저는 생각합니다. 야스쿠니 신사는 정치화되어 있는 문제이기도 하지만 좀 더 종교학적, 그리고 사상학적 혹은 또 현대문화론으로 정치화 문제 이전의 먼저 규명하고 해명해야 될 문제들이 많이 남아있습니다. 일단, 노교수님께서 질문하신 것에 대해서 직접적으로 대답 두 가지인 것 같은데요. 질문 감사합니다.

손승철: 감사합니다. 짧게 질문해주시고 또 간단하게 답변을 해주

셔서 대단히 감사합니다. 지금 시간이 5시 29분입니다. 우리가 5시 30분까지 약속을 했는데 죄송하지만 5분만 더 하도록 하겠습니다. 왜냐하면 우선 객석에 여러 선생님께서 아침부터 지금까지 계속 계셨는데 혹시 하실 말씀 있으시면 간단하게 한두 분 말씀을 듣도록 하고 또 이사장님 마무리 말씀도 듣고 이렇게 해서 한 5분 정도만 더 할애를 하도록 하겠습니다. 간단하게 질문 해주시죠.

이중재: 저는 전문적으로 하는 일이 있는데요. 일반 시민으로 참여했습니다. 이중재라고 하고요. 선생님들 좋은 논문을 발표해 주셨는데 논문이 세 가지 시대로 구분되는 걸 봤습니다. 16세기 근세하고 19세기 근대하고 20세기 초의 현대로 나눠지는데요. 근세의 정신이 르네상스에서 비롯되는 것을 잘 아실 겁니다. 르네상스 정신이 사람을 영과 신체로 이원론으로 나누는 겁니다. 그것이 놀랍게도 조선 성리학에 맞닿아 있고 주희 선생님의 사상하고도 맞닿아 있죠. 그런데 안타깝게도 일본에서는 주희 선생님의 왼쪽이라고 할 수가 있죠. 우리 조선 성리학은 퇴계선생님이 주희 선생님의 오른편이라고 할 수가 있을 겁니다. 그것이 기독교가 조선 땅에 들어와서 발전하는 계기가 되었는데 일본은 성리학이 무시되고 양명학으로 들어가면서 사상적으로 그리스도교를 박해하게 되었죠. 아까 컬럼비아대학에서 오신 선생님 말씀대로 오규 소라이 같은 분이 양명학자고 모택동도 양명학자고 우리나라 최초의 공산주의자라고 할 수 있는 이동휘 임시정부 국무총리도 양명학자입니다. 일본이 대량살상을 맞이하고 그런 비극이 어디서 초래하느냐 하면 사람의 정체성이 무시된 신체가 부각되기 때문에 대량살상을 맞이하고 20세기 들어와서는 진화론하고 프로이드하고 일본 사상이 맞닿습니다. 잘 아시다시피 독일에서 인종적으로 이런 것하고 연결이 되가지고 일본이 사상적으로 신체적으로 치우쳐서 그러한 대량살상을 맞이하고 공산주의도 그렇고 20세기에 들

어온 현상이고요. 다음에 미국이 본토 상륙할 때에 상륙전쟁을 벌이면 천만 이상의 희생자가 나기 때문에 그랬다는 것도 참고로 해주시기 바랍니다.

손승철: 감사합니다. 다른 분 안 계신가요?

황용섭: 많이들 피곤하실텐테 간단하게 하겠습니다. 인사도 감사합니다 라는 말로 대신하겠습니다. 저는 강원대학교 박사과정에 재학중인 황용섭이라고 합니다. 우선, 이야기를 들으면서 허남린 선생님 말씀 중에 pray와 play가 동전의 양면성 같다 라는 말씀이 굉장히 인상 깊게 들렸습니다. 일본의 정신문화를 이해하는데 하나의 바로미터가 되지 않을까 해서 왜냐하면 극단적인 양면성이 있고 또 그렇지 않은 부분도 있는데 그런 부분이 이해가 안됐는데 혹시 그렇게 되면은 이해할 수도 있지 않을까하는 그런 부분, 그게 우리 오늘 학회에서 서로 이해할 수 있는 장을 만들어야 되지 않겠습니까? 마음속에 있는 얘기가 있으면 숨기지 말고 말해야 되는 것, 지금 말씀드린 것을 숨기지 않고 말하려고 나왔습니다. 아까 이와타 선생님이신가요. 오늘 발표하신 내용 들어보고 상당히 애국적인 마인드를 갖고 계시고 인간을 사랑하는 마음이 깊다라는 생각에 감명 깊게 들었습니다. 그런데 그 중에서 예를 들면 일본이 침략전쟁을 일으켜서 발생된 희생자들이 많습니다. 전사자들도 많고. 그런데 한편으로 그런 전쟁을 통해서 그분들도 희생을 했다는 부분이 또 새삼스럽게 이해가 됐습니다. 공격하는 사람도 당한다, 그리고 그 피해도 있다 라는 것을 이해할 수 있는 계기도 되었습니다. 다른 한편으로 침략을 당한 사람이 피해자라는 얘기가 없었습니다. 전쟁 희생자 중에서 1945년 원자폭탄이 터졌을 때 예를 들어 일본사람도 많이 희생됐지만 조선 사람들도 많이 희생됐던 것이 있었습니다. 그런 것도 같이 거론을 해주셨으면 오

늘 학술회의의 취지에 맞지 않을까하는 그런 부분 조금 있었고요. 그 다음에 물론 전쟁희생자 부분은 아니지만 23년 대지진때도 역시 그런 부분이 있었습니다. 혹시 다른 질문도 있지만 시간이 없기 때문에 그 부분에 대해서 연구하신 부분이 있다면 같이 거론해주시면 학술회의의 취지하고도 맞다 해서 말씀드렸습니다. 감사합니다.

손승철: 질문이라기보다는 요점사항 정도로 그렇게 듣도록 하겠습니다. 시간이 지금 약속한 5분도 지났습니다. 이제는 정말로 마무리할 시점이 된 것 같습니다. 오늘 전체적으로 회의를 주관하시고 한일문화교류기금 이사장님으로 계신 이상우 이사장님께서 간단한 마무리 말씀을 하고 저도 종합정리를 하고 끝내도록 하겠습니다.

이상우: 감사합니다. 한국 사람들이 일본 문화를 이해하고 일본 사람들을 이해하기 위해서 도울 수 있는 길, 그런 것을 하기 위해서 만든 것이 한일문화교류기금입니다. 기금을 만든지가 30년입니다. 30년 동안에 이런 세미나를 저희가 한 30번 했습니다. 그리고 백 회에 걸친 문화강좌를 했습니다. 제가 역사나 인문학을 전공한 사람은 아니지만은 어깨 너머로 거기에 참여하고 기획에 참여하기 때문에 많은 공부를 했습니다. 많이 배웠습니다. 처음 제가 회의를 참가했을 때 앞에 한 10년 동안은 이렇게 느꼈습니다. 역시 일본문화는 한국문화하고 상당히 다르구나 그러다가 점점 지나고 보니까 상당히 비슷하다 같은 점이 더 많다 하는 것을 느껴가지고 정말 일본하고 한국은 가까운 나라고 한국 사람하고 일본 사람은 가깝다는 걸 느꼈습니다. 그러나 후반전에 들어오니까 그렇지 않다는 걸 또 느끼기 시작합니다. 특히 요즘 한일관계가 상당히 어렵습니다. 감성적 차원에서 아주 극한까지 가고 있습니다. 왜 이런 일이 벌어질까 생각을 해보니까 겉에 표출되어 있는 문화양식에 그걸 지배하는 밑흐름이 있습니다. 그 밑흐름으

로써의 원초적인 자연관, 인간관, 사회관 이런 것이 오랜 역사 속에서 형성된 게 있는데 보통 때는 잘 보이지가 않죠. 이것이 달라지니까 외형적으로 비슷한 문화양식도 그걸 인식할때는 인식의 틀이 근본적으로 달라집니다. 가치정향도 달라지고 행동양식도 달라집니다. 프레임이 달라집니다. 그래서 이런 일이 벌어진다. 그래서 손승철 선생하고 같이 상의를 해서 이번부터 회의를 심층분석을 해보자 하는 취지에서 오늘 이 회의를 시작한 겁니다. 그래서 표출되어 있는 문화양식의 밑바탕에 흐르는 원초적인 일본인과 한국 사람들의 가치관, 특히 자연관, 인간관, 인생관 이런 것을 짚어보면 거기서 서로 다르다는 것만 이해하면 문제는 훨씬 쉽게 풀리지 않겠는가 같아서만 되는 것이 아닙니다. 우리하고 일본이 다르다는 것만 서로 이해해도 역사의 어려운 문제는 쉽게 극복하고 넘어갈 수 있지 않겠는가. 그런 생각에서 이 회의를 시작했는데 오늘 아침부터 제가 앉아서 쭉 들어봤습니다만 제 개인적으로는 많은 걸 배웠습니다. 역시 이 주제를 제가 잘 택했다고 생각을 하고 여기서 많이 배웠고 여기서 배운 것을 확산한다면 아마도 조그만 운동일지 모르지만은 한국과 일본 사이 특히 한국인과 일본 사이에 상호이해를 높이는데 도움이 되지 않겠는가 그렇게 저는 느꼈습니다. 제 느낌만 말씀드렸고요. 먼길 한국까지 오신 일본 참가자들께 감사드리고 아까 울산서부터도 오시고 먼데서 오신 분들이 많습니다. 진지하게 아침부터 계속해서 이 문제를 논의해주신 여러분들에게 심심한 감사의 뜻을 표합니다. 앞으로도 저희가 최선을 다해서 이런 회의를 기획할 테니까 그때도 열심히 여러분들께서 참여하셔서 제 취지를 이해하신다고 하면 좀 더 솔직하게 이런 토론에 참여해주시길 부탁드립니다. 감사합니다.

손승철: 네, 감사합니다. 저도 마무리 말씀 간단하게 드리고 끝내도록 하겠습니다. 아침에 개회사에서 이사장님께서 한일 양국인의 정

서적 갈등의 문화적 뿌리가 어디 있는 가 사실은 그게 오늘 학술회의의 키워드였습니다. 그것을 찾아가기 위해서 한국인과 일본인의 의식구조 그것을 한번 분석하는데 가장 기본적으로 삶과 죽음에 대한 입장을 분석을 해보자 이렇게 시작을 했습니다. 하다보니까 결국 현실관과 내세관인데 현세구복적인 성격, 또는 천국과 지옥과 연옥을 다 같이 생각하고 있는 것은 같은 것 같은데 하루 종일 세미나 하다보니까 내용적으로 많은 차이가 나는 것 같아요. 예를 들어 명칭만 보더라도 무가라든지 불교, 유교, 신도, 천주교 좀 다른 것 같아요. 그런 것을 보면서 저는 조선시대 한일관계 전공하는데 이 다름이라는 것을 어떻게 인식해야 될 것인가 조선통신사들이 일본을 왕래하면서 일본문화를 나름대로 평을 하고 있거든요. 다르다는 것을 어떻게 표현하느냐 하면 야만족으로 표현을 했습니다. 그런데 결국 모든 관계가 다른 것을 어떻게 받아들이느냐가 관계의 형태를 결정하는 게 아닌가. 저도 결혼한 지 40년이 됐습니다만 부부관계도 그런 것 같아요. 다른 것을 어떻게 이해해야 될 것인가. 결국 다른 것을 이해하기 위해서 바로 문화교류가 필요한 게 아닌가 이런 생각을 해봤습니다. 그래서 다르다는 것을 우리가 어떻게 서로 인정해야 될 것인가 그래서 우리는 이런 주제를 더 계속 다루어야 하겠다. 지금 삶과 죽음의 문제를 다뤘지만 이제 자연관, 인간에 대한 존엄주의 이런 것들을 더 다뤄 가면 한국문화와 일본문화의 어떤 기층을 파악할 수 있을 거고 거기에서 발생하는 정서적 갈등을 이해할 수 있지 않을까 이런 생각을 하면서 오늘 시작의 단추를 여기서 끼워가도록 하고 앞으로 계속 몇 년 동안 이런 테마를 가지고 학술대회를 계속할겁니다. 그때마다 제가 요청을 하면 마다하지 마시고 꼭 참석해주셔서 이 문제를 그래도 조금이라도 우리가 이 시대의 한일관계에 기여한다는 차원에서 한 발짝 한 발짝 서로 협심해서 이어나가면 어떨까 이런 제안을 하면서 오늘 회의를 마치도록 하겠습니다.